経済学叢書　Introductory　別巻

基礎から学ぶ
実証分析

計量経済学のための確率と統計

丸茂幸平

新　世　社

はしがき

実証分析とは，私たちが持っている仮説を，観測された事実と整合的なものとそうでないものに分類する作業を指します。実証分析を行うためには，適切に整理されたデータを使います。そうして，私たちはデータが持つ特徴や傾向を見出すために統計学の手法を利用します。本書では，クロスセクショナルという形に整理されたデータから特徴や傾向を見出すための方法と，その考え方や注意点を確認していきます。ふつう私たちは，データには偶然の要素が含まれていると考えます。こうした偶然の要素を表すのには，確率の考え方が使われます。本書では，こうした考え方を，概ね高等学校程度の数学の知識を前提として確認をしていきます。それを超えるようなところには解説をつけました。

本書が扱う範囲は広くはありませんが，実証分析の基礎にあたる部分です。こうした知識は，より複雑な方法を理解する助けになるでしょう。

本書の使い方

本書では，内容を細かい項目に分けて，それぞれを枠で囲いました。その目的は，内容が追えなくなった場合に，どこでわからなくなったのかを自分で特定しやすくすることです。また，講義などで使用する場合に，どこの話をしているのかを講師と受講生の間で共有しやすくするという目的もあります。

枠の種類には大きく分けると，黒い帯の中に白抜きで題目が書かれている枠（定義，命題，仮定，条件，手順，公理，定理）と，そうでなく，角が丸めてある枠（注意，例，メモ）の 2 つがあります。黒い帯の枠の内容が大まかに理解できれば，その節に関する知識は十分でしょう。角が丸い枠は，黒い帯の枠の内容の理解を助ける補助的な意味があります。影をつけた「メモ」の枠には，これまでに寄せられた質問とそれに対する回答をもとにしているものが多く含まれています。何か疑問を持った場合には，周辺にある枠の内容が理解の助けになると思います。

謝辞

本書の作成に当たっては多くの方からご協力を頂きました。編集の御園生晴彦さん（新世社）には，本書の企画段階から分量，内容などに関して有用なアドバイスを頂戴しました。岡部恒治先生（埼玉大学名誉教授），吉田敏弘さん，神津多可思さん（リコー経済社会研究所），大津唯先生（埼玉大学）には，初期段階で原稿に目を通して頂き，本書の方向性を決める手助けをして頂きました。中室牧子先生（慶應義塾大学）は因果関係の記述に関するアドバイスと資料を提供してくださいました。鈴木皓太さん（埼玉大学），菅沼祐一博士（野村総合研究所）にはデータの収集にご協力頂きました。稲村保成さん（日本銀行），真柄祐一博士（三菱 UFJ モルガンスタンレー証券），長田健先生（埼玉大学），田谷充絵さんは完成間近の原稿をチェックして，重要なアドバイスをくださいました。また，2019，2020，2021 年度の埼玉大学経済学部・大学院の「演習」「計量経済学」「数理統計基礎」受講者をはじめ埼玉大学の学生・大学院生の方々からは貴重なご意見を頂きました。特に「ここがわからない」という率直なご意見はとても役に立ちました。内容の視覚的なイメージを決める挿絵を逆柱いみり先生に描いて頂けることになったことは望外の喜びです。お引き受けくださった逆柱いみり先生と，調整に尽力くださった御園生晴彦さんに感謝いたします。また，在宅での勤務を常に支え，時には文案を練ってくれた家族にも感謝します。ただし，示されている意見や，ありうべき間違いはすべて著者に帰するものです。

2021 年 5 月

丸 茂 幸 平

目　次

■本書における数学的な表記と意味*

表記	意味
$\mathbb{R}$	**実数**(real number)全体の集合。
$[\![a,b]\!]$	$a \leq b$ のとき，a と b を端とする**閉区間**(closed interval)，つまり，$a \leq x \leq b$ を満たす実数 x の集合。$a>b$ のときは空集合。
$(\!(a,b]\!]$	$a<b$ のとき，a と b を端とする**左開区間**(left-open interval)，つまり，$a<x \leq b$ を満たす実数 x の集合。$a \geq b$ のときは空集合。
$[\![a,b)\!)$	$a<b$ のとき，a と b を端とする**右開区間**(right-open interval)，つまり，$a \leq x<b$ を満たす実数 x の集合。$a \geq b$ のときは空集合。
$(\!(a,b)\!)$	$a<b$ のとき，a と b を端とする**開区間**(right-open interval)，つまり，$a<x<b$ を満たす実数 x の集合。$a \geq b$ のときは空集合。
$(\!(-\infty,a]\!]$, $(\!(-\infty,a)\!)$	$a \in \mathbb{R}$ のとき，それぞれ $x \leq a$, $x<a$ を満たす実数 x の集合。
$[\![a,\infty)\!)$, $(\!(a,\infty)\!)$	$a \in \mathbb{R}$ のとき，それぞれ $a \leq x$, $a<x$ を満たす実数 x の集合。
$(\!(-\infty,\infty)\!)$	実数全体の集合 $\mathbb{R}$ と同じ。
$\sum_{i=1}^{N} x_i$	N が自然数のとき，実数列 $x_1,x_2,\ldots,x_N$ に対して和 $x_1+x_2+\cdots+x_N$ を計算すること，あるいはその値。
$\sum_{i=1}^{\infty} x_i$	実数の無限列 $x_1,x_2,\ldots$ に対して和 $x_1+x_2+\cdots$ を計算すること，あるいはその値。
$\lim_{n\to\infty} a_n$	実数の無限列 $x_1,x_2,\ldots$ の**極限**(limit)。つまり n の値を大きくしていったときに a_n が近づいていく値があれば，その値。
$\prod_{i=1}^{N} x_i$	N が自然数のとき，実数列 $x_1,x_2,\ldots,x_N$ に対して積 $x_1\times x_2\times\cdots\times x_N$ を計算すること，あるいはその値。

* 正確な定義については，たとえば，齋藤正彦『数学の基礎 集合・数・位相』(東京大学出版会，2002)，など解析の教科書を参照して下さい。

$\sqrt{a}$	数 a の**平方根**(square root)。$x^2=a$ を満たすような数 x。特に $a\geq 0$ のとき，$x^2=a$ を満たすような実数 x の値のうち負でない方。
i	**虚数単位**(imaginary unit)。$\sqrt{-1}$。
$\log_a b$	$a>0, b>0$ のとき，**底**(base)を a とした b の**対数**(logarithm)。つまり，$a^x=b$ を満たすような実数 x の値。
$A_1 \cup A_2$	集合 A_1 と A_2 の**和集合**(union)。つまり，$\omega\in A_1$ か $\omega\in A_2$ のうち少なくともどちらかを満たすような要素 ω を集めた集合。
$\bigcup_{i=1}^{n} A_i$	n が自然数のとき，集合の列 $A_1, A_2, \ldots, A_n$ の**和集合**。つまり，自然数 $1, \ldots, n$ の中の少なくとも 1 つの値 i に対して $\omega\in A_i$ を満たすような要素 ω を集めた集合。
$\bigcup_{i=1}^{\infty} A_i$	集合の無限列 $A_1, A_2, \ldots$ の**和集合**。つまり，少なくとも 1 つの自然数 i に対して $\omega\in A_i$ を満たすような要素 ω を集めた集合。
$A_1 \cap A_2$	集合 A_1 と A_2 の**共通部分**(intersection)。つまり，$\omega\in A_1$ と $\omega\in A_2$ の両方を満たすような要素 ω を集めた集合。
$\bigcap_{i=1}^{n} A_i$	n が自然数のとき，集合の列 $A_1, A_2, \ldots, A_n$ の**共通部分**。つまり，自然数 $i=1, \ldots, n$ のすべてに対して $\omega\in A_i$ を満たすような要素 ω を集めた集合。
$\bigcup_{i=1}^{\infty} A_i$	集合の無限列 $A_1, A_2, \ldots$ の**共通部分**。つまり，すべての自然数 i に対して $\omega\in A_i$ を満たすような要素 ω を集めた集合。
π	円周率。つまり，円周の長さと直径の比。おおよその値は 3.1415。
e	自然対数の底。$\mathrm{e}=\lim_{n\to\infty}(1+1/n)^n$ で定義される定数で，おおよその値は 2.7182。
$\lim_{x\to a} f(x)$	関数 f の引数の値を a に近づけたときの**極限**。a は，実数または $\infty, -\infty$。

■ギリシャ文字一覧

大文字（立体）	小文字（イタリック体）	
Α	α	アルファ
Β	β	ベータ
Γ	γ	ガンマ
Δ	δ	デルタ
Ε	ε	イプシロン
Ζ	ζ	ゼータ
Η	η	エータ
Θ	θ	シータ
Ι	ι	イオタ
Κ	κ	カッパ
Λ	λ	ラムダ
Μ	μ	ミュー
Ν	ν	ニュー
Ξ	ξ	クシー
Ο	o	オミクロン
Π	π	パイ
Ρ	ρ	ロー
Σ	σ	シグマ
Τ	τ	タウ
Υ	υ	ウプシロン
Φ	φ	ファイ
Χ	χ	カイ
Ψ	ψ	プサイ
Ω	ω	オメガ

1 実証研究の手順

私たちが持っている**仮説** (hypothesis) を，観測された事実と整合的なものとそうでないものに分類する作業を**実証分析** (empirical analysis) といいます。実証分析を含むような研究を**実証研究** (empirical study) といいます。こうした分類は，私たちが社会や人間を理解する手助けをしてくれます。

実証という言葉には，事実によって何かを証明するような響きがあります。しかし，実証と，数学などで行われる証明とは別のものと考えた方が良いでしょう。数学的な命題は一度証明されれば，新たな知識によって覆されることはありません。しかし後に確認するように，一度実証された仮説が新たな知識によって反証されることは十分に考えられます。

実証研究の結論を客観的な事実として受け入れてしまうことも適当ではありません。確かに，実証研究では，事実を観測して作った**データ** (data) を使います。また，実証研究で利用されることの多い**統計学** (statistics) の方法は，数学的に妥当と考えられるやり方でデータを扱います。このように実証研究には，客観性を持った――つまり，誰がやっても同じように進めることができる――部分もあります。しかし同時に，実証研究の一連の作業の中には，私たちの主観的な判断が必要な部分もあります。たとえば，統計学の方法はふつう，いくつかの仮定に基づいて結論を導きますが，使った仮定が妥当かどうかの判断は多くの場合主観的です。私たちが実証研究をレポートにまとめたり，他の人の書いた実証研究のレポートや論文を読むときには，このような主観的な判断に依存する部分にも注意が必要です。

この章では，統計学の方法を使った実証研究の手順を確認し，その役割と，それを利用するときの注意点を見ていきます。

メモ 1.1（証明が不可能な仮説）　教科書によっては，実証の意味を「事実によって証明すること」のように説明しています。しかし，この説明にはやや不正確なところがあります。事実と仮説が同値であることを示すことを証明と呼ぶことにすると，仮説には，事実を観測することによって証明が可能なものと，証明が困難だったり，不可能だったりするものがあることになります（メモ 1.18）。たとえば，

- 白いカラスは存在する

という仮説は，白いカラスを 1 羽観測できれば証明されます。しかし，

- すべてのカラスは黒い

という仮説を証明するためには，すべてのカラスの色を観測する必要があります。これは困難といえます。また，「すべてのカラス」にまだ生まれていないものも含まれるとすると，これを観測することは不可能です（[4] の 3 章など（[4] は巻末の参考文献 [4] を指します。以下同じ））。

経済や社会の分野では，観測による証明が不可能な仮説を扱うことが多いので，仮説の証明を目的とすることはそもそも適当ではありません。

1.1　実証研究の作業手順

作業の手順をあらかじめ示すと，図 1.1 のようになります。本節では，架空の例などを使って，この手順と用語を確認します。

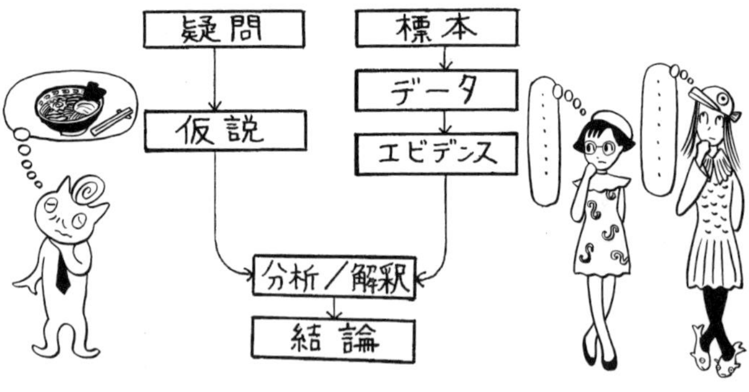

図 1.1　実証研究の作業手順。

1.1.1　疑問と仮説

私たちが行う調査や研究は，疑問を出発点とすることが多いでしょう。

例 1.2（教材の効果――きっかけとなる疑問）　あなたが，ある資格試験の対策として教材 A を利用するかどうかを検討していたとします。次のような疑問を持ったとしましょう：

- q_1：教材 A は受験対策として効果があるか？

まず，私たちの疑問に対して可能性のある答えを**仮説**という形で列挙します。これが**図 1.1** の左側の枝の作業です。

例 1.3（教材の効果――仮説）　**例 1.2** の疑問 q_1 に対しては，たとえば次の 2 つの仮説が考えられます：

- h_0：教材 A の利用の有無と試験合否の間には関係がない，
- h_1：教材 A の利用は試験に合格する見込みを高める。

メモ 1.4（仮説の列挙）　できるだけ様々な仮説が用意できた方が良いといえます。ただし，仮説をすべて挙げつくすことはふつう不可能です。荒唐無稽な仮説などはいくらでも挙げることができるかもしれませんが，きりがありません。一般常識や有力な理論と矛盾するものはひとまず取り除いておいて構わないでしょう（**1.1.6 節**も参照）。

1.1.2　事例の収集

図 1.1 の右側の枝の最初の作業は，**事例** (example) を集めることです。集めた事例の集合を**標本** (sample) といいます（**2.1.1 節**）。事例は，私たちが仮説で考えている事例を代表か代理できるように集めます。

例 1.5（教材の効果――事例の収集）　**例 1.3** の仮説 h_0, h_1 の実証で事例を集める方法を考えます。まず，同じ大学でその試験を受けたことがある何人かから聞き取ることが考えられます。また，教材 A の出版社が独自に事例を集めて調査した結果を公表しているかもしれません。あるいは，web に掲載されている教材 A のレビューを調査することも考えられます。それぞれのやり方からは，次の標本が得られます：

標本 a 同じ大学の受験経験者。

標本 b 出版社が独自に集めた事例。

標本 c web に掲載されたレビュー。

例 1.3 の仮説 h_0, h_1 の実証をするうえで，私たちが興味を持つ事例は自分自身でしょう。実証に使った標本が「自分の代理」といえるならば，仮説 h_0, h_1 のどちらが支持されてもその結論は信頼できます。

上の標本 a については，聞き取りをした受験経験者の能力や特性が自分と同程度と考えられれば，自分の代理といえそうです。標本 b については，出版社がどのように事例を集めたのかを明らかにしていれば，標本が「自分の代理」といえそうかどうかの判断ができるかもしれません。しかしそうでなければ，標本 b から導かれた結論が自分に当てはまるかどうかはわかりません。標本 c についても web にレビューを掲載した人の集団が「自分の代理」といえるかどうかを検討する必要があります。

標本が，私たちが仮説で考えている事例を代理しているといえれば，その標本から導かれた結論をそのまま使うことができます。しかし，集めた標本と，仮説が考える事例の間にずれがある場合，そのずれについても考察するべきでしょう。

注意 1.6（事例の集め方） ひとことでいうならば，事例の集め方は，結論が信頼できる範囲を決定します。多くの人は，同じ集団から，同じ方法で集められた事例で作った標本からは，（たとえ標本に含まれる個々の事例が異なるものであっても）同じような結論が導かれる，という仮定を受け入れることができるでしょう。

しかし，異なる集団から，あるいは異なる方法で集められた事例で作った標本から同じ結論が導かれるかどうかは，「場合による」としかいいようがありません。つまり，導かれた結論が無条件に信頼できるのは，同じ集団から同じやり方で集められた事例の集合に対してのみです。その外側にどこまで一般化できるかは，その都度慎重に検討する必要があります。

メモ 1.7（Sampling Methods） 事例の集め方は，いわゆる sampling methods と呼ばれる分野で研究されています（[1] の 4 章や A.10 など）。実験によって事例を集めることが可能な場合には，効率的な実験のやり方が，**実験計画法** (design of experiments) という分野で研究されています。

1.1.3 データ

標本が得られたら，そこからデータを作成します。データは，標本に含まれる事例を観察して仮説に関係がありそうな情報を記録したものです。

例 1.8（教材の効果――データ） **例 1.3** の仮説であれば，標本に含まれる個人から，教材 A 利用の有無と，試験の合否をそれぞれ記録したデータを使うことが考えられます。

1.1.4 エビデンス

次の作業は，データから特徴や傾向を見出すことです。データから見出された特徴や傾向を**エビデンス** (evidence) と呼ぶことにしましょう。

メモ 1.9（統計学の役割とエビデンス） データからエビデンスを見出すために，ふつう統計学の方法が使われます。狭い意味での統計学の役割は，データの持つ特徴や傾向――つまりエビデンス――を数字や数式で表現したり，それが**有意** (significant) であるかどうかを調べることです。

有意という言葉は「見出されたエビデンスが偶然のせいとは考えにくい」ことを表しています。より正確な意味は **7.5 節**を参照。

注意 1.10（エビデンスの形式） 最も典型的なエビデンスの形式は，2 つの事象や量の間の**相関** (correlation) です。ある事象が実現したときにもう片方の事象がより頻繁に実現する傾向があるとき，それらの間には（正の）相関がある，といいます。2 つの量であれば，ある量が大きいときにもう片方の量も大きい傾向があるとき，それらの間には（正の）相関がある，といいます（**2.4.2 節**, **4.7 節**）。

相関以外にも，**ヒストグラム**や**散布図**の形状に見られる特徴をエビデンスとすることがあります（**1.2.4 節**。ヒストグラム，散布図に関しては，**2.3.1 節**, **2.4.1 節**）。

例 1.11（教材の効果――標本の集め方とエビデンス） **例 1.3** の仮説 h_0, h_1 の実証を目的とするならば，標本から見出すべきエビデンスは，教材 A 利用の有無と，試験合否の間の**相関**と考えるのが自然でしょう。つまり，データから，教材 A を利用した受験生の方がそうでない受験生よりも合格する割合が高い傾向が見られるかどうかを調べることが目的となります。

この観点から，**例 1.5** の標本 c の利用は，**例 1.3** の仮説の実証のためには適当ではありません。なぜならば，教材 A のレビューはほぼ確実にその教材を利用した人によって書かれているはずなので，標本 c からは教材 A を利用しなかった事例に関する情報を得ることができないからです（**例 1.14** も参照）。

1.1.5　分析 / 解釈

エビデンスが得られたら，それらを仮説と突き合わせて，エビデンスと矛盾する仮説を取り除きます。エビデンスと仮説を突き合わせることを**分析** (analysis) とか**解釈** (interpretation) といいます。エビデンスと仮説の関係は，大まかには，整合的か，矛盾するか，どちらともいえないか，のいずれかに分類できます。ただし，エビデンスと仮説の関係が都合の良い形に整理されていない限り，この判断は主観的に行います：

手順：仮説とエビデンスの関係の判断　[1.1]

(1) 仮説 h が本当であるという仮定のもとで「データはエビデンス e を示す可能性がある」という説明ができるならば，次のような表現を使って報告できます：

- 仮説 h とエビデンス e は**整合的** (consistent) である。
- エビデンス e は仮説 h を**支持** (support) している。
- 仮説 h はエビデンス e を**説明** (explain, account for) できる。

(2) 仮説 h が本当であるという仮定のもとでは，「データがエビデンス e を示す可能性がある」という説明ができないならば，次のような表現を使って報告することができます：

- 仮説 h とエビデンス e は**矛盾** (contradict) する，あるいは整合的でない (inconsistent)。

- 仮説 h はエビデンス e を説明できない。
- エビデンス e は仮説 h を**反証** (falsify) する。

(3) 上のどちらともいえない場合もあり得ます。たとえば仮説とデータが互いに無関係である場合もあります。このとき，次のように報告できます：

- 仮説 h とエビデンス e は矛盾しない。

実際に得られたエビデンスを e_1 とします。このとき，このエビデンス e_1 と矛盾する仮説をこの先の考察から取り除くことができます。

例 1.12（フーコーの振り子） 1850 年ごろフランスの物理学者フーコーが，振り子の振動面がゆっくり回転することを観察しました（**フーコーの振り子** (Foucault pendulum)）。このエビデンスは地動説を支持し，天動説を反証すると考えられています。地球の自転を直接観察していないのにこう考えられるのは，振動面の回転を地動説が説明できる一方で，天動説が本当だったとすると振動面が回転することを説明できないからです（**メモ 1.18** も参照）。

例 1.13（教材の効果――エビデンスと仮説） **例 1.5** の「標本 a　同じ大学の受験経験者」から次のエビデンスが得られたとします：

- e_1 ：教材 A を利用した受験生の方が合格した割合が**有意**に高い。

例 1.3 の仮説 h_0 のもとでは，このエビデンスが得られることはないと考えられます。他方で，仮説 h_1 が本当だとするとエビデンス e_1 は自然に説明されます。つまり，エビデンス e_1 は仮説 h_1 を支持し，h_0 を反証します（**図 1.2**）。

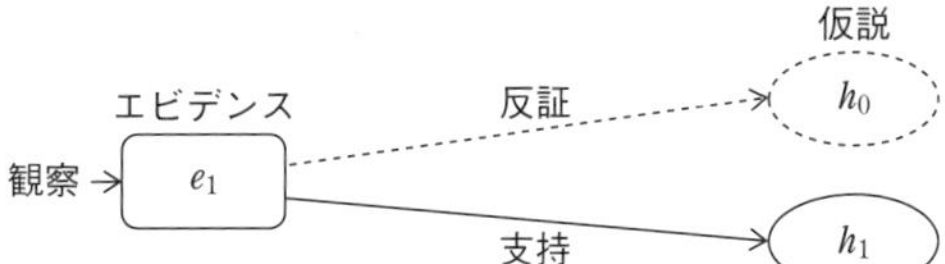

図 1.2　エビデンス e_1 によって支持される仮説と反証される仮説。

例 1.14（教材の効果――実証に使えないエビデンス） **例 1.5** の「標本 b　出版社が独自に集めた事例」を使って，その出版社が

- e_2 ：合格者の 70% が教材 A を利用していました

というエビデンスを公表していたとします。このエビデンスは，教材Aの効果を示しているようにも見えます。しかし，エビデンス e_2 だけでは**例 1.3** の仮説 h_0, h_1 のどちらとも矛盾しません。もし不合格者の70%もやはり教材Aを利用しているならば，仮説 h_0 が支持されます。あるいはもし不合格者のうち教材Aを利用していた受験生の割合が有意に低いならば，仮説 h_1 が支持されます。

仮説 h_0, h_1 を実証する目的では，エビデンス e_2 単独では意味がありません。たとえば，「合格者の9割が右利きだった」というエビデンスだけから右利きの方が有利とはいえないのと同じです。

メモ 1.15（反証可能性） 反証された仮説はそれ以降の考察から取り除かれます。自然科学の分野では，この**反証可能性** (falsifiability) が重視されます。自然科学では，どのような観察によっても反証される可能性のない仮説を実証の対象とはしません。

私たちの目的が，仮説 h_1 を実証することであったとすると，潜在的に可能なエビデンスのどれかがそれを反証できるように観察を行うことが望ましいとする考え方もあります。仮説 h_1 が潜在的に反証される可能性があったにもかかわらず反証されなかったとしたら，その仮説は実証研究によってより**頑健** (robust) になった，と考えられるからです。

1.1.6 エビデンスの解釈 / 分析と結論

1.1.5 節の手順でエビデンスと突き合わせて支持された仮説は，「正しい」と考えても良いのでしょうか。もし，得られたエビデンスを説明できる仮説がただ1つしか存在しないならば，その仮説は正しいといえます。しかし一般に，あるエビデンスが支持する仮説は複数存在します。このことを無視して，何か特定の仮説を結論とすることは短絡的といえます。

データからエビデンスが見出されたら，それを説明できるような仮説を，「ひょっとすると」というものも含めて追加できないかを考えてみましょう。

例 1.16（教材の効果――エビデンスの解釈） **例 1.13** の場合，確かに，仮説 h_1 は見出されたエビデンス e_1 を説明できますが，これ以外にもエビデンス e_1 を説明できる仮説は考えられます。たとえば，教材A利用者の多くが予備校Bに通っていたことに気が付いたとしましょう。すると，エビデンス e_1 を説明する仮説として，

• h_2 ：教材 A の利用の有無は試験の合否に関係しないが，予備校 B に通うことが試験に合格する見込みを高める

を考えることができます（図 1.3）。

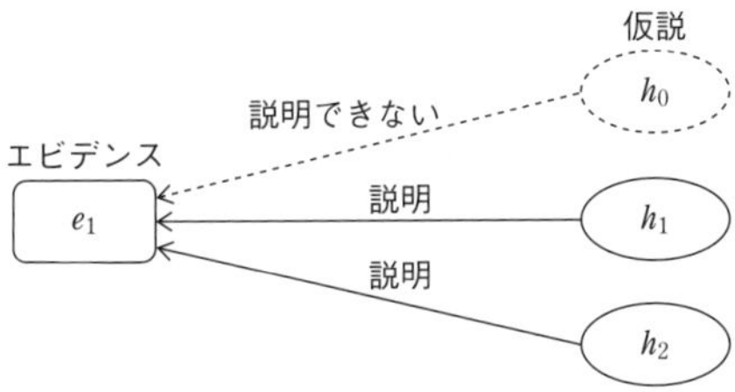

図 1.3　エビデンス e_1 を説明できる新しい仮説 h_2 を加えた場合。矢印の向きや表現が図 1.2 のものと異なりますが意味は同じです。

与えられたエビデンスを説明できるような仮説をあれこれ考えることも，1.1.5 節と同じような意味で，**解釈**とか**分析**といいます。得られたエビデンスに解釈を加えると，いくつかの仮説が新たに付け加わることがあります。新しく加わった仮説は，もとからある仮説と同じように，エビデンスによって支持されています。複数残っている仮説をさらに絞りたいときには，追加的な観察を行うことで新たなエビデンスを得ることが考えられます。それによって，残っている仮説を反証できる可能性があります。

例 1.17（教材の効果——エビデンスの追加）　**例 1.16** において，仮説 h_2 を取り除けるかどうかを調べたいのであれば，予備校 B に通っているかどうかの情報を追加することが考えられます。まず，受験生を予備校 B に通っているかどうかでグループ分けします。そうして，それぞれのグループ内で教材 A 利用の有無によって合格する割合に違いが見られるかどうかを観察します。観察の結果次のエビデンスが得られたとしましょう：

• e_1' ：予備校 B に通っているかどうかでグループ分けをしたうえでも，教材 A を利用した受験生の方が合格する割合が有意に高い。

仮説 h_2 はこのエビデンス e_1' を説明できません。結局，エビデンス e_1 と e_1' の両方を説明できる仮説として h_1 が残ります（図 1.4。1.2.3 節の共変量の項目も参照）。

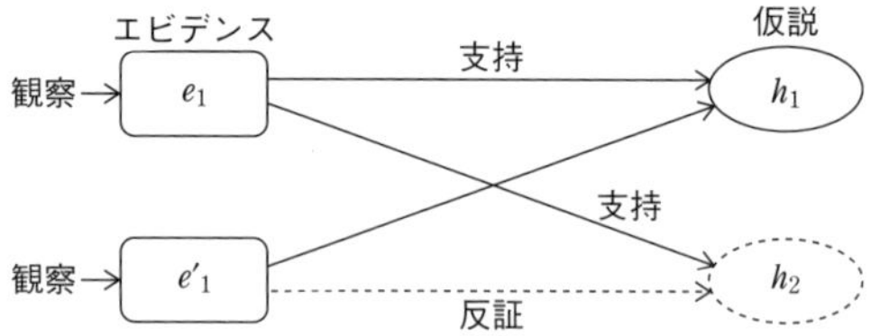

図 1.4　新たなエビデンス e'_1 が観察された場合。エビデンス e'_1 は仮説 h_1 と整合的で，仮説 h_2 と矛盾するとします。

メモ 1.18（実証と証明の違い）　利用可能なエビデンスと矛盾しない仮説は実証されたといえます。しかし，ある仮説が実証されたからといって，正しいことが証明されたわけではありません（**メモ 1.1**）。実証と証明は，次の 2 点において異なります：まず，現在利用可能なエビデンスによって実証された仮説は，将来，新しいエビデンスによって反証される可能性があります。この先，どのような観測が行われて，そこからどのようなエビデンスが見出されるのかを予見することはできません（たとえば，**例 1.12** のフーコーの振り子は「恒星などの天体は静止している」という仮説を支持していますが，その少し後から観測され始めた星雲の**赤方偏移**(redshift) は，これを反証するエビデンスと考えられています）。数学などで一度証明された命題は，新しい知識によって反証されません。

2 点目は，現在利用可能なエビデンスを説明できる仮説が，今挙げられているもので全部である保証がないことです。今私たちが思いつくことができる仮説を全部挙げたとしても，将来誰かが思いもよらない仮説によってエビデンスを説明する可能性があります。

メモ 1.19（説明のできないエビデンス）　得られたエビデンスが手元にある仮説のすべてを反証してしまう場合，このエビデンスを説明できる仮説を新たに考える必要があります。**1.1.1 節**の手順で取り除いてしまった荒唐無稽なものも再び検討する価値があるかもしれません。

ふつう，仮説は一般常識や有力な理論と整合的になるように考えますが，一般常識や有力な理論と矛盾するエビデンスが観察されたとすると，そのエビデンスは常識や理論に修正を迫るような発見である可能性もあります。

1.1.7　結論の記述方法

ここまでの作業の結果，データの示すエビデンスと整合的な仮説がいくつか残ったとします。これらの仮説群が，結論になります。実証したかった仮説が残っている場合，これを中心に結論を書くことに問題はありません。このとき，残っている仮説すべてを書く必要はありませんが，他の仮説が残っていることがわかるように記述をする必要があります。

メモ 1.20（結論の記述） 残っている仮説すべてを結論に書く必要がない理由は，私たちの手元にある仮説群のリストがどのみち完全ではないことです（**メモ 1.18**）。

ただし重要な仮説が残っている場合にはそれにも言及するべきでしょう。何が重要かという判断もやはり主観的にならざるを得ませんが，「当然考えるべきであろう」と思われる仮説への言及がないと，レポートの評価者や論文の査読者を含む読者の指摘を受けることになります。

例 1.21（教材の効果——結論の書き方） **例 1.2** のように私的な目的で調査を行ったのであれば，自分さえ納得すれば良いのですが，他人に報告する場合，記述に注意が必要です。**例 1.13** で，**例 1.17** のように予備校 B に関するエビデンスを追加しないとすると，仮説 h_2 は残ったままになります。この場合，結論の記述は，「教材 A の利用が合格する見込みを高める可能性は否定できない」程度にとどめておく必要があります。ここで仮説 h_2 にも言及するとすれば，「予備校 B に通うかどうかが影響する可能性も存在する」などの記述が考えられます。

1.1.8　発見的な方法

ここまでで確認した方法は，まず仮説があり，それをデータから見出したエビデンスを使って実証する，という順序を取りました。しかし，私たちが考えている仮説の実証にふさわしいデータが都合よく利用できるとは限りません。また，運良くデータが利用できても，見出されたエビデンスが，実証したかった仮説を反証してしまうかもしれません。仮説から始めるような進め方は，真っ当なのですが，失敗してしまうリスクが高いともいえます。

仮説から出発するのではなく，データから出発する方法もあります。つまり，実証したい仮説がはっきりしていなくても，とりあえず何かしらのデータはある，という状態から作業を始めることもできます。データにさまざまな統計学の方法を試してみて，特徴や傾向——つまり，エビデンス——を見つけます。何か面白そうなエビデンスを見つけたら，後から，それを説明できるような仮説を考えるわけです。このようなやり方は，**発見的** (heuristic) な方法と呼ばれます。

レポートや論文にまとめる際には，作業を進めた順番で記述する必要はありません。発見的な方法で作業を行った場合でも，まず仮説を挙げ，次にデータとエビデンスを説明し，結論を示す，という順番で記述できます。

1.2 因果関係の扱い

いわゆる実証研究で扱われる仮説には，**因果関係** (causality) が含まれていることがよくあります。たとえば**例 1.2** の疑問のもとになった仮説にも，教材利用の有無を原因，試験の合否を結果とするような因果関係が先見的に埋め込まれています。

1.2.1 因果関係の説明

そもそも，因果関係とは何なのでしょうか。実証研究の文脈で因果関係を扱う文献では次のように説明されることが多いようです：

- 事象 A が事象 B の原因となること，
- 事象 A の結果，事象 B が実現すること，
- 事象 A が事象 B に影響を及ぼすこと，
- 事象 A が事象 B に効果を持つこと。

これらの説明は，ニュアンスの違いがあるものの，事象 A を原因，事象 B を結果とする因果関係を表しています。ただしこれらの説明は，言い換えに

過ぎません。こうした言い換えをしても，何が観察されれば因果関係があることになるのかはわかりません。しかし，こうした言い換え以上に因果関係が何かをきちんと説明することは困難です。

因果関係のきちんとした説明は脇に置いておくとして，たとえば事象 A が事象 B の原因であることを人に納得してもらうためには何を示せばよいでしょうか。「事象 A と B の両方が実現した」という観測の記録を伝えるだけでは無理でしょう。

注意 1.22（因果関係と経緯や仕組み） 私たちが因果関係の存在を納得するのは，観察される事象の背後にある**経緯** (process) や**仕組み** (mechanism) が確認できた場合ではないでしょうか（**例 1.23**）。ただし，どのような経緯や仕組みであれば因果関係があることになるのかを一般的に記述することは難しいようです。なお，経緯や仕組みが確認できた場合，統計学の方法に頼る必要はありません。

例 1.23（人と影） 日向に人が立っているところを観察したところ，その足元に影ができていました。このとき，人が立っていることが原因で，影ができたことが結果です。また，その逆ではありません。

私たちがこの因果関係を受け入れることができるのは，人と影を観察した記録だけからではありません。私たちが一般常識から，観察された事象の背後にある次の仕組みを知っているからなのではないでしょうか：太陽が光を発し，邪魔をするものがなければその光は地面に届きます。人が立っていると，その人の足元に届くはずの光がさえぎられます。光がさえぎられた部分が影となって観察されます。

因果関係をきちんと定義することは困難ですが，次の**特徴**は観察できる可能性があります：

注意 1.24（因果関係の特徴）

時間的順序： 結果が原因よりも先に実現することはないと考えられます。

非対称性： 結果と原因には次のような非対称性があると考えられます。事象 A が原因，事象 B が結果であると考えられるとき，A を操作すると B に変化がみられますが，B を操作しても A が変化するとは限りません。

相関： 2 つの事象の間に因果関係があるとすると，それらの間に相関関係もあると考えられます。ただし逆は成り立ちません。

1.2.2 相関関係と因果関係

2 つの事象 A, B があったとします。**注意 1.24** で確認したように，事象 A を原因，事象 B を結果とする因果関係が存在すれば，相関関係（**注意 1.10**）が見出されることは自然です。その一方で，相関関係が見出されただけでは，因果関係の実証には不十分であるともいわれています。本節では，**1.1 節**で確認した一般的な実証研究の手順を使って，因果関係の実証に相関関係だけでは不十分である理由を考えます。

メモ 1.25（因果推測） **因果推測** (causal inference) という分野では，因果関係をベイジアン・ネットワークと呼ばれるグラフで表現します。ベイジアン・ネットワークの構造は，相関のみからある程度は推測することができます。しかし，この方法は万能ではなく，因果関係の方向が推測しきれない場合が存在することが知られています ([9] の 26.4 節，[10] など)。

仮 説

1.1 節の手順に従って仮説を列挙します。たとえば次のような仮説が考えられます：

例 1.26（因果関係を含む仮説の例）

- h_0 ：事象 A と事象 B の間には関係がない。
- h_1 ：事象 A は事象 B の原因である（そして，その逆ではない）。
- h_2 ：事象 B は事象 A の原因である（そして，その逆ではない）。
- h_3 ：事象 A と事象 B 両方の原因である事象 C が存在し，事象 A と事象 B の間に，事象 C を介するもの以外の関係がない。
- h_4 ：事象 A と事象 B は互いに影響し合う。
- h_5 ：仮説 $h_0, \ldots, h_4$ のどれが当てはまるかは，事例によって異なる。

仮説 h_4 が表す状況は想像しにくいのですが，たとえば経済の分野では，物価の上昇と経済の成長がこうした関係を持つと考えられることがあります。

データとエビデンス

例 1.27（エビデンスとしての相関）　いくつかの事例を集めて，それぞれで事象 A と B が実現したかどうかを記録したデータを使います。このデータから次のエビデンスが得られたとします：

- e_1 ：事象 A と事象 B の間には有意な相関関係がある。

相関の解釈

例 1.28（相関の解釈）　**例 1.26** の仮説 $h_0,\ldots,h_5$ を**例 1.27** のエビデンス e_1 と突き合わせます。

仮説 h_0 のもとでエビデンス e_1 が見出される，という説明は考えにくいでしょう。その一方で仮説 h_1 のもとでエビデンス e_1 が見出されることは自然に説明されます。したがって，エビデンス e_1 は，仮説 h_0 を反証し，仮説 h_1 を支持します。

問題は，エビデンス e_1 が，仮説 h_1 だけでなく仮説 h_2,h_3,h_4,h_5 も支持することです（図 1.5）。仮説 h_2,h_3,h_4,h_5 から出発してエビデンス e_1 が見出されるという説明を考えることは難しくありません。ここまでにわかったことだけを使って結論を書くとすると，「事象 A が事象 B の原因である可能性は否定できない」程度しかいえません。

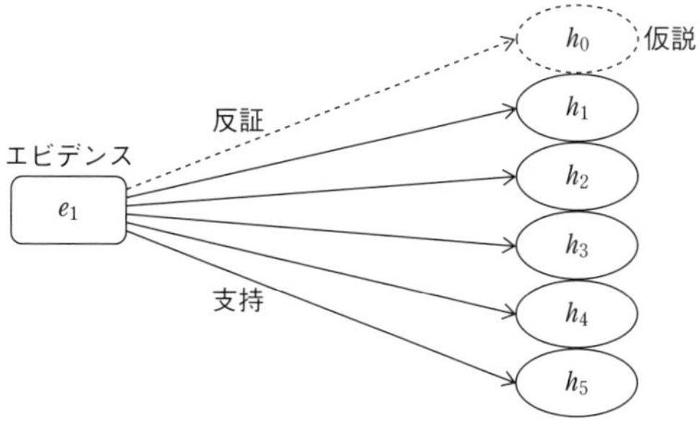

図 1.5　エビデンス e_1 と**例 1.26** の仮説 $h_0,\ldots,h_5$ の関係。

例 1.29（自由裁量権と収益性）　ある企業グループについて，子会社が持つ自由裁量権と，その子会社の収益性の関係を調べたところ，自由裁量権が大きい子会社の方が収益性が高い傾向が見られました（[6] では，このような傾向が報告されています)。つまり，自由裁量権の大きさと収益性の間に相関があるというエビデンスがデータから見出されたのです。このエビデンスから「子会社の自由裁量権の大きさは収益性に影響を与える」と結論することは適当でしょうか。

確かに，得られたエビデンスは，たとえば自由裁量権の大きさを原因，収益性を結果とする因果関係を支持しています。しかし，このエビデンスは，収益性を原因，自由裁量権の大きさを結果とする因果関係も同じように支持しています。つまり，次のような説明を考えることもできるのです：「収益性の悪化した子会社に対しては，改善のために親会社が関与を強め，結果として自由裁量権が小さくなる。」

得られたエビデンスはどちらの仮説も同じように支持しており，区別をすることができません。

1.2.3　因果関係に関係するエビデンス

エビデンスが**例 1.28** の e_1 で表される相関しかない場合，**例 1.28** で述べた結論しか得ることができません。**例 1.26** の仮説 h_1 をより強く主張するには，追加的なエビデンスによって $h_2,\ldots,h_5$ を反証する必要があります。反証するためにどのようなエビデンスがありうるのかを考えます。

時間的順序

結果が原因に先行することはないと考えられます（**注意 1.24**）。

例 1.30（エビデンス——時間的順序）　次のエビデンスは，**例 1.26** の仮説 h_2 を反証できます：

- e_{T} ：事象 A と事象 B の両方が起こった事例すべてにおいて，事象 A が事象 B よりも前に起こっている。

例 1.27 のエビデンス e_1 と合わせると，仮説 h_0,h_2 が反証されるので，残る仮説を h_1,h_3,h_4,h_5 にまで絞ることができます（**図 1.6**）。

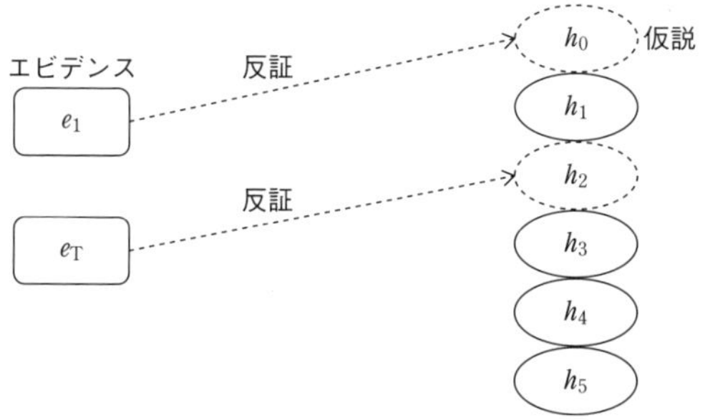

図 1.6　エビデンス e_1, e_T が反証する仮説。支持を示す矢印は省略。

非対称性

原因と結果の間には非対称性があると考えられています（**注意 1.24**）。

例 1.31（エビデンス――実験）　私たちが事象 A を操作できる場合，次のような実験が考えられます：

実験 E：　標本を 2 つのグループに分けます。片方のグループには強制的に事象 A を実現させます。このグループを**介入グループ**（トリートメント）と呼びます。もう片方のグループには事象 A が実現しないよう操作します。このグループを**比較グループ**（コントロール）と呼びます。そうして，各事例において事象 B が実現するかどうかを観察します。

こうして次のエビデンスが得られたとします：

- e_E ：グループ間で事象 B が実現する割合が有意に違う。

エビデンス e_E は，事象 A と B の間の相関も含んでいますので，**例 1.26** の仮説 h_0 を反証します。また，仮説 h_2 はエビデンス e_E を説明できないので，このエビデンスは仮説 h_2 も反証します。

その一方で，仮説 h_3 のもとで，「両グループの間で，事象 C の影響に偏りがあり，その偏りによって事象 B の実現する割合の差が生じた」という説明が可能です。したがって，h_3 は支持されます。

仮説 h_1, h_4, h_5 を使ってエビデンス e_E を説明することは難しくないでしょう。エビデンス e_E は残る仮説を h_1, h_3, h_4, h_5 まで絞ることができます（**図 1.7**）。

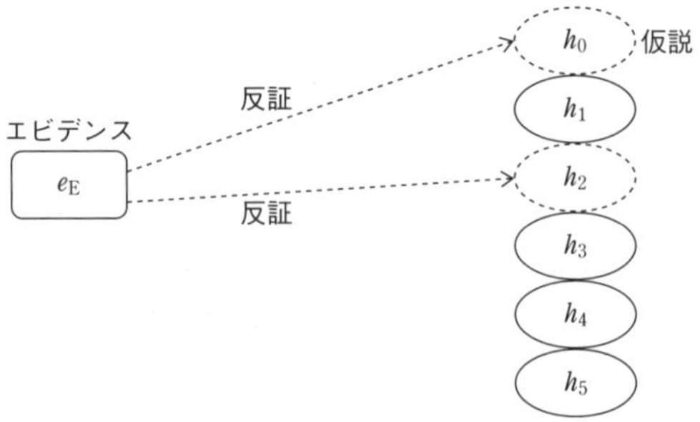

図 1.7　エビデンス e_E が反証できる仮説。支持を示す矢印は省略。

メモ 1.32（実験の利用）　コストや倫理の制約から，社会や経済の分野でこのような実験が利用可能な場面は限られています。**例 1.3** の問題でいえば，資格試験の受験生を 2 つのグループに分け，片方に教材 A を利用させ，もう片方は教材 A を利用しないよう監視し，合格する割合に違いが現れるかどうかを観察することになります。

共変量

仮説 h_3 における事象 C のように，注目している事象に影響する事象を**共変量** (covariate) と呼びます。

例 1.33（教材の効果——共変量）　**例 1.16** の状況で，たとえば予備校 B の講義が受験対策としての効果があり，かつ予備校 B が教材 A を推薦していたとすると，予備校 B に通うかどうかが，教材 A 利用の有無と試験の合否の両方に影響することになります。この場合，予備校 B に通うかどうかが共変量になります。

例 1.34（エビデンス——共変量）　**例 1.26** の仮説 h_3 のように，共変量を含むような仮説は，共変量となる事象 C が実現した事例と，そうでない事例にグループ分けをすることで調べられます。仮に次のエビデンスが見出されたとします：

- e_C ：2 つのグループ両方あるいはどちらかにおいて事象 A と事象 B の間に有意な相関がある。

エビデンス e_C は相関を含むので，仮説 h_0 を反証します。また，仮説 h_3 はこのエビデンスを説明できません（**例 1.17**）。結局このエビデンスは，仮説

h_0, h_3 を反証し，h_1, h_2, h_4, h_5 を支持します（図 1.8）。

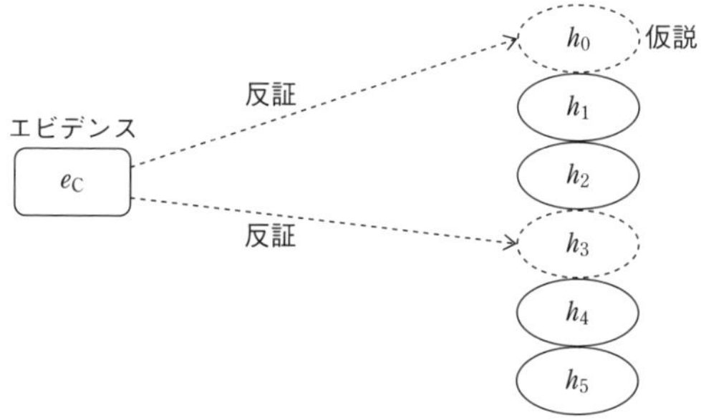

図 1.8　エビデンス e_C が反証できる仮説。支持を示す矢印は省略。

メモ 1.35（共変量が特定されていない場合）グループごとに観察をする方法は，共変量が何なのかが特定されている場合には有効です。特定されていない場合には，潜在的にありうるさまざまな共変量に関してグループ分けをすることができますが，それでも思いもよらないような共変量が存在する可能性を否定することはできません。

次に確認する RCT は，共変量が何なのかを特定しない方法です。

ランダム化比較実験 (RCT)

ランダム化比較実験 (randomised controlled trial, RCT) という方法が，因果関係を実証する方法として注目されています。

例 1.36（エビデンス——RCT）**例 1.31** の実験 E と同様の実験を行うのですが，介入と比較の 2 つのグループに分ける際に，事例の分け方がランダム（無作為）になるようにします。こうして次のエビデンスが得られたとします：

- e_{RCT}：グループ間で事象 B が起こる割合が有意に違う。

エビデンス e_{RCT} は，**例 1.26** の仮説 h_1, h_4, h_5 と整合的です。また，e_{RCT} は，**例 1.31** の e_E と同じように仮説 h_0, h_2 を反証します。

潜在的にありうる共変量が何であろうと，その影響は両方のグループに同じように働くことが期待できます（**メモ 1.37**）。エビデンス e_{RCT} は，その上で有意な違いが観察されたことを示していますが，仮説 h_3 はこれを説明できません。結局，エビデンス e_{RCT} は，仮説 h_1, h_4, h_5 を支持します（図 1.9）。

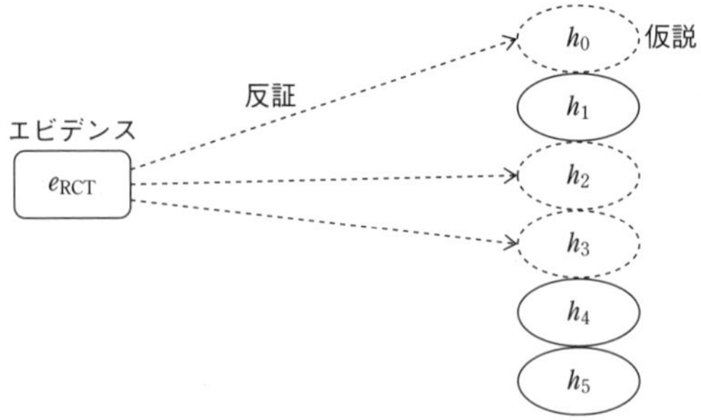

図 1.9　エビデンス e_{RCT} が反証することができる仮説。支持を示す矢印は省略。

メモ 1.37（RCT）　RCT でランダムにグループ分けをすることは，共変量に対処するための巧妙な工夫といえます。

共変量となる事象 C があったとします。グループ分けを何らかの（ランダムでない）基準によって行うと，その基準と共変量 C の間に関係があった場合，事象 C の影響に偏りが生じてしまいます。このとき，事象 B の実現する割合にグループ間で差が観測されたとしても，共変量 C の影響の偏りのせいだ，という説明ができてしまうので，**例 1.26** の仮説 h_3 を反証できません。

標本をランダムに分けることによって，共変量 C が何であっても，また，何であるかが特定されていなくても，2 つのグループは，事象 C の影響を同じように受けていることが期待できます。この点において，RCT はランダム化をしない実験と異なります。

メモ 1.38（フィッシャーの実験計画 3 原則）　ランダム化の重要性は，**フィッシャーの実験計画 3 原則** (Fisher's three principles of experimental design) の 2 番として，**実験計画法**の分野では 1930 年代から重視されていたようです。なお，3 原則の残りの 2 つは，実験の反復と局所管理と呼ばれるものです。[17] の第 1 章などを参照。

メモ 1.39（仮説 h_4, h_5 の反証）　**例 1.36** のエビデンス e_{RCT} が支持する仮説は**例 1.26** の仮説 h_1, h_4, h_5 です。これらの仮説に共通するのは，「事象 A が事象 B に影響することがある」という点です。ここまでの結論では，この点については主張できます。多くの場合これで十分でしょう。

さらに仮説 h_4, h_5 を反証することはいくつかの理由から難しいといえます。まず仮説 h_4 を反証するには，事象 A と B を入れ替えた RCT を行い，次のエビデンスを得る必要があります：

- e'_{E} ：介入グループに事象 B を実現させ，比較グループには事象 B が実現しないよう操作したところ，両グループの間で，事象 A が実現する割合が同じである。

しかし，これには2つ問題があります。まず，**7.5 節**で確認をする**統計的仮説検定**の手続きは，2つの量が**同じ**であることを積極的に支持することができません。もうひとつは，事象Bを操作することが可能な場合が多くないことです（**例 1.3** でいえば，介入グループの受験生を合格させ，比較グループの受験生を不合格にさせるよう操作することは，不正であり実験とはいえません）。

仮説h_5を反証するには，個々の事例を詳しく調べ，それぞれの因果関係を明らかにする必要があるでしょう。しかし，個々の事例の因果関係が明らかにできるのであれば，そもそも統計学の方法に頼る必要はありません（このように個々の事例を詳しく調べることを**ケース・スタディー**といいます。**1.2.5 節**参照）。

1.2.4 相関以外のエビデンス

ここまで，相関をエビデンスとして因果関係を含む仮説を実証する方法を確認してきました。**1.1 節**の実証の手順を考えると，相関以外のエビデンスでも，「因果関係が存在する」という仮説がうまくそれを説明をし，それ以外のもっともらしい説明がなければ，因果関係を支持できます。ただし，どのようなエビデンスであれば良いのかを一般的に記述することは，因果関係が何なのかを一般的に記述することと同じように，困難です。

ここでは，**RD design** (Regression Discontinuity Design) と呼ばれる方法と，**バンチング**と呼ばれる方法を簡単に紹介します（詳細については，[7], [5] など）。これらは近年，日本でも注目を集めているようです（[14], [18] など）。

RD Design

RD Design は，複数の量の間の関係の不連続な変化をエビデンスとして使います。この，複数の量の間の関係の不連続な変化は，**散布図**に見られる特徴として現れることがあります（散布図については，**2.4.1 節**を参照）。

例 1.40（単位認定と学習意欲（架空の講義の例）） 学生が学習をする目的は知識や技術を得るためであり，成績や単位は副次的なものに過ぎない，とする考え方があったとします。その一方で，現実には，単位認定の有無は受講生の学習意欲に影響することが考えられます。ここでは次の仮説を考えます：

- h_1：単位認定の有無は受講生の学習意欲に影響する，

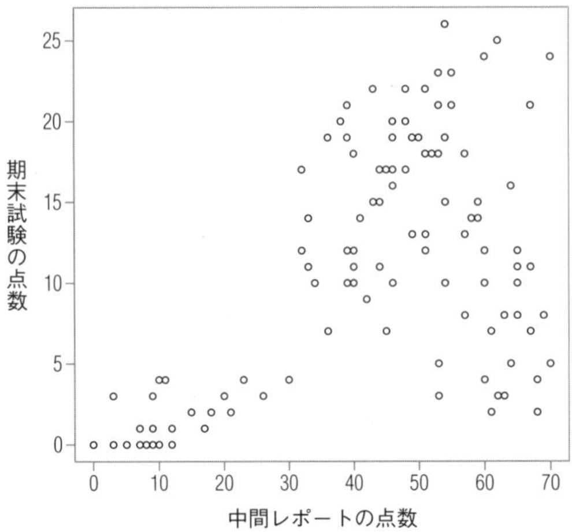

図 1.10　ある講義の中間レポートの点数（横軸）と期末試験の点数（縦軸）の散布図（架空のデータ，**表 2.1** 参照）。

• h_0 ：単位認定の有無は受講生の学習意欲と関係がない。

以下は架空の例です：ある講義では，中間レポートと期末試験の合計点で成績の評価をしているとします。中間レポートの配点は 70 点満点，期末試験の配点は 30 点満点で，合計 100 点満点中 60 点取れれば単位が認定されます。中間レポートはただちに採点され，期末試験の 2 週間前に中間レポートのみの成績が開示されます。

中間レポートの成績が 30 点未満だった受講生は，期末試験で満点を取っても合計で 60 点に満たないので，中間レポートの成績開示時点で単位が認定されないことが確定します。また，中間レポートの成績が 60 点以上だった受講生は，期末試験の成績がどんなに悪くても単位は認定されます。これらの受講生は，期末試験のために勉強をしてもしなくても単位認定に影響しません。

ある年の受講生全員について，横軸を中間レポートの点数，縦軸を期末試験の点数として表した散布図が**図 1.10** です。これを見ると，中間レポートの成績が 30 点のところに不連続な部分があるように見えます。また，30 点のところほどはっきりとしているわけではありませんが，中間レポートの成績が 60 点以上の受講生の期末試験の成績は，中間レポートの成績が 60 点未満の受講生に比べて良くないようにも見えます（**2.3.2 節**の**例 2.15** を参照）。

これらの不連続に見える特徴が**有意**であるとすると，仮説 h_1 はこのエビデンスを説明する一方，仮説 h_0 のもとでこのようなエビデンスが得られるという説明は考えられません。このことから，「データは仮説 h_1 を支持している」と結論することができます（8.5.1 節）。

メモ 1.41（グラフの利用） **例 1.40** では，グラフを使って説明をしました。グラフのような視覚的な表現は有用ではあるものの，[7] は，それのみに頼るべきでないと警告しています。グラフは，作り方によって「そのように見える」ようにできることがあります。たとえば，**図 1.10** も，中間レポートの点数が 30 点と 60 点のところに垂直に補助線を引くと，不連続な様子が強調され，より「そのように見える」ようになります。

不連続に見える特徴が有意であるかどうかを判断するために，後に確認をする統計的仮説検定という手続きを経ることが重要です。

バンチング

バンチング (bunching) と呼ばれる方法では，観測した値の不自然なかたまり (bunch) をエビデンスとします（ただし，[5] では不自然という表現は使っていません。**メモ 1.43** 参照）。観測した値のかたまりは，視覚的には**ヒストグラム** (histogram) の形状に現れます（ヒストグラムについては，**2.3.1 節**を参照）。

例 1.42（成績評価と単位認定（架空の講義の例）） 一般に，成績評価と単位認定の関係は，まず成績が評価され，その評価をもとに単位認定の可否が判断されるべきである，と考えられます。逆に，単位認定の判断が先になされて，それから成績が評価されることは（不正とはいわないまでも）不自然であると思われます。こうしたことがないかをデータから調べるために次の仮説を考えます：

- h_1 ：単位認定の判断が成績評価に影響することがある，
- h_0 ：成績評価が単位認定の可否を決定するが，単位認定の判断が成績に影響することはない。

以下もやはり架空の例です：ある講義ではレポートを 100 点満点で採点し，60 点以上の成績で単位が認定されます。

ある年の受講生 20 人の成績評価のヒストグラムが**図 1.11** です。これを見ると，60 点から 64 点に不自然なかたまりがあります。また，50 点から 59 点に

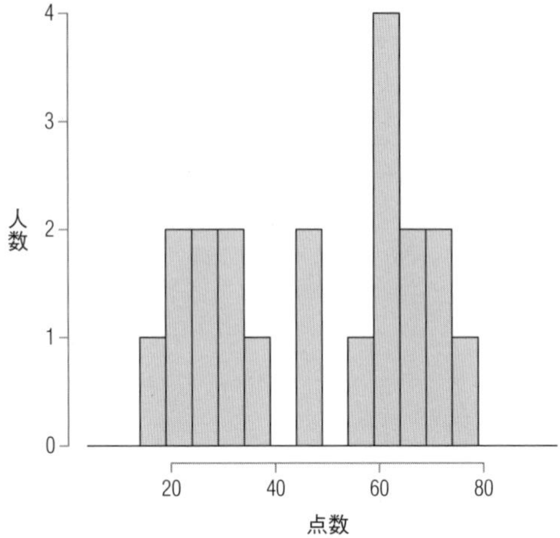

図 1.11　ある講義の 20 人の受講生の成績のヒストグラム（架空のデータ，表 2.2，2.3 参照）。ビンの幅は 5 点。

観測値が 1 つしかないことも不自然といえます。こうした特徴をエビデンスとします。

このエビデンスが有意なものであるとすると，仮説 h_1 のもとでは，次のような説明を考えることができます：「単位認定可否の境目に近い可能性のあるレポートに対しては，評価者が（無意識的にかもしれませんが）評価を“甘く”することがある。その結果，60 点かそれより少し高い点のレポートの数が多くなり，その分 59 点やそれより少し低い点のレポートの数が少なくなる。」

他方で，仮説 h_0 はこのエビデンスを説明できません。

ここでもやはり，上に挙げた以外の仮説を排除するわけではありません。しかし，とりあえず思いつく仮説のうちエビデンスをもっともらしく説明できるものが仮説 h_1 しかなければ，「データは仮説 h_1 を支持している」と結論することができます。

メモ 1.43（バンチングと反事実）　バンチングの明らかな困難は，どのようなかたまりを不自然とするかを判断することです。観察された特徴が不自然かどうかを判断するには，どのような状態が自然なのかを記述する必要があります。例 1.42 でいえば，仮説 h_0 のもとで自然なヒストグラムがどのようなものになるのかを記述する必要があります。これができれば，観察されたヒストグラムが不自然かどうかは，自然なものと比べることで判断できます。

しかし，実現していない仮想的な自然な状態を，誰もが納得できるように記述することは容易ではないでしょう。なお，実現していない仮想的な状態を**反事実**(counterfactual)といいます（[18]など）。

1.2.5 因果関係の実証とケース・スタディー

これまでに確認をしてきたように，データと統計学の方法によって因果関係を実証するには，都合の良い状況が観察できる必要があります。私たちが興味を持つ対象について，このような都合の良い観察ができることはむしろまれかも知れません。

有効であると思われるのが，ケース・スタディーの利用です。いくつかの事例を詳しく観察することで，因果関係を個々の経緯として示すことができるかもしれません。もちろん，観察したいくつかの事例をどの程度一般化できるかには議論の余地があります。しかしながら，統計学の方法で比較的簡単に得られる相関などのエビデンスを援用することで，ある程度補強できることも期待できます。

例 1.44（自由裁量権と収益性――ケース・スタディー） **例 1.29** の場合，親会社や子会社に対して，自由裁量権が決められた経緯を個別に調査することで，どちらが原因でどちらが結果なのかがわかる可能性があります。自由裁量権の大きさと収益性の間に見出された相関は，個別調査が示唆する因果関係を一般化する際の補強材料として利用できることが期待されます。

1.3 まとめとここから先

実証研究の手順を確認すると，重要な部分で私たちの主観的な判断が不可欠なことがわかります。また，因果関係を含むような複雑な仮説は，データによる実証に向いていないかもしれません。人の書いたレポートや論文で安易に結論が導かれているように見える場合，結論に述べられている以外の可能性がきちんと反証されているかどうかを確認する必要があります。

ここから先は，次のように進んでいきます：まず，**第2章**で，クロスセクショナルなデータと，データから特徴や傾向を見出すための方法である記述統計を確認します。データから見出された特徴や傾向をエビデンスとして使う際には，それが偶然でない，つまり**有意**であるかどうかも調べることが重要です。これには，**統計的仮説検定**と呼ばれる手続きを利用します。

統計的仮説検定については，**第7章**において，回帰モデルを使ったものを確認をします。その前にまず，誤差などの偶然を表現するための**確率論**の概要を**第3, 4, 5章**で確認をします。確率論そのものは，統計における誤差の表現だけでなく，自然科学や工学，金融などさまざまな分野で不確実性を表すために使われています。その次に，確率の考え方とデータを結びつける**統計的推測**を**第6章**で確認します。

演 習 問 題

演習1　ここまでで確認した実証研究の文脈で考えた場合，次の文章がどのように正しくないのかを答えなさい。

(1)　どのような仮説も，一度実証されれば，正しいことが証明されるので，再び確かめることに意味はない。

(2)　2つの事象の間に因果関係が存在するならば，それらの事象が起こったかどうかの事例をたくさん集めてその記録を調べれば，因果関係を実証できる。

2 クロスセクショナルなデータと記述統計

2.1 クロスセクショナルなデータ

2.1.1 クロスセクショナルなデータとは

定義：クロスセクショナルなデータ [2.1]

互いに比べることができるような**事例**を沢山集めて，共通する側面を観察した記録を，**クロスセクショナルなデータ** (cross-sectional data) といいます。経済や社会の分野でいう事例とは，個人や家計，企業などの経済主体あるいは，事件や事故などの出来事を指します。

注意 2.1（クロスセクショナルなデータと表） クロスセクショナルなデータは，行を事例に，列を観察した側面に対応させた表に整理できます（**例 2.2**, **表 2.1**）。

例 2.2（架空の講義の例） **例 1.40** で利用した架空のデータは，クロスセクショナルなデータの例です。これは，受講生 112 人について，レポートと試験の点数を記録したものです。**定義 [2.1]** に対応させて考えると，個々の受講生が事例で，レポートの点数と試験の点数がそれぞれ観測した側面に相当します。

このデータは，**表 2.1** のような形に整理できます。つまり，1 人の受講生を

表 2.1 ある講義の受講生 112 人のレポート（R, 70 点満点）と試験（E, 30 点満点）の点数（架空の例）。№は事例に振った番号。

№	R	E	№	R	E	№	R	E	№	R	E
1	32	12	31	62	3	61	26	3	91	63	3
2	52	18	32	40	12	62	41	14	92	36	19
3	12	0	33	39	19	63	34	10	93	8	0
4	48	22	34	43	15	64	70	24	94	43	22
5	46	20	35	57	13	65	65	8	95	49	19
6	64	5	36	69	8	66	53	18	96	65	10
7	15	2	37	53	3	67	0	0	97	40	11
8	45	7	38	33	11	68	33	14	98	32	17
9	67	21	39	49	13	69	54	19	99	67	7
10	61	7	40	51	13	70	39	21	100	18	2
11	0	0	41	51	22	71	42	9	101	53	23
12	7	1	42	65	11	72	20	3	102	60	10
13	3	3	43	60	4	73	3	0	103	55	21
14	44	17	44	9	1	74	39	10	104	48	20
15	40	10	45	57	8	75	51	12	105	48	17
16	38	20	46	51	18	76	30	4	106	39	12
17	54	15	47	68	4	77	54	19	107	54	10
18	44	11	48	45	17	78	40	18	108	54	15
19	10	0	49	5	0	79	59	15	109	21	2
20	9	3	50	63	8	80	68	2	110	50	19
21	17	1	51	46	19	81	9	0	111	11	4
22	54	26	52	65	12	82	46	17	112	67	11
23	61	2	53	7	0	83	12	1			
24	23	4	54	53	21	84	55	23			
25	0	0	55	60	12	85	59	14			
26	5	0	56	62	25	86	46	20			
27	44	15	57	60	24	87	46	16			
28	46	10	58	57	18	88	36	7			
29	58	14	59	64	16	89	10	4			
30	53	5	60	46	17	90	70	5			

1 つの行に対応させて，それぞれの受講生のレポートと試験の点数を，受講生を区別するための番号とともに列をそろえて記録することができます。ただし，**表 2.1** は，112 行の表を 4 重に折り畳んであります。

いくつかの用語を確認しておきましょう：

定義：クロスセクショナルなデータの用語 [2.2]

標本とその大きさ　集めた事例の集合を**標本**と呼びます。標本に含まれる事例の数を**標本の大きさ** (sample size) といいます。

番号　事例に，1 から順番に番号を振っていくと便利です。ただし，番号には個々の事例を区別する以上の意味はないものとします。

項目　観察した側面にラベル付けをしたものを**項目** (item) と呼ぶことにしましょう。**例 2.2** では，レポートの点数と試験の点数がそれぞれ項目になります。

観測値　事例を観察して得られた記録の本体を**観測値** (observed value) とか，単に**値** (value) と呼びます。観測値には，**数値** (numerical) のものと**カテゴリカル** (categorical) なものがあります。

注意 2.3（観測値の種類）　**例 2.2** のレポートや試験の点数は数値である観測値の例です。事象が実現した / 実現しなかった，のような二者択一の観測値はカテゴリカルです。また，企業分類などの属性もカテゴリカルな観測値です。

数値やカテゴリカルな観測値以外に，文章で記述されるような記録もあります。ただし，標準的な統計学の方法は文章を扱うことがあまり得意ではありません。文章を扱う方法として，**テキストマイニング** (text mining) などが提案されています。

注意 2.4（他のデータ形式）　クロスセクショナルなデータの形式は，標本を，「ばらばら」な事例の集まりとして扱います。この形式は，ある事例と他の事例の間にある個別の関係を表現することに向いていません。

たとえば，都道府県の経済を観察することを考えます。クロスセクショナルなデータの形式は，47 都道府県の経済に関する記録を**表 2.1** と同じような表の形に整理したものです。このような形式は，ある県が他の県と隣接しているかどうかとか，経済的なつながりが強いかどうか，といった事例同士の間にある関係を表現することに向いていません。こうした要素が重要であると考えられる場合には，データを，たとえばネットワークなど事例の間の関係をうまく表現できる形式に整理するべきでしょう（**メモ 2.5**）。

また同じように，**時系列データ** (time-series data) も，クロスセクショナルとして扱うべきでない場合があります。時系列データは，単一の事例を時間を追って観察した記録ですが，個々の観察時点をそれぞれ異なる事例と捉えることによって，クロスセクショナルとして扱うことは可能です。しかしそうすることは，時間的な順序を一切無視することになります。時系列データに対しては，時間的な前後関係に注目するような方法がふつう使われます（[2], [12] など）。

メモ 2.5（ネットワークとグラフ） 事例の間の個別の関係に注目するようなデータの形式として，ネットワークとか，グラフ理論におけるグラフと呼ばれるものがあります。これらに関しては，たとえば[9]や[3]を参照。その他のデータの形式については，たとえば[15]を参照。

2.1.2 標本と母集団

定義 [2.2] では，標本を，観察のために集めた事例の集合と定義しました。事例を集める際には，可能な範囲から集めることになります。

定義：母集団 [2.3]

事例を集めるもとの集団を**母集団** (population) と呼びます。標本に入る事例を母集団から選ぶことを**標本抽出** (sampling) といいます。

本節では，標本と母集団の関係についてもう少し考えてみます。

注意 2.6（標本調査の考え方） **標本調査**では，標本と母集団に関してしばしば次のような説明がされます：

> たとえば私たちが，あるテレビ番組の視聴率を調査したいとします。きちんと調べるためには，その番組を受信可能な範囲にあるすべてのテレビについて，その番組が視聴されているかどうかを観察する必要があります。しかし，これはコストなどの問題から現実的ではないでしょう。そこで，いくつかの家庭を選び，その家庭にあるテレビの視聴状況を観察します。そうして得られたデータをもとに，範囲内のすべてのテレビの視聴状況を推し量ろうとすることがあります。
>
> このとき，範囲内のすべてのテレビが母集団で，観察のために選んだいくつかのテレビの集合が標本になります。

この考え方では，私たちが標本を調べる目的は，母集団の性質を知ることにあるといえます。

定義：標本調査 [2.4]

母集団から標本を抽出し，その標本から母集団の持つ傾向や特徴を推し量るような方法を**標本調査** (sample survey) といいます。

定義：悉皆調査 [2.5]

標本調査に対して，母集団のすべてを観察するような調査方法――つまり，標本と母集団が一致するような調査方法――を**悉皆**（しっかい）**調査** (exhaustive survey) とか，**全数調査** (complete survey) といいます。

メモ 2.7（標本調査の考え方の利点） 標本調査の考え方を使うことの利点は，統計的推測に必ずついて回る**誤差** (error) がどこから生じたのかがはっきりすることです。つまりこの考え方によると，誤差が生じるのは，私たちが，母集団のすべてを観察していないから，ということになります。

メモ 2.8（標本調査の考え方の注意点） 標本調査の考え方にはわかりにくい点もあります。たとえば，日本国内の都道府県の何らかの特徴に興味があったとします。47 都道府県すべてを標本として，それをもとにモデルに含まれる未知パラメータを推定する場合があります。これは統計的推測といえます。しかし，47 都道府県すべてについて調査をすれば，それは悉皆調査といえるでしょう。標本調査の考え方によると，悉皆調査で統計的推測を行うことの意味が説明できません。

また，母集団がはっきりしていなかったり，私たちが興味を持っている集団が，母集団に含まれなかったりする場合もあります。たとえば，**例 2.2** のデータを調べる目的が，来年以降のカリキュラムの改善にあるとすると，私たちの興味は，来年以降の受講生にあります。しかし，標本を未来の受講生から集めることはできません。標本を集めることができる母集団は現在か過去の受講生に限られます。私たちは，「今年の受講生の集団と，来年の受講生の集団の持つ特徴や傾向は大きくは変わらないだろう」という仮定のもとに，来年以降の受講生のありうる特徴や傾向を推測することができます。しかし，これは母集団の特徴や傾向を推測しているのではありません。

時系列データを母集団から抽出した標本と考えることの利点はほとんどないでしょう。たとえば，過去 10 年の東証株価指数の時系列データを標本とすることを考えましょう。この標本を調べる目的は，過去 10 年の株式市場について知ることか，あるいは少し先の未来の予測をすることかもしれません。過去 10 年の時系列データを，母集団――東証が株価指数を公表し始めた 1969 年 7 月 1 日から現在までの東証株価指数時系列――から抽出した標本と考えることは可能ですが，調査の目的は母集団について知ることではないでしょう。

作業を行う上で，母集団について考えることの利点はあまり大きくないかもしれません。それよりも——1.1.2 節の繰り返しになりますが——集めた標本が，私たちが実証したい仮説で考えている事例の代表や代理といえるかどうかを検討することの方が重要です。

本書では，標本調査の考え方を使わずに統計的推測の説明を行います。

2.1.3 標本の大きさ

定義［2.1］では，事例を沢山集める，と説明しましたが，いくつあれば十分といえるのでしょうか。

6.7.4 節などで確認をしますが，ある仮定のもとでは，標本は大きい方がより良い推定ができます。ただし，観察事例の数を好きなように増やすことができる場合はむしろ少ないでしょう。たとえば，観察にコストがかかる場合，それが制約になります。また，事例の数が，日本の都道府県や，取引所に上場している企業のように，あらかじめ決まっているものである場合，その数以上には増やせません。

何個以上の事例があれば十分である，という基準を設けることは難しいのですが，7.5.9 節で，再びこの問題について考えることにします。

2.2 記述統計とは

2.1 節で確認をしたクロスセクショナルなデータは，**表 2.1** のようなやり方で値が並んだ表と同一視できます。**表 2.1** の標本の大きさは 112 ですが，もっと大きな標本の大きさは数千であったりそれ以上のものもあります。そのような場合，対応するデータは大量の観測値が並んだ表になります。調べた情報がすべてそこに書かれていたとしても，それを眺めることでデータの傾向や特徴をつかむことは難しいのではないでしょうか。

記述統計は，データを視覚化したり，特徴を表す 1 つの数字にまとめるための方法です。記述統計を使って見出した特徴は，私たちが仮説を実証するためのエビデンスとして利用できるかもしれません。

記述統計の方法にはさまざまなものが提案されていますが，その中でどれかが正しくて，他が間違っている，ということはありません。ただし標本の特徴をうまく捉えられる方法が好ましく，ミスリーディングな方法が好ましくない，といったふうに主観的に評価をすることは可能です。また，私たちが見出したい特徴に合わせて，自分で記述統計の方法を考案することもできます。

以下では，確率論との関係から重要であると思われるものを中心に確認を行います。まず標本の1項目に対して使う方法を確認して，その後複数の項目に対する記述統計を見ていきます。主に，数値を値とする項目について確認をします。

2.3 1つの数値項目に対する記述統計

1.2.4 節の**例 1.42** で取り上げた，レポートの点数のデータが与えられたとします。ここに含まれる観測値を昇順に並べると，**表 2.2** のようになります。

表 2.2 ある講義のレポートの点数（架空の例）。昇順に並べ替えたもの。

18	23	24	27	28	30	34	38	47	48
58	61	61	62	64	66	68	71	71	76

この数字を眺めるだけでは，特徴をつかむことは難しいかもしれません。

2.3.1 ヒストグラム

ヒストグラム (histogram) は，すでに**例 1.42** で利用しましたが，データに含まれる観測値が数直線上にどのように分布しているのかを視覚的に表すグラフです。実際には，計算ソフトなどを使って半ば自動的に作成する場合がほとんどですが，ここでは，**表 2.2** のデータを例に手作業で行う場合の手順を確認しておきます。

ビン

まず観測値が取る可能性のある範囲を適当な区間に分割します。

定義：ビン [2.6]

観測値が取る可能性のある範囲を適当な区間に分割したときの個々の区間を**ビン** (bin) と呼びます。ふつう，ビンを作るための分割は，すべてのビンが同じ幅を持つように行います。

表 2.2 の標本では，観測値が取る可能性のある範囲は 0 点から 100 点までです。この範囲を 5 点刻みにして，0-4, 5-9, 10-14, ⋯, 95-100, のように 20 個のビンを作りましょう。この分割のやり方では，最後の 95-100 のビンだけ幅が異なりますが，この影響はとりあえず無視することにします。

度 数

次に，各ビンに何個の観測値が含まれているのかを数えます。

定義：度数 [2.7]

ビンに含まれる観測値の個数を，そのビンの**度数** (frequency) といいます。

表 2.2 のデータについて，ビンと度数を表にまとめると，**表 2.3** のようになります。**表 2.2** の値 61 のように等しい観測値が複数ある場合でも，それぞれは別の事例のものですから当然別のものとして数えます。つまり，ビン 60-64 に含まれる観測値の個数は 61, 61, 62, 64 の 4 個と数えます。

表 2.3　表 2.2 のレポートの点数の度数。

ビン	0-4	5-9	10-14	15-19	20-24	25-29	30-34	35-39	40-44
度数	0	0	0	1	2	2	2	1	0
ビン	45-49	50-54	55-59	60-64	65-69	70-74	75-79	80-84	85-89
度数	2	0	1	4	2	2	1	0	0
ビン	90-94	95-100							
度数	0	0							

ヒストグラム

定義：ヒストグラム [2.8]

ヒストグラムとは，ビンを横軸，度数を縦軸にした棒グラフでデータを表したものです。

表 2.3 をもとに作ったヒストグラムが 1.2.4 節の図 1.11 です。

注意 2.9（度数と相対度数）　ヒストグラムの縦軸は，度数をそのまま使うこともありますが，度数を標本の大きさで割った**相対度数** (relative frequency) を使う場合もあります。

注意 2.10（ビンの幅）　図 1.11 ではビンの幅を 5 にしましたが，5 以外の幅でもヒストグラムを作れます。ビンの幅を小さくすると，細かい様子も表せるのですが，小さくしすぎると，ほとんどのビンの度数が 0 か 1 になってしまい様子がわかりにくくなってしまいます。逆にビンの幅を大きくしすぎると，今度はビンの数が少なくなってしまいます。

一般に，ビンの幅に正しい値はありません。記述統計の目的から考えれば，出来上がったヒストグラムが標本の特徴を良く示していれば，どのように決めたとしても役目を果たせます。

ある特定の意味で最適なビンの幅を計算する方法も提案されています。たとえば，**スタージェスの公式**（Sturges' formula, ビンの数を $\log_2$［標本の大きさ］に近い自然数にするもの）などがあります。

2.3.2 標本平均

データを1つの数字で代表させる場合，多くの人はその平均値——データに含まれる観測値の和を標本の大きさで割った値——を思い浮かべるのではないでしょうか。たとえば人に説明するのに「日本人の平均身長は何センチです」だとか，「このクラスの平均点は何点でした」というと標本のイメージが伝わりやすいかもしれません。

定義：標本平均 [2.9]

データの平均値や，その計算の仕方を**標本平均** (sample average, sample mean) といいます。大きさ N の標本から得られたデータ $(x_1, \ldots, x_N)$ の標本平均 $\bar{x}$ は次の式で計算されます：

$$\bar{x} = \frac{1}{N}\sum_{i=1}^{N} x_i.$$

注意 2.11（真ん中の指標としての標本平均） 標本平均は，データの真ん中がどこにあるのかを示す指標と考えることができます。標本平均をデータを代表する値として使うことができるのも，このためです。

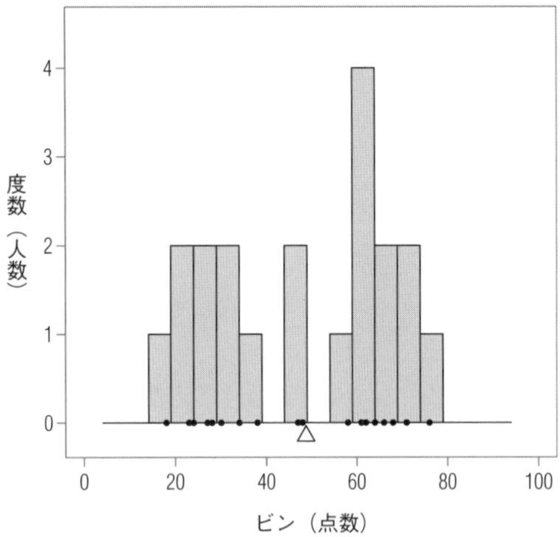

図 2.1 表 2.2 のデータに含まれる値（●）と標本平均（48.75，△）。重ねてあるヒストグラムは図 1.11 と同じ。

標本平均がデータの真ん中であることの説明として便利なのが，標本平均をデータの**重心** (centre of gravity) と考えることでしょう（演習 1）。数直線を，曲がることのない細くて軽い棒だと考えます。数直線上で，データに含まれる観測値に相当する点すべてに，同じ重さの（たとえば 1 グラムの）重りをくっつけていきます。この重り付きの棒を支えて釣り合う点がどこかにあるはずです。それがデータの重心であり，標本平均と一致します。**表 2.2** の標本の場合，標本平均は 48.75 で，データに含まれる観測値とともに図示すると**図 2.1** のようになります。

メモ 2.12（真ん中の指標） 一般に，データの真ん中は一通りに決められません。標本の大きさが 2 なら，たとえば，「3 と 5 の真ん中は $\frac{3+5}{2}=4$ だ」といったように，標本平均が真ん中であることに疑問は生じないでしょう。それではたとえば，データが $(3, 5, 10)$ のようなとき，$\frac{3+5+10}{3}=6$ はどうでしょうか？足して 3 で割った数でなく，3 と 5 と 10 の真ん中の値である 5 を真ん中としても良さそうですし，「左端」の 3 と「右端」の 10 から等距離にある 6.5 を真ん中としても良さそうです。

すでに説明をしたように，記述統計の方法に正解はありませんので，これらのどれかがデータの真ん中を上手く捉えていそうであれば，標本平均でなくても，それを真ん中の指標として使うことができます。後に確認をするように，標本平均以外の真ん中の指標が利用されることもあります。

注意 2.13（標本平均の持つ癖） 標本平均が，データの重心であることを知っていると，標本平均が次のような癖を持つことが直感的に理解できます。大多数の観測値が集まっているところから大きく離れた場所に少数でも観測値が存在すると，（梃子の原理が働いて）重心は，離れた方に大きく引っ張られてしまいます。つまり，標本平均は少数の極端な観測値に大きく影響されます（**2.7 節**参照）。

また，標本平均は左右の歪みにも影響されます。**図 2.2** は，NBA（National Basketball Association, 北米のバスケットボールリーグ）選手 551 人の 2018/19 年シーズンの年俸（1,000USD を 1 としています）とその標本平均にヒストグラムを重ねたものです（値は https://hoopshype.com/salaries/players/ より取得）。ヒストグラムを見ると，多数の選手が 5,000 × 1,000USD よりも小さいところに集まっている一方で，40,000 × 1,000USD に近いところに少数の選手が存在することがわかります。標本平均 6,561 × 1,000USD は △ で示してありますが，この値が標本全体を代表しているというよりは，比較的少数の高額な年俸に引っ張られているようすがわかります。数えてみると，標本平均よりも高い年俸をもらっている選手は182人しかおらず，全体の2/3以上の369人の選手の年俸は平均以下です。

このようにヒストグラムが大きく歪んだ標本では，標本平均は，真ん中の指標や，標本を代表する値としてはミスリーディングであることがあります。図2.2では，破線で示した**中央値**（2.3.3節参照）の方が標本を代表する値として自然なのではないでしょうか。

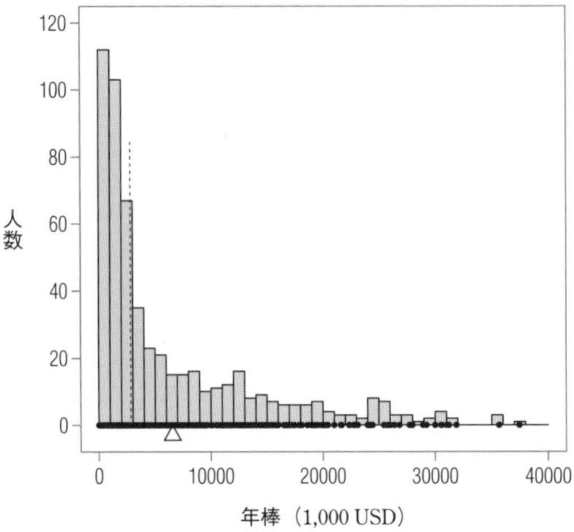

図2.2　NBA選手551人の2018/19年の年俸（1,000USDを1としています，●）とその標本平均（6,561×1,000USD，△）。ヒストグラムのビンの幅は1,000。縦の破線は中央値(2,808×1,000USD)の位置を表しています。値はhttps://hoopshype.com/salaries/players/より取得。

注意2.14（標本の比較）　標本平均のように，標本を1つの数値に要約できると，複数の標本の比較が容易になります。複数の標本同士を比べることは難しいかもしれませんが，標本平均同士ならば簡単に比べることができます。

例2.15（レポートと試験の成績――標本平均の比較）　**例1.40**では，**図1.10**の散布図から，中間レポートの成績が60点以上の受講生の期末試験の成績は，中間レポートが60点未満の受講生に比べて，良くないように見えることを指摘しました。しかし，グラフからでは，「そのように見える」としかいいようがありません。

中間レポートの成績が30点から59点までの受講生の集合を標本a，同じく

60 点から 70 点までの受講生の集合を標本 b とします。それらの標本平均同士ならば比べることができます。標本 a の期末試験の平均は 15.33 点で，標本 b のものは 10.08 点です。両者を比べると標本 a の平均の方が高いことがわかります。

この差が**有意**なものであれば，これをエビデンスとして使うことができます。

2.3.3 中 央 値

注意 2.13 で述べたように，真ん中の指標として，標本平均の他に，中央値が使われることがあります。

定義：中央値 [2.10]

観測値を大きさ順で並べたとき，それをちょうど半分に分ける値を**中央値**といいます。

例 2.16（中央値の導出） データが (3, 5, 10) の 3 つの値からなるときを考えてみましょう。境目を 5 とすると，5 よりも小さい値は 3 のみで，大きい値は 10 のみです。5 自身を小さい方と大きい方に「半分」ずつ分けることにすると，5 という境目は標本を半分に分けます。これがこの標本の中央値になります。**図 2.2** で示した中央値 2,808 は，選手の数をちょうど半分に分ける 276 番目の選手の年収です。

メモ 2.17（中央値の他の定義） 中央値の定義には，**定義 [2.10]** の他のやり方が必要な場合があります。たとえば，データが (3, 5, 10, 14) の 4 つの値からなるとき，これを半分に分ける値は 1 つに決まらないので，**定義 [2.10]** から考えると 5 と 10 の間のどこに決めても構わないことになります。1 つに決める必要がある場合，たとえば可能な中央値の範囲のさらに真ん中，$\frac{5+10}{2}$=7.5 を標本の中央値とすることが考えられます。

データが (3, 5, 10, 10, 10) のような場合，どこを境目にしても標本を半分に分けることができません。中央値を決めるには，新しい定義のやり方を考える必要があります。たとえば，次のような定義のやり方が考えられます：標本の大きさを N とします。自然数 k を次で定めます：

$$k=(\text{N/2より大きい自然数のうち最も小さいもの}).$$

次に，データに含まれる値を小さい方から順番に並べていきます。ただし，同じ値が複数ある場合には隣に並べます。そうして，小さい方から k 番目の値を a，大きい方から k 番目の値を b とおき，標本の中央値を $\frac{a+b}{2}$ とします。このように定義すると，標本の大きさが1よりも大きければ，どんな場合にも中央値を決めることができます。ただし，ここで技巧を凝らすよりも，中央値が標本の代表値といえるかどうかを検討した方が意味があるといえます。

2.3.4 標本分散と標本標準偏差

前節では，（分布が大きく歪んでいなければ）標本平均がデータの真ん中の指標として利用できることを確認しました。真ん中がどこにあるのかというのは，データを知るうえで一番重要な特徴といえるかもしれません。その次に重要な特徴は，値が，真ん中付近に集まっているのか，離れたところまで散らばっているのか，というばらつき具合でしょう。観測値が，真ん中近くに集まっていれば小さく，離れたところに散らばっていれば大きくなるような，ばらつきの指標を決めておくと便利です。

標本分散

定義：標本分散 [2.11]

大きさ N の標本から得られたデータ $(x_1,\ldots,x_N)$ の**標本分散** (sample variance) s_x^2 は次の式で計算されます：

$$s_x^2=\frac{1}{N}\sum_{i=1}^{N}(x_i-\bar{x})^2. \tag{2.1}$$

ただし，$\bar{x}$ は標本平均を表します。

メモ 2.18（標本分散の分母）**定義** [2.11] のように標本の大きさ N で割る代わりにそれよりも1少ない $N-1$ で割るやり方もあります。$N-1$ で割ったものは，分散の不偏推定量と呼ばれることがあります（例 6.27）。

メモ 2.19（ばらつきの指標としての標本分散）式 (2.1) がどのようにデータのばらつき具合を捉えているのかを，データ (3, 5, 10) を例に考えましょう。標本平均は，$\bar{x}=\frac{3+5+10}{3}=6$ と計算されます。これをデータの真ん中と考えると，それぞれの値がそこからどれだけ離れているかは，それぞれの値から $\bar{x}=6$ を引いて次のように計算さ

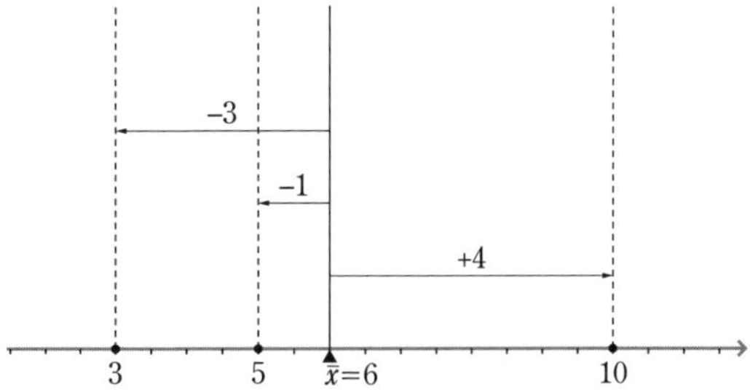

図 2.3　標本に含まれる値 3, 5, 10 と標本平均 $\bar{x}=6$ の関係。

れます（図 2.3）：

$$3-6=-3,\ 5-6=-1,\ 10-6=4.$$

このように，単純に $\bar{x}$ を引くやり方だと，$\bar{x}$ よりも小さい値との距離にはマイナスの符号がついています。

標本全体として押並べてどれだけ $\bar{x}$ から離れているかは，これらの平均を取ればよさそうに思えます。しかしこれを計算をしてみると，$\bar{x}$ より小さい値との距離についているマイナスと，大きい値との距離についているプラスが打ち消し合って，$\frac{(-3)+(-1)+4}{3}=0$ となってしまいます。このような計算をすると，標本が何であっても常に値が 0 になることは，簡単に示すことができます（演習 1）。どのような標本でも同じ値しか取らないので，特徴を表す指標としては役に立ちません。

この問題が生じるのは，符号をそのまま計算に入れてしまうからです。符号は，それぞれの値が標本平均よりも小さいのか大きいのかを表していますが，散らばり具合を知るには，これらが互いに打ち消し合ってしまうのは好ましくありません。

符号を取り除けばこの問題は解決します。分散の計算では，2 乗することで符号を取り除きます。それぞれの値から $\bar{x}=6$ を引いた値を 2 乗したものにはマイナスの符号がつきません：

$$(3-6)^2=(-3)^2=9,\ (5-6)^2=(-1)^2=1,\ (10-6)^2=4^2=16.$$

これらの平均 $\frac{9+1+16}{3}\simeq 8.67$ がデータ (3, 5, 10) の標本分散です。

2 乗する代わりに絶対値で符号を取り除く方法もあります。こうして計算したものは**平均絶対偏差** (mean absolute deviation) と呼ばれます。

例 2.20（レポートと試験の成績——標本分散の比較）**例 2.15** のつづきで，**例 1.40** のデータを考えます。

図 1.10 で，レポートの成績が 30 点から 59 点の受講生の集合（標本 a）と同じく 60 点から 70 点の受講生の集合（標本 b）の期末試験の成績を比べると，

標本 b のばらつきの方が大きいように見えます。

両者の標本分散を計算すると，標本 a のものが 25.11 で，標本 b のものが 48.41 で，標本 b のものの方が大きいことがわかります。

この差が有意なものであるとすると，**例 1.40** で挙げた仮説

- h_1 ：単位認定の有無は受講生の学習意欲に影響する

はここからも支持されます。仮説 h_1 のもとでは，「単位の認定が期末試験の成績に左右される標本 a の受講生は一様に試験に向けた学習に励む。単位の認定が保証されている標本 b の学生の中には，単位が認定されることに満足して期末試験に向けた学習をしない受講生と，高い評価を目指して学習をする受講生の両方がおり，期末試験の成績のばらつきが大きくなる」という説明が成り立ちます。

注意 2.21（標本分散の可能な範囲） 標本分散は，非負の値の平均なので負になることはありません。最も小さくなるのは，標本に含まれるすべての値が等しいとき，つまり

$$x_1=x_2=\cdots=x_N,$$

のときです。このとき標本分散の値は 0 になります（演習 1）。

標本標準偏差

標本の分布の中で，ある観測値の位置が真ん中に近いのか，端に近いのかを知りたいことがあるかもしれません。そのためには，標本の散らばり具合と個々の観測値の位置を比較できると良いのですが，標本分散と個々の観測値を比べることはできません。これは，標本分散が，観測値を 2 乗して計算したものなので，次元が異なるからです。たとえば，10m（長さ）と 5m^2（面積）を比べることができないのと同じです。

定義：標本標準偏差 [2.12]

大きさ N の標本から得られたデータ $(x_1,\ldots,x_N)$ の標本分散の平方根 $s_x=\sqrt{s_x^2}$ は次のように計算されます：

$$s_x=\sqrt{s_x^2}=\sqrt{\frac{1}{N}\sum_{i=1}^{N}(x_i-\bar{x})^2}.$$

この s_x を**標本標準偏差** (sample standard deviation) といいます。

注意 2.22（標本標準偏差と観測値の比較）標本標準偏差は，観測値と同じ次元を持つので，意味のある比較をすることができます。

例 2.23（レポートの成績——標本標準偏差）**表 2.2** のレポートの成績の標本標準偏差は 18.72 です。これは，標本に含まれる個々の観測値が，標本平均の 47.75 点から押し並べて 18.72 点程度離れていることを表しています。**図 2.4** にこの標本の平均と平均 ± 標準偏差を示しました。概ね，30 点から 68 点の間くらいの散らばりは「ふつう」といえるでしょう。

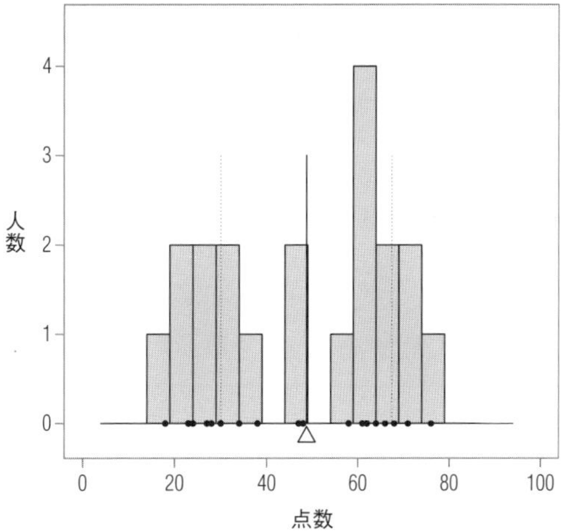

図 2.4　レポートの成績の標本平均と標本標準偏差（**表 2.2**）。縦の実線は標本平均の位置を表し，その右側の点線は標本平均 + 標本標準偏差，左側の点線は標本平均 − 標本標準偏差の位置をそれぞれ表す。

2.3.5 値の変換

ここまで点数や年俸などの値をほぼそのまま観察する方法を確認してきましたが，そのままではなく変換した方が特徴をつかみやすくなることもあります。変換の方法の中で最もよく使われるのが対数変換です。対数変換は，たとえば**図 2.2** で扱った NBA 選手の年俸のような，

- すべての値が正で，
- 0 付近に値が集中している

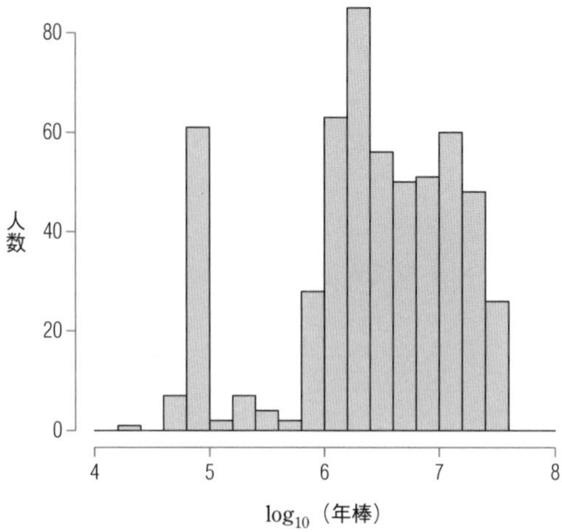

図 2.5　図 2.2 のデータの対数値のヒストグラム。対数の底は 10。

ような標本に当てはめると，0 付近の値を「ばらけさせる」効果があります。図 2.5 は，図 2.2 で使った観測値の対数を取ったもののヒストグラムです。

注意 2.24（対数の底）　対数の底は何であっても（目盛の違い以外）数学的には同じです。しかし，データの特徴を見つけるという記述統計の目的から考えると，e（自然対数の底）よりも 10 を使った方が良いでしょう。たとえば，図 2.5 では，底を 10 としていますので，4 の目盛りは 10^4=10,000USD に，5 の目盛りは 10^5=100,000USD に相当することがただちに見て取れます。

図 2.5 からは，5 の手前，つまりもとのスケールでいうと 100,000USD の手前に小さなかたまりがあることがわかります。この特徴はもとの値のヒストグラムからは見つけにくかったでしょう。

メモ 2.25（対数と幾何平均）　対数を取った値の平均値は，**相乗平均**あるいは**幾何平均**(geometric mean) と呼ばれる量と関係があります。もとのデータを $(x_1, \ldots, x_N)$ とします。対数を取った値の平均値は，

$$\overline{\log_{10} x} = \frac{1}{N}\sum_{i=1}^{N} \log_{10} x_i = \frac{1}{N}\log_{10}(x_1 \cdots x_N)$$

$$= \log_{10}(x_1 \cdots x_N)^{\frac{1}{N}} = \log_{10} \sqrt[N]{x_1 \cdots x_N},$$

のように計算されます。両辺を 10 の指数にしてもとの単位に戻すと，

$$10^{\overline{\log_{10} x}} = 10^{\log_{10} \sqrt[N]{x_1 \cdots x_N}} = \sqrt[N]{x_1 \cdots x_N},$$

となります。これは標本の**幾何平均**です。幾何平均は，標本平均や中央値と同じようにデータの真ん中の指標として利用されることがあります。

NBA 年俸のデータの対数の平均値は 6.400 です。**図 2.5** と比べても，この値をデータの真ん中とすることに違和感はないのではないでしょうか。これをもとの単位に戻した値（つまり NBA 選手の年俸の幾何平均）は $10^{6.400}$=2,513,000USD です。この値は標本平均 6,561,000USD よりも中央値 2,808,000USD に近いといえます。

この標本の場合，標本平均よりも幾何平均の方がデータの真ん中の指標としては適当といえるかもしれません。なお，幾何平均との違いを強調するために，（ふつうの）平均の計算の仕方を**相加平均**または**算術平均** (arithmetic mean) と呼ぶことがあります。

2.4　2つの数値項目に対する記述統計

前節では，1 つの項目に対する記述統計をいくつか確認しましたが，ここでは項目が 2 つあるようなデータに対する記述統計を見ます。**表 2.1** のデータでいえば，レポートの点数と試験の点数の両方を一度に扱う場合です。

2 つの項目を一度に扱う場合，私たちの関心はそれらの項目の間に何らかの関連があるかどうかにあります（そうでないならば，**2.3 節**で確認した 1 つの項目に対する方法を別々に当てはめていけば十分です）。**表 2.1** のデータでいえば，レポートの点数が高い受講生はやはり試験の点数も高い傾向が見られるのか，といった疑問がデータを調べる上での興味となります。

2.4.1　散 布 図

定義：散布図　[2.13]

散布図は，2 つの項目をそれぞれ座標平面上の軸に対応させて，1 つの事例を平面上の 1 つの点として図示したものです。

例 2.26（レポートと試験の点数――散布図）　**1.2.4 節**，**例 1.40** の**図 1.10** は，**表 2.1** のレポートと試験の点数の項目を散布図にしたものです。たとえば，**表**

2.1 の 1 番目の受講生は，レポートが 32 点で試験が 12 点ですので，散布図上で座標 (32, 12) の点に対応させます。

この散布図からは，**例 1.40** や**例 2.20** で指摘したような特徴や傾向を読み取ることができます。

2.4.2 標本共分散と標本相関係数

2 つの項目の間にありうる関連の仕方は，潜在的にはとても多様です。たとえば，**例 1.40** や**例 2.20** で挙げたような特徴や傾向もレポートと試験の成績の間の関連といえます。そうした関連の中で重要なのが，**相関** (correlation) と呼ばれるものです。レポートと試験の点数の例でいえば，レポートの点が高い受講生は試験の点も高い傾向が見られるとき，両者の間には正の相関がある，といいます。逆に，レポートの点が高い受講生は，試験の点が低い傾向が見られるとき，両者の間には負の相関があるといいます。

図 1.10 を見ると，**表 2.1** のデータは正の相関を持つようにも見えます。見た目だけではなく，相関の正負を示すような指標があると便利です。相関を表す指標の中で最もよく使われるのが**標本共分散** (sample covariance) と**標本相関係数** (sample correlation coefficient) です。

標本共分散

定義：標本共分散 [2.14]

大きさ N の標本から 2 つの項目 x と y を観察してデータ $((x_1, y_1), \ldots, (x_N, y_N))$ を得たとします。このとき項目 x と y の間の**標本共分散** s_{xy} は次の式で計算されます：

$$s_{xy} = \frac{1}{N} \sum_{i=1}^{N} (x_i - \bar{x})(y_i - \bar{y}). \tag{2.2}$$

ただし，$\bar{x}$ と $\bar{y}$ はそれぞれ項目 x と y の標本平均です。

定義：正の相関と負の相関 [2.15]

項目 x と y の間の標本共分散の値が正のとき，項目 x と y は**正の相関**を持つ，といいます。値が負のときは，**負の相関**を持つ，といいます。標本共分散の値が 0 のときは**無相関**といえますが，データから標本共分散を計算して，その値がぴったり 0 に一致することはまず考えられません。

メモ 2.27（相関の指標としての標本共分散） 式 (2.2) で定義される標本共分散がどのように標本の相関を表しているのかを，**例 2.2** の標本で見てみましょう：レポートと試験の成績の標本平均はそれぞれ 42.26 点と 11.09 点です。これらを座標とする点 (42.26, 11.09) は平面上で散布図の重心です。重心を中心にして，座標平面を 4 つの領域 I, II, III, IV に分けます（図 2.6）。もし，標本が正の相関を持つならば，領域 I と III の方が領域 II と IV よりも多くの事例を含むと考えられます。

個々の事例がどの領域に含まれているのかは次のようにして調べることができます。i 番目の観測値 (x_i, y_i) を x–y 平面上の点と考えます。観測値 (x_i, y_i) がどの領域に含まれるかは，

$$c_i = (x_i - \bar{x})(y_i - \bar{y}),$$

の符号を見ればわかります（ただし，$\bar{x}$ と $\bar{y}$ はそれぞれ項目 x と y の標本平均を表します）。つまり次のように判断できます：

- もし，観測値 (x_i, y_i) が領域 I か III にあれば，$c_i > 0$,
- もし，観測値 (x_i, y_i) が領域 II か IV にあれば，$c_i < 0$.

したがって，c_i の平均値

$$s_{xy} = \frac{1}{N} \sum_{i=1}^{N} (x_i - \bar{x})(y_i - \bar{y}),$$

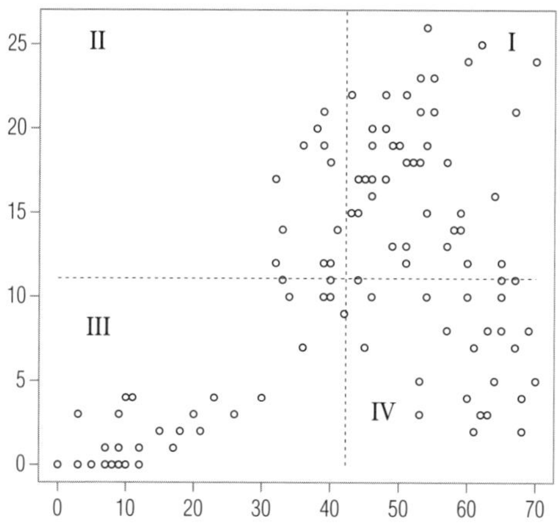

図 2.6 散布図とそれぞれの項目の平均値。

の符号は，標本全体の相関の正負を表すものと考えることができます。この s_{xy} が標本共分散です。**例 2.2** のデータの標本共分散は 81.59>0 ですので，この標本は正の相関を持っています。

標本相関係数

標本共分散は，相関の正負を教えてくれますが，そこから相関の強さを読み取ることは容易ではありません。たとえば，**図 2.7** の 2 つの散布図を比べると，左側の方が 2 つの項目が大小をともにする傾向（つまり相関）が強いように見えます。しかし，もとになったデータから共分散を計算すると，左側のものは 2.99 で，右側の 7.46 よりも小さい値を取ります。相関の強さの目安を得るために，次の指標が使われます：

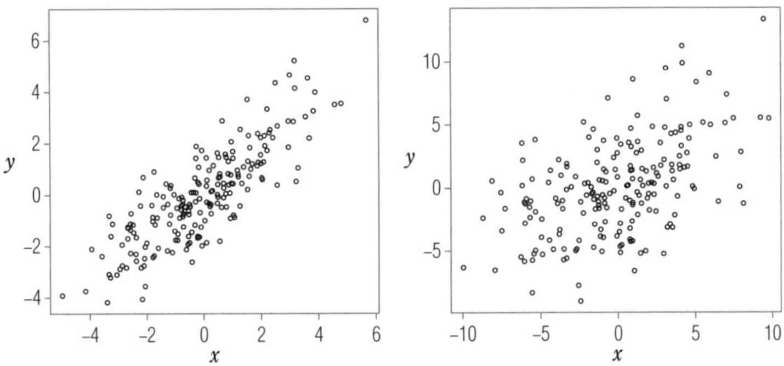

図 2.7　散布図の例。

定義：標本相関係数 [2.16]

s_{xy} を項目 x と y の間の標本共分散，s_x と s_y をそれぞれ項目 x と y の標本標準偏差とします。このとき，

$$\rho_{xy}=\frac{s_{xy}}{s_x s_y},$$

を**標本相関係数** (sample correlation coefficient) といいます。

注意 2.28（標本相関係数の可能な範囲）　標本相関係数は常に

$$-1\leq\rho_{xy}\leq 1,$$

を満たすことが知られています（演習 2）。したがって，$|\rho_{xy}|$ が 1 に近ければ相関は強く，0 付近であれば弱いことが読み取れます。

すべての事例が右上がりの直線上に並んだとき $\rho_{xy}=1$ となり，すべての事例が右下がりの直線上に並んだとき $\rho_{xy}=-1$ となります。

なお，図 2.7 の左側のデータの標本相関係数は 0.83，右側のものは 0.51 で，グラフから読み取れる相関の強さと整合的です。

例 2.29（レポートと試験の成績──標本相関係数） **表 2.1** のデータの標本相関係数は 0.55 で，相関はあまり強くないことがわかります。このエビデンスは，私たちの意図によって 2 通りに評価できます：

- レポートと試験の 2 つの方法で，受講生の能力の同じ側面を測ろうとしているのならば，相関があまり強くないことを，両者の評価が整合的でない，と捉えることができます。つまり，現行のやり方では，きちんと能力が測れていない可能性があることを指摘することができます。
- しかし，もしレポートと試験で，違う側面を測定しようとしているならば，相関の弱さは，意図通りに計測が行われていることを支持するエビデンスである，と評価することもできます。

2.5　3 つ以上の項目に対する記述統計

3 つ以上の数値項目を持つようなデータから標本の特徴をつかむ際の困難は，多次元の空間を考えることでしょう。ここまでで確認してきたように，1 つの項目だけであれば，数直線上の点で表すことができます。また，2 つの項目であれば，平面上の点で表すことができます。こうした視覚的なイメージは標本を理解するうえでとても役立ちます。

簡単に類推されるように，項目が 3 つになると，3 次元（つまり立体）空間が必要です。3 次元空間であれば何とかイメージできるかもしれませんが，4 つの項目を持つデータを表すのに必要な 4 次元空間やそれ以上の次元の空間を思い浮かべることができる人は少ないでしょう。

多変量解析 (multivariate analysis) と呼ばれる一連の方法の集まりは，こうしたデータに対する記述統計の方法と考えることができます。本書では触れませんが次のものが代表的です：

主成分分析　情報の損失が小さくなるようなやり方で次元を減らす方法。

クラスター分析　事例の間に距離を定義して，近いもの同士のグループ分けをする方法。

また，本書でも扱う**重回帰モデル** (multivariate regression models) を使った方法もこの中に入れられることがあります。

2.6　カテゴリカルな項目に対する記述統計

データに含まれる項目が，**例 1.8** で考えた，試験に合格した / しなかった，のようなカテゴリカルな値を取る場合，ふつうそのままでは数値項目に対するのと同じ方法を当てはめることはできません。その代わり，カテゴリカルな項目に対しては，カテゴリーごとに値の数を数えたり，比率を求めたりといった（当たり前な）集計が記述統計といえます。**8.5.1 節**で確認する**ダミー変数**や，**第 9 章**で確認する**分割表**もカテゴリカルな項目に対して使われる道具です。

2.7　外れ値について

2.7.1　外 れ 値

ヒストグラムや散布図を作ると，ほとんどの事例が集まっている集団から大きく離れたところに 1 つとか 2 つくらいの事例が見られることがあります。こうした事例は，**外れ値** (outlier) と呼ばれることがあります。

2.7.2　外れ値の影響

ここまでで確認してきた標本平均，標本分散，標本共分散などの指標は，外れ値の影響を強く受けることが知られています。つまり，外れ値を取り除いて再計算すると，値が大きく変わることがあります。

例 2.30（英語と数学の成績（架空の例））　10 人の学生に対し英語と数学の試験を実施し，**表 2.4** のようなデータが得られたとします。この標本相関係数は 0.033 で，英語と数学の成績の間に相関は見られないように思えます。

このデータの散布図（**図 2.8**）を見ると，右上に他の学生と離れている人がいます。これは，**表 2.4** では 9 番目の学生に相当します。この学生を**外れ値**と考えて，この学生を取り除いたデータから標本相関係数を計算すると -0.724 になり，負の相関があるように見えます。

表 2.4　英語と数学の成績（架空の例）。

№	英語	数学	№	英語	数学
1	62	73	6	65	82
2	55	88	7	73	62
3	70	75	8	65	95
4	68	73	9	97	92
5	73	70	10	75	65

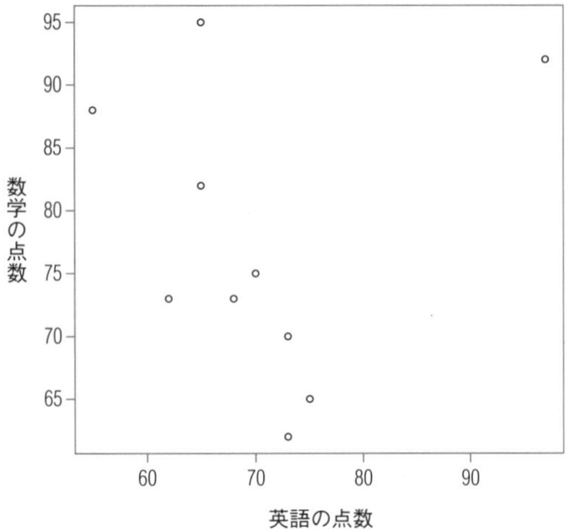

図 2.8　表 2.4 のデータの散布図。

2.7.3　外れ値かどうかの判断

外れ値かどうかを判断する様々な基準が提案されています（[1] など）。こうした基準を使うと，外れ値かどうかを客観的に判断できそうにも思えます。しかし，基準の決められ方や，私たちが提案されている方法のどれを使うのか，という判断は結局主観的です。そもそも 2.7.1 節のような外れ値の説明では，客観的な判断のしようがありません。ある事例が全体の一部なのか，それとも外れ値なのかどうかを，データのみから客観的に判断することは難しいといえます。

> **例 2.31**（NBA 選手の年俸）　**図 2.2** を見ると，少数の選手の極端に高い年俸は外れ値である，と判断することができるかもしれません。しかし，**図 2.5** のように対数を取ってみると，極端に高く見えた年俸は，全体の一部のようにも見えます。

集団から大きく離れた事例に何か特殊な事情があることがわかったとすると，それを理由に，集団と区別をすることができます。

例 2.32（英語と数学の成績（架空の例）──外れ値の判断） **表 2.4** の学生について出身地を調査したところ，9 番と 10 番の学生は英語圏からの留学生であることがわかったとします。

9 番の学生が集団から外れている理由は，このエビデンスから説明されるでしょう。ただし，留学生であることを理由に外れ値であると判断するのであれば，集団の一部と考えられていた 10 番も同様に外れ値とするべきです。

2.7.4 外れ値がある場合の処理と報告

データが外れ値を持つ場合，最も簡単な処理は，それを取り除くことです。しかし，データから外れ値を取り除く判断は慎重に行うべきです。外れ値を取り除いた指標の方が，知りたい特徴をより良く表している場合がある一方で，外れ値の存在自体がデータの特徴の一部である可能性もあるからです。データが外れ値を持つと考えられる場合，次のように報告することが考えられます：

(1) 外れ値と判断される事例の存在を指摘したうえで，外れ値を含んだデータを使った値を報告する
(2) 外れ値を含んだデータと，外れ値を取り除いたデータそれぞれから得られた値を併記する
(3) ある事例を外れ値と判断したことを根拠とともに明記し，そのうえで外れ値を取り除いたデータから得られた値を報告する。

これらのうちどの方法で報告をするかは，データから何を知ろうとしているのかによります。(3) のように，外れ値を取り除いたデータについてのみ報告をする場合，取り除いた根拠や意図をはっきりと説明するべきです。

例 2.33（英語と数学の成績（架空の例）──報告） **表 2.4** のデータを調べる目的が，国内の学生について知ることであれば，留学生を除いたデータを使う理由になるでしょう。ただしこの場合，9 番だけでなく，10 番の学生も取り除かれるべきです（9, 10 番を取り除いて計算した標本相関係数は −0.669 です）。

留学生・国内の学生の区別なく学生全体の特徴が知りたいのであれば，外れ

値を含んだデータについての報告は必要でしょう。留学生を取り除いたデータは参考として報告する価値があるかもしれません。

2.8 記述統計の限界と偶然の記述

ここまでで確認した方法以外にも記述統計の方法にはさまざまなものがあります。これらを使えば，標本から，実証したい仮説を支持するようなエビデンスとして使える特徴や傾向を見つけられるかもしれません。ただし，記述統計の方法を使って見出した特徴や傾向を実証のためのエビデンスとして使う場合，見い出されたエビデンスが実現したのは偶然のせいではないか，という仮説を反証できません。この仮説を有意に**棄却**(reject)できるかどうかを調べるのが，**統計的仮説検定**と呼ばれる手続きです。偶然のせいか，そうでないのかを調べるには，偶然を記述する必要があります。次の**第3章**と**第4章**，**第5章**では，偶然を記述するための確率論の概要を確認します。

演習問題

演習1　大きさ N の標本 $(x_1,\ldots,x_N)$ の標本平均を $\bar{x}=\frac{1}{N}\sum_{i=1}^{N}x_i$ とします。

(1)　標本平均が標本の真ん中であることの説明として，標本に含まれる値からの距離の2乗和を最も小さくする点であるから，というものもあります。μ を実数とします。標本に含まれる値と μ の差は，$x_1-\mu,\ldots,x_N-\mu$ のように与えられます。μ の値を変化させたときに，これらの2乗和

$$S^2=\sum_{i=1}^{N}(x_i-\mu)^2,$$

が最も小さくなるのは $\mu=\bar{x}$ のときであることを証明しなさい。

(2)　標本に含まれる値と $\bar{x}$ の差 $x_1-\bar{x},\ldots,x_N-\bar{x}$ の標本平均

$$\frac{1}{N}\sum_{j=1}^{N}(x_j-\bar{x}),$$

が（標本 $(x_1,\ldots,x_N)$ が何であっても）常に0になることを確認しなさい。

(3)　標本に含まれる値がすべて等しいとき，つまり $x_1=x_2=\cdots=x_N$，のとき，標本分散が 0 になることを確認しなさい。

演習２　2 つの数値項目からなるデータ $((x_1,y_1),\ldots,(x_N,y_N))$ を考えます。それぞれの項目の標本分散と標本共分散を s_x^2, s_y^2, s_{xy} とします。

(1)　実数 t の値とデータ $((x_1,y_1),\ldots,(x_N,y_N))$ に含まれる実数の観測値がどのようなものであっても $s_x^2+2ts_{xy}+t^2s_y^2\geq 0$ であることを証明しなさい。

(2)　$s_x^2+2ts_{xy}+t^2s_y^2=0$ を t に関する 2 次方程式と見たとき，解はどのような値になりうるかを考え，解の判別式が満たすべき条件を求めなさい。

(3)　上で求めた条件から次を導きなさい：

$$-1\leq\frac{s_{xy}}{s_x s_y}\leq 1.$$

3 確率と確率変数

本章とその次の2つの章では，**偶然**を記述するために使われる確率の考え方を確認します（確率論のさらに詳しい内容は，[11]など確率論の教科書を参照してください）。

3.1 確率とは

確率の考え方は私たちにとって身近なものです。**偶然**(chance)や**不確実性**(uncertainty)の関わる事象について話すときに確率の考え方を使うことは多いでしょう。たとえば次の文章はどちらも確率の考え方を含んでいますが，その意味は難しくはないでしょう：

- 明日のさいたま市の降水確率は30%です。
- 今日彼が教室に来ているかどうかは五分五分だと思う。

ところが，確率が何なのかを厳密に説明することは簡単ではありません。直感的には，確率とは事象の「起こりやすさ」を表す数字だ，ということができます。上の例で，降水確率の30%（つまり0.3）や，彼が来ているかどうかの「五分五分」（つまり0.5）という数字は，雨の降りやすさや，彼が来ていることの信憑性を表している，という言い方もできます。それでは，何を観察して，それがどうなっていると0.3や0.5という数字が正しいことがわかるのでしょうか？

私たちは，事象が起きたか起きなかったかを観察することができても，「起こりやすさ」や「信憑性」を観察することはできません。明日になれば，雨が降るか降らないかは確かめることができます。また，教室を覗いてみれば，彼が来ているかどうかはわかります。しかし，どちらの場合でも，0.3や0.5という数字が正しいことを確認したことにはならないでしょう。

降水確率であれば，過去に30%と予報された日の記録をいくつか調べて，雨が降った日の割合が10日に3日であれば降水確率が0.3である，と考えることもできるかもしれません。しかし，どの日を調べるかによって数字は違うはずです。この方法では，調べる日をどのように選べば良いのか，という疑問が残ります。

確率の数字が現実の何を表しているのかについて，すべての人が納得できるような説明はまだ考えられていないようです。

3.1.1 確率の解釈

このように，確率をどう解釈するかという問題の結論は得られていませんが，今のところ次の2つの考え方がよく用いられます：

注意 3.1（確率の2つの解釈）

頻度論的解釈 (frequentist interpretation)　同じ試行を繰り返し行った結果を観察して，ある事象が実現した相対的な頻度をその事象の確率と解釈します。たとえば，あるコインを10回投げて表が5回出たら，「このコインを投げて表が出る確率は0.5だ」とします。

この考え方によると，確率は，繰り返しの試行が可能な事象にのみ意味を持ちます。また，どの試行を観察するかによって確率の値は異なります。もし，試行回数が多い方が，何らかの意味で，より「正確な」確率の値を与えるとしたら，確率の値をきちんと求めるためには無限回の試行が必要になります。

ベイズ的解釈 (Bayesian interpretation)　利用可能な情報が，ある事象の実現を支持している度合いを0から1の数字で表したものをその事象の確率と解釈します。たとえば，コインの形や様子を詳しく調べて，表と裏に目立った違いがなく，投げ方にも怪しいところがないことが確認できたら，

「このコインを投げると表と裏が出る確率は同じだ。したがって，表が出る確率は 0.5 だ」とします。

ベイズ的解釈では，確率はどのような事象に対しても意味を持ちます（例 3.2）。ただしこの解釈では，確率の値は，解釈する人の持つ情報や，その人が情報をどう評価するかによって変わる主観的な量と捉えます。

例 3.2（過去の出来事の確率）　**ベイズ的解釈**では，おおよそ考えうるあらゆる事象に確率を考えることができます。たとえば「ティラノサウルスの色が灰色だった確率は，ピンクだった確率よりも高い」という主張も（正しいかどうかは別ですが）意味を持ちます。**頻度論的**には（ティラノサウルスの色を繰り返すことはできないので）この事象の確率を考えることに意味はありません。

どちらの考え方も，客観的な確率の値を一意に決めるものではありません。本書で扱う回帰モデルなどでは，頻度論的な解釈が用いられることが多いといえます。他方で，近年盛んな人工知能やパターン認識の分野ではベイズ的解釈が用いられることもあるようです。

3.1.2　公理論的確率論

1933 年に，アンドレイ・コルモゴロフ (Andrey Kolmogorov) というロシアの数学者が**公理論的確率論** (axiomatic probability theory) を提案しました。これは，確率が何を意味するのか，という解釈の問題を脇に置いておいて，確率を純粋に数学的なものとする考え方です。この考え方は，確率と現実とのつながりを保証しません。今のところ，確率を扱う場合には，この考え方が最もよく使われます。3.2 節以降では，この公理論的確率論について確認をします。

3.2　公理論的確率論の構成要素

ここでは，公理論的確率論を組み立てるブロックとなる用語を確認します。

ただし上に述べたように，公理論的確率論は，それらの用語と現実とのつながりを保証していません。ここでは，イメージをつかみやすくするために例などを使って説明をします。

3.2.1 帰　結

偶然が伴うような物事について考えるとき，潜在的に実現する可能性のある結果をあらかじめ考えておくと良いでしょう。

定義：帰結 [3.1]

実現する可能性のある結果を**帰結** (outcome) といいます。

例 3.3（六面さいころ──帰結）　六面さいころを 1 回振る試行を考えます。出た目に興味があるとすると，可能性のある結果は，⚀, ⚁, ⚂, ⚃, ⚄, ⚅ の 6 つです。これらの 1 つ 1 つがこの場合の帰結です。

メモ 3.4（帰結の表記と意味）　帰結を表すのにギリシア文字の ω（オメガ）がよく使われます。**根源事象**と呼ばれることもあります。

定義 [3.1] は，結果という言葉で帰結を定義しており，定義というよりはただの言い換えともいえます。数学的には，帰結は抽象的なものとして扱われ，現実の何かを指しているわけではありません。「帰結 ω」という表現は，潜在的にありうる様々な可能性や，世の中の成り行き，運命のようなものの 1 つに ω というラベルをつけたもの，と理解すれば十分です。

3.2.2 標 本 空 間

定義：標本空間 [3.2]

実現する可能性のある帰結すべてを集めた集合を**標本空間** (sample space) といいます。

例 3.5（六面さいころ──標本空間）　**例 3.3** の試行では，標本空間 Ω を次のように定めることができます：

$$\Omega=\{⚀, ⚁, ⚂, ⚃, ⚄, ⚅\}.$$

メモ 3.6（偶然の表現） 標本空間を表すのにギリシア文字 ω の大文字 Ω（オメガ）という記号がよく使われます。標本空間 Ω に含まれる複数の帰結の中から 1 つが実現する，と考えることで偶然を表現します。

3.2.3 事　象

例 3.7（六面さいころ――ゲーム） **例 3.3** で，出る目が奇数である方に賭けるゲームを考えます。このゲームでは，出る目の ⚀ と ⚂ と ⚄ の間に，勝ち負けという意味では区別がなく，出た目が {⚀, ⚂, ⚄} のうちのどれかであるかがわかれば十分です。

このように，私たちの興味や必要に応じて，いくつかの帰結をひとまとめにした集合を作っておくと便利です。

定義：事象 [3.3]

私たちの興味や必要に応じて集めた帰結の集合を**事象** (event) と呼びます。

例 3.8（六面さいころ――事象） 事象は標本空間 Ω の部分集合でもあります。**例 3.3** の試行では，{⚀, ⚂, ⚄} はもちろん事象です。事象に含まれる帰結の数は 1 つでも構いません。私たちの興味が，出た目が ⚂ なのかどうかにあったとすると，{⚂} を事象と考えることができます。やや奇妙に感じられるかもしれませんが，標本空間 Ω 自身や，**空集合** (empty set) $\emptyset=\{\}$ も Ω の部分集合ですので，事象として扱います。

メモ 3.9（事象の実現） A を事象とします。帰結 ω が実現したことが観察されたとします。もし $\omega \in A$ ならば事象 A は実現したと考え，$\omega \notin A$ ならば実現しなかったと考えます。

3.2.4 確　率

定義：事象の確率 [3.4]

事象の**確率** (probability) とは，その事象に割り当てられた数字のことです。事象 A に確率 p が割り当てられていることを，P という記号を使って次のように表します：

$$P(A)=p.$$

例 3.10（さいころのゲーム——確率） **例 3.7** では，事象 {⚀, ⚂, ⚄} に確率 1/2 を割り当てることができます。数式で表すと次の通りです：

$$P(\{⚀, ⚂, ⚄\})=\frac{1}{2}.$$

メモ 3.11（事象の確率） **定義［3.4］**で「割り当てられた」という言葉を使ったのは，確率の値があらかじめ決まっているものではないからです（3.1 節）。**例 3.10** のように事象 {⚀, ⚂, ⚄} に割り当てる確率を 1/2 とすることは自然ですが，そうでなければならない理由は，別途与えない限りありません。その意味では，どの事象にも好きなように確率を割り当てられます。

ただし，割り当て方に最低限のルールは定められています。このルールは**確率の公理**(axioms of probability) と呼ばれます（3.2.6 節）。

メモ 3.12（帰結の確率） **定義［3.4］**では，確率を，事象に割り当てられた数字としました。しかし，事象でなく帰結に数字を割り当てた方がわかりやすいようにも思えます。確かにさいころの例では，

$$P(⚀)=P(⚁)=P(⚂)=P(⚃)=P(⚄)=P(⚅)=\frac{1}{6},$$

のようにすべての帰結に確率を割り当てておいて，そこから事象の確率を計算した方がわかりやすいでしょう。

こうしない理由は，意味のある確率を帰結に割り当てられない場合があることです（3.4.2 節）。帰結ではなく，その集合である事象に割り当てれば，ほとんどの場合で確率に意味を持たせられます。

3.2.5 事象の $\boldsymbol{\sigma}$–加法族

私たちの興味や必要に応じていくつかの事象とその確率を考えたとします。その事象に割り当てられた確率は当然重要なのですが，その事象以外にも，確率を考えることが重要になる事象があります。

> **例 3.13**（さいころのゲーム——重要な事象） **例 3.7** のゲームでは，事象 {⚀, ⚂, ⚄} の確率は重要です。また，ゲームに勝てるとは限らないので，負ける事象 {⚁, ⚃, ⚅} の確率も重要です。その一方でたとえば，事象 {⚀, ⚁} の確率はこのゲームに必要ありません。

どの事象にまで確率を割り当てておけば十分なのかをあらかじめはっきりさせておくために，**$\boldsymbol{\sigma}$–（シグマ）加法族**（σ–algebra）という事象の**族**（family）を考えます。集合を集めた集合を，集合の集合と呼ばずに，集合の族と呼びます。

定義：事象の $\boldsymbol{\sigma}$–加法族 [3.5]

事象の σ–加法族とは，次の 3 つの条件を満たすように事象を集めた族 $\mathscr{A}$ を指します：

(1) $\Omega \in \mathscr{A}$. つまり，標本空間 Ω を族 $\mathscr{A}$ に入れる必要があります。

(2) $A \in \mathscr{A} \Rightarrow A^c \in \mathscr{A}$. ただし，$A^c$ は事象 A の**補集合**（complement）を表します。つまり，もしある事象 A が族 $\mathscr{A}$ に入っているならば，「事象 A が実現しない」という事象 A^c も族 $\mathscr{A}$ に入れる必要があります。(1) と合わせて考えると，$\Omega^c = \emptyset \in \mathscr{A}$ が必要なことがわかります。

なお，事象 A の**補集合** A^c は，標本空間 Ω に含まれているけれど，事象 A に含まれていない帰結すべてを集めた集合です。

(3) $A_1 \in \mathscr{A}, A_2 \in \mathscr{A}, \ldots \Rightarrow \bigcup_{i=1}^{\infty} A_i \in \mathscr{A}$. つまり，事象の列 $A_1, A_2, \ldots$ があって，これらがすべて族 $\mathscr{A}$ に入っているならば，それらの和集合 $\bigcup_{i=1}^{\infty} A_i$ も族 $\mathscr{A}$ に入れる必要があります。

また，(1), (2), (3) から次の性質を導くことができます：

(4) $A_1 \in \mathscr{A}, A_2 \in \mathscr{A}, \ldots \Rightarrow \bigcap_{i=1}^{\infty} A_i \in \mathscr{A}$. つまり，事象の列 $A_1, A_2, \ldots$ があって，これらがすべて族 $\mathscr{A}$ に入っているならば，それらの共通

> 部分 $\bigcap_{i=1}^{\infty} A_i$ も族 $\mathscr{A}$ に入れる必要があります（演習 1）。

このように σ−加法族を準備しておけば，私たちに必要な事象は大抵その中に入っています。

> **注意 3.14**（σ−加法族の作成）　**定義 [3.5]** のように書くと，σ−加法族は複雑なもののように感じられます。しかし次のように考えることもできます：私たちが重要と考える事象がいくつかあったとします。σ−加法族は，これらの事象に $\emptyset, \Omega$ を加えて，それらに対して補集合，和集合，共通部分を（何回でも）繰り返し取って作ることができる事象をすべて集めたものです。

> **例 3.15**（さいころのゲーム——σ−加法族の作成）　**例 3.7** のゲームで，**注意 3.14** の考え方によって σ−加法族 $\mathscr{A}$ を作ってみましょう。まず，重要な事象は {⚀, ⚂, ⚄} です。これに Ω と $\emptyset$ を加えます：
>
> {∅, {⚀, ⚂, ⚄}, Ω}⊆$\mathscr{A}$.
>
> 含まれることが確定したこれらの事象の補集合，和集合，共通部分を求めます。∅^{c}=Ω, {⚀, ⚂, ⚄}∩Ω={⚀, ⚂, ⚄} などすでに含まれているものも多くありますが，新しい事象もあります：
>
> {⚀, ⚂, ⚄}^{c}={⚁, ⚃, ⚅}.
>
> そこで，これも加えます：
>
> {∅, {⚀, ⚂, ⚄}, {⚁, ⚃, ⚅}, Ω}⊆$\mathscr{A}$.
>
> ここに含まれる事象に対して補集合，和集合，共通部分を求めても新しい事象は現れないので，この左辺が求める σ−加法族 $\mathscr{A}$ です。

> **定義：可測な事象**　[3.6]
>
> 私たちが考えている σ−加法族を $\mathscr{A}$ とします。事象 A がこの σ−加法族 $\mathscr{A}$ に含まれているとき，事象 A は **$\mathscr{A}$−可測** (measurable) である，あるいは単に，**可測**である，といいます。

3.2.6　確率の公理

メモ 3.11 では，事象に確率を割り当てるやり方に，**確率の公理**と呼ばれる最低限のルールがあることに触れました。私たちが考えているσ−加法族を$\mathscr{A}$とし，$\mathscr{A}$に含まれる事象Aに割り当てられている確率を$P(A)$で表すことにします。このとき，確率の割り当て方が守るべきルールは次のようにまとめられます：

公理：確率の公理 [3.7]

(1) σ−加法族$\mathscr{A}$に含まれるすべての事象には確率が割り当てられている必要があります。また，事象Aが$\mathscr{A}$に含まれているならば，その確率の値は

$$0 \leq P(A) \leq 1,$$

を満たすことが必要です。つまり，負の値や，1より大きい数を割り当てることはできません。

(2) $P(\Omega)=1$。つまり，標本空間には確率1を割り当てなければなりません。

(3) σ−加法族$\mathscr{A}$から事象の列$A_1, A_2, \ldots$を取り出します。ただしこのとき事象の列が**互いに排反** (mutually exclusive)になる——つまりどの2つも同時に実現する可能性がない——ようにします。このような事象の列に対しては

$$P\left(\bigcup_{i=1}^{\infty} A_i\right) = \sum_{i=1}^{\infty} P(A_i),$$

が成り立つように割り当てることが必要です。つまり，互いに排反な事象のどれかが実現する確率は，それらの事象の確率の和に等しくなるよう割り当てる必要があります。

なお，2つの事象A_iとA_jが**互いに排反**であることは，数学的には$A_i \cap A_j = \emptyset$であることを指します。

(1)と(2)から，$P(\emptyset)=0$が導かれます。

例 3.16（さいころのゲーム——確率） **例 3.7** のゲームを考えます。標本空間はΩ={⚀, ⚁, ⚂, ⚃, ⚄, ⚅}で，この場合に必要なσ−加法族は$\mathscr{A}$={$\emptyset$, {⚀, ⚂, ⚄}, {⚁, ⚃, ⚅}, Ω}です（**例 3.15**）。確率の割り当て方として，次のP_1は**公理** [3.7] を満たします：

$P_1(\emptyset)=0$, P_1({⚀, ⚂, ⚄})=1/2, P_1({⚁, ⚃, ⚅})=1/2, $P_1(\Omega)=1$.

しかし，公理を満たす割り当て方はこれだけではありません。たとえば次の P_2 も公理を満たします：

$P_2(\emptyset)=0$, P_2({⚀, ⚂, ⚄})=1/3, P_2({⚁, ⚃, ⚅})=2/3, $P_2(\Omega)=1$.

私たちが，「どの目が出る確率も同じ」という仮定を置けば，確率の割り当て方は P_1 になります。P_1 の方が自然に感じられるかもしれませんが，P_1 はこの仮定に依存しています。公理論的確率論の立場からは，P_1, P_2 のどちらも正しいといえます。

メモ 3.17（非可測な事象） 3.2.5 節では，事象の σ−加法族を考えましたが，その目的は，確率を割り当てておくべき事象をあらかじめ定めておくことでした。しかし，その目的のためであれば，わざわざ σ−加法族のような（面倒な）ものを考えなくても，Ω の部分集合を全部リストアップしておけば十分であるように思えます。

確かに，Ω={⚀, ⚁, ⚂, ⚃, ⚄, ⚅} のような場合にはそのようにしても問題はありません。しかし，たとえば $\Omega=[\![0,1]\!]$ のような場合には問題が生じることが知られています。実数区間の部分集合全部を考えると，その中には，**公理 [3.7]** を満たすように確率を割り当てることができないようなものが含まれてしまうのです。このような集合を**非可測** (non-measurable) な集合といいます。有名な例は，選択公理を仮定したときに現れる**ヴィタリ集合** (Vitali set) と呼ばれるものです。この集合に確率を割り当てられると仮定すると，公理と矛盾してしまうことが知られています。

このような奇妙な集合が入ってこないよう，確率を割り当てることができるものだけを集めたものが σ−加法族です。ただし統計学などでこうした奇妙な集合が問題になることは滅多にありません。

なお，公理と矛盾しないように確率が割り当てることができるような集合を**可測集合** (measurable set) と呼びます。

次の性質は，のちに分布関数の性質を調べるときに利用します：

命題：確率の連続性 [3.8]

事象の列 $A_1, A_2, \ldots$ に対して，確率の公理から**確率の連続性** (continuity of probability) と呼ばれる次の関係が導かれます（演習 2）：

$$\lim_{n\to\infty} P\left(\bigcup_{i=1}^{n} A_i\right)=P\left(\bigcup_{i=1}^{\infty} A_i\right),\quad \lim_{n\to\infty} P\left(\bigcap_{i=1}^{n} A_i\right)=P\left(\bigcap_{i=1}^{\infty} A_i\right).$$

3.2.7 確率空間

次の 3 つがあれば，確率を使って状況を表現できます：

- 可能な帰結をすべて集めた標本空間 Ω,
- 私たちが確率を考える事象の範囲を定める σ−加法族 $\mathscr{A}$,
- σ−加法族 $\mathscr{A}$ に入っている事象への確率の割り当て P。

定義：確率空間 [3.9]

標本空間 Ω，標本空間の部分集合で作った σ−加法族 $\mathscr{A}$，σ−加法族 $\mathscr{A}$ に入っている事象への確率の割り当て P，の 3 つの要素の組み合わせ $(\Omega, \mathscr{A}, P)$ を**確率空間** (probability space) といいます。

メモ 3.18（確率空間） 確率空間は，私たちが確率を使って状況を表現する土台になります。もちろん，私たちが確率を使って何かを話すとき，いつも確率空間 $(\Omega, \mathscr{A}, P)$ の中身が何なのかを具体的に明らかにしなければならないわけではありません。しかし，私たちの話の土台に確率空間があれば，その議論が公理に基づくものであることが保証されます。

例 3.19（さいころのゲーム──確率空間） **例 3.7** で考えたゲームに必要な確率空間 $(\Omega, \mathscr{A}, P)$ は次のように決めることができます：

- Ω={⚀, ⚁, ⚂, ⚃, ⚄, ⚅},
- $\mathscr{A}$={$\emptyset$, {⚀, ⚂, ⚄}, {⚁, ⚃, ⚅}, Ω},
- P は，たとえば**例 3.16** の割り当て方 P_1 を使うことができます。

3.3 確率変数と分布関数

3.2 節では，実現するかどうかに偶然が関与する事象をどのように表現するのかを確認しました。ここでは，取る値に偶然が関与するような量を表現するための**確率変数** (random variable) を確認します。

たとえば，決着のついていないゲームの点数や，未来の経済指標などは，現在から見れば偶然が関与すると考えられます。また統計学では，観測値は

誤差 (error) と呼ばれる量を含むと考えますが，この誤差は偶然によって決まるものと仮定されます（6.4 節）。確率変数は，こうした量を表現するために使われます。

まず確率変数と分布関数がそれぞれどのように使われるのかを確認し，その後で数学的な定義を確認します。

3.3.1 確率変数の利用

注意 3.20（確率変数の利用） 私たちは確率変数を，「偶然が関与して値が決まる量」を表すのに使います。

ある量を確率変数で表すとします。観察を行うと，その量が結局どの値を取ったのかがわかる場合があります。

注意 3.21（確率変数の実現値） 観察を行って，確率変数が表している量が取った値がわかった場合，その値を確率変数の**実現値** (realised value) と呼びます。

例 3.22（さいころのゲーム──確率変数と実現値） **例 3.7** のゲームで，奇数の目が出る方にコインを 1 枚賭けたとします。賭けた通りに奇数の目が出ればコイン 2 枚がもらえ，偶数が出てしまうと賭けた 1 枚は没収され，コインは 1 枚ももらえないとします。

このゲームの結果もらえるコインの枚数は，確率変数 X_{odd} で表すことができます。ゲームに勝ったとすると，確率変数 X_{odd} の実現値は 2 で，負けたとすると，実現値は 0 になります。

3.3.2 確率変数の離散と連続

確率変数は，可能な実現値が**飛び飛び**なのか，**連続**なのかで分類できます。

例 3.23（さいころのゲーム──飛び飛びの実現値） **例 3.22** で考えた確率変数 X_{odd} の可能な実現値は，0 と 2 です。その間のたとえば 0.5 とか 4/3 が実現値になることは不可能です。これは可能な実現値が**飛び飛び**な場合の例といえます。

例 3.24（おはじきのゲーム——連続な実現値） 地面の 1 点に的（まと）を決め，それを中心に半径 1 メートルの円を描きます（この先，単位を省略）。円から少し離れたところから的に向けておはじきを投げます（図 3.1）。（おはじきが円の外側に落ちた場合，円周上に乗るか内側に入るまで何度でも繰り返します）そうして，おはじきと的の距離を測ります。ただし，おはじき自体の大きさは無視できるものとします。おはじきと的の距離は，確率変数 Y_{wink} で表せます。

おはじきを投げると，確率変数 Y_{wink} の実現値がわかります。おはじきと的の距離は 0 と 1 の間のどの値でも可能なので，**連続**な区間 $[\![0,1]\!]$ に含まれるどの数も確率変数 Y_{wink} の可能な実現値です。

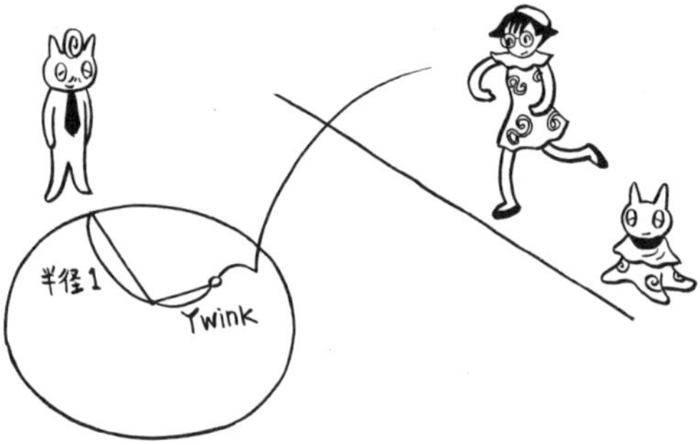

図 3.1　おはじきのゲーム。

定義：確率変数の離散と連続 [3.10]

確率変数の可能な実現値が飛び飛びである場合，それを**離散**(discrete) な確率変数と呼びます。それが連続である場合，それを**連続**(continuous) な確率変数と呼びます。

3.3.3　分布関数とその形

注意 3.20, 3.21 のように確率変数とその実現値を考えると，私たちの関心は，確率変数がどのような確率でどのような実現値を取るか，にあるでしょう。ここで確認する**分布関数**は，確率変数のこうした特徴を考えるうえで中心になるものです。

注意 3.25（確率変数の分布関数） **分布関数**は，確率変数の実現値がある値以下になる確率に注目して，その確率変数の特徴を捉えます。X を確率変数とします。ある実数 x に対して，確率変数 X の実現値が実数 x 以下である確率を $P(X \leq x)$ と書くことにしましょう。

実数 x の様々な値に対してこの確率 $P(X \leq x)$ の値を調べることで，確率変数 X の特徴を捉えます。

定義：分布関数 **[3.11]**

確率変数 X に対して，確率 $P(X \leq x)$ を，実数 x を引数とする関数として見たものを X の**分布関数** (distribution function) といいます。

例 3.26（さいころのゲーム――分布関数） **例 3.23** の確率変数 X_{odd} の分布関数を考えます。前節までに確認したとおり，確率の値を定めるには仮定が必要です。ここでは次のように仮定します：

「どの目が出る確率も同じである。」

このとき，確率変数 X_{odd} の実現値は，確率 1/2 で 0 となり，確率 1/2 で 2 となります。このことから実数 x の値を変化させたときの確率 $P(X_{\mathrm{odd}} \leq x)$ の値を求めてみましょう：

(1) 確率変数 X_{odd} の実現値は負にならないので，$x<0$ のとき $P(X_{\mathrm{odd}} \leq x)=0$ です。

(2) $0 \leq x < 2$ のとき，$X_{\mathrm{odd}} \leq x$ が満たされるのは $X_{\mathrm{odd}}=0$ の場合のみです。したがって，$P(X_{\mathrm{odd}} \leq x)=1/2$ となります。

(3) $2 \leq x$ のとき，ゲームの帰結が何であっても $X \leq x$ が満たされるので，$P(X_{\mathrm{odd}} \leq x)=1$ となります。

以上より，X_{odd} の分布関数は次の通り（グラフにすると図 3.2）：

$$P(X_{\mathrm{odd}} \leq x)=\begin{cases} 0, & (x<0), \\ 1/2, & (0 \leq x < 2), \\ 1, & (2 \leq x). \end{cases}$$

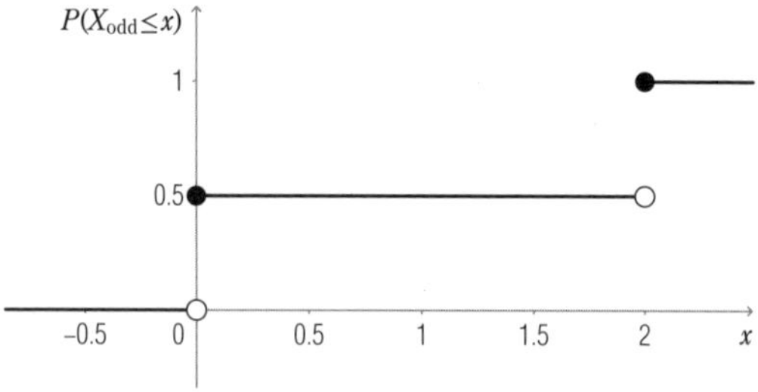

図 3.2　確率変数 X_{odd} の分布関数のグラフ。

例 3.27（おはじきのゲーム——分布関数）　**例 3.24** の確率変数 Y_{wink} の分布関数を考えます。**例 3.26** と同じように，確率の値を定めるには仮定が必要です。ここでは次のように仮定します：

「投げたおはじきは，半径 1 の円周とその内側のどの点にも同じ確率で落ちる。」

実数 x の値を変化させて $P(Y_{\mathrm{wink}} \leq x)$ の値を求めましょう：

(1)　確率変数 Y_{wink} は距離なので，負の値になる可能性はありません。したがって，$x<0$ のとき，$P(Y_{\mathrm{wink}} \leq x)=0$ です。

(2)　$0 \leq x \leq 1$ のとき $Y_{\mathrm{wink}} \leq x$ となるのは，おはじきが半径 x の円周上かその内側に落ちる場合です。おはじきがどの点にも同じ確率で落ちるとすると，半径 x の円周上かその内側に落ちる確率は，この円の面積 πx^2 に比例します。このゲームでは半径 1 の円周上かその内側に落ちる確率は 1 ですので，比例関係

$$1 : P(Y_{\mathrm{wink}} \leq x) = \pi : \pi x^2,$$

から $P(Y_{\mathrm{wink}} \leq x)=x^2$ となります。

(3)　**例 3.24** のゲームでは，おはじきと的の距離が 1 を超えることはありません。したがって $1<x$ とすると，$P(Y_{\mathrm{wink}} \leq x)=1$ です。

以上より確率変数 Y_{wink} の分布関数は次の式で表されます（**図 3.3**）：

$$P(Y_{\mathrm{wink}} \leq x) = \begin{cases} 0, & (x<0), \\ x^2, & (0 \leq x \leq 1), \\ 1, & (1<x). \end{cases} \tag{3.1}$$

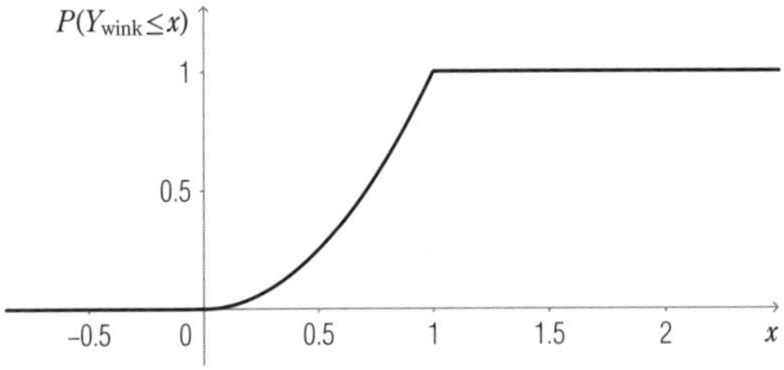

図 3.3　確率変数 Y_{wink} の分布関数のグラフ。

注意 3.28（分布関数と確率変数）　この先確認をする確率密度関数，確率関数，期待値，分散，標準偏差などはすべて分布関数から計算することができます。この意味で，分布関数は確率変数の特徴に関する情報を**ほとんど**すべて持っています（**メモ 3.47** も参照）。

メモ 3.29（分布関数と確率変数の特徴）　確率変数 X の特徴を調べるのであれば，確率 $P(X \leq x)$ を考えるのではなく，ある値 x に一致する確率 $P(X=x)$ を考えた方が直接的でわかりやすいように思えます（**3.4.1 節**）。しかし確率変数 X が連続な場合，確率 $P(X=x)$ は特徴を表してくれません（**メモ 3.44**）。分布関数 $P(X \leq x)$ であれば，どんな場合でも確率変数の特徴を表すことができます（**3.3.6 節**）。

命題：分布関数の形　　[3.12]

離散な確率変数の分布関数のグラフは**図 3.2** のように右上がりな**階段**の形になり，**連続**な確率変数の分布関数のグラフは**図 3.3** のように右上がりの**坂**の形になります。また，どのような確率変数のものであろうと分布関数は次の性質を持ちます（**メモ 3.35**）：

- 分布関数の定義域は実数全体 $\mathbb{R}$ に一致し，値域は区間 $[\![0,1]\!]$ に含まれます。
- 分布関数は単調非減少です。つまり，グラフに右上がりや平坦な場所があっても良いのですが，右下がりの場所はありません。
- $\lim_{x \to -\infty} P(X \leq x)=0.$
- $\lim_{x \to \infty} P(X \leq x)=1.$
- 関数 $P(X \leq x)$ は実数 x に関して**右連続** (right continuous)，つまり $\lim_{\varepsilon \to +0} P(X \leq x+\varepsilon)=P(X \leq x).$

3.3.4 分布関数から計算できるような確率

ここまでの説明では，確率変数 X と実数 x に対して，$X \leq x$ という事象ばかりを考えてきました。しかし，私たちはそれ以外の事象，たとえば，$X=2$ や $0<X<1$ といった事象も考える必要があります。こうしたものを含めて，私たちが実用上考える必要があるような事象の確率は大抵，分布関数から計算することができます。

例 3.30（分布関数から計算される確率） a, b を，$a<b$ を満たす実数，X を確率変数とします。確率 $P(a<X \leq b)$ は，

$$P(a<X \leq b)=P(X \leq b)-P(X \leq a), \tag{3.2}$$

のように，分布関数を使って計算できます（演習 4）。これを使うと，上で挙げたような確率も分布関数を使って計算できます（演習 5）：

$$\begin{aligned} P(X=2) &= \lim_{\varepsilon \to +0} P(2-\varepsilon<X \leq 2) \\ &= P(X \leq 2)-\lim_{\varepsilon \to +0} P(X \leq 2-\varepsilon), \\ P(0<X<1) &= \lim_{\varepsilon \to +0} P(X \leq 1-\varepsilon)-P(X \leq 0). \end{aligned}$$

例 3.30 と同様に，他の形をした区間についても，確率を分布関数から求めることができます：

命題：実数上の区間の確率 [3.13]

a, b を，$a<b$ を満たす実数，X を確率変数とします。このとき次の確率はすべて分布関数から計算することができます：

$$P(X=a),\ P(X<a),\ P(a\leq X),\ P(a<X),$$
$$P(a<X<b),\ P(a<X\leq b),\ P(a\leq X<b),\ P(a\leq X\leq b).$$

3.3.5 確率変数の定義

3.3.1 節では，確率変数が何なのかを定義しないまま利用方法を確認しました。多くの場合，**3.3.1 節**のような理解でも十分なのですが，この節では，確率論の中で確率変数がどのように定義されるのかを確認します。

確率論では確率変数を，帰結と実数の間の関係と考えます：

定義：確率変数と実現値 [3.14]

確率変数(random veriable) は，帰結を引数，実数を値とする**関数**として定義されます。確率変数 X がある量を表しているとします。帰結 ω が実現したときに，考えている量が取る（実数の）値を**実現値** (realised value) といい，$X(\omega)$ で表します。

例 3.31（さいころのゲーム──関数としての確率変数） **例 3.23** で考えた確率変数 X_{odd} がどのように定められるかを確認します。

例 3.23 のルールによると，さいころを振って出た目が ⚀, ⚂, ⚄ のどれかであったとき，確率変数 X_{odd} の実現値は 2 です。出た目が，⚁, ⚃, ⚅ のどれかであったときその実現値は 0 です。帰結と実現値の間のこの関係は次の式で表されます：

$$X_{\mathrm{odd}}(⚀)=2,\ X_{\mathrm{odd}}(⚁)=0,\ X_{\mathrm{odd}}(⚂)=2,$$
$$X_{\mathrm{odd}}(⚃)=0,\ X_{\mathrm{odd}}(⚄)=2,\ X_{\mathrm{odd}}(⚅)=0. \quad (3.3)$$

これは，確率変数 X_{odd} を，上記 Ω={⚀, ⚁, ⚂, ⚃, ⚄, ⚅} の要素を引数，$\{0, 2\}$ の要素を値とする関数として定めていることになります。

例 3.32（おはじきのゲーム——関数としての確率変数） **例 3.24** の確率変数 Y_{wink} を考えます。的の座標を $(0,0)$ とします。このゲームの帰結を，投げて落ちたおはじきの座標 (u,v) で表すことにしましょう。標本空間 Ω は円周とその内側のすべての点の集合です：

$$\Omega=\{(u,v)\in\mathbb{R}^2 | u^2+v^2\leq 1\}.$$

帰結 (u,v) が実現したとき，おはじきと的の距離 Y_{wink} の実現値は $\sqrt{u^2+v^2}$ です。この，帰結と実現値の関係は，Ω の要素を引数とし，区間 $[\![0,1]\!]$ の要素を値とする関数として表すことができます：

$$Y_{\mathrm{wink}}(u,v)=\sqrt{u^2+v^2},\ (u^2+v^2\leq 1).$$

3.3.6 分布関数と可測な確率変数

X を確率変数とします。**注意 3.25** では，どのような実数 x に対しても，確率 $P(X\leq x)$ が割り当てられていることを暗に仮定しました。**定義 [3.14]** に沿って考えると，この仮定は，$X(\omega)\leq x$ を満たすような帰結 ω を集めた次の事象が**可測**であることを意味しています：

$$\{\omega\in\Omega | X(\omega)\leq x\}.$$

定義：可測な確率変数 [3.15]

私たちが考えている確率空間を $(\Omega, \mathscr{A}, P)$ とします。どのような実数 x に対しても事象 $\{\omega\in\Omega|X(\omega)\leq x\}$ が $\mathscr{A}$−可測であるとき，確率変数 X は $\mathscr{A}$−**可測**である，あるいは単に，可測である，といいます（**定義** [3.6]）。

例 3.33（さいころのゲーム――可測性） 確率空間 $(\Omega, \mathscr{A}, P)$ を**例 3.19** で考えたものとします。σ−加法族は，**例 3.15** で考えたように $\mathscr{A}=\{\emptyset$, {⚀, ⚂, ⚄}, {⚁, ⚃, ⚅}, $\Omega\}$ です。

実数 x の値を変化させたときに $\{\omega\in\Omega|X_{\mathrm{odd}}(\omega)\leq x\}$ として得られる事象は，$\emptyset$, {⚁, ⚃, ⚅}, Ω, の 3 個です。これらは，σ−加法族 $\mathscr{A}$ に含まれているので，確率変数 X_{odd} は可測です。

注意 3.34（分布関数の簡略的な表記） **3.3.3 節**などで用いた $P(X\leq x)$ という書き方は，$P(\{\omega\in\Omega|X(\omega)\leq x\})$ を簡略化したものと考えることができます。この先もこの簡略化した表記を使ったり，明らかな条件 $\omega\in\Omega$ を省略することがあります。

メモ 3.35（可測性と分布関数の性質） 確率変数が可測であることは，分布関数が定まっていることを意味します。統計で使う様々な量は分布関数から計算しますので，確率変数が可測かどうかは数学的には重要なことです。また確率変数が可測であるとすると，**命題** [3.12] で挙げた分布関数の性質や**例 3.30** などで示した式は，事象の σ−加法族の条件と確率の公理から導くことができます（演習 3）。また，**例 3.30** のように極限においても式 (3.2) が利用できることは，**3.3.6 節**の議論と**命題** [3.8] の確率の連続性から確かめることができます（演習 5）。ただし，私たちが確率変数を考えるとき，ふつう可測であることを仮定します。可測かどうかが問題になるのは，σ−加法族を複数考える場合などです。

3.3.7 分 位 数

命題 [3.13] からわかるように，実数上の区間を決めると，確率変数の実現値がその区間に含まれる確率を求めることができます。逆に確率を決めたときに，対応する区間を考えます。

例 3.36（おはじきのゲーム――分位数） 1%(=0.01) という確率を考えます。**例 3.24** の確率変数 Y_{wink} の実現値が含まれる区間のうち，小さい方から1%の確率のものを求めましょう。つまり，$P(Y_{\mathrm{wink}} \leq x)=0.01$ となるような x の値を求めます。このような x の値を $\ell_{0.01}$ と置きます。式(3.1)を使うと，実数 $\ell_{0.01}$ は，

$$P(Y_{\mathrm{wink}} \leq \ell_{0.01})=\ell_{0.01}^2=0.01,$$

を満たすはずで，ここから $\ell_{0.01}=0.1$ と求められます。

このように，ある確率に対応する区間の端を決める実数を**分位数**(quantile)といいます。分位数は，存在するならば以下のように定義されます：

定義：確率変数の分位数 [3.16]

α を $0<\alpha<1$ を満たす実数とします。確率変数 Y に対して

$$P(Y \leq \ell_\alpha)=\alpha, \tag{3.4}$$

を満たす実数 ℓ_α を，確率変数 Y の**左側 $\boldsymbol{\alpha}$ 分位数**(left α−quantile)といいます。また，

$$P(r_\alpha \leq Y)=\alpha, \tag{3.5}$$

を満たす実数 r_α を，確率変数 Y の**右側 $\boldsymbol{\alpha}$ 分位数**(right α−quantile)といいます。左側，右側の代わりに下側，上側ということもあります。

分布関数が**逆関数**(inverse function)を持つとき，分位数は次の式で求められます：

命題：分位数と分布関数の逆関数 [3.17]

確率変数 Y の分布関数を $F_Y(x)=P(Y \leq x)$ と置きます。関数 F_Y が逆関数 F_Y^{-1} 持つとき，左側 α 分位数 ℓ_α と右側 α 分位数 r_α はそれぞれ次の式で求められます（**メモ 3.37**，**演習 6**）：

$$\ell_\alpha=F_Y^{-1}(\alpha), \qquad r_\alpha=F_Y^{-1}(1-\alpha). \tag{3.6}$$

メモ 3.37（逆関数） f を関数とします。**逆関数**(inverse function) f^{-1} は，もとの関数 f の引数と値を入れ替えた関数として定義されます。つまり，実数 x, a に対して $f(x)=a$ と $f^{-1}(a)=x$ が同値となるような関数 f^{-1} が関数 f の逆関数です。逆関数の値 $f^{-1}(a)$ が存在するのは，$f(x)=a$ を満たす実数 x の値がただ1つ存在する場合のみです。

確率変数が離散で，分布関数が不連続点を持つ場合，式 (3.4) や (3.5) を満たす実数 ℓ_α や r_α が存在するとは限りません。

例 3.38（さいころのゲーム──分位数） **例 3.26** で求めた分布関数の場合，たとえば $P(X_{\mathrm{odd}} \leq x)=0.01$ を満たすような実数 x の値は存在しません。

定義［3.16］ のような分位数が存在しない場合，対応した確率が指定した値にぴったり一致するような区間を求めることはあきらめなければなりません。その代わりに，不等式を使って次のように定義することができます：

定義：確率変数の分位数 ［3.18］

$0<\alpha<1$ を満たす実数 α と確率変数 X に対して，**左側 α 分位数** ℓ_α と，**右側 α 分位数** r_α はそれぞれ次の式で定義できます：

$$\ell_\alpha = \sup\{x \in \mathbb{R} \mid P(X \leq x) \leq \alpha\},$$
$$r_\alpha = \min\{x \in \mathbb{R} \mid 1-\alpha \leq P(X \leq x)\}.$$

注意 3.39（分位数） **定義［3.18］** のように定めておけば，分位数は常に存在し，また，分布関数が逆関数を持つ場合**定義［3.18］** と**定義［3.16］** は一致します（演習 7）。

3.4 確率関数と確率密度関数

注意 3.28 では，分布関数には，確率変数の振る舞いに関する情報のほとんどすべてが含まれていることを説明しました。しかし私たちが，**図 3.2** や **3.3** のような分布関数のグラフを見て，そこから確率変数の特徴を読み取ることは簡単ではありません。ここで確認をする確率関数と確率密度関数はどちらも分布関数と同じ情報を持っているのですが，分布関数を使うよりも確率変数の特徴を捉えやすいといえます。

3.4.1 確率関数

定義：確率関数 [3.19]

確率変数 X に対して，確率 $P(X=x)$ を，実数 x を引数とする関数として見たものを確率変数 X の**確率関数** (probability mass function) といいます。

例 3.40（さいころのゲーム——確率関数） 式(3.3)で定めた X_{odd} の場合，可能な実現値は 0 と 2 です。**例 3.26** のように，これらの実現値に 1/2 ずつの確率が割り当てられているとすると，確率関数は

$$P(X_{\mathrm{odd}}=x)=\begin{cases} 1/2, & (x=0),\\ 1/2, & (x=2),\\ 0, & (\text{otherwise}),\end{cases}$$

と書くことができます（図 3.4）。

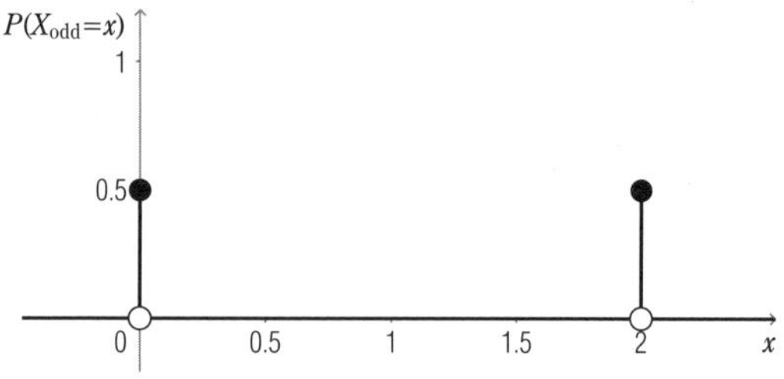

図 3.4　確率変数 X_{odd} の確率関数のグラフ。

注意 3.41（離散な確率変数の確率関数） X を離散な確率変数とします。確率変数 X の可能な実現値を $x_1, x_2, \ldots$，対応する確率をそれぞれ $p_1, p_2, \ldots$ とします。

$X=x_i$ という事象には確率 p_i が割り当てられていますので，$x=x_i$ のとき $P(X=x)=p_i$ です。実数 x の値が可能な実現値 $x_1, x_2, \ldots$ のどれとも等しくないとき $P(X=x)=P(\emptyset)=0$ となります。確率変数 X の確率関数は次のようにまとめられます：

$$P(X=x)=\begin{cases} p_i, & (x=x_i),\\ 0, & (\text{otherwise}).\end{cases} \tag{3.7}$$

式(3.7)は，**注意 3.42** の式(3.8)から導くこともできます（演習 8）。

また，**公理［3.7］**から次の 2 つが導かれます：

$$0 \le p_i \le 1,\ (i=1,2,\ldots), \qquad \sum_{i=1}^{\infty} p_i = 1.$$

注意 3.42（分布関数と確率関数） 離散な確率変数の**分布関数**をグラフで表すと，**図 3.2** のような右上がりの階段の形をしています。確率変数 X の可能な実現値 $x_1, x_2, \ldots$ の位置に段差があり，段差の大きさは，そこに割り当てられている確率 $p_1, p_2, \ldots$ に対応しています。

確率関数は，分布関数の階段状のグラフから，段差だけを取り出したものです。両方とも持っている情報は同じなのですが，**図 3.2** と **3.4** を比べると，**図 3.4** の方が，どこにどれだけの確率が割り当てられているかを読み取りやすいのではないでしょうか。確率関数と分布関数の関係は数式では次のように表されます（**例 3.30** も参照）：

$$P(X=x) = \lim_{\varepsilon \to +0} P(x-\varepsilon < X \le x)$$
$$= P(X \le x) - \lim_{\varepsilon \to +0} P(X \le x-\varepsilon). \tag{3.8}$$

3.4.2 確率 0 の事象

例 3.43（連続な確率変数の確率関数） 連続な確率変数にも確率関数を考えることができます。Y を，連続な分布関数を持つ，連続な確率変数とします。x を実数として，$Y=x$ となる確率を考えてみましょう。**注意 3.42** で確認をしたように，確率関数は分布関数のグラフから段差を取り出したものです。ところが分布関数が連続な場合，グラフに段差はありません。連続な分布関数では実数 x の値が何であっても次が成り立ちます：

$$\lim_{\varepsilon \to +0} P(Y \le x-\varepsilon) = P(Y \le x).$$

式(3.8)より，$Y=x$ となる確率は次のように計算されます：

$$P(Y=x) = P(Y \le x) - \lim_{\varepsilon \to +0} P(Y \le x-\varepsilon)$$
$$= P(Y \le x) - P(Y \le x) = 0. \tag{3.9}$$

このように，連続な確率変数の確率関数の値は常に0になるので，分布の特徴をまったく表してくれません（演習9）。

メモ 3.44（確率0の事象）　式(3.9)からわかるように，連続な確率変数の実現値がある数に一致する確率は常に0になってしまいます。**メモ 3.12** では帰結に確率を割り当てることに問題があることを指摘しましたが，これがその例です。ある帰結 ω_1 が実現したときの確率変数 Y の実現値が $Y(\omega_1)=x_1$ であったとしましょう。確率変数 Y が実数 x_1 に一致する事象は $\{\omega|Y(\omega)=x_1\}$ と書くことができますが，これに割り当てられている確率は**例 3.43** の結果より0です。確率0の事象に含まれる1つの帰結 ω_1 に確率を割り当てるとしたら0しかありません。このように，帰結に確率を割り当てるとしたら，すべて0となり，意味がありません。

注意 3.45（確率0の事象の実現可能性）　ある事象の確率が0であることは，その事象の実現が不可能なことを意味していません。

例 3.46（おはじきのゲーム──確率0の事象）　**例 3.27** の確率変数 Y_{wink} について，$Y_{\mathrm{wink}}=0$ という事象について考えましょう。**例 3.27** で求めた式(3.1)に式(3.8)を当てはめると $P(Y_{\mathrm{wink}}=0)=0$ が導かれます（演習9）。

しかしこれは，Y_{wink} の値が0に一致することが不可能なことを意味していません。もし $\omega=(0,0)$ という帰結が実現すれば，Y_{wink} の実現値は，$Y_{\mathrm{wink}}(0,0)=\sqrt{0^2+0^2}=0$ となるので，これは実現可能です。$P(Y_{\mathrm{wink}}=0)=0$ は，事象 $\{\omega|Y_{\mathrm{wink}}(\omega)=0\}$ が不可能なことを表してるのではなく，「この事象は実現する可能性があるが，割り当てられている確率が0である」ことを意味しています。

実現する可能性のある事象に確率0を割り当てることには，違和感があるかもしれません。しかし，確率の公理や，**例 3.27** で置いた，「どの点にも同じ確率で落ちる」という仮定と矛盾しないように確率を割り当てるには次のようにする他ありません：

$$P(Y_{\mathrm{wink}}=0)=P(\{(0,0)\})=0.$$

直感的には，投げたおはじきが的と「ぴったり」一致する確率はあまりにも小さく，大きさを聞かれれば0と答える他ない，と理解することもできます。

その一方で，たとえば $Y_{\mathrm{wink}}=-5$ となる確率もやはり0なのですが，$Y_{\mathrm{wink}}=-5$ となる事象

$$\{\omega|Y_{\mathrm{wink}}(\omega)=-5\}=\left\{(u,v)\middle|\sqrt{u^2+v^2}=-5\right\}=\emptyset,$$

は空集合です。これは，Y_{wink} の値が -5 と一致することが不可能であることを表しており，上の $Y_{\mathrm{wink}}=0$ とは異なります。

メモ 3.47（分布関数で表現できない情報） **注意 3.28** では，分布関数さえ記述できれば，確率変数の振る舞いをほとんどすべて表現できたことになる，と説明しました。ここで，「ほとんど」という言葉を使ったのは，**例 3.46** のように分布関数では記述しきれない情報があるからです。

事象 A に割り当てられている確率が 0 である場合，$A=\emptyset$（つまり，そもそも A という事象は実現が不可能）なのか，$A\neq\emptyset$ であるが，$P(A)=0$（つまり，A は実現可能な事象だが，割り当てられている確率が 0）なのか，確率だけからは区別をつけることができません。

3.4.3 確率密度関数

3.4.2 節で確認したように，確率変数が連続のとき，確率関数は役に立ちそうにありません。その代わりに用いられるのが**確率密度関数** (probability density function) です。**確率関数**は分布関数の**段差**を取り出したものですが，**確率密度関数**は分布関数の**勾配**を取り出したものです：

定義：確率密度関数 **[3.20]**

確率変数 Y の分布関数を微分したものを確率密度関数といいます：

$$f(x)=\frac{\mathrm{d}}{\mathrm{d}x}P(Y\leq x). \tag{3.10}$$

例 3.48（おはじきのゲーム――確率密度関数） Y_{wink} の確率密度関数を求めてみましょう。分布関数は**例 3.27** の式 (3.1) で求めたとおりですので，これを微分して，確率密度関数 f_{wink} は

$$f_{\mathrm{wink}}(x)=\frac{\mathrm{d}}{\mathrm{d}x}P(Y_{\mathrm{wink}}\leq x)=\begin{cases}0, & (x<0),\\ 2x, & (0\leq x\leq 1),\\ 0, & (1<x),\end{cases}$$

のように求められます (図 3.5)。厳密には，$x=1$ での微分は不可能なのですが，ここでは，後述のように左からの極限を使った微分を確率密度関数の値としています。

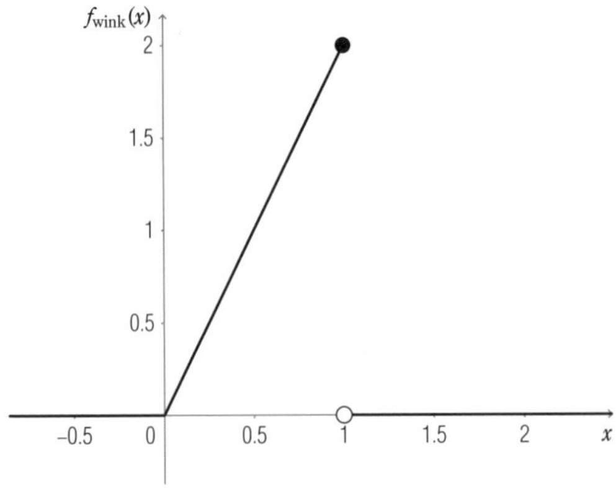

図 3.5　Y_{wink} の確率密度関数のグラフ。

命題：確率密度関数の値と確率の関係　[3.21]

連続な確率変数 X の確率密度関数が f であるとします。また，$\mathrm{d}x$ を小さい正の実数とします。このとき次の近似が成り立ちます：

$$f(x)\mathrm{d}x \simeq P(x-\mathrm{d}x < X \leq x). \tag{3.11}$$

注意 3.49（確率密度関数と確率）　**命題［3.21］**は，数直線上のある位置 x での確率密度関数の値の大きさ $f(x)$ と，区間 $(\!|x-\mathrm{d}x, x]\!]$ に割り当てられている確率の大きさが（近似的に）比例関係にあることを意味します。これを使うと，確率密度関数のグラフを見ることで，割り当てられている確率が大きいところと小さいところがどこにあるのかを読み取ることができます。

命題［3.21］は，次のように確認をすることができます。式 (3.10) の微分を，左側からの極限を使ったものとすると次の通りです：

$$f(x) = \frac{\mathrm{d}}{\mathrm{d}x}P(X \leq x) = \lim_{\mathrm{d}x\to+0}\frac{P(X\leq x)-P(X\leq x-\mathrm{d}x)}{\mathrm{d}x}$$
$$= \lim_{\mathrm{d}x\to+0}\frac{P(x-\mathrm{d}x<X\leq x)}{\mathrm{d}x}.$$

$\mathrm{d}x$ の値を（極限でなく）十分に小さい値とすると次の近似が得られます：

$$f(x) \simeq \frac{P(x-\mathrm{d}x<X\leq x)}{\mathrm{d}x}$$

両辺に dx を掛けると次が得られます：

$$f(x)dx \simeq P(x-dx<X \leq x).$$

これは，確率変数 X の実現値が実数 x 付近の区間 $(x-dx, x]$ に含まれる確率が，区間の右端 x での確率密度関数の値 $f(x)$ と区間の幅 dx の積で近似されることを意味しています。なお，この近似は $dx \to +0$ の極限において厳密に一致します。

例 3.50（おはじきのゲーム――確率密度関数と確率） **注意 3.49** の考え方を使うと，**図 3.5** から，どこにどれだけの確率が割り当てられているのかを読み取ることができます。区間 $(-\infty, 0]$ と $(1, \infty)$ に含まれる値に割り当てられている確率は 0 で，区間 $(0, 1]$ については，右端に近い値ほど大きな確率が割り当てられています。

これらの特徴は，**図 3.3** から読み取るよりも**図 3.5** からの方が容易なのではないでしょうか。

命題：確率密度関数の性質 [3.22]

X を連続な確率変数，f をその確率密度関数とします。**公理［3.7］**と確率密度関数の定義から，次の性質が示されます：

- 分布関数が単調非減少であることから，$f(x) \geq 0, \ (x \in \mathbb{R})$.
- 微分と積分の関係から，$P(X \leq x) = \int_{-\infty}^{x} f(u)du, \ (x \in \mathbb{R})$.
- $\int_{-\infty}^{\infty} f(u)du = 1$.

3.5 期待値

確率関数や確率密度関数のグラフからは，割り当てられた確率が数直線上にどのように分布しているのかを把握できます。これに加えて，分布の特徴を 1 つの数字で表すような指標を決めておくと，複数の分布を比較するときなどに便利です。分布の特徴を表す指標を分布の**特性値**と呼びます。

分布の特性値にはさまざまなものがありますが，確率変数の**期待値** (expected value, mean) と呼ばれる量は，分布の**真ん中**を示す指標として最も重要なものです。確率変数の期待値は，その確率変数が離散か連続かによって（表面的には）異なる計算式で定義されます。

3.5.1 離散な確率変数の期待値

定義：離散な確率変数の期待値 [3.23]

X を離散な確率変数とします。確率変数 X の可能な実現値を $x_1, x_2, \ldots$，対応する確率を $p_1, p_2, \ldots$ とします。このとき，確率変数 X の期待値は，実現値×確率の総和として定義されます：

$$\sum_{i=1}^{\infty} x_i p_i. \tag{3.12}$$

メモ 3.51（期待値が存在しない場合） 厳密には，期待値は $\sum_{i=1}^{\infty} |x_i| p_i < \infty$ が満たされる場合にのみ定義されます。これが満たされないような確率変数は「期待値を持たない」といわれます。しかし，本書で扱うほとんどの確率変数は期待値を持ちますので，本書の範囲ではこの条件が問題になることは多くありません。

注意 3.52（真ん中の指標としての期待値） 数直線上の位置 x_i に重さ p_i グラムの重りをくっつけていきます。このとき，位置と重さの積 $x_i \times p_i$ の総和 $\sum_{i=1}^{\infty} x_i p_i$ は，重り全体の**重心**の位置を表します。この意味において期待値は分布の真ん中ということができます。

例 3.53（さいころのゲーム——期待値） **例 3.40** の確率関数からは，確率変数 X_{odd} の可能な実現値が 0 と 2 で，それぞれに 1/2 の確率が割り当てられていることがわかります。これに式 (3.12) を当てはめると，X_{odd} の期待値は次のように求められます：

$$0 \times \frac{1}{2} + 2 \times \frac{1}{2} = 1.$$

図 3.4 の確率関数のグラフを見ると，確率の重さがちょうど釣り合う重心が $x=1$ であることが視覚的に理解できます。

3.5.2 連続な確率変数の期待値

定義：連続な確率変数の期待値 [3.24]

Yを連続な確率変数，fをその確率密度関数とします。このとき，Yの期待値は次の式で定義されます：

$$\int_{-\infty}^{\infty} uf(u)\mathrm{d}u. \tag{3.13}$$

メモ 3.54（期待値が存在しない場合） 厳密には，期待値は $\int_{-\infty}^{\infty}|u|f(u)\mathrm{d}u<\infty$ が満たされるときにのみ定義されます。メモ 3.51 参照。

注意 3.55（重心としての期待値） 式(3.13)は，確率が数直線上に連続的に分布しているときの，確率の**重心**を求める計算式です。この意味で，期待値は確率の分布の真ん中の指標といえます。

連続な場合の分布の重心は次のように計算できます。まず，$\mathrm{d}u$ を小さな正の実数とし，数直線を幅 $\mathrm{d}u$ の小さな区間に分割します：

$$\ldots, (\!|u_{-1}-\mathrm{d}u, u_{-1}]\!], (\!|u_0-\mathrm{d}u, u_0]\!], (\!|u_1-\mathrm{d}u, u_1]\!], (\!|u_2-\mathrm{d}u, u_2]\!], \ldots.$$

ただし，整数 k に対して $u_k=k\mathrm{d}u$ とします。まず各区間の**位置**と割り当てられている**確率**の積の総和を計算します。区間 $(\!|u_k-\mathrm{d}u, u_k]\!]$ について考えます（図 3.6）：

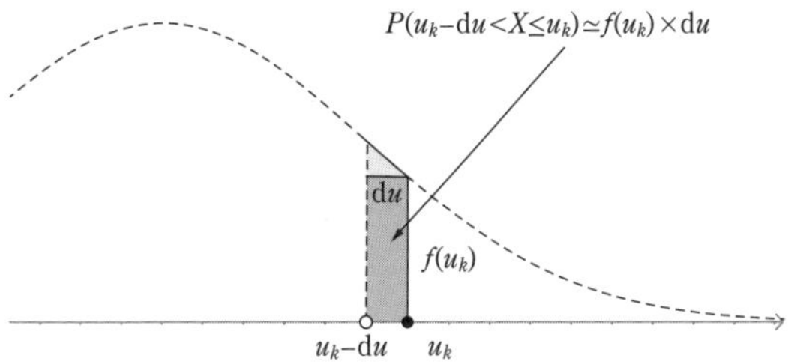

図 3.6 小さな区間 $(\!|u_k-\mathrm{d}u, u_k]\!]$ の位置と，そこに割り当てられている確率。点線は確率変数 X の確率密度関数。

- **位置**については，区間 $(\!|u_k-\mathrm{d}u, u_k]\!]$ 全体を右端の点 u_k で近似します。
- その区間に割り当てられている**確率**は $P(u_k-\mathrm{d}u<X\leq u_k)$ です。この確率には，**命題 [3.21]** の近似が使えます：

$$P(u_k - \mathrm{d}u < X \leq u_k) \simeq f(u_k)\mathrm{d}u.$$

このように近似した位置と確率の積をすべての区間について足し合わせると，重心は次のように近似されます：

$$\sum_{k=-\infty}^{\infty} u_k \times P(u_k - \mathrm{d}u < X \leq u_k) \simeq \sum_{k=-\infty}^{\infty} u_k \times f(u_k)\mathrm{d}u.$$

この和を**リーマン和** (Reimann sum) と考えて，$\mathrm{d}u \to +0$ とすると，**リーマン積分** (Reimann integral)

$$\int_{-\infty}^{\infty} uP(u - \mathrm{d}u < X \leq u) = \int_{-\infty}^{\infty} uf(u)\mathrm{d}u, \tag{3.14}$$

が得られます（厳密には，$\mathrm{d}u \to +0$ の極限で，リーマン和の値が存在するかどうかを検討する必要があります。ただし，私たちが確率論や統計学で使う関数の多くは極限を持ちます）。

ここまでで使ったすべての近似は，$\mathrm{d}u \to +0$ で考えている値に一致するので，式 (3.14) は近似ではなく，厳密に確率の重心を与えます。

例 3.56（おはじきのゲーム──期待値） 確率変数 Y_{wink} の期待値を求めてみましょう。**例 3.48** で求めた確率密度関数 f_{wink} に式 (3.13) を当てはめると次のように計算されます：

$$\begin{aligned}\int_{-\infty}^{\infty} uf_{\mathrm{wink}}(u)\mathrm{d}u &= \int_0^1 u \times 2u\,\mathrm{d}u = 2\int_0^1 u^2\mathrm{d}u \\ &= 2\left[\frac{1}{3}u^3\right]_0^1 = 2\left(\frac{1}{3}\times 1^3 - \frac{1}{3}\times 0^3\right) = \frac{2}{3}.\end{aligned}$$

図 3.5 と比べてみると，$x = \frac{2}{3}$ が確率の重さがちょうど釣り合う重心であることが視覚的に理解できます。

3.5.3 離散な場合と連続な場合の共通点

式 (3.12) と (3.13) を比べると，確率変数が離散な場合と連続な場合で期待値の計算の仕方は異なっているように見えます。しかし両方とも，実現値と確率の積を取り，すべての事象についてその和を計算する，という手順は共通しています（図 3.7）。どちらのやり方も，数直線上に割り当てられて

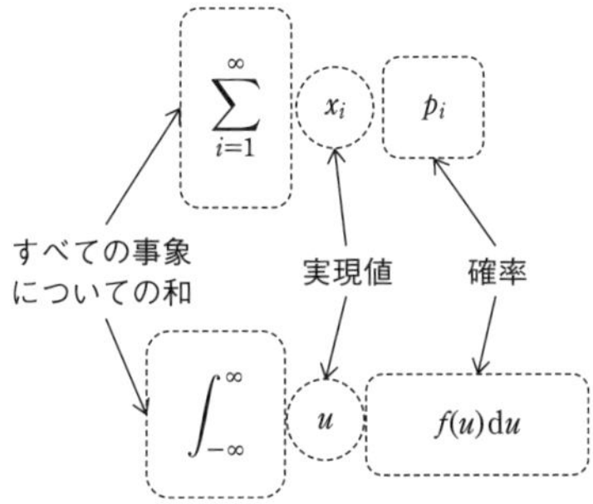

図 3.7　離散な場合と連続な場合の期待値の計算のやり方の比較。離散な場合（上段）については，可能な実現値を $x_1, x_2, \ldots$, 対応する確率を $p_1, p_2, \ldots$, とします。連続な場合（下段）については，確率密度関数を f とします。

いる確率の重心を計算しています。

メモ 3.57（離散の場合の期待値計算）　離散な場合でも，式(3.13)のような積分の形で期待値の計算を記述できます：離散な確率変数 X の可能な実現値を $x_1, x_2, \ldots$, 対応する確率を $p_1, p_2, \ldots$ とします。

注意 3.55 と同じように数直線を幅 $\mathrm{d}u$ の小さな区間に分割します：

$$\ldots, (u_{-1}-\mathrm{d}u, u_{-1}], (u_0-\mathrm{d}u, u_0], (u_1-\mathrm{d}u, u_1], (u_2-\mathrm{d}u, u_2], \ldots.$$

ここでも，整数 k に対し $u_k=k\mathrm{d}u$ とします。区間の幅 $\mathrm{d}u$ を十分に小さくすれば，1 つの区間に複数の実現値が含まれることはありません。また，どの実現値も必ずどれかの区間に含まれているはずです。実現値 x_i を含む区間を $(u_{k(i)}-\mathrm{d}u, u_{k(i)}]$ と書くことにしましょう。すると，$x_i \simeq u_{k(i)}$ という近似が成り立ちます。また，$\mathrm{d}u \to +0$ の極限において $u_{k(i)} \to x_i$ となります。この区間で 0 でない確率が割り当てられているのは $X=x_i$ の 1 点のみですので，次の関係が成り立ちます：

$$P(u_{k(i)}-\mathrm{d}u < X \leq u_{k(i)}) = P(X=x_i) = p_i.$$

区間 $(u_l-\mathrm{d}u, u_l]$ が確率変数 X の実現値 $x_1, x_2, \ldots$ のどれも含まないとするとそこに割り当てられている確率は $P(u_l-\mathrm{d}u < X \leq u_l)=0$ です。

期待値を計算するために，$u_k \times P(u_k-\mathrm{d}u < X \leq u_k)$ の総和を取ると，

$$\sum_{k=-\infty}^{\infty} u_k P(u_k-\mathrm{d}u < X \leq u_k) = \sum_{i=1}^{\infty} u_{k(i)} P(u_{k(i)}-\mathrm{d}u < X \leq u_{k(i)}) \simeq \sum_{i=1}^{\infty} x_i p_i,$$

という近似が成り立ちます。最初の等号は，確率が 0 の区間を和の計算から取り除いても結果が変わらないことによります。ここで $\mathrm{d}u \to +0$ の極限を取ると，近似は厳密に一致し，次の関係が得られます：

$$\int_{-\infty}^{\infty} uP(u-\mathrm{d}u<X\leq u)=\sum_{i=1}^{\infty} x_i p_i.$$

定義：期待値の記号 [3.25]

確率変数 X が離散でも連続でも，その期待値を，同じ記号を使って，$\mathrm{E}(X)$ あるいは $\int_{-\infty}^{\infty} uP(u-\mathrm{d}u<X\leq u)$ と表します。

注意 3.58（期待値の記号） $\mathrm{E}(X)$ という表記に出くわしたら，確率変数 X が離散ならば，その確率関数を求めて，そこから

$$\mathrm{E}(X)=\int_{-\infty}^{\infty} uP(u-\mathrm{d}u<X\leq u)=\sum_{i=1}^{\infty} x_i p_i,$$

という計算をするものと解釈し，確率変数 X が連続ならば，その確率密度関数を求めて，そこから

$$\mathrm{E}(X)=\int_{-\infty}^{\infty} uP(u-\mathrm{d}u<X\leq u)=\int_{-\infty}^{\infty} uf(u)\mathrm{d}u,$$

を計算するもの，と解釈すれば良いのです。

3.6 確率変数の変換と期待値

確率変数 X が与えられたとき，たとえばそれを 2 乗した X^2 もやはり確率変数です。この確率変数 X^2 の分布と，変換前の確率変数 X の分布との関係はどのようなものなのでしょうか？ここでは，2 乗に限らず，確率変数 X をある関数 g で変換して作った確率変数 $g(X)$ を考えます。主な結論をあらかじめまとめておくと次の通りです：

注意 3.59（確率変数の変換と期待値） 確率変数 X を関数 g で変換した確率変数を $Z=g(X)$ とします。このとき，

- Z の分布は，X の分布と関数 g によって定まります。ただし，X の分布関数と，関数 g がわかっていても，そこから Z の分布関数を求めることが容易であるとは限りません。

- Z の期待値の計算には，(Z の分布関数を求めなくても) X の分布関数を使うことができます。特に，実数 a, b に対して $Z=aX+b$ のとき次の式が使えます：

$$\mathrm{E}(Z)=a\mathrm{E}(X)+b.$$

3.6.1 確率変数の変換と分布関数

確率変数 X を関数 g で変換した $Z=g(X)$ の分布関数を考えます。

確率変数 X の分布関数を F_X とします。確率変数 Z の分布は，もとの確率変数 X の分布関数 F_X と，それをどのように変換したのかを表す関数 g によって決まっているはずです。**メモ 3.62** で確認するように，ほとんどの場合，関数 F_X と g から確率変数 Z の分布関数を求めることは難しいといえます。ただし例外的に簡単な場合もあります：

例 3.60（単調増加関数による変換） 関数 g が単調増加であるとします。確率変数 $Z=g(X)$ の分布関数は次の式で定められます：

$$F_Z(x)=P(Z\leq x)=P(g(X)\leq x),$$

関数 g は単調増加であると仮定したので，逆関数 g^{-1} が存在します（逆関数については**メモ 3.37**）。この逆関数も単調増加で，大小関係を変えないので（演習 6），$g(X)\leq x \Leftrightarrow X\leq g^{-1}(x)$ が常に成り立ちます。これを使うと次のように，X の分布関数 F_X と g^{-1} を使って分布関数 F_Z を表すことができます：

$$F_Z(x)=P(X\leq g^{-1}(x))=F_X(g^{-1}(x)). \tag{3.15}$$

例 3.61（おはじきのゲーム——確率変数の変換） **例 3.27** で考えた確率変数 Y_{wink} を 2 乗した確率変数の分布を考えます。変換に使う関数 $g(u)=u^2$ は単調増加ではありませんが，確率変数 Y_{wink} の可能な実現値が非負なので，使うのは単調増加である $0\leq u\leq 1$ の部分だけです。

Y_{wink}^2 の分布関数は，$0\leq x$ について次のように計算されます：

$$P(Y_{\mathrm{wink}}^2\leq x)=P(Y_{\mathrm{wink}}\leq\sqrt{x}).$$

式(3.1)より分布関数は次のように求まります：

$$P(Y_{\mathrm{wink}}^2 \leq x)=\begin{cases} 0, & (x<0), \\ x, & (0\leq x\leq 1), \\ 1, & (1<x). \end{cases}$$

メモ 3.62（一般の場合） **例 3.60** では関数 g が単調増加であるとしましたが，単調増加と限らなくとも **例 3.60** と同じ式で分布関数を記述できます：

$$F_Z(x)=P(Z\leq x)=P(g(X)\leq x).$$

しかし，ここでは g が大小関係を変えないような逆関数を持つとは限りません。$g(X(\omega))\leq x$ を満たすような帰結 ω を集めた集合を次で定めます：

$$A_x=\{\omega\in\Omega|g(X(\omega))\leq x\}.$$

これを使うと，Z の分布関数は次のように書くことができます：

$$F_Z(x)=P(A_x).$$

集合 A_x が**可測**な事象であれば（**メモ 3.17**），関数 F_X を使って確率 $P(A_x)$ の値を計算できるはずです。しかし，それが式(3.15)のような簡単な形であることはまれです。

この方法の他に，**特性関数** (characteristic function) を利用する方法もあります（**メモ 3.72**）。モンテカルロ法などの数値計算による近似を使うこともあります。

メモ 3.63（使うことのできる変換） 確率変数と変換する関数の組合せによっては，変換したものを確率変数と呼べないことがあります。**例 3.24** の確率変数 Y_{wink} を関数 $g(u)=\frac{1}{u}$ で変換したもの

$$Z_{\mathrm{wink}}=\frac{1}{Y_{\mathrm{wink}}},$$

を考えると，$Y_{\mathrm{wink}}=0$ が実現したときの Z_{wink} の実現値 $\frac{1}{0}$ は実数ではありません。すべての帰結に対して実数の実現値を持つ，という決まりを厳密に当てはめると，Z_{wink} は確率変数ではありません。

ただし，**例 3.27** で置いた仮定によると，$Y_{\mathrm{wink}}=0$ という事象に割り当てられている確率は 0 です（**例 3.46**）。もとの標本空間 Ω からこの事象を取り除いても，ゲームの性質への影響は小さいと考えるならば，「コインが的にぴったり一致したら投げなおす」というルールを付け加えることができます。そうして $\Omega'=\{(u,v)|0<u^2+v^2\leq 1\}$ のように標本空間を定めなおすことで，Z_{wink} を確率変数として扱うこともできます。（**第 4 章**のスチューデントの t 分布の定義も参照）。

3.6.2　変換した確率変数の期待値

確率変数 X を関数 g で変換したもの $Z=g(X)$ の期待値を考えます。

メモ 3.64（ナイーヴな方法）　期待値の定義によれば，次のような手順が考えられます。確率変数 X の分布関数 F_X と，変換に使う関数 g から，Z の分布関数 $F_Z(x)=P(Z\leq x)$ を求めます。そこから，Z の確率関数や確率密度関数を導けば，3.5 節の計算式に従って期待値 $\mathrm{E}(Z)$ は計算できるはずです（演習 10）。

この方法は，理屈のうえでは欠陥がなく，正しい値を与えます。しかし問題は，3.6.1 節で確認をしたように，変換後の確率変数の分布関数 F_Z を求めることが簡単とは限らないことです。求めたいものが期待値のみである場合，この方法ではなく，以下の方法を用いた方が簡単です。

確率変数が離散の場合

命題：離散の場合の期待値の計算　[3.26]

離散な確率変数 X の可能な実現値を $x_1,x_2,\ldots$，対応する確率を $p_1,p_2,\ldots$ とします。このとき，確率変数 X を関数 g で変換した確率変数 $Z=g(X)$ の期待値は次の式で計算できます：

$$\mathrm{E}(Z)=\mathrm{E}(g(X))=\sum_{i=1}^{\infty}g(x_i)p_i. \tag{3.16}$$

注意 3.65（離散な場合の期待値の計算）　式 (3.16) からは，$g(X)$ の期待値を計算するには，X の確率関数を使えば良いことがわかります。わざわざ $g(X)$ の確率関数を求める必要はありません。ただ，可能な実現値を x_i から $g(x_i)$ に入れ替えれば良いのです。

メモ 3.66（離散の場合の期待値の計算）　式 (3.16) は，次のように確かめることができます。たとえば $X=x_1$ が実現したとき，$Z=g(x_1)$ もまた実現します。そして，そうなる確率は，$P(X=x_1)=p_1$ です。つまり次の関係が成り立ちます：

$$P(X=x_1)=P(Z=g(x_1))=p_1.$$

これを繰り返すと，確率変数 Z の可能な実現値とその確率がそれぞれ $g(x_1),g(x_2),\ldots,$ と $p_1,p_2,\ldots,$ であることがわかります。これを式 (3.12) に当てはめると，式 (3.16) が得られます。

例 3.67（さいころのゲーム──2 乗の期待値） **例 3.31** の確率変数 X_{odd} を 2 乗した確率変数 X_{odd}^2 を考えます。X_{odd}^2 の可能な実現値は 0 と 4 です。これらに対応する確率は次のように計算されます：

$$P(X_{\mathrm{odd}}^2=0)=P(X_{\mathrm{odd}}=0)=\frac{1}{2},$$
$$P(X_{\mathrm{odd}}^2=4)=P(X_{\mathrm{odd}}=2)=\frac{1}{2}.$$

したがって，期待値を計算するときに，X_{odd}^2 の確率関数を使っても X_{odd} の確率関数を使っても同じです：

$$\mathrm{E}(X_{\mathrm{odd}}^2)=0\times\frac{1}{2}+4\times\frac{1}{2}=2.$$

確率変数が連続な場合

命題：連続な場合の期待値の計算 **[3.27]**

X を連続な確率変数，その確率密度関数を f_X とします。このとき，確率変数 X を関数 g で変換して作った確率変数 $Z=g(X)$ の期待値は次の式で計算されます：

$$\mathrm{E}(Z)=\mathrm{E}(g(X))=\int_{-\infty}^{\infty} g(u)f_X(u)\mathrm{d}u. \tag{3.17}$$

注意 3.68（連続な場合の期待値の計算） **命題 [3.27]** を使うと，$g(X)$ の期待値を計算するには，X の確率密度関数を使えば良いことがわかります。わざわざ $g(X)$ の確率密度関数を求める必要はありません。ただ，可能な実現値を u から $g(u)$ に入れ替えれば良いのです。

例 3.69（おはじきのゲーム──2 乗の期待値） **例 3.32** の確率変数 Y_{wink} を 2 乗した Y_{wink}^2 の期待値を計算します。**例 3.61** では，確率変数 Y_{wink}^2 の分布関数を求めました。これを微分して確率密度関数 $f_{Y_{\mathrm{wink}}^2}$ を求めると次の通りです：

$$f_{Y_{\mathrm{wink}}^2}(x)=\frac{\mathrm{d}}{\mathrm{d}x}P(Y_{\mathrm{wink}}^2\leq x)=\begin{cases}0, & (x<0,\ 1<x),\\ 1, & (0\leq x\leq 1).\end{cases}$$

ここからナイーヴな方法による期待値は次のように求まります：

$$\mathrm{E}(Y_{\mathrm{wink}}^2)=\int_{-\infty}^{\infty} v f_{Y_{\mathrm{wink}}^2}(v)\mathrm{d}v=\int_0^1 v\times 1\times \mathrm{d}v$$
$$=\left[\frac{1}{2}v^2\right]_{v=0}^1=\frac{1}{2}.$$

命題［3.27］を使うと，**例 3.48** で求めた，もとの確率変数 Y_{wink} の確率密度関数 f_{wink} をそのまま使うことができて，次のように同じ結果が得られます：

$$\mathrm{E}(Y_{\mathrm{wink}})=\int_{-\infty}^{\infty} u^2 f_{\mathrm{wink}}(u)\mathrm{d}u=\int_0^1 u^2\times 2u\,\mathrm{d}u$$
$$=\left[\frac{1}{4}\times 2u^4\right]_{u=0}^1=\frac{1}{2}.$$

注意 3.70（連続な場合の期待値の計算）　式(3.17)は，次のように確かめることができます。ここでは，簡単のために g を単調増加で微分可能な関数と仮定します。このように仮定すると式(3.15)が使えるので，確率変数 $Z=g(X)$ の分布関数は $F_Z(x)=F_X(g^{-1}(x))$ のように求められます。確率変数 Z の確率密度関数はこれを微分して，

$$f_Z(x)=\frac{\mathrm{d}}{\mathrm{d}x}F_X(g^{-1}(x))=f_X(g^{-1}(x))\frac{\mathrm{d}}{\mathrm{d}x}g^{-1}(x),$$

で与えられます。これを使って，期待値を求めると，

$$\begin{aligned}\mathrm{E}(Z)&=\int_{-\infty}^{\infty} u f_Z(u)\mathrm{d}u\\&=\int_{-\infty}^{\infty} u f_X(g^{-1}(u))\frac{\mathrm{d}}{\cancel{\mathrm{d}u}}g^{-1}(u)\,\cancel{\mathrm{d}u}\\&=\int_{-\infty}^{\infty} u f_X(g^{-1}(u))\mathrm{d}g^{-1}(u),\end{aligned}$$

となります。これに変数変換 $v=g^{-1}(u)$ を当てはめると，$\mathrm{d}v=\mathrm{d}g^{-1}(v)$ と $u=g(v)$ が成り立つので，

$$\mathrm{E}(Z)=\int_{-\infty}^{\infty} g(v)f_X(v)\mathrm{d}v,$$

が得られ，これは式(3.17)と同値です。

メモ 3.71（連続な場合の期待値の計算）　関数 g が単調増加で微分可能とは限らない場合でも式(3.17)は成り立ちます。その証明はやや煩雑ですが，概略は次の通りです。始めに定義に則った期待値の計算

$$\mathrm{E}(g(X))=\int_{-\infty}^{\infty} uP(u-\mathrm{d}u<g(X)\leq u),$$

がどのように組み立てられるのかを考えます。**注意 3.55** の手順に従うと，まず，確率変数 $g(X)$ の可能な実現値を小さな区間に分割します：

$$\ldots, \llparenthesis v_{-1}-\mathrm{d}v, v_{-1}\rrbracket, \llparenthesis v_0-\mathrm{d}v, v_0\rrbracket, \llparenthesis v_1-\mathrm{d}v, v_1\rrbracket, \llparenthesis v_2-\mathrm{d}v, v_2\rrbracket, \ldots.$$

ただし整数 k に対し $v_k=k\mathrm{d}v$ です。$g(X)$ の実現値が区間 $\llparenthesis v_k-\mathrm{d}v, v_k\rrbracket$ に含まれているとき，その値は v_k で近似され，また，その確率は $P(v_k-\mathrm{d}v<g(X)\leq v_k)$ です。したがって期待値は，**注意 3.55** のように，次の式で計算されます：

$$\begin{aligned}&\lim_{\mathrm{d}v\to+0}\sum_{k=-\infty}^{\infty} v_k P(v_k-\mathrm{d}v<g(X)\leq v_k)\\&=\int_{-\infty}^{\infty} vP(v-\mathrm{d}v<g(X)\leq v).\end{aligned}\tag{3.18}$$

分割のやり方を変えても同じ計算はできるはずです。ここでは確率変数 X の可能な実現値を分割します：

$$\ldots, \llparenthesis u_{-1}-\mathrm{d}u, u_{-1}\rrbracket, \llparenthesis u_0-\mathrm{d}u, u_0\rrbracket, \llparenthesis u_1-\mathrm{d}v, u_1\rrbracket, \llparenthesis u_2-\mathrm{d}v, u_2\rrbracket, \ldots.$$

ただし，整数 k に対し $u_k=k\mathrm{d}u$ です。区間 $\llparenthesis u_k-\mathrm{d}u, u_k\rrbracket$ 内で，X の実現値は u_k で近似できるので，$g(X)$ の実現値は $g(u_k)$ で近似されます。したがって，この区間内での $g(X)$ の実現値と確率 $P(u_k-\mathrm{d}u<X\leq u_k)$ の積は次の値で近似されます：

$$g(u_k)\times P(u_k-\mathrm{d}u<X\leq u_k).$$

その総和の極限

$$\begin{aligned}&\lim_{\mathrm{d}u\to+0}\sum_{k=-\infty}^{\infty} g(u_k)P(u_k-\mathrm{d}u<X\leq u_k)\\&=\int_{-\infty}^{\infty} g(u)P(u-\mathrm{d}u<X\leq u),\end{aligned}\tag{3.19}$$

は，式 (3.18) と分割の仕方が違うだけですので，同じ値を持つはずです。つまり次の関係が成り立ちます：

$$\begin{aligned}\mathrm{E}(g(X))&=\int_{-\infty}^{\infty} vP(v-\mathrm{d}v<g(X)\leq v)\\&=\int_{-\infty}^{\infty} g(u)P(u-\mathrm{d}u<X\leq u).\end{aligned}\tag{3.20}$$

メモ 3.72（特性関数の利用）　式 (3.17) を使うと，**3.6.1 節**で考えた問題に特性関数を経由する解法が利用できます。確率変数 Z と実数 t に対して，確率変数 $\mathrm{e}^{\mathrm{i}tZ}$ の期待値

$$\varphi_Z(t)=\mathrm{E}(\mathrm{e}^{\mathrm{i}tZ}),$$

を，t を引数とする関数 φ_Z とみなすことができます。ただし，$\mathrm{i}=\sqrt{-1}$ は虚数単位です。この関数 φ_Z を，確率変数 Z の**特性関数**といいます。

特性関数 φ_Z がわかっているとき，2 つの実数 $x_1<x_2$ に対して確率変数 Z の分布関数が次の式で計算できることが知られています（[19] 参照）：

$$P(Z\leq x_2)-P(Z\leq x_1)=\frac{1}{2\pi}\lim_{\tau\to\infty}\int_{-\tau}^{\tau}\frac{\mathrm{e}^{-\mathrm{i}tx_1}-\mathrm{e}^{-\mathrm{i}tx_2}}{\mathrm{i}t}\varphi_Z(t)\mathrm{d}t. \tag{3.21}$$

さて，確率変数 X の確率密度関数 f_X がわかっているとします。関数 g で X を変換したものを $Z=g(X)$ とすると，式 (3.17) より確率変数 Z の特性関数は次のように関数 g と f_X を使って表せます：

$$\varphi_Z(t)=\mathrm{E}(\mathrm{e}^{\mathrm{i}tZ})=\mathrm{E}(\mathrm{e}^{\mathrm{i}tg(X)})=\int_{-\infty}^{\infty}\mathrm{e}^{\mathrm{i}tg(u)}f_X(u)\mathrm{d}u.$$

これを式 (3.21) に代入すれば，確率変数 Z の分布関数が計算できます。

関数 g と f_X の組合せによっては，式 (3.21) の積分の計算が容易なこともあります。こうした場合には，この方法によって変換した確率変数の分布関数を求められます。

1 次関数と期待値

式 (3.20) を使うと，次の便利な関係が得られます：

命題：1 次関数と期待値 [3.28]

X を確率変数，a と b を実数とすると次の等式が成り立ちます：

$$\mathrm{E}(aX+b)=a\mathrm{E}(X)+b. \tag{3.22}$$

つまり，確率変数 $aX+b$ の期待値を計算するには，確率変数 X の期待値がわかっていれば十分なのです。この計算には，確率変数 X の分布すら必要ありません。

注意 3.73（1 次関数と期待値） 式 (3.22) は次のように確かめられます：式 (3.20) で $g(X)=aX+b$ の場合積分の線形性から，

$$\begin{aligned}\mathrm{E}(aX+b)&=\int_{-\infty}^{\infty}(au+b)P(u-\mathrm{d}u<X\leq u)\\&=a\int_{-\infty}^{\infty}uP(u-\mathrm{d}u<X\leq u)+b\int_{-\infty}^{\infty}P(u-\mathrm{d}u<X\leq u),\end{aligned}$$

のように計算されます。右辺の最初の項の積分は，期待値の定義より

$$\int_{-\infty}^{\infty} uP(u-\mathrm{d}u<X\leq u)=\mathrm{E}(X),$$

となります。2番目の項の積分は，すべての場合について確率の総和を計算しているので，

$$\int_{-\infty}^{\infty} P(u-\mathrm{d}u<X\leq u)=1,$$

が得られます。これらから，式(3.22)が得られます。

期待値は本来，確率変数に対して定義されるものなのですが，**命題[3.28]** において $a=0$ とした場合を考えると，定数の期待値を定義できます：

定義：定数の期待値 [3.29]

b を定数とすると，その期待値は次のように定義できます：

$$\mathrm{E}(b)=b. \tag{3.23}$$

3.7 分散と標準偏差

ここでは，確率分布のひろがり具合の指標としての分散と標準偏差を確認します。確率が真ん中近くに集中していれば値が小さく，真ん中から離れたところまでひろがっていれば値が大きくなるようなものであれば，ひろがりの指標といえます。こうした指標としては分散と標準偏差が最も頻繁に使われます。

3.7.1 分　散

定義：分散 [3.30]

確率変数 X の**分散** (variance) は次のように定義されます：

$$\mathrm{E}((X-\mathrm{E}(X))^2). \tag{3.24}$$

分散を表すのに V(X) という記号を使います。期待値を μ=E(X) とすると，式(3.24)より次の式で表せます：

$$\mathrm{V}(X)=\mathrm{E}((X-\mu)^2)=\int_{-\infty}^{\infty}(u-\mu)^2P(u-\mathrm{d}u<X\leq u).$$

メモ 3.74（分散が存在する場合） 厳密には，式(3.24)の期待値が存在する場合にのみ分散は定義されます。**メモ 3.51, 3.54** 参照。

命題：分散の性質 [3.31]

確率変数 X が何であっても，その分散 V(X) が負になることはありません。また，**定義 [3.30]** の式(3.24)は次の形に変形できます：

$$\mathrm{V}(X)=\mathrm{E}((X-\mathrm{E}(X))^2)=\mathrm{E}(X^2)-(\mathrm{E}(X))^2. \tag{3.25}$$

注意 3.75（分散の計算） 分散を計算する際には，式(3.24)か，式(3.25)のうち使いやすい方が使えます。

なお，式(3.25)は，前節の期待値の性質から導かれます（演習 11）。

メモ 3.76（ひろがりの指標としての分散） 分散がどのように分布のひろがり具合を表しているのかを考えてみましょう。確率変数 X の期待値を μ=E(X) と置きます。これを分布の真ん中と考えます。**注意 3.55** と同じ様に，数直線を幅 du の区間に分割します。

区間 $(\!|u_k-\mathrm{d}u, u_k]\!]$ と真ん中 μ との距離は $u_k-\mu$ で近似できます。ただし，（標本分散のときと同じように）$u_k-\mu$ は距離そのものではなく，u_k が μ より大きいときには正，小さいときには負の符号を持ちます。どれだけ離れているかを知るのに，この符号は余計ですので，$(u_k-\mu)^2$ のように 2 乗して消します。区間 $(\!|u_k-\mathrm{d}u, u_k]\!]$ に割り当てられている確率は $P(u_k-\mathrm{d}u<X\leq u_k)$ です。距離の 2 乗と確率の積

$$(u_k-\mu)^2\times P(u_k-\mathrm{d}u<X\leq u_k),$$

は，距離と確率の両方が大きいときに大きくなります（**図 3.8**）。したがって，数直線全体に対してこの積の総和を取ったもの

$$\sum_{k=-\infty}^{\infty}(u_k-\mu)^2P(u_k-\mathrm{d}u<X\leq u_k)$$

は，分布全体のひろがりを表していると考えることができます。ここで du→+0 とすると，次のように積分で表されます：

$$\lim_{du\to+0}\sum_{k=-\infty}^{\infty}(u_k-\mu)^2P(u_k-du<X\le u_k)$$
$$=\int_{-\infty}^{\infty}(u-\mu)^2P(u-du<X\le u).$$

式 (3.20) で $g(X)=(X-\mu)^2$ とすると，この積分は，式 (3.24) と同じものであることがわかります。

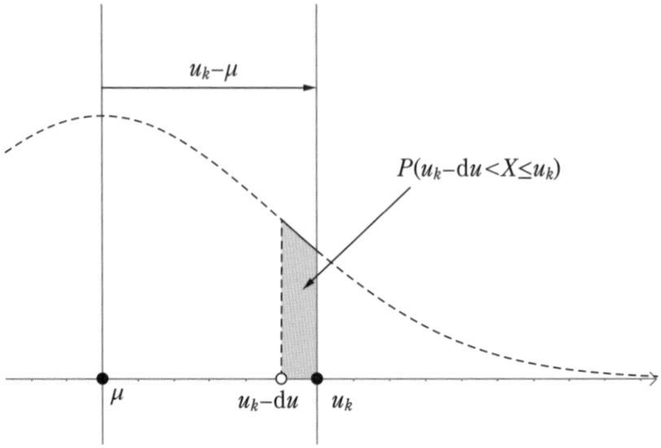

図 3.8　小さい区間 $(u_k-du, u_k]$ とそこに割り当てられている確率。

例 3.77（分散の計算）　**例 3.53** の確率変数 X_{odd} の分散は，$\mathrm{E}(X_{\mathrm{odd}})=1$ を使って次のように計算されます：

$$\mathrm{V}(X_{\mathrm{odd}})=\mathrm{E}\Big((X_{\mathrm{odd}}-\mathrm{E}(X_{\mathrm{odd}}))^2\Big)=\mathrm{E}\Big((X_{\mathrm{odd}}-1)^2\Big)$$
$$=(0-1)^2\times\frac{1}{2}+(2-1)^2\times\frac{1}{2}=1.$$

また，**例 3.56** の確率変数 Y_{wink} の分散は，$\mathrm{E}(Y_{\mathrm{wink}})=2/3$ と式 (3.25) を使って次のように計算できます：

$$\mathrm{V}(Y_{\mathrm{wink}})=\mathrm{E}(Y_{\mathrm{wink}}^2)-\left(\frac{2}{3}\right)^2=\int_{-\infty}^{\infty}u^2f_{\mathrm{wink}}(u)du-\frac{4}{9}$$
$$=\int_0^1 u^2\times 2u\,du-\frac{4}{9}=2\int_0^1 u^3du-\frac{4}{9}$$
$$=2\left[\frac{1}{4}u^4\right]_0^1-\frac{4}{9}=2\left(\frac{1}{4}\times1^4-\frac{1}{4}\times0^4\right)-\frac{4}{9}=\frac{1}{18}.$$

1 次関数と分散

分散の定義から，次の関係を導くことができます（演習 12）：

命題：1 次関数と分散 [3.32]

X を確率変数，a と b を実数とすると，次の関係が成り立ちます：

$$V(Z)=V(aX+b)=a^2V(X).$$

注意 3.78（1 次関数と分散） **命題 [3.32]** は，確率変数 $aX+b$ の分散を計算するには，確率変数 X の分散がわかっていれば十分であることを表しています。

X の係数 a は 2 乗されて分散の記号の外に出せます。また，定数 b を加えることは，分散の値に影響しません。確率変数に定数 b を加えるという操作は，数直線上で確率の分布を b だけずらすことに相当します。分散の値が変化しないことは，分布をずらしても，ひろがり具合が変化しないことに対応しています。

命題 [3.32] で $a=0$ とすると定数の分散が定義できます。

命題：定数の分散 [3.33]

b を定数とすると，その分散は次のように定義できます：

$$V(b)=0.$$

3.7.2 標準偏差

確率の分布の中で，ある実現値が真ん中に近いのか，端に近いのかを知りたいことがあるかもしれません。分散と個々の実現値を比較できると良いのですが，分散は，もとの確率変数を 2 乗した次元を持つため，比べることができません。そこで，次元をそろえるために，分散の平方根を考えます：

定義：標準偏差 [3.34]

X を確率変数とします。分散 $V(X)$ の平方根

$$\sqrt{V(X)}=\sqrt{E((X-E(X))^2)},$$

を確率変数 X の**標準偏差** (standard deviation) といいます。

3.7.3　確率変数の基準化

定義：確率変数の基準化　[3.35]

確率変数 X が期待値 $\mu=\mathrm{E}(X)$ と標準偏差 $\sigma=\sqrt{\mathrm{V}(X)}$ を持つとします。このとき，X から期待値を引き，標準偏差で割った確率変数

$$Z=\frac{X-\mu}{\sigma}, \tag{3.26}$$

を，X を**基準化** (standardised) した確率変数，といいます。

注意 3.79（基準化）　もとの確率変数 X が何であっても，式 (3.26) によって基準化した確率変数 Z は次を満たします（演習 13）：

$$\mathrm{E}(Z)=0,\ \ \mathrm{V}(Z)=1.$$

3.8　チェビシェフの不等式

メモ 3.76 で確認したように分散は，分布の真ん中から離れたところ——つまり分布の裾（すそ）——に大きな確率が割り当てられていると値が大きくなるように作られています。このことから，分布の裾に割り当てられている確率の大きさと分散の間には何か関係があってしかるべきです。

チェビシェフの不等式 (Chebyshev inequality) は，裾に割り当てられている確率と分散の間の関係を示すものです：

定理：チェビシェフの不等式　[3.36]

X を確率変数，μ, σ^2 をそれぞれその期待値と分散とします。このとき，どのような正の実数 a に対しても次が成り立ちます：

$$P(|X-\mu|\geq a)\leq\frac{\sigma^2}{a^2}. \tag{3.27}$$

この不等式をチェビシェフの不等式といいます。

注意 3.80（チェビシェフの不等式）　式(3.27)の意味を考えてみましょう。期待値 μ を確率変数 X の分布の真ん中として，そこからある正の実数 a 以上離れた部分を分布の裾と考えることにしましょう（**図 3.9**）。すると，分布の裾に割り当てられている確率は，左右の裾を合わせて次のように書けます：

$$P(X\leq\mu-a)+P(X\geq\mu+a)=P(X-\mu\leq-a)+P(X-\mu\geq a)$$
$$=P(|X-\mu|\geq a).$$

式(3.27)のチェビシェフの不等式は，この確率の上限が分散 σ^2 によって決められていることを表しています。チェビシェフの不等式は，次章で確認する**大数の法則**を証明するために使われます。

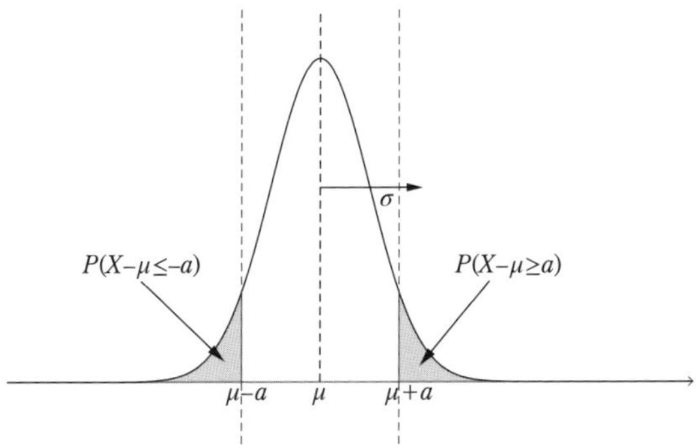

図 3.9　分布の期待値 μ と，そこからある正の実数 a 以上離れた部分。

証明　式(3.27)は次のように証明できます。まず確率変数 X の分散を計算する積分を次のように3つに分割します：

$$\begin{aligned}\mathrm{V}(X)=\sigma^2&=\int_{-\infty}^{\infty}(u-\mu)^2P(u-\mathrm{d}u<X\leq u)\\&=\int_{-\infty}^{\mu-a}(u-\mu)^2P(u-\mathrm{d}u<X\leq u)\\&\quad+\int_{\mu-a}^{\mu+a}(u-\mu)^2P(u-\mathrm{d}u<X\leq u)\\&\quad+\int_{\mu+a}^{\infty}(u-\mu)^2P(u-\mathrm{d}u<X\leq u).\end{aligned}$$

最初の積分では，$u \le \mu - a$ のとき $(u-\mu)^2 \ge a^2$ なので次が成り立ちます：

$$\int_{-\infty}^{\mu-a} (u-\mu)^2 P(u-\mathrm{d}u < X \le u) \ge \int_{-\infty}^{\mu-a} a^2 P(u-\mathrm{d}u < X \le u)$$
$$= a^2 P(X \le \mu - a).$$

2番目の積分では，$(u-\mu)^2 \ge 0$ なので次が成り立ちます：

$$\int_{\mu-a}^{\mu+a} (u-\mu)^2 P(u-\mathrm{d}u < X \le u) \ge 0.$$

最後の積分では，$\mu + a \le u$ のとき $(u-\mu)^2 \ge a^2$ なので次が成り立ちます：

$$\int_{\mu+a}^{\infty} (u-\mu)^2 P(u-\mathrm{d}u < X \le u) \ge \int_{\mu+a}^{\infty} a^2 P(u-\mathrm{d}u < X \le u)$$
$$= a^2 P(\mu + a \ge X).$$

分散を計算する積分において，これらの不等式の小さい方で置き換えると，

$$\sigma^2 \ge a^2 P(X \le \mu - a) + 0 + a^2 P(\mu + a \le X) = a^2 P(|X-\mu| \ge a),$$

が得られます。ここからただちに式(3.27)が導かれます。 □

演習問題

演習1　**定義［3.5］**の(1)~(3)を使って(4)を導きなさい。

演習2　下の(1)~(3)の手順によって，**公理［3.7］**より事象の列 $A_1, A_2, \ldots$ に対して次が成り立つことを示しなさい：

$$\lim_{n\to\infty} P\left(\bigcup_{i=1}^{n} A_i\right) = P\left(\bigcup_{i=1}^{\infty} A_i\right).$$

(1)　事象の列 $B_1, B_2, \ldots$ を

$$B_1 = A_1,\ B_i = A_i \setminus \bigcup_{j=1}^{i-1} A_j = A_i \cap \left(\bigcup_{j=1}^{i-1} A_j\right)^{\mathrm{c}},\ (i=2,3,\ldots),$$

で定めたとき，$k \ne l$ ならば B_k と B_l が互いに排反であることを示しなさい。

(2)　$\bigcup_{i=1}^{n} B_i = \bigcup_{i=1}^{n} A_i$ と $\bigcup_{i=1}^{\infty} B_i = \bigcup_{i=1}^{\infty} A_i$ を示しなさい。

(3)　以上と，**公理［3.7］**(3)より次の関係が成り立つことを示しなさい：

$$\lim_{n\to\infty} P\left(\bigcup_{i=1}^{n} A_i\right) = P\left(\bigcup_{i=1}^{\infty} A_i\right).$$

演習３　(1)　自然数 i に対して $A_i=\{\omega|X(\omega)\le i\}$ としたとき次を示しなさい：

$$\bigcup_{i=1}^{\infty} A_i = \Omega.$$

(2)　上の (1) と，確率の公理，および**命題 [3.8]** より次を示しなさい：

$$\lim_{x\to\infty} P(X\le x)=1.$$

(3)　自然数 i と実数 x に対して

$$B_i=\left\{\omega \,\middle|\, X(\omega)\le x+\frac{1}{i}\right\},$$

とすると，

$$\bigcap_{i=1}^{\infty} B_i = \{\omega|X(\omega)\le x\},$$

であることを示し，これと**命題 [3.8]** より次の等式を示しなさい：

$$\lim_{\varepsilon\to+0} P(X\le x+\varepsilon)=P(X\le x).$$

演習４　X を $\mathscr{A}$−可測な確率変数，a, b を $a<b$ を満たす実数とします。このとき，下の (1)~(3) の手順で次の等式を確認しなさい：

$$P(a<X\le b)=P(X\le a)-P(X\le b).$$

(1)　事象 $\{\omega|a<X(\omega)\le b\}$ が σ−加法族 $\mathscr{A}$ に含まれることを示しなさい。（ヒント：ある事象 A が σ−加法族に含まれることを証明するには，すでに $\mathscr{A}$ に含まれていることがわかっている事象の補集合，和集合，共通部分を使って A を作ることができることを示せば十分です。）

(2)　事象 $\{\omega|a<X(\omega)\le b\}$ について，

$$\{\omega|X(\omega)\le b\}=\{\omega|X(\omega)\le a\}\cup\{\omega|a<X(\omega)\le b\},$$

かつ，事象 $\{\omega|X(\omega)\le a\}$ と $\{\omega|a<X(\omega)\le b\}$ は互いに排反であることを確認しなさい。

(3)　確率の公理の (3) より次の等式を確認して，冒頭の式を示しなさい：

$$P(\{\omega|X(\omega)\le b\})=P(\{\omega|X(\omega)\le a\})+P(\{\omega|a<X(\omega)\le b\}).$$

演習５　X を $\mathscr{A}$−可測な確率変数とします。このとき下の (1)~(3) の手順で次の等式を確認しなさい：

$$P(X=2)=P(X\leq 2)-\lim_{\varepsilon\to+0}P(X\leq 2-\varepsilon).$$

(1)　次の関係を示しなさい：

$$\bigcap_{i=1}^{\infty}\left\{\omega\,\middle|\,2-\frac{1}{i}<X(\omega)<2\right\}=\emptyset.$$

これを利用して

$$\{\omega|X(\omega)=2\}=\bigcap_{i=1}^{\infty}\left\{\omega\,\middle|\,2-\frac{1}{i}<X(\omega)\leq 2\right\},$$

を確認しなさい。また，このことを利用して，$\{\omega|X(\omega)=2\}\in\mathscr{A}$ を示しなさい。ただし，演習４の結果を使っても良い。（ヒント：演習４のヒント参照。）

(2)　自然数 n に対して次の関係を確認しなさい：

$$P\left(\bigcap_{i=1}^{n}\left\{\omega\,\middle|\,2-\frac{1}{i}<X(\omega)\leq 2\right\}\right)=P\left(\left\{\omega\,\middle|\,2-\frac{1}{n}<X(\omega)\leq 2\right\}\right)$$
$$=P(\{\omega|X(\omega)\leq 2\})-P\left(\left\{\omega\,\middle|\,X(\omega)\leq 2-\frac{1}{n}\right\}\right).$$

(3)　**命題［3.8］**の確率の連続性より，

$$P\left(\bigcap_{i=1}^{\infty}\left\{\omega\,\middle|\,2-\frac{1}{i}<X(\omega)\leq 2\right\}\right)=\lim_{n\to\infty}P\left(\bigcap_{i=1}^{n}\left\{\omega\,\middle|\,2-\frac{1}{i}<X(\omega)\leq 2\right\}\right)$$

を確認し，$\varepsilon=1/n$ と置くと冒頭の式となることを確認しなさい。

演習６　(1)　関数 g が単調増加であるとき，その逆関数 g^{-1} も単調増加であることを証明しなさい（関数 g が単調増加とは，実数 s,t に対して，$s<t\Leftrightarrow g(s)<g(t)$ を満たすことを指します）。

(2)　確率変数 Y の確率密度関数 f_Y がすべての実数 x に対して $f_Y(x)>0$ であるとします。このとき，確率変数 Y の分布関数 F_Y は逆関数 F_Y^{-1} を持つことを証明しなさい。（ヒント：関数 F_Y が逆関数を持つ条件）

(3)　式(3.6)を証明しなさい。

演習７　(1)　**定義［3.18］**で定義される分位数が常に存在することを証明しなさい。

(2)　分布関数が連続なとき，**定義［3.18］**の分位数と**定義［3.16］**の分位数が一致することを証明しなさい。

演習８　離散な確率変数 X の可能な実現値を $x_1,x_2,\ldots$，それぞれに対応する確率が $p_1,p_2,\ldots$ であるとします。

(1)　$x=x_i$ のとき次の式を示しなさい：

$$\lim_{\varepsilon \to +0} P(x-\varepsilon < X \le x) = p_i.$$

(2)　実数 x の値が $x_1, x_2, \ldots$ のどれとも等しくないとき次の式を示しなさい：

$$\lim_{\varepsilon \to +0} P(x-\varepsilon < X \le x) = 0.$$

演習 9　例 3.24 で考えた確率変数 Y_{wink} の場合，分布関数は式 (3.1) で与えられます。実数を $(\!(-\infty, 0)\!)$, 0, $(\!(0, 1)\!)$, 1, $(\!(1, \infty)\!)$ に分けて，それぞれで式 (3.9) を確認し，すべての実数 x について $P(Y_{\mathrm{wink}}=x)=0$ が成り立つことを確認しなさい。

演習 10　連続な確率変数 X の確率密度関数 f_X が与えられているとします。これを 2 乗して作った確率変数 $Z=X^2$ の分布と期待値を考えます。

(1)　X の分布関数 $F_X(x)=\int_{-\infty}^{x} f_X(u)\mathrm{d}u$ を使って，Z の分布関数 $F_Z(x)=P(Z \le x)$ を表しなさい。

(2)　Z の確率密度関数 f_Z を，f_X を使って表しなさい。

(3)　Z の期待値に関して次の 2 つの計算の結果が等しいことを確認しなさい：

$$\int_{-\infty}^{\infty} u f_Z(u)\mathrm{d}u = \int_{-\infty}^{\infty} v^2 f_X(v)\mathrm{d}v.$$

演習 11　確率変数 X の期待値を $\mu=\mathrm{E}(X)$ とします。このとき，$\mathrm{V}(X)=\mathrm{E}(X^2)-\mu^2$ を証明しなさい。

演習 12　X を確率変数，a と b を実数とします。このとき次の関係を示しなさい：

$$\mathrm{V}(aX+b)=a^2\mathrm{V}(X), \ \mathrm{V}(b)=0.$$

演習 13　確率変数 X の期待値と標準偏差をそれぞれ $\mu=\mathrm{E}(X)$ と $\sigma=\sqrt{\mathrm{V}(X)}$ とします。このとき，

$$Z=\frac{X-\mu}{\sigma},$$

とすると，$\mathrm{E}(Z)=0$, $\mathrm{V}(Z)=1$ であることを証明しなさい。

4 多変数の確率変数

不確実性の源が複数ある場合など，それに合わせて複数の確率変数を使って状況を表現することがあります。複数の確率変数をまとめたものを**多変数の確率変数**(multivariate random variable)と呼びます。また，この文脈では，1つの確率変数を単独で扱うときに，その確率変数を1変数の確率変数あるいは，単変数の確率変数と呼ぶことがあります。

本節以降では，まず多変数の中で最も簡単な場合である，2変数の確率変数について確認をします。その後で，一般の多変数について確認をします。

4.1 2変数の確率変数と同時分布関数

4.1.1 2変数の確率変数

定義：2変数の確率変数 [4.1]

2つの確率変数 X と Y を並べた**順序対**(ordered pair) (X, Y) を，**2変数の確率変数**(bivariate random variable)といいます。なお混同の恐れのないときは2変数を省略し，単に確率変数と呼びます。

注意 4.1（2変数の確率変数の離散と連続） 2変数の確率変数は，それを構成する2つの確率変数が離散か連続かによって分類できます。ここでは2つの確率変数の両方が**連続**である場合を確認します。ここで成り立つ事柄の多くは，他の組合せでも成り立ちます。

前章で考えたおはじきのゲームからも 2 変数の確率関数が作れます：

例 4.2（おはじきのゲーム――2 変数の確率変数） **例 3.24** のおはじきのゲームで，横軸の正の方向からおはじきへの角度を弧度法で測ったものを Θ とします（**図 4.1**）。原点とおはじきの距離 Y_{wink} の実現値が 0 のとき，おはじきと的がぴったり一致してしまい，角度を測ることができないのですが，このときは便宜的に $\Theta=0$ としましょう。

例 3.32 のようにおはじきの直交座標で帰結を表します。たとえば，帰結 $\omega=(1/2, 1/2)$ が与えられると，$Y_{\mathrm{wink}}(\omega)=1/\sqrt{2}$ とともに $\Theta(\omega)=\pi/4$ が定まります。

区間 $[\![0, 2\pi)\!)$ に含まれるどの数も角度 Θ の可能な実現値ですので，これは連続です。このとき，原点にある的とおはじきの距離 Y_{wink} と角度 Θ を並べた順序対 $(Y_{\mathrm{wink}}, \Theta)$ は 2 変数の確率変数です。

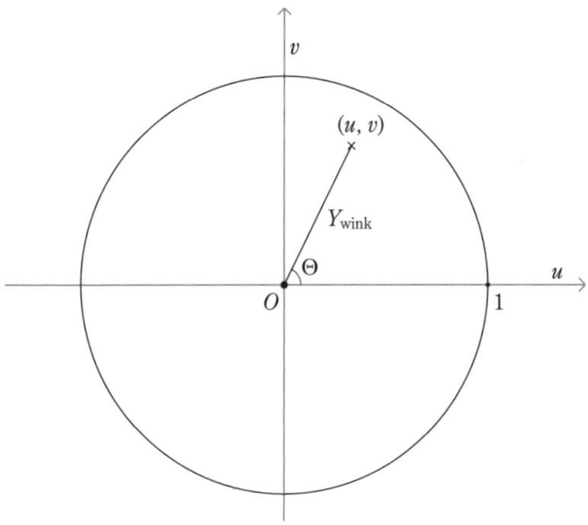

図 4.1　2 変数の確率変数 $(Y_{\mathrm{wink}}, \Theta)$ と帰結 (u, v) の関係。×は，おはじきが落ちた位置。

メモ 4.3（2 変数の確率変数の実現値） 1 変数の確率変数の実現値は 1 つの実数でした。したがって，1 変数の確率変数について考えるときには数直線を使えば十分でした。

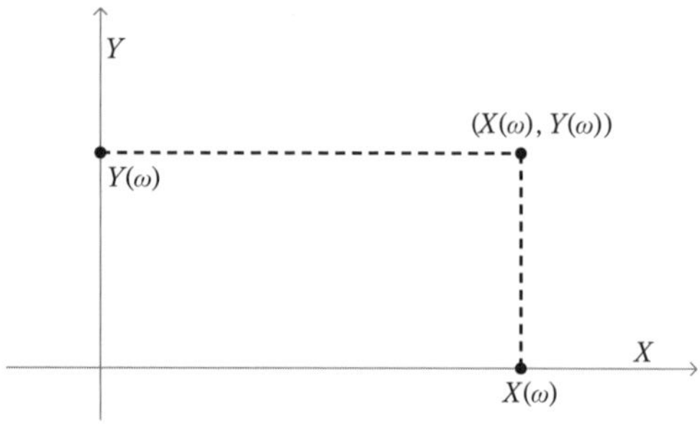

図 4.2　帰結 ω が実現したときの 2 変数の確率変数 (X, Y) の実現値 $(X(\omega), Y(\omega))$ を座標平面上に図示したもの。

2 変数の確率変数 (X, Y) の実現値を考えます。帰結 $\omega \in \Omega$ が与えられると，$X(\omega)$ も $Y(\omega)$ も両方とも実数なので，2 変数の確率変数の実現値 $(X(\omega), Y(\omega))$ は平面上の点と考えることができます（図 4.2）。したがって，2 変数の確率変数について考えるときには平面を使うことができます。

4.1.2　同時分布関数

1 変数の確率変数の特徴を捉えるために分布関数を使いましたが，2 変数の場合，同じように**同時分布関数**を使います：

定義：同時分布関数　[4.2]

2 変数の確率変数 (X, Y) に対して，確率 $P(X \leq x, Y \leq y)$ を，実数の順序対 (x, y) を引数とする 2 変数関数と考えたものを，(X, Y) の**同時分布関数** (joint distribution function) といいます。

例 4.4（おはじきのゲーム――同時分布関数）**例 4.2** で考えた確率変数 $(Y_{\text{wink}}, \Theta)$ の同時分布関数 $P(Y_{\text{wink}} \leq x, \Theta \leq y)$ を求めてみましょう。ただしここでも，**例 3.27** と同じように「おはじきはどの点にも同じ確率で落ちる」という仮定を使います。

(1)　$x<0$ または $y<0$ のとき，確率は次のように求められます：

$$P(Y_{\text{wink}} \leq x, \Theta \leq y) = 0.$$

(2) $0 \leq x \leq 1,\ 0 \leq y \leq 2\pi$ のとき，求める確率は，おはじきが半径 x，角度 y の扇形に入る確率なので次のように求められます（図 4.3）：

$$P(Y_{\text{wink}} \leq x, \Theta \leq y) = \frac{x^2 y}{2\pi}.$$

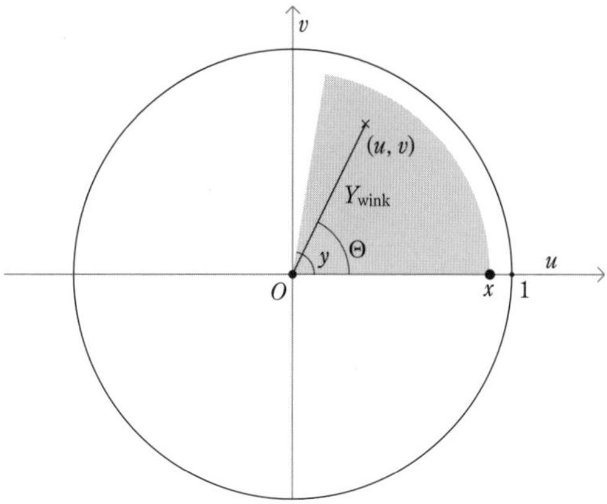

図 4.3　$x=0.9,\ y=2\pi/5$ の場合。網掛け部分が，$Y_{\text{wink}} \leq x$ かつ $\Theta \leq y$ を満たす領域。

(3)　また，$1 < x,\ 0 \leq y \leq 2\pi$ のときは，

$$P(Y_{\text{wink}} \leq x, \Theta \leq y) = \frac{y}{2\pi},$$

(4) $0 \leq x \leq 1,\ 2\pi < y$ のとき，

$$P(Y_{\text{wink}} \leq x, \Theta \leq y) = x^2,$$

(5) $1 < x,\ 2\pi < y$ のとき，

$$P(Y_{\text{wink}} \leq x, \Theta \leq y) = 1.$$

x 軸と y 軸を水平に配置し，垂直軸に同時分布関数の値を取ってプロットすると，図 4.4 のようになります。

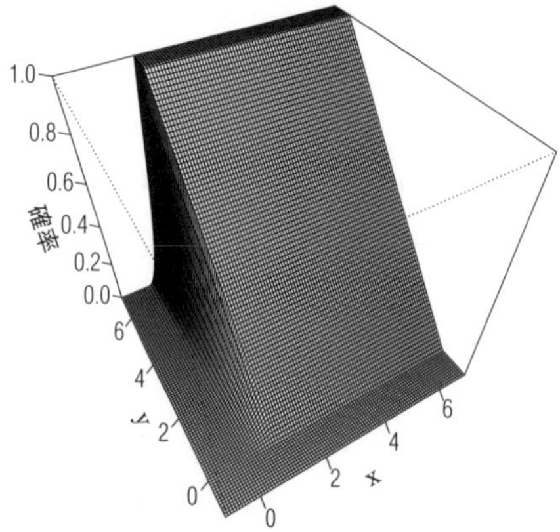

図 4.4　同時分布関数 $P(Y_{\mathrm{wink}} \leq x, \Theta \leq y)$ を $-1 \leq x \leq 7$, $-1 \leq y \leq 7$ の範囲でプロットしたもの。

可測な 2 変数の確率変数

定義：可測な 2 変数の確率変数　[4.3]

私たちが考えている確率空間を $(\Omega, \mathscr{A}, P)$ とします。確率変数 X, Y の両方が $\mathscr{A}$–可測なとき（3.3.6 節），2 変数の確率変数 (X, Y) は **$\mathscr{A}$–可測**である，あるいは単に，可測である，といいます。

注意 4.5（可測な 2 変数の確率変数）　確率変数 X と Y が $\mathscr{A}$–可測ならば**定義 [3.5]** より実数 x, y のどのような組合わせに対しても

$$\{\omega | X(\omega) \leq x, Y(\omega) \leq y\} = \{\omega | X(\omega) \leq x\} \cap \{\omega | Y(\omega) \leq y\} \in \mathscr{A},$$

が成り立つので，確率 $P(X \leq x, Y \leq y)$ の値は定まっています。

メモ 4.6（同時分布関数と 2 変数の確率変数）　同時分布関数は，2 変数の確率変数 (X, Y) の振る舞いに関する情報をほとんどすべて持っています。そこには，（確率変数 Y を無視した）確率変数 X 単体の情報，（確率変数 X を無視した）確率変数 Y 単体の情報の他，確率変数 X と Y の間の**相互依存関係** (mutual dependence) も含まれます。

新世社・出版案内 Mar. 2021

法学新刊

グラフィック［法学］ 2

グラフィック 憲法入門 第2版

毛利　透 著　　A5判／264頁　本体2,250円

憲法研究の第一線にいる著者の平明で信頼感ある解説と左右見開き構成・２色刷により初学者に好適の書として幅広く好評を得ているテキストの最新版。本文解説の拡充や近時の判例追加のほか，憲法にかかわる新しいトピックを紹介し掲載データのアップデイトを行った。

ライブラリ 判例で学ぶ法学 2

判例で学ぶ法学 行政法

原田大樹 著　　A5判／280頁　本体2,100円

本書は行政法学の中でも極めて重要で代表的な判例を素材に，行政法学の概念を具体的なイメージを伴って理解することを目的として編まれた判例集である。厳選した判例84件には比較的最近出された判決も含まれ，一度行政法を学んだ方が学び直すニーズにも対応している。

ライブラリ 商法コア・テキスト 3

コア・テキスト 会社法

川村正幸・品谷篤哉・山田剛志・尾関幸美 共著

A5判／304頁　本体2,450円

コーポレート・ガバナンス，企業組織再編等についての重要な規定が盛り込まれた令和元年会社法改正を含め，債権法改正にも完全対応した最新テキスト。会社法のコアを形成する論点と会社法領域の理解にとって重要な議論とを中心に，初学者にもわかりやすく解説する。２色刷。

ライブラリ 現代の法律学 A13

刑法総論 第2版

小林憲太郎 著　　A5判／416頁　本体2,900円

本書は，気鋭の刑法学者による刑法総論の基本書の改訂版である。講義を受けた学生・読者からの「より親切な教科書を」との要望に応えて，改訂にあたっては個々の問題に関する説明を初版よりもはるかに詳細かつ分かりやすくした。

法学新刊

ライブラリ 法学基本講義 14
基本講義 **刑事訴訟法**
福島 至 著　　A5判／344頁　本体2,980円

大学・法科大学院で教鞭をとる傍ら弁護士として刑事事件に取り組んできた著者による最新の概説書。初学者を配慮した平易な叙述に努め，基本的な判例・学説を網羅的に掲げながら，実務経験に基づいた「無辜の不処罰の理念」を中心として刑事裁判のあるべき姿を説く。２色刷。

ライブラリ 新公務員試験問題研究 1
問題研究 **憲法**
渡邉剛央 著　　A5判／392頁　本体1,950円

指導経験豊富な著者が，国家総合職試験合格に向けて要所と解法を説く。出題傾向の分析→各テーマのアウトライン解説→精選された過去問の演習→実力練成のための問題（詳解付）という構成とし，章末には２次試験における記述問題も掲載し解答例を付した。２色刷。

コンパクト法学ライブラリ 13
コンパクト **労働法** 第２版
原 昌登 著　　四六判／288頁　本体2,100円

労働法のエッセンスを親しみやすく紹介した好評入門テキストの改訂版。これまでにない大きな制度変更となった「働き方改革」の内容を盛り込んで見通しよく解説した。見やすい２色刷。

ライブラリ 民法コア・ゼミナール
コア・ゼミナール **民法**
平野裕之 著

民法の事例問題には，定義・要件・効果の理解に加えて，問題文から「論点」を発見する能力が求められる。本書は，民法におけるCASE（設問）をまとめ，多様なCASEに取り組み，その解答・解説を読むことを通して問題を解く力を養成する，「事例問題の千本ノック」ともいうべき画期的演習書である。

Ⅰ　民法総則　　A5判／184頁　本体1,400円
Ⅱ　物権法・担保物権法　　A5判／248頁　本体1,700円
Ⅲ　債権法１ 債権総論・契約総論　　A5判／256頁　本体1,600円
Ⅳ　債権法２ 契約各論・事務管理・不当利得・不法行為　　A5判／256頁　本体1,600円

経済学新刊

ライブラリ 経済学15講 7
国際金融論15講
佐藤綾野・中田勇人 共著　　A5判／288頁　本体2,400円

グローバル化がすすむ今日，国境を越えるお金のやりとり，そして海外の経済を考慮した場合のマクロ経済の知識は，重要性を高めている。本書はこうした国際金融論の基礎が理解できるよう，多くの図表やコラムを援用して解説した最新の入門テキストである。読みやすい２色刷。

経済学叢書 Introductory
開発経済学入門 第２版
戸堂康之 著　　A5判／320頁　本体2,600円

開発途上国が経済的に発展するメカニズムやそのために必要な政策について，わかりやすく解説した好評入門書の最新版。統計データをアップデートし，RCTの研究紹介を拡充して，最新の途上国経済の状況と学術研究の流れを踏まえた内容とした。２色刷。

例題から学ぶ マクロ経済学の理論
武隈愼一 著　　A5判／168頁　本体1,480円

例題を用いてマクロ経済学の基礎的な理論を速習することを目的に編まれた書。収載された例題61問，練習問題56問に取り組むことで読者はマクロ経済学の理論を速やかにマスターすることができる。見やすく読みやすい２色刷。

ライブラリ 経済学15講 A4
実験経済学・行動経済学15講
和田良子 著　　A5判／336頁　本体2,700円

実験経済学と行動経済学について，イラストも交え初学者にも親しみやすく愉しく説き明かす入門テキスト。それら２つの学問の研究成果と相違点をテーマごとに解説し，現実の問題への応用や手法についても紹介する。図表を豊富に採り入れたビジュアルな構成＋２色刷。

ライブラリ 経済学15講 10
経済数学15講
小林　幹・吉田博之 共著　　A5判／256頁　本体2,200円

数学的知識が経済学においてどのように使われるかを解説したテキスト。二部構成として，前半では標準的計算問題の解法を，後半では中級レベルの経済理論における数学の適用例を説明する。例題と多数の練習問題を設け理解の定着を配慮した。２色刷。

4.1.3 周辺分布関数と分布関数

メモ 4.6 でも触れたように，2 変数の確率変数の同時分布関数は，含まれている確率変数単体の情報も持っています：

命題：同時分布関数の極限 [4.4]

確率変数 (X, Y) の同時分布関数 $P(X \leq x, Y \leq y)$ から X の分布関数を次のように取り出すことができます：

$$\lim_{y\to\infty} P(X \leq x, Y \leq y) = P(X \leq x). \tag{4.1}$$

定義：周辺分布関数 [4.5]

式 (4.1) によって求めた関数を，確率変数 X の**周辺分布関数** (marginal distribution function) と呼びます。

注意 4.7（分布関数と周辺分布関数） 周辺分布関数は前章で確認した分布関数そのものです。しかし多変数の文脈では，同時分布関数や，後に確認をする条件付分布関数などとの混同を避けるために，これを周辺分布関数と呼びます。

メモ 4.8（周辺分布関数の導出） 式 (4.1) は次のように証明することができます：まず，

$$\emptyset \subseteq \{\omega | X(\omega) \leq x\} \cap \{\omega | y < Y(\omega)\} \subseteq \{\omega | y < Y(\omega)\},$$

より

$$0 \leq P(X \leq x, y < Y) \leq P(y < Y),$$

が成り立ちます。また，分布関数の性質（**命題** [3.12]）より，

$$\lim_{y\to\infty} P(y < Y) = \lim_{y\to\infty} (1 - P(Y \leq y)) = 1 - 1 = 0,$$

が成り立つので，これと合わせると，

$$\lim_{y\to\infty} P(X \leq x, y < Y) = 0,$$

が得られます。これを使うと次の結果が得られます：

$$\begin{aligned}\lim_{y\to\infty} P(X \leq x, Y \leq y) &= \lim_{y\to\infty} (P(X \leq x) - P(X \leq x, y < Y)) \\ &= P(X \leq x).\end{aligned}$$

次の性質は，**命題** [3.12] の 2 変数版といえます：

命題：同時分布関数の性質 [4.6]

確率変数 (X, Y) の同時分布関数について次が成り立ちます：

$$\lim_{x\to-\infty} P(X\leq x, Y\leq y)=\lim_{y\to-\infty} P(X\leq x, Y\leq y)=0,$$

$$\lim_{x,y\to\infty} P(X\leq x, Y\leq y)=1.$$

また，同時分布関数は単調非減少です。つまり $s<t$ かつ $u<v$ のとき $P(X\leq s, Y\leq u)\leq P(X\leq t, Y\leq v)$ が成り立ちます。

4.2 同時密度関数と周辺密度関数

4.2.1 同時密度関数

定義：同時密度関数 [4.7]

確率変数 (X, Y) の同時分布関数 $P(X\leq x, Y\leq y)$ が x と y の両方で微分可能であるとき，

$$f(x,y)=\frac{\partial^2}{\partial x\partial y}P(X\leq x, Y\leq y),$$

を (X, Y) の**同時密度関数** (joint density function) といいます。

命題：同時密度関数の値と確率の関係 [4.8]

確率変数 (X, Y) の同時密度関数を f とします。また，$\mathrm{d}x$ と $\mathrm{d}y$ を小さい正の実数とします。このとき次の近似が成り立ちます：

$$f(x, y)\mathrm{d}x\mathrm{d}y\simeq P(x-\mathrm{d}x<X\leq x, y-\mathrm{d}y<Y\leq y). \tag{4.2}$$

注意 4.9（同時密度関数の値と確率の関係） 式 (4.2) の右辺は，確率変数 (X, Y) の実現値が平面上の長方形 $(\!(x-\mathrm{d}x, x]\!]\times(\!(y-\mathrm{d}y, y]\!]$ に含まれる確率を表しています（図 4.5）。この式の左辺は，長方形の右上の点 (x, y) での同時密度関数の値 $f(x,y)$ と長方形の面積 $\mathrm{d}x\mathrm{d}y$ の積です。つまり**命題** [4.8] は，平面上のある点での同時密度関数の値と，その付近に割り当てられている確率の大きさが近似的に比例関係にあることを表しています。

このことを知っていると，同時密度関数のグラフを見ることで，平面上のどこに割り当てられている確率が大きく，どこが小さいかを読み取ることができます。

この近似は $\mathrm{d}x \to +0, \mathrm{d}y \to +0$ の極限において厳密に一致します。

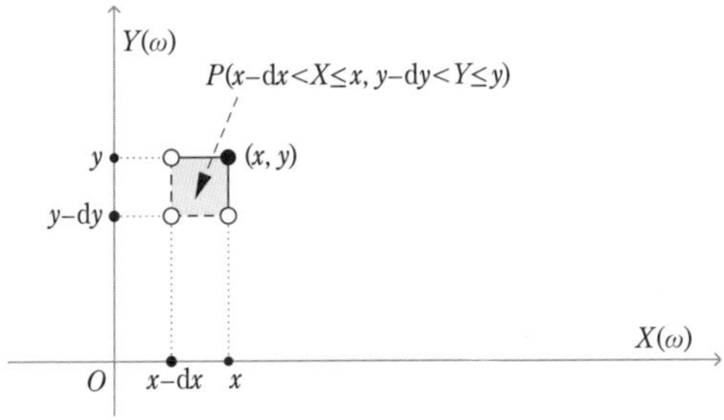

図 4.5　確率変数 (X, Y) の実現値の平面と，点 (x, y) 付近の長方形。

例 4.10（おはじきのゲーム――同時密度関数）**例 4.4** で求めた同時分布関数 $P(Y_{\mathrm{wink}} \le u, \Theta \le v)$ から同時密度関数 f_{wink} を求めると，

$$f_{\mathrm{wink}}(x, y) = \begin{cases} \dfrac{x}{\pi}, & (0 \le x \le 1, 0 \le y \le 2\pi), \\ 0, & (\text{otherwise}), \end{cases}$$

となります（図 4.6）。この図を見ると，y の値が 0 から 2π の範囲では，x の

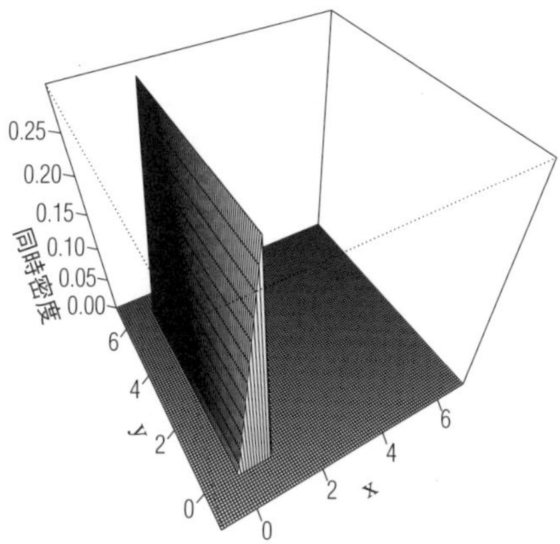

図 4.6　同時密度関数 $f_{\mathrm{wink}}(x, y)$ を $-1 \le x \le 7$, $-1 \le y \le 7$ の範囲でプロットしたもの。

値が 0 から 1 に近づくにつれて，割り当てられる確率が大きくなることが読み取れます。同時分布関数と同時密度関数は同じ情報を持っているのですが，図 4.4 よりも，図 4.6 からの方が特徴をつかみやすいのではないでしょうか。

4.2.2 同時密度関数の性質と周辺密度関数

命題：同時密度関数の性質 [4.9]

2 変数の確率変数 (X, Y) の同時密度関数を f とします。同時密度関数の定義などから，以下の性質はただちに導かれます：

$$
\begin{aligned}
&0 \leq f(x, y),\ (x, y) \in \mathbb{R}^2, \\
&\int_{v=-\infty}^{y} \int_{u=-\infty}^{x} f(u, v)\,\mathrm{d}u\,\mathrm{d}v = P(X \leq x, Y \leq y), \\
&\int_{v=-\infty}^{\infty} \int_{u=-\infty}^{\infty} f(u, v)\,\mathrm{d}u\,\mathrm{d}v = 1.
\end{aligned}
\tag{4.3}
$$

定義：周辺密度関数 [4.10]

2 変数の確率変数 (X, Y) の同時密度関数を f とします。関数 f_X を

$$
f_X(x) = \int_{v=-\infty}^{\infty} f(x, v)\,\mathrm{d}v, \tag{4.4}
$$

で定めます。この関数 f_X を確率変数 X の**周辺密度関数** (marginal density function) といいます。

注意 4.11（周辺密度関数） **定義** [4.10] の関数 f_X は，確率変数 X の確率密度関数です。このことは，式 (4.3) で $y \to \infty$ として，x で微分すれば同じものが得られることから確かめられます。

周辺密度関数は確率密度関数そのものです。しかし，多変数の文脈では混同を避けるためにこれを周辺密度関数と呼びます。

同様に確率変数 Y の周辺密度関数 f_Y を定めることができます：

$$
f_Y(y) = \int_{u=-\infty}^{\infty} f(u, y)\,\mathrm{d}u.
$$

4.3　確率変数の和の分布と期待値

注意 4.12（2つの確率変数の和）　2変数の確率変数 (X, Y) に対して，含まれる確率変数 X と Y の和を Z とします：

$$Z = X + Y.$$

ある帰結 ω が実現すると，確率変数 X と Y の実現値はそれぞれ $X(\omega)$ と $Y(\omega)$ のように定まります。このとき，Z の実現値は

$$Z(\omega) = X(\omega) + Y(\omega),$$

によって定まるので，Z は1変数の確率変数です。

たとえば，さいころ2つを振った目の数の合計などを思い浮かべるとわかりやすいかもしれません。さいころが2個あっても，それらを振って出た目を足した結果は1つの数です。

4.3.1　確率変数の和の分布

メモ 4.6 で触れたように，同時分布関数は，確率変数 X や Y の特徴に関する情報のほとんどすべてを持っています。したがって，確率変数 $Z = X + Y$ の分布は，その同時分布関数によって定められるはずです。

命題：確率変数の和の分布関数　［4.11］

確率変数 (X, Y) の同時密度関数を f とすると，次が成り立ちます：

$$P(X + Y \leq x) = \int\int_{u+v \leq x} f(u, v)\,\mathrm{d}u\,\mathrm{d}v$$
$$= \int_{v=-\infty}^{\infty} \int_{u=-\infty}^{x-v} f(u, v)\,\mathrm{d}u\,\mathrm{d}v. \qquad (4.5)$$

メモ 4.13（確率変数の和の分布関数）　式 (4.5) は，直感的には次のように理解できます：**メモ 4.3** で確認したように，確率変数 (X, Y) の実現値は平面上の点と考えることができます。平面全体の中で，$X(\omega) + Y(\omega) \leq x$ を満たす領域は，**図 4.7** で網掛けをした部分になります。この領域に割り当てられている確率の総和が求める確率です。

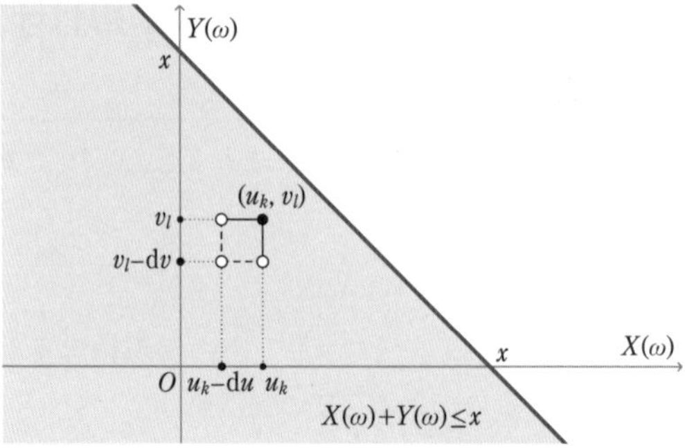

図 4.7　$X(\omega)+Y(\omega)\leq x$ を満たす領域と，点 (u_k, v_l) を右上とする長方形。

整数 k, l に対し $u_k=k\mathrm{d}u$, $v_l=l\mathrm{d}v$ として，平面を小さな長方形 $(\!(u_k-\mathrm{d}u, u_k]\!]\times(\!(v_l-\mathrm{d}v, v_l]\!]$ に分割します。点 (u_k, v_l) を右上とする長方形に割り当てられる確率は次の式で表されます：

$$P(u_k-\mathrm{d}u<X\leq u_k, v_l-\mathrm{d}v<Y\leq v_l).$$

網掛けの範囲で，この確率の総和を取ると次の近似が成り立ちます：

$$P(X+Y\leq x)\simeq\sum_{u_k+v_l\leq x}P(u_k-\mathrm{d}u<X\leq u_k, v_l-\mathrm{d}v<Y\leq v_l).$$

ここで $\mathrm{d}u, \mathrm{d}v\to+0$ とすると次の式が得られます：

$$\begin{aligned}
&P(X+Y\leq x)\\
&=\lim_{\mathrm{d}u,\mathrm{d}v\to+0}\sum_{u_k+v_l\leq x}P(u_k-\mathrm{d}u<X\leq u_k, v_l-\mathrm{d}v<Y\leq v_l),\\
&=\int\int_{u+v\leq x}P(u-\mathrm{d}u<X\leq u, v-\mathrm{d}v<Y\leq v).
\end{aligned}$$

ここで式 (4.2) の近似を使うと，式 (4.5) が得られます。

命題：連続な確率変数の和の確率密度関数 [4.12]

式 (4.5) から，和 $X+Y$ の確率密度関数が得られます（演習 1）：

$$\frac{\mathrm{d}}{\mathrm{d}x}P(X+Y\leq x)=\int_{v=-\infty}^{\infty}f(x-v, v)\mathrm{d}v. \tag{4.6}$$

注意 4.14（確率変数の和の分布関数）　和の分布の分布関数や確率密度関数は式 (4.5) や (4.6) のように積分を含んでいて，あまり扱いやすい形をしているとはいえません。**第5章**では，例外的に扱いやすい場合を考えます（**メモ4.28**も参照）。

4.3.2 確率変数の和の期待値

確率変数の和 $X+Y$ の期待値はどのように計算できるでしょうか。

メモ4.15（確率変数の和の期待値） 式(4.6)で与えられる和 $X+Y$ の確率密度関数を使って $\mathrm{E}(X+Y)$ を計算する，というナイーヴな方法も考えられます。この方法は定義に基づいた正しいものではあるのですが，計算の手間を考えると良い方法とはいえません。

結論からいうと，次の命題を使うことができます：

命題：確率変数の和の期待値 [4.13]

確率変数 X と Y の両方が期待値を持つならば，次が成り立ちます：

$$\mathrm{E}(X+Y)=\mathrm{E}(X)+\mathrm{E}(Y). \tag{4.7}$$

つまり，確率変数の和の期待値を求めたい場合，和に含まれる確率変数の期待値を別々に求めて，その和を計算すれば良いのです。

メモ4.16（和の期待値の計算） 式(4.7)は次のように確かめることができます：2変数の確率変数 (X,Y) に対して，和を $Z=X+Y$ とします。ナイーヴな方法による期待値の計算

$$\mathrm{E}(Z)=\int_{-\infty}^{\infty} uP(u-\mathrm{d}u<Z\leq u), \tag{4.8}$$

では，数直線上にある和 Z の可能な実現値を小さな区間 $(u_k-\mathrm{d}u, u_k]$ に分割します。ただし，k を整数，$u_k=k\mathrm{d}u$ とします。

和 Z の実現値が区間 $(u_k-\mathrm{d}u, u_k]$ に含まれているとき，その値は u_k で近似できます。また，和 Z の実現値がその区間に含まれる確率は

$$P(u_k-\mathrm{d}u<Z\leq u_k),$$

と表されます。これらの積の総和は和 $Z=X+Y$ の期待値を近似します：

$$\mathrm{E}(X+Y)\simeq\sum_{k=-\infty}^{\infty} u_k P(u_k-\mathrm{d}u<Z\leq u_k).$$

$\mathrm{d}u\to+0$ とすると，式(4.8)が得られます。

同じ計算は，分割のやり方を変えてもできます。**メモ 4.13** のように平面を小さな長方形に分割します。確率変数 (X,Y) の実現値が 1 つの長方形 $(\!(u_k-\mathrm{d}u, u]\!] \times (\!(v_l-\mathrm{d}v, v_l]\!]$ に含まれるとき，和 $X+Y$ の実現値は u_k+v_l で近似されます。確率変数 (X,Y) の実現値がその長方形に含まれる確率は $P(u_k-\mathrm{d}u<X\leq u_k, v_l-\mathrm{d}v<Y\leq v_l)$ です。これらの積の総和

$$\sum_{k=-\infty}^{\infty}\sum_{l=-\infty}^{\infty}(u_k+v_l)\times P(u_k-\mathrm{d}u<X\leq u_k, v_l-\mathrm{d}v<Y\leq v_l),$$

は和の期待値 $\mathrm{E}(X+Y)$ を近似します。$\mathrm{d}u, \mathrm{d}v\to+0$ とすると

$$\mathrm{E}(X+Y)=\int_{v=-\infty}^{\infty}\int_{u=-\infty}^{\infty}(u+v)P(u-\mathrm{d}u<X\leq u, v-\mathrm{d}v<Y\leq v),$$

が得られます。右辺の積分を整理すると式(4.7)が得られます（演習 2）。

命題：期期待値の線形性 [4.14]

確率変数 X, Y と実数 a, b, c に対して，式(4.7), (3.22)から得られる次の性質を**期待値の線形性** (linearity of expected value) といいます：

$$\mathrm{E}(aX+bY+c)=a\mathrm{E}(X)+b\mathrm{E}(Y)+c.$$

4.4 和以外の分布と期待値

2 つの確率変数を使って新しい確率変数を作る方法は，**4.3 節**のように和を取る以外にも，たとえば $XY, X/Y, X^2+Y^2$ など，いろいろあります。これらを含む一般の場合の分布や期待値について考えます。

4.4.1 一般の場合の分布関数

注意 4.17（一般の場合の分布関数） 確率変数 (X,Y) を関数 g で変換した $Z=g(X,Y)$ が確率変数であるとします（厳密には $g(X,Y)$ が確率変数なのかどうかを検討する必要があります。**メモ 3.63** 参照）。確率変数 Z の分布関数は次の式で表されます：

$$P(Z \leq x) = P(g(X, Y) \leq x).$$

ただし，この式をこれよりも扱いやすい形に整理することは，4.3 節の和 $X+Y$ の場合よりも簡単とは限りません。

メモ 4.18（一般の場合の分布関数） 確率 $P(X+Y \leq x)$ を計算するためには，図 4.7 の $X(\omega)+Y(\omega) \leq x$ の領域について確率の総和を取れば良かったのですが，確率 $P(g(X, Y) \leq x)$ の場合には，平面上で $g(X(\omega), Y(\omega)) \leq x$ を満たす領域について総和を取ることになります。この領域の形状は，関数 g と実数 x の値に応じて決まりますが，図 4.7 の $X(\omega)+Y(\omega) \leq x$ の領域よりも計算がやりやすいとは限りません。3.6.1 節と同様に，特性関数を経由する方法もあります（メモ 4.28）。

4.4.2 一般の場合の期待値

期待値 $\mathrm{E}(g(X, Y))$ はどうでしょうか。確率変数 $g(X, Y)$ の分布関数が簡単には計算できないとすれば，ナイーヴな方法——確率変数 $g(X, Y)$ の分布関数を求めて，それを使って期待値を計算する方法——にはあまり期待できません。結論からいうと，確率変数 $g(X, Y)$ の分布関数を求める代わりに，確率変数 (X, Y) の同時分布関数をそのまま使うことができます：

命題：期待値の計算 [4.15]

2 変数の確率変数 (X, Y) を関数 g で変換して作った確率変数 $Z=g(X, Y)$ の期待値は次の式で計算できます：

$$\begin{aligned}\mathrm{E}(Z) &= \mathrm{E}(g(X, Y)) \\ &= \int_{v=-\infty}^{\infty} \int_{u=-\infty}^{\infty} g(u, v) P(u-\mathrm{d}u < X \leq u, v-\mathrm{d}v < Y \leq v). \end{aligned} \tag{4.9}$$

特に，同時密度関数 f を使うと次の式で計算できます：

$$\mathrm{E}(g(X, Y)) = \int_{v=-\infty}^{\infty} \int_{u=-\infty}^{\infty} g(u, v) f(u, v) \mathrm{d}u \mathrm{d}v. \tag{4.10}$$

メモ 4.19（期待値の計算） **命題** [4.15] は，メモ 4.16 で和 $X+Y$ を $g(X, Y)$ に入れ替えるだけで確認できます。

4.5 条件付確率と条件付期待値

興味のある事象について，情報が部分的に与えられている場合，その情報を使って確率を更新できる場合があります。

例 4.20（さいころのゲーム――条件付確率） 6 面さいころを 1 回振って出る目を当てるゲームを考えます。ただし，どの目が出る確率も等しいとします。奇数の目が出るという事象 {⚀, ⚂, ⚄} に賭けている場合，それ以上の情報がない状態では，賭けに勝つ確率は P({⚀, ⚂, ⚄})=1/2 です。

振った後に，「出た目が，⚀ か ⚁ か ⚂ のどれかである」という部分的な情報が得られたとします。このことを知ったうえで勝つ確率を計算すると，2/3 になります。

部分的な情報を利用して計算した確率を条件付確率といいます。

4.5.1 条件付確率

定義：条件付確率 [4.16]

A と B を事象とします。$P(B)>0$ のとき事象 B が実現した，という条件のもとで事象 A が実現する確率を，事象 A の事象 B に関する**条件付確率** (conditional probability) といい，次の式で定義します：

$$P(A|B)=\frac{P(A\cap B)}{P(B)}. \tag{4.11}$$

例 4.21（さいころのゲーム――条件付確率の計算） **例 4.20** で行った計算もこの定義に従って次のように行うことができます：

$$P(\{⚀,⚂,⚄\}|\{⚀,⚁,⚂\})=\frac{P(\{⚀,⚂,⚄\}\cap\{⚀,⚁,⚂\})}{P(\{⚀,⚁,⚂\})}$$
$$=\frac{P(\{⚀,⚂\})}{P(\{⚀,⚁,⚂\})}=\frac{2/6}{3/6}=\frac{2}{3}.$$

実は，この定義では問題が生じる場合があります。たとえば，連続な 2 変

数の確率変数 (X, Y) を考えます。確率変数 Y の実現値が実数 y であることがわかったとしましょう。このことを知ったうえで，確率変数 X の条件付分布を考えると，

$$P(X \leq x | Y=y) = \frac{P(X \leq x, Y=y)}{P(Y=y)},$$

ですが，$P(Y=y)=0$ と $P(X \leq x, Y=y)=0$ が成り立つので（**例 3.43** 参照），条件付確率は $P(X \leq x | Y=y)=\frac{0}{0}$ となり，値が定まりません。

定義：確率 0 の事象による条件付確率 [4.17]

確率が 0 であるような事象 B で条件付けをする場合には，

$$\bigcap_{i=1}^{\infty} B_i = B, \quad 0 < P(B_i), \tag{4.12}$$

を満たす事象の列 $B_1, B_2, \ldots,$ を探して，次のように定義します：

$$P(A|B) = \lim_{n \to \infty} \frac{P\left(\bigcap_{i=1}^{n} A \cap B_i\right)}{P\left(\bigcap_{i=1}^{n} B_i\right)}. \tag{4.13}$$

メモ 4.22（条件付確率が定義できない事象） 式 (4.12) を満たすような事象の列が存在しないときは，その条件による条件付確率を定義することはできません。

定義：連続な確率変数による条件付確率 [4.18]

定義 [4.17] を使うと，確率変数 X の，事象 $Y=y$ に関する**条件付分布関数** (conditional distribution function) を次の式によって定義することができます（演習 3）：

$$P(X \leq x | Y=y) = \frac{\frac{\partial}{\partial y} P(X \leq x, Y \leq y)}{\frac{\mathrm{d}}{\mathrm{d}y} P(Y \leq y)}. \tag{4.14}$$

定義：条件付密度関数 [4.19]

式 (4.14) の両辺を変数 x で微分して，確率変数 X の，事象 $Y=y$ に関する**条件付密度関数** (conditional density function) $f_X(\cdot|y)$ が次の式で定義できます：

$$f_X(x|y)=\frac{f(x,y)}{f_Y(y)}.$$

ただし，f は確率変数 (X,Y) の同時密度関数，f_Y は確率変数 Y の周辺密度関数です。

4.5.2　条件付期待値

定義：条件付期待値 [4.20]

確率変数 X と事象 B に対して，X の，B に関する**条件付期待値** (conditional expected value) は，条件付分布関数 $P(X\le x|B)$ を使って次のように定義されます：

$$\mathrm{E}(X|B)=\int_{-\infty}^{\infty}uP(u-\mathrm{d}u<X\le u|B).$$

メモ 4.23（$\sigma-$ 加法族による条件付け） **確率過程** (stochastic processes) の分野では，事象ではなく，$\sigma-$ 加法族で条件付けをしたものを条件付期待値と呼びます。条件付けをする $\sigma-$ 加法族を $\mathscr{B}$ とすると，この条件付期待値は $\mathrm{E}(X|\mathscr{B})$ と書くことができます。1 つの帰結 ω が与えられると，$\mathscr{B}$ の中で実現する（つまり $\omega\in B$ となる）事象 B が決まり，条件付期待値の値も定まります。帰結を与えると値が定まるので，この場合の条件付期待値は確率変数と考えることができます。

4.6　互いに独立な事象と確率変数

4.6.1　互いに独立な事象

直感的には，2 つの事象が独立であるとは，片方の事象が実現するか否かが，もう片方の事象が実現するか否かに影響しないこと，あるいは，片方の事象が実現したかどうかを知ることができても，もう片方の事象が実現するかどうかについてのヒントにならないこと，などのように理解できます。たとえば別々に投げた2枚のコインを考えます。これらは，互いに影響し合うこともなく，また，片方のコインの裏表がわかっても，もう片方のコインの裏表に関する知識は増えません。

定義：2つの事象の独立 [4.21]

A と B を事象とします。事象 A と B が次の式を満たすとき，これらが互いに**独立** (independent) である，といいます：

$$P(A\cap B)=P(A)P(B), \tag{4.15}$$

注意 4.24（事象の独立と条件付確率） **定義 [4.21]** が，上の直感的な説明とどのように結びつくのかは，条件付確率を考えるとわかりやすいです。式 (4.15) が成り立つとき，事象 B に関する条件付の事象 A の確率は，式 (4.11) より次のように計算されます：

$$P(A|B)=\frac{P(A\cap B)}{P(B)}=\frac{P(A)\cancel{P(B)}}{\cancel{P(B)}}=P(A).$$

この式では，事象 A の条件付確率の計算に，事象 B に関する情報が使われていません。つまり事象 B が起こっても（また起こらなくても）事象 A が起こる確率に違いがありません。

4.6.2 互いに独立な確率変数

(X, Y) を2変数の確率変数とします。「確率変数 X と Y が互いに独立である」といった場合，直感的には，事象の場合と同じように，確率変数 X と Y は互いに影響し合わない，とか，確率変数 Y に関する情報が得られたとしても，それが X に関する知識を与えない，などと理解できます。

定義：独立な確率変数 [4.22]

すべての $(x,y)\in\mathbb{R}^2$ に対して次の式が成り立つとき，確率変数 X と Y は互いに**独立** (independent) である，といいます：

$$P(X\leq x, Y\leq y)=P(X\leq x)P(Y\leq y). \tag{4.16}$$

注意 4.25（独立な確率変数） **定義［4.22］**が，上の直感的な理解とどのように結びつくのかは，**注意 4.24** と同じように条件付分布関数を考えて理解できます。式(4.16)が成り立つとき，確率変数 X の，事象 $Y=y$ に関する条件付分布は，式(4.14)より次の通り計算されます：

$$P(X\leq x|Y=y)=\frac{\frac{\partial}{\partial y}P(X\leq x, Y\leq y)}{\frac{\mathrm{d}}{\mathrm{d}y}P(Y\leq y)}$$
$$=\frac{P(X\leq x)\cancel{\frac{\mathrm{d}}{\mathrm{d}y}P(Y\leq y)}}{\cancel{\frac{\mathrm{d}}{\mathrm{d}y}P(Y\leq y)}}=P(X\leq x).$$

確率変数 X の条件付分布関数が周辺分布関数に一致し，$Y=y$ という情報がまったく使われていません。これは，確率変数 Y の実現値が何であろうと，X の分布が変わらないことを表しています。

注意 4.26（独立な確率変数の同時密度関数と期待値） 2 つの確率変数 X と Y が独立で，かつ同時密度関数 f を持つとき，すべての $(x,y)\in\mathbb{R}^2$ に対して次が成り立ちます：

$$f(x,y)=f_X(x)f_Y(y).$$

ただし，f_X, f_Y はそれぞれ確率変数 X, Y の周辺密度関数とします。

また，X と Y が互いに独立ならば

$$\mathrm{E}(XY)=\mathrm{E}(X)\mathrm{E}(Y), \tag{4.17}$$

も成り立ちますが，逆は成り立ちません（演習 5）。

メモ 4.27（同時分布関数で表現できない情報） 厳密には，**定義［4.22］**の定義では 2 つの確率変数が互いに影響しないとはいえない場合もあります。**例 4.2** で定義した 2 変量の確率変数 $(Y_{\mathrm{wink}}, \Theta)$ について考えましょう。**例 4.4** で求めた分布関数では，

$$P(Y_{\mathrm{wink}}\leq x, \Theta\leq y)=P(Y_{\mathrm{wink}}\leq x)P(\Theta\leq y),$$

が常に成り立つので，確率変数 Y_{wink} と Θ は互いに独立です（演習 4）。

しかし，**例 4.2** に戻って考えると，$Y_{\mathrm{wink}}=0$ が実現したとき，便宜的に $\Theta=0$ とすることにしました。つまり，確率変数 Y_{wink} の実現値が Θ の実現値を決定してしまう場合があるのです。したがって，厳密には確率変数 Y_{wink} と Θ は互いに独立とはいえないかもしれません。

この問題は，$Y_{\mathrm{wink}}=0$ の場合の便宜的な取り決めを同時分布関数が表現できないことに原因があります。ただし，$Y_{\mathrm{wink}}=0$ は確率 0 の事象であり，これによって実際的な問題が生じることは考えにくいでしょう。

> **メモ 4.28**（独立な確率変数の和の分布）　確率変数 X と Y が互いに独立な場合，和 $Z=X+Y$ の分布を，**メモ 3.72** の特性関数を経由して求める方法が効果的な場合があります。和 $Z=X+Y$ の特性関数は
>
> $$\varphi_Z(t)=\mathrm{E}\left(\mathrm{e}^{it(X+Y)}\right)=\mathrm{E}\left(\mathrm{e}^{itX}\mathrm{e}^{itY}\right),$$
>
> ですが，確率変数 X と Y が互いに**独立**な場合には，
>
> $$\varphi_Z(t)=\mathrm{E}\left(\mathrm{e}^{itX}\right)\mathrm{E}\left(\mathrm{e}^{itY}\right)=\varphi_X(t)\varphi_Y(t),$$
>
> のように，それぞれの特性関数 φ_X, φ_Y の積の形まで整理できます。これを**メモ 3.72** の式 (3.21) に代入した積分が計算しやすいものであれば，和の分布関数が計算できることになります。

4.7　共分散と相関係数

4.7.1　相互依存関係と相関

4.6 節では，2 つの確率変数の独立について確認をしました。それでは，2 つの確率変数の間に相互依存関係があるのはどのような場合なのでしょうか。定義に忠実に考えるならば，相互依存関係の仕方はとても多様です。確率変数 X と Y の間で，式 (4.16) が成り立たないような実数 x と y の組合せが 1 つでもあれば，確率変数 X と Y の間に相互依存関係があるといえるからです。そのような同時分布関数はいくらでも考えられます。

このように多様な相互依存関係の中で，よく考えれられる関係が**相関** (correlation) と呼ばれるものです。2 つの確率変数 X と Y が大小をともにするような事象に，より大きな確率が割り当てられているとき，両者の間には正の相関がある，といいます。**図 4.8** は正の相関を持つ 2 つの確率変数の同時密度関数をプロットした例です。山の標高の高い部分が左下から右上に分布していることがわかります。ここから，2 つの確率変数が大小をともにするような事象に，より大きな確率が割り当てられていることが読み取れます。

4.7.2 共分散

2つの確率変数の間の相関の有無や正負を示す指標として重要なのが，**共分散** (covariance) です。

定義：共分散 [4.23]

確率変数 X と Y の間の共分散は次のように定義されます：

$$\mathrm{Cov}(X,Y)=\mathrm{E}((X-\mathrm{E}(X))(Y-\mathrm{E}(Y))). \tag{4.18}$$

定義：相関の正負と無相関 [4.24]

共分散の値と相関の関係は以下のように定義されます：

- $\mathrm{Cov}(X,Y)>0$ のとき，確率変数 X と Y は**正の相関** (positive correlation) を持つ，といいます。
- $\mathrm{Cov}(X,Y)<0$ のとき，確率変数 X と Y は**負の相関** (negative correlation) を持つ，といいます。
- $\mathrm{Cov}(X,Y)=0$ のとき，確率変数 X と Y は**無相関** (uncorrelated) である，といいます。

注意 4.29 (無相関と独立)　確率変数 X と Y が互いに独立ならば，これらは無相関です。しかし，無相関だからといって互いに独立とは限りません。相関は，2つの確率変数の間にありうる多様な相互依存関係の中の1つですので，相関がなかったとしても，他の種類の相互依存関係までないことにはなりません（**例 8.48** 参照）。

メモ 4.30 (共分散の考え方)　式 (4.18) で定義される共分散がどのように確率変数 X と Y の間の相関を表しているのかは，ちょうど **2.4.2 節**の標本共分散と似たように理解することができます（**メモ 2.27** 参照）。

確率変数 X と Y の期待値をそれぞれ $\mu_X=\mathrm{E}(X)$, $\mu_Y=\mathrm{E}(Y)$ と置きます。確率変数 (X,Y) の実現値の座標平面で考えると，点 (μ_X,μ_Y) は，同時密度の重心を表しています（図 4.8 の点線の交点）。この重心を中心にして，座標平面を4つの領域に分けます。もし，分布が正の相関を持っているならば，領域 I と III に割り当てられている確率の方が領域 II と IV に割り当てられている確率よりも大きいと考えることができます。

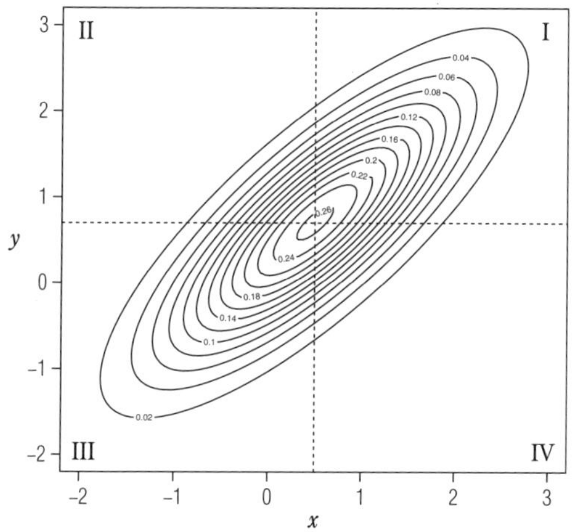

図 4.8　等高線で表した同時密度関数と期待値

平面上の点 (u,v) がどの領域に含まれているのかは，（メモ 2.27 と同じように）$(u-\mu_X)(v-\mu_Y)$ の符号で区別ができます。また，点 (u,v) 付近に割り当てられている確率は $P(u-\mathrm{d}u<X\le u, v-\mathrm{d}v<Y\le v)$ で表されるので，両者の積

$$(u-\mu_X)(v-\mu_Y)P(u-\mathrm{d}u<X\le u, v-\mathrm{d}v<Y\le v),$$

は，点 (u,v) が領域 I か III に含まれ，そこに大きな確率が割り当てられている場合に大きな値を取ります。平面全体でこの総和を計算した，

$$\int_{v=-\infty}^{\infty}\int_{u=-\infty}^{\infty}(u-\mu_X)(v-\mu_Y)\times P(u-\mathrm{d}u<X\le u, v-\mathrm{d}v<Y\le v),$$

は式 (4.18) と一致します。

命題：共分散の性質　[4.25]

式 (4.18) の右辺と，**4.3.2 節**の期待値の線形性，**3.7.1 節**の分散の定義から，以下を導くことができます（演習 6）：

- 確率変数 X, Y に対して次が成り立ちます：

$$\mathrm{Cov}(X,Y)=\mathrm{Cov}(Y,X).$$

　また，分散との関係では次が成り立ちます：

$$\mathrm{Cov}(X,X)=\mathrm{V}(X),$$
$$\mathrm{V}(X+Y)=\mathrm{V}(X)+\mathrm{V}(Y)+2\mathrm{Cov}(X,Y). \tag{4.19}$$

式(4.19)は，2つの確率変数の和の分散を計算するとき，分散の和に共分散の項を足す必要があることを表しています。無相関であれば $\mathrm{V}(X+Y)=\mathrm{V}(X)+\mathrm{V}(Y)$ が成り立ちます。

- X,Y,Z を確率変数，a,b,c を実数とします。このとき，

$$\mathrm{Cov}(X,aY+bZ+c)=a\mathrm{Cov}(X,Y)+b\mathrm{Cov}(X,Z),$$

が成り立ちます。特に，$a=b=0$ とすると次が得られます：

$$\mathrm{Cov}(X,c)=0.$$

つまり，確率変数と実数の共分散は常に0です。

4.7.3 相関係数

共分散は，相関の有無や正負を教えてくれますが，相関が存在する場合に共分散の値から相関の強弱を読み取ることは容易ではありません。そこで，相関の強弱の目安を得るために，共分散を標準偏差で割った値を考えます：

定義：相関係数 [4.26]

確率変数 X と Y の間の**相関係数** (correlation coefficient) は次のように定義されます：

$$\mathrm{Corr}(X,Y)=\frac{\mathrm{Cov}(X,Y)}{\sqrt{\mathrm{V}(X)}\sqrt{\mathrm{V}(Y)}}.$$

命題：相関係数の値 [4.27]

相関係数は常に次を満たします（演習7）：

$$-1\leq \mathrm{Corr}(X,Y)\leq 1.$$

相関係数の値が ±1 付近であれば相関が強いことがわかります。

4.8 N 変数の確率変数

前節まででは，2 つの確率変数をまとめたものを考えてきました。ここでは，N を 2 以上の自然数として，N 個の確率変数をまとめたものを考えます。前節までで確認した，$N=2$ の場合についてのことがらの多くは，N が 3 以上の場合についても自然な拡張ができます。

メモ 4.31（次元の呪い） N 個の確率変数を一緒に考える場合，N の値が大きくなると確率の計算が難しくなってしまうことが知られています。この困難は**次元の呪い** (the curse of dimensionality) と呼ばれます。ただし，考えている確率変数が互いに独立であれば，扱いはかなり楽になります。

4.8.1 N 変数の確率変数と同時分布関数

定義：N 変数の確率変数 [4.28]

N 個の確率変数の組 $(X_1,\ldots,X_N)$ を **N 変数の確率変数** (N−variate random variable) といいます。

定義：同時分布関数 [4.29]

N 変数の確率変数 $(X_1,\ldots,X_N)$ に対して，確率 $P(X_1\leq x_1,\ldots,X_N\leq x_N)$ を，実数の組 $(x_1,\ldots,x_N)$ を引数とする関数と見たものを $(X_1,\ldots,X_N)$ の**同時分布関数**といいます。

定義：確率変数の独立 [4.30]

すべての $(x_1,\ldots,x_N)\in\mathbb{R}^N$ に対して次の式が成り立つとき，確率変数 $X_1,\ldots,X_N$ は互いに独立である，といいます：

$$P(X_1\leq x_1,\ldots,X_N\leq x_N)=P(X_1\leq x_1)\times\cdots\times P(X_N\leq x_N).$$

4.8.2 N 変数の確率変数の同時密度関数

定義：同時密度関数 [4.31]

確率変数 $(X_1,\ldots,X_N)$ の同時分布関数が微分可能なとき，

$$\frac{\partial^N}{\partial x_1\cdots\partial x_N}P(X_1\leq x_1,\ldots,X_N\leq x_N),$$

を N 変数の確率変数の**同時密度関数**といいます。

定義 [4.30] と**定義** [4.31] から次のことを導くことができます：

命題：独立な場合の同時密度関数 [4.32]

確率変数 $X_1,\ldots,X_N$ が互いに独立であるとき，その同時密度関数は次のように，周辺密度関数の積になります：

$$\frac{\partial^N}{\partial x_1\cdots\partial x_N}P(X_1\leq x_1,\ldots,X_N\leq x_N)$$
$$=\frac{\mathrm{d}}{\mathrm{d}x_1}P(X_1\leq x_1)\times\cdots\times\frac{\mathrm{d}}{\mathrm{d}x_N}P(X_N\leq x_N).$$

4.8.3 和の分布，期待値と分散

$(X_1,\ldots,X_N)$ を N 変数の確率変数とします。この和

$$S_N=\sum_{i=1}^{N}X_i,$$

は 1 変数の確率変数です。

注意 4.32（和の分布関数） **4.3 節**では，2 個の確率変数の和の分布について考え，その分布関数を求めることが簡単とは限らないことを確認しました。確率変数が N 個ある場合，その和の分布を求めることは一層困難であるといえます。和の分布関数は，形式的には，

$$P\left(\sum_{i=1}^{N}X_i\leq x\right)=\int\cdots\int_{\sum_{i=1}^{N}u_i\leq x}P(u_1-\mathrm{d}u_1<X_1\leq u_1,\ldots,u_N-\mathrm{d}u_N<X_N\leq u_N),$$

のように書くことができます。しかし，この N 重積分を整理して扱いやすい

形に変形できるのは例外的といえます。

第5章では，例外的に扱いやすい場合や，N が大きいときに利用できる近似について確認をします。特性関数を利用する方法もあります（**メモ 3.72, 4.28** 参照)。

命題：和の期待値 **[4.33]**

確率変数 $X_1,\ldots,X_N$ のすべてが期待値を持つとき，次が成り立ちます（演習 8)：

$$\mathrm{E}(S_N)=\mathrm{E}\left(\sum_{i=1}^{N}X_i\right)=\sum_{i=1}^{N}\mathrm{E}(X_i). \tag{4.20}$$

命題：和の分散 **[4.34]**

確率変数 $X_1,\ldots,X_N$ のすべてが分散を持つとき，和 S_N の分散は次のように計算することができます：

$$\mathrm{V}(S_N)=\sum_{i=1}^{N}\mathrm{V}(X_i)+2\sum_{i=2}^{N}\sum_{j=1}^{i-1}\mathrm{Cov}(X_i,X_j). \tag{4.21}$$

メモ 4.33（和の分散） 式(4.21)は次のように確かめられます。まず，

$$\begin{aligned}
\mathrm{V}(S_N)&=\mathrm{E}\big((S_N-\mathrm{E}(S_N))^2\big)\\
&=\mathrm{E}\left(\left(\sum_{i=1}^{N}(X_i-\mathrm{E}(X_i))\right)^2\right)\\
&=\mathrm{E}\left(\left(\sum_{i=1}^{N}(X_i-\mathrm{E}(X_i))\right)\left(\sum_{j=1}^{N}(X_j-\mathrm{E}(X_j))\right)\right)\\
&=\sum_{i=1}^{N}\sum_{j=1}^{N}\mathrm{E}((X_i-\mathrm{E}(X_i))(X_j-\mathrm{E}(X_j)))\\
&=\sum_{i=1}^{N}\sum_{j=1}^{N}\mathrm{Cov}(X_i,X_j),
\end{aligned}$$

です。最後の式の和は，$\mathrm{Cov}(X_i,X_j)$ をすべての $i=1,\ldots,N$ と $j=1,\ldots,N$ の組み合わせについて足し合わせています。これらの組み合わせのうち $i=j$ となる場合，共分散は $\mathrm{Cov}(X_i,X_j)=\mathrm{Cov}(X_i,X_i)=\mathrm{V}(X_i)$ です（**命題 [4.25]**)。また，$i\neq j$ となる組み合わせについては，$\mathrm{Cov}(X_i,X_j)=\mathrm{Cov}(X_j,X_i)$ を考えると，同じものを 2 回足していることになるのでまとめることができます。結局，式(4.21)が得られます。

命題：無相関な場合の和の分散 [4.35]

確率変数 $X_1,\ldots,X_N$ のどの 2 つも互いに**無相関**であれば，$i \neq j$ に対して $\mathrm{Cov}(X_i,X_j)=0$ なので次が成り立ちます：

$$\mathrm{V}\left(\sum_{i=1}^{N} X_i\right)=\sum_{i=1}^{N} \mathrm{V}(X_i).$$

4.9 大数の弱法則

N を自然数とし，$X_1,\ldots,X_N$ を互いに**独立で同じ分布に従う**確率変数であるとします。これらの確率変数は同じ分布に従うので，同じ期待値と分散を持ちます。その値を次のように置きます：

$$\mu=\mathrm{E}(X_i),\ \sigma^2=\mathrm{V}(X_i),\ (i=1,\ldots,N).$$

N 個の確率変数 $X_1,\ldots,X_N$ の和を N で割ったものを考えます：

$$\bar{X}_N=\frac{1}{N}\sum_{i=1}^{N} X_i.$$

確率変数 $X_1,\ldots,X_N$ の実現値が与えられると $\bar{X}_N$ の値は 1 つの実数に定まるので，$\bar{X}_N$ は 1 変数の確率変数です。その期待値と分散は次のように計算できます：

$$\mathrm{E}(\bar{X}_N)=\mu,\ \mathrm{V}(\bar{X}_N)=\frac{\sigma^2}{N}.$$

この計算からは，期待値 $\mathrm{E}(\bar{X}_N)$ が，和に入れる確率変数の数 N によらず一定であることがわかります。また，分散の計算からは，N の値を大きくしていくと，分布のひろがりが小さくなっていくことがわかります。つまり，計算に入れる確率変数の数を増やしていくと，確率がもとの確率変数の期待値 μ 付近に集中していく様子が読み取れます（図 4.9）。

$\varepsilon>0$ として**チェビシェフの不等式**（3.8 節）を当てはめると，

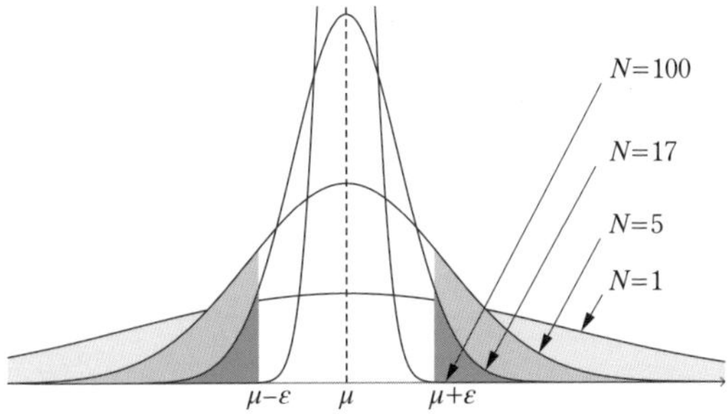

図 4.9　N の値を変化させたときの，$\bar{X}_N$ の分布の変化の例。

$$P(|\bar{X}_N-\mu|>\varepsilon)\leq\frac{\sigma^2}{\varepsilon^2 N},$$

が成り立ちます。この式からは，N の値を大きくすると，もとの $X_1,\ldots,X_N$ の分布がどのような形をしていても，裾の部分の確率の上限が小さくなることがわかります。さらに $N\to\infty$ の極限を考えたのが，**大数の弱法則** (weak law of large numbers) と呼ばれる法則です：

定理：大数の弱法則 [4.36]

確率変数 $X_1,\ldots,X_N$ が互いに独立に期待値 μ，分散 σ^2 の分布に従っているとします。このとき，$\bar{X}_N=\frac{1}{N}\sum_{i=1}^{N}X_N$ とすると，どのような正の実数 ε に対しても次が成り立ちます：

$$\lim_{N\to\infty}P(|\bar{X}_N-\mu|>\varepsilon)=0. \tag{4.22}$$

注意 4.34（大数の弱法則）　式 (4.22) は，確率変数の個数 N の値を大きくすると，確率変数 $\bar{X}_N$ の実現値が期待値 μ から少しでも外れる確率が 0 に近づいていくことを表しています。直感的には，足し合わせる確率変数の個数 N の値が大きくなると，$\bar{X}_N$ の確率変数としての性質が次第に失われ，定数 μ に近づいていく，と解釈することができます。

ふつう**大数の法則** (law of large numbers) というと，大数の弱法則を指します。

演習問題

演習1　2変数の確率変数 (X, Y) の同時密度関数 f が与えられているとします。このとき次の関係を示しなさい：

$$\frac{\mathrm{d}}{\mathrm{d}x}\int_{v=-\infty}^{\infty}\int_{u=-\infty}^{x-v} f(u,v)\mathrm{d}u\mathrm{d}v=\int_{v=-\infty}^{\infty} f(x-v,v)\mathrm{d}v.$$

演習2　2変数の確率変数 (X, Y) の同時密度関数を f, X と Y の周辺密度関数をそれぞれ f_X と f_Y としたとき次を示しなさい：

$$\begin{aligned}&\int_{v=-\infty}^{\infty}\int_{u=-\infty}^{\infty}(u+v)P(u-\mathrm{d}u<X\leq u, v-\mathrm{d}v<Y\leq v)\\&=\int_{v=-\infty}^{\infty}\int_{u=-\infty}^{\infty}(u+v)f(u,v)\mathrm{d}u\mathrm{d}v\\&=\int_{u=-\infty}^{\infty}uf_X(u)\mathrm{d}u+\int_{v=-\infty}^{\infty}vf_Y(v)\mathrm{d}v,\end{aligned}$$

演習3　式(4.13)において，$A=\{\omega|X(\omega)\leq x\}$, $B_i=\{\omega|y-\frac{1}{i}<Y(\omega)\leq y\}$ とします。このとき，

(1)　次を確認しなさい：

$$\bigcap_{i=1}^{\infty}B_i=\{\omega|Y(\omega)=y\}.$$

すべての $y\in\mathbb{R}$ において Y の周辺密度関数が正のとき次を確認しなさい：

$$0<P(B_i).$$

(2)　次を確認し，式(4.14)が導かれることを示しなさい：

$$\lim_{n\to\infty}\frac{P\left(\bigcap_{i=1}^{n}B_i\right)}{1/n}=\frac{\mathrm{d}}{\mathrm{d}y}P(Y\leq y),$$

$$\lim_{n\to\infty}\frac{P\left(\bigcap_{i=1}^{n}A\cap B_i\right)}{1/n}=\frac{\partial}{\partial y}P(X\leq x, Y\leq y).$$

演習4　**例4.4**で求めた分布関数より，確率変数 Y_{wink} と Θ が互いに独立であることを確認しなさい。

演習5　(1)　確率変数 X と Y が互いに独立で，(X, Y) が同時密度関数が f，確率変数 X, Y の周辺密度関数がそれぞれ f_X, f_Y のとき，次を示しなさい：

$$f(x,y)=f_X(x)f_Y(y).$$

(2)　X と Y が互いに独立なとき，次を示しなさい：

$$\mathrm{E}(XY)=\mathrm{E}(X)\mathrm{E}(Y).$$

(3) X と Y が互いに独立で，既知の関数 g_X, g_Y に対して期待値 $\mathrm{E}(g_X(X))$, $\mathrm{E}(g_Y(Y))$ が存在するとき，次を示しなさい：

$$\mathrm{E}(g_X(X)g_Y(Y))=\mathrm{E}(g_X(X))\mathrm{E}(g_Y(Y)).$$

(4) 確率変数 (Z, W) の可能な実現値が $(0,0), (1,2), (2,0)$ の 3 つのみで，その分布が次で定められているとします：

$$\begin{cases} P((Z,W)=(0,0))=\frac{1}{3}, \\ P((Z,W)=(1,2))=\frac{1}{3}, \\ P((Z,W)=(2,0))=\frac{1}{3}, \end{cases}$$

このとき $\mathrm{E}(ZW)=\mathrm{E}(Z)\mathrm{E}(W)$ が成り立つが，確率変数 Z と W が互いに独立ではないことを示しなさい。

演習 6　命題［4.25］で挙げられている共分散の性質を確認しなさい。

演習 7　(X, Y) を 2 変数の確率変数，t を実数とします。t の値が何であっても，確率変数 $(X+tY)^2$ の期待値が非負であることを利用して，$-1 \leq \mathrm{Corr}(X, Y) \leq 1$ を示しなさい。

演習 8　命題［4.33］の式 (4.20) を数学的帰納法によって証明しなさい。ただし，確率変数 X_1, X_2 に対して，$\mathrm{E}(X_1+X_2)=\mathrm{E}(X_1)+\mathrm{E}(X_2)$ と，「確率変数と確率変数の和も確率変数である」ことを利用してもよい。

演習 9　命題［4.34］の式 (4.21) を示しなさい。

5 正規分布と関連するパラメトリックな分布

5.1 パラメトリックな分布

第3章と第4章で考えた，さいころのゲームやおはじきのゲームでは，まずゲームのルールから確率変数を定め，そこに確率に関する仮定を導入して，分布関数を求めました。このように，まず状況を定式化して，そこから分布を求めることもできます。そうではなくて，分布関数や確率密度関数の形を先に決めてしまうこともよくあります。こうした場合によく使われるのが，**パラメトリックな分布** (parametric distributions) と呼ばれるものです。

注意 5.1（パラメトリックな分布） パラメトリックな分布が何かをきちんと定義することは難しいようですが，概ね次のような特徴を持っています：

名前 正規分布，χ^2 分布など，パラメトリックな分布には名前がついています。

パラメータ パラメータ (parameter) と呼ばれる量を含んでおり，私たちがパラメトリックな分布を使う際には，パラメータの値を調節する必要があります。

汎用性 特定の状況を厳密に表現する，というよりは，広範囲な状況を大まかに近似することに適しています。

扱いやすさ 期待値や分散などの特性値の導出が容易であったり，和の分布などの導出が容易なことがあります。

5.2 正規分布

正規分布 (normal distribution) は，連続なものの中で代表的なパラメトリックな分布です。正規分布は**回帰モデル** (regression model) をはじめ，多くのモデルで**誤差** (error) を表現するのに使われます。

正規分布は確率密度関数の形で定義されます：

定義：正規分布 [5.1]

μ と $\sigma^2(>0)$ を実数とします。確率変数 X の確率密度関数 f が次の式で定められているとき，確率変数 X の従う分布を**パラメータ** μ, σ^2 の**正規分布** (normal (Gaussian) distribution) といいます：

$$f(x)=\frac{1}{\sqrt{2\pi\sigma^2}}\mathrm{e}^{-\frac{(x-\mu)^2}{2\sigma^2}},\ (x\in\mathbb{R}). \tag{5.1}$$

パラメータ μ, σ^2 の正規分布を $\mathrm{N}(\mu, \sigma^2)$ で表し，確率変数 X がそれに従うことを次のように書きます：

$$X \sim \mathrm{N}(\mu, \sigma^2).$$

正規分布に従う確率変数を**正規変数** (normal variable) といいます。

注意 5.2（正規分布の確率密度関数） 式 (5.1) を少し詳しく見てみましょう。この関数の引数 x は指数の分子の 2 乗の中にあります。右辺冒頭の分数の分母の平方根の中は，円周率 $\pi\simeq 3.14$ の 2 倍とパラメータ σ^2 の積です。パラメータ σ^2 は，指数の分母にもあります。この指数の底 $\mathrm{e}\simeq 2.72$ は自然対数の底と呼ばれる定数です。パラメータ μ は，指数の分子の 2 乗の中にあります。

メモ 5.3（パラメータの記号） パラメータは，分布の形を決める“調節つまみ”のようなものです。たとえばスマホの音量や画面輝度を調節して使うように，私たちはパラメトリックな分布を使うとき，そのパラメータの値を調節してから使います。

パラメータを表す記号は何でも構わないのですが，習慣的に，その役割がわかるような記号が使われます。たとえば，正規分布の最初のパラメータは，**命題** [5.2] で確認するように期待値を決める役割を持っています。そのことがわかりやすいように μ という記号が使われることが多いです。同じように，正規分布の 2 番目のパラメータは分散を決める役割を持っています。そのことがわかりやすいように σ^2 という記号が使われることが多いです。2 乗がついているのは，値が負であってはいけないことを表しています。

注意 5.4（正規分布の確率密度関数の形） 式 (5.1) で定められる正規分布の確率密度関数をグラフに表すと**図 5.1** のようになります。これを見ると，$x=\mu$ を中心として，左右に対称な裾を持つ釣鐘型をしていることがわかります。中心から離れると，裾は x 軸に近づいていきます。極限では

$$\lim_{x\to\infty}\frac{1}{\sqrt{2\pi\sigma^2}}\mathrm{e}^{-\frac{(x-\mu)^2}{2\sigma^2}}=\lim_{x\to-\infty}\frac{1}{\sqrt{2\pi\sigma^2}}\mathrm{e}^{-\frac{(x-\mu)^2}{2\sigma^2}}=0,$$

なのですが，x 軸にくっついたり，交差することはありません。また，自然数 n に対し次が成り立ちます：

$$\lim_{x\to\infty}x^n\frac{1}{\sqrt{2\pi\sigma^2}}\mathrm{e}^{-\frac{(x-\mu)^2}{2\sigma^2}}=\lim_{x\to-\infty}x^n\frac{1}{\sqrt{2\pi\sigma^2}}\mathrm{e}^{-\frac{(x-\mu)^2}{2\sigma^2}}=0.$$

当然，この関数は，**命題［3.22］**の条件を満たします：

- x,μ,σ^2 の値によらず $\frac{1}{\sqrt{2\pi\sigma^2}}\mathrm{e}^{-\frac{(x-\mu)^2}{2\sigma^2}}>0$ です。
- μ,σ^2 の値によらず次が成り立ちます（演習 1）：

$$\int_{-\infty}^{\infty}\frac{1}{\sqrt{2\pi\sigma^2}}\mathrm{e}^{-\frac{(u-\mu)^2}{2\sigma^2}}\mathrm{d}u=1. \tag{5.2}$$

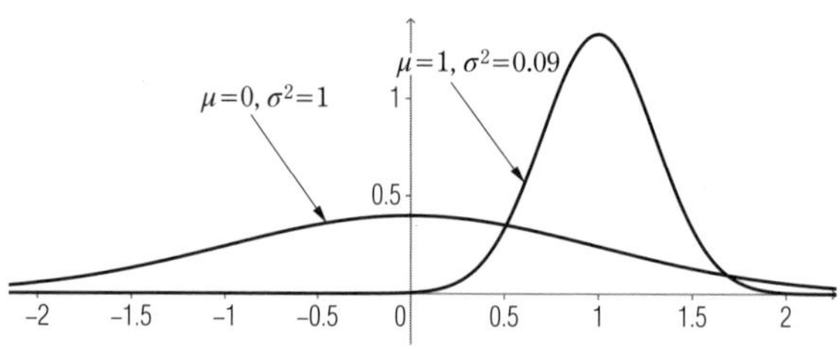

図 5.1 正規分布の確率密度関数のグラフ。パラメータの値が $\mu=0,\sigma^2=1$ の場合と $\mu=1,\sigma^2=0.09$ の場合。

命題：正規分布の期待値と分散 **[5.2]**

$X\sim\mathrm{N}(\mu,\sigma^2)$ のとき，次が成り立ちます：

$$\mathrm{E}(X)=\mu,\ \mathrm{V}(X)=\sigma^2. \tag{5.3}$$

このことから，パラメータ μ を正規分布の期待値，σ^2 を正規分布の分

散，と呼びます。

注意 5.5（正規分布の期待値と分散） 式(5.3)は，

$$\mathrm{E}(X)=\int_{-\infty}^{\infty} u \frac{1}{\sqrt{2\pi\sigma^2}} \mathrm{e}^{-\frac{(u-\mu)^2}{2\sigma^2}} \mathrm{d}u=\mu,$$

$$\mathrm{V}(X)=\int_{-\infty}^{\infty} (u-\mu)^2 \frac{1}{\sqrt{2\pi\sigma^2}} \mathrm{e}^{-\frac{(u-\mu)^2}{2\sigma^2}} \mathrm{d}u=\sigma^2,$$

のように計算されることから確かめられます（演習 2）。

正規分布に含まれるパラメータは期待値と分散だけですので，ある確率変数が正規分布に従うことがわかったとすると，その期待値と分散さえ求まれば，分布が完全に特定されたことになります。

注意 5.6（正規分布の分布関数） パラメータ μ, σ^2 の正規分布の分布関数 F は，その確率密度関数との関係から次の式で与えられます：

$$F(x)=\int_{-\infty}^{x} \frac{1}{\sqrt{2\pi\sigma^2}} \mathrm{e}^{-\frac{(u-\mu)^2}{2\sigma^2}} \mathrm{d}u.$$

ただし，この積分はこれ以上整理できません。必要な場合には，数値積分などで近似値を求めます。ほとんどの計算パッケージには，これを計算する関数が準備されています。

正規分布の分布関数のグラフは“S”字を引き延ばしたような形をしています（図 5.2）。

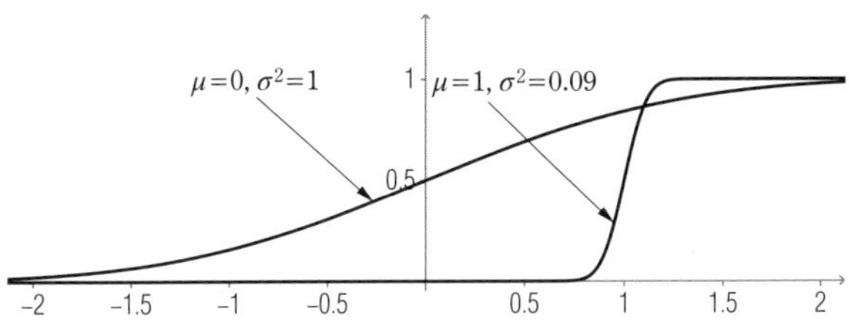

図 5.2　正規分布の分布関数のグラフ。パラメータの値が $\mu=0, \sigma^2=1$ の場合と $\mu=1, \sigma^2=0.09$ の場合。

命題：1 次関数による変換　[5.3]

a と b を実数，$X \sim \mathrm{N}(\mu, \sigma^2)$ とします。このとき，$aX+b$ も正規分布に従います（演習 3）。第 3 章で確認した期待値と分散の性質より，

$E(aX+b)=a\mu+b$, $V(aX+b)=a^2\sigma^2$ が成り立ちます。**注意 5.5** で確認したように，正規分布では期待値と分散がわかれば分布の形が特定されるので，確率変数 $aX+b$ の分布が

$$aX+b \sim N(a\mu+b, a^2\sigma^2),$$

であることがわかります。

定義：標準正規分布 **[5.4]**

期待値が 0, 分散が 1 の正規分布を**標準正規分布** (standard normal distribution) といいます。式 (5.1) に $\mu=0, \sigma^2=1$ を代入して，標準正規分布の密度関数 ϕ は次の式で与えられます：

$$\phi(x)=\frac{1}{\sqrt{2\pi}}e^{-\frac{x^2}{2}}.$$

また，標準正規分布の分布関数 Φ を次の式で表します：

$$\Phi(x)=\int_{-\infty}^{x}\phi(u)du.$$

注意 5.7（正規変数の基準化） $X \sim N(\mu, \sigma^2)$ のとき，確率変数 X を**基準化**（**定義 [3.35]**）したものを Z と置きます：

$$Z=\frac{X-\mu}{\sigma}. \tag{5.4}$$

このとき，確率変数 Z もまた正規分布に従います（**命題 [5.3]**）。その期待値と分散は

$$E(Z)=\frac{E(X)-\mu}{\sigma}=0,\ V(Z)=\frac{V(X)}{\sigma^2}=1,$$

のように計算されますので，Z は標準正規変数です。

注意 5.8（標準正規分布と一般の正規分布の関係） $X \sim N(\mu, \sigma^2)$ として，式 (5.4) を変形すると次が得られます：

$$X=\sigma Z+\mu.$$

このように，標準正規変数 Z を「種」にして，期待値 μ,分散 σ^2 の正規変数を作ることができます。

また，期待値 μ，分散 σ^2 の正規分布の分布関数は標準正規分布の分布関数 Φ を使って表すことができます：

$$P(X \le x) = P(\sigma Z + \mu \le x) = P\left(Z \le \frac{x-\mu}{\sigma}\right) = \Phi\left(\frac{x-\mu}{\sigma}\right).$$

その確率密度関数も標準正規分布の確率密度関数 ϕ を使って表すことができます：

$$\frac{\mathrm{d}}{\mathrm{d}x} P(X \le x) = \frac{1}{\sigma}\phi\left(\frac{x-\mu}{\sigma}\right).$$

5.3　2変数の正規分布

第4章では，2変数の確率変数について確認をしました。ここでは**2変数の正規変数**を考えます。その前に準備として，次の命題を確認しましょう：

命題：独立な標準正規変数の線形和　[5.5]

Z_1 と Z_2 を互いに**独立**な標準正規変数とします。a_0, a_1, a_2 を実数とすると，正規変数 Z_1, Z_2 の線形和

$$X = a_0 + a_1 Z_1 + a_2 Z_2,$$

は正規分布に従います（演習 5）。

注意 5.9（独立な標準正規変数の線形和） **命題 [5.5]** で係数を変えると，同じ標準正規変数の組から違う正規変数を作ることができます。

例 5.10（独立な標準正規変数の線形和） **命題 [5.5]** において $a_0=0, a_1=1, a_2=2$ とすると

$$X=Z_1+2Z_2,$$

は正規変数です。**命題 [5.5]** は別の係数に対しても成り立つはずなので，たとえば

$$Y=1+2Z_1+3Z_2,$$

もやはり正規変数です。当然 $X \neq Y$ で，また，共分散を計算すると

$$\mathrm{Cov}(X,Y)=2\mathrm{V}(Z_1)+6\mathrm{V}(Z_2)=8\neq 0,$$

なので（演習 4），X と Y は独立ではありません（**注意 4.29**）。

例 5.10 のように，独立な標準正規変数の線形和として作られた 2 つの正規変数の順序対は 2 変数の正規変数と呼ばれます：

定義：2 変数の正規変数 [5.6]

2 つの（互いに独立とは限らない）正規変数 X と Y が，**条件 [5.7]** を満たすとき，これらを並べた順序対 (X,Y) を **2 変数の正規変数** (bivariate normal variable) といいます。また，その従う分布を **2 変数の正規分布** (bivariate normal distribution) といいます。

条件：2 変数の正規変数 (X, Y) が満たすべき条件 [5.7]

互いに独立な標準正規変数 Z_1, Z_2 と実数 $a_0, a_1, a_2, b_0, b_1, b_2$ を使って次の形で表すことができること：

$$X=a_0+a_1Z_1+a_2Z_2,\quad Y=b_0+b_1Z_1+b_2Z_2. \tag{5.5}$$

注意 5.11（2 変数の正規分布のパラメータと同時密度関数） 式 (5.5) では，$a_0, a_1, a_2, b_0, b_1, b_2$ の 6 個のパラメータを使って 2 変数の正規分布 (X,Y) を定義しましたが，実際には次の 5 個の特性値：

$$\mathrm{E}(X)=\mu_X,\ \mathrm{V}(X)=\sigma_X^2,\ \mathrm{E}(Y)=\mu_Y,\ \mathrm{V}(Y)=\sigma_Y^2,$$
$$\mathrm{Corr}(X,Y)=\rho,$$

が定まれば，同時密度関数は特定されます（演習 6）。$\rho\neq\pm1$ のとき，その同時密度関数は次で与えられます（演習 7）：

$$\frac{\partial^2}{\partial x\partial y}P(X\leq x, Y\leq y)$$
$$=\frac{1}{2\pi\sqrt{\sigma_X^2\sigma_Y^2(1-\rho^2)}}\mathrm{e}^{-\frac{1}{2(1-\rho^2)}\left\{\left(\frac{x-\mu_X}{\sigma_X}\right)^2+\left(\frac{y-\mu_Y}{\sigma_Y}\right)^2-2\rho\frac{x-\mu_X}{\sigma_X}\frac{y-\mu_Y}{\sigma_Y}\right\}}.$$

2 変数の正規分布の同時密度関数をプロットすると，**図 5.3** のようになります。これを見ると，帽子を伏せたような山形をしていることがわかります。山の頂点の (x,y) 上の座標は (μ_X,μ_Y) になります。

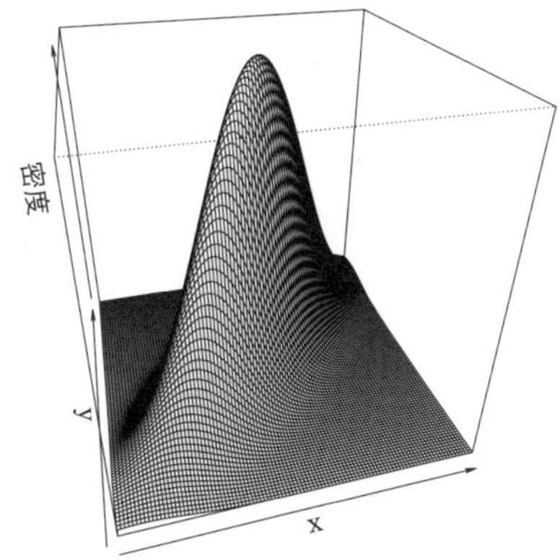

図 5.3　2 変数の正規分布の確率密度関数の例。パラメータの値は，$\mathrm{Corr}(X,Y)=0.8$ としています。

第 4 章で確認した通り，一般に，2 つの確率変数の間にありうる相互依存関係はとても多様です。しかし，2 変数の正規分布の場合，含まれる正規変数の間にありうる相互依存関係は相関しかありません。

命題：正規変数の無相関と独立　[5.8]

(X,Y) を 2 変数の正規変数とします。正規変数 X と Y が互いに無相関ならば，これらは互いに独立です。

注意 5.12（正規変数の無相関と独立） **命題［5.8］**は，**注意 5.11** で，$\rho=0$ とおいて同時密度関数を整理すれば証明できます。

なお，**第 4 章の注意 4.29** では，無相関だからといって独立とは限らない，と説明しましたが，2 変数の正規変数であるという条件が加わると，無相関と独立性は同値になります。

命題：正規分布の再生性 **［5.9］**

(X, Y) を 2 変数の正規変数とします。このとき，和 $X+Y$ は正規分布に従います。この性質を**正規分布の再生性** (reproductive property of Normal distribution) といいます。

注意 5.13（正規変数の和の分布） **命題［5.9］**は，**定義［5.6］**と**命題［5.5］**から簡単に導かれます。なお **4.3 節**では，確率変数の和の分布が求めやすいとは限らない，と説明しましたが，2 変数の正規分布の和の分布は，求めやすい例外といえます。

メモ 5.14（2 つの正規変数と 2 変数の正規変数） **定義［5.6］**では，2 変数の正規変数を，独立な標準正規変数の線形和を使って定義しました。これは，正規分布に従う確率変数を適当に 2 つ持ってきて並べただけでは，再生性など，便利な性質が成り立たない場合があるからです。

たとえば，次のような場合を考えることもできます：簡単のために，X を標準正規変数とします。また，X' を，X とは独立な標準正規変数とします。ここで確率変数 Y を次で定めます：

$$Y(\omega)=\begin{cases} X(\omega), & (X(\omega)\leq 0), \\ |X'(\omega)|, & (\text{otherwise}). \end{cases}$$

すると Y も標準正規変数ですが，$X+Y$ は正規分布に従いません。同時密度関数も**注意 5.11** で与えられるものにはなりません。

この他にも，周辺分布が正規分布で，同時分布が 2 変数の正規分布にならない例はいくらでも作ることができます。

ただし，統計学への応用ではこうした場合に出くわすことは考えにくく，X と Y が正規変数であれば，(X, Y) を正規変数と考えても構わない場合が多いといえます。

5.4 N 変数の正規分布

N 変数の正規変数は，2 変数の場合の自然な拡張です：

定義：N 変数の正規変数 [5.10]

$X_1,\ldots,X_N$ を N 個の正規変数とします。これらが独立な標準正規変数の線形和で表されるとき，それらの組 $(X_1,\ldots,X_N)$ を **N 変数の正規変数** (N−variate normal variable) といいます。

注意 5.15 (N 変数の正規分布のパラメータ) $(X_1,\ldots,X_N)$ を N 変数の正規変数とします。この分布を特定するためには，個々の正規変数 $X_1,\ldots,X_N$ の期待値と分散に加えて，これら 2 つの組合せすべてに対する共分散 $\mathrm{Cov}(X_i,X_j)$ も決める必要があります。

これら（多数）のパラメータを，次のようにベクトルや行列にまとめて扱います（ベクトルや行列については**第 8 章**参照）。期待値を並べたベクトルを**期待値ベクトル** (mean vector) といいます（**定義 [8.12]**）：

$$\boldsymbol{\mu}=\begin{pmatrix} \mathrm{E}(X_1) \\ \mathrm{E}(X_2) \\ \vdots \\ \mathrm{E}(X_N) \end{pmatrix}.$$

また，共分散については，$\mathrm{Cov}(X_i,X_j)$ を i 行 j 列要素に配置した行列 Σ にまとめます。$\mathrm{Cov}(X_i,X_i)=\mathrm{V}(X_i)$ なので，分散と共分散をまとめて表すことができます：

$$\Sigma=\begin{pmatrix} \mathrm{V}(X_1) & \mathrm{Cov}(X_1,X_2) & \cdots & \mathrm{Cov}(X_1,X_N) \\ \mathrm{Cov}(X_2,X_1) & \mathrm{V}(X_2) & \cdots & \mathrm{Cov}(X_2,X_N) \\ \vdots & \vdots & \ddots & \vdots \\ \mathrm{Cov}(X_N,X_1) & \mathrm{Cov}(X_N,X_2) & \cdots & \mathrm{V}(X_N) \end{pmatrix}.$$

これを**分散共分散行列** (variance-covariance matrix) といいます。N 変数の正規変数 $(X_1,\ldots,X_N)$ もベクトルに並べます：

$$\boldsymbol{X}=\begin{pmatrix} X_1 \\ X_2 \\ \vdots \\ X_N \end{pmatrix}.$$

N 変数の確率変数 $\boldsymbol{X}$ が，期待値ベクトル $\boldsymbol{\mu}$，分散共分散行列 Σ の N 変数の正規分布に従うことを次のように書きます：

$$\boldsymbol{X}\sim \mathrm{N}(\boldsymbol{\mu}, \Sigma).$$

注意 5.16（N 変数の正規分布の同時密度関数） $\boldsymbol{X}$ を，期待値ベクトル $\boldsymbol{\mu}$, 分散共分散行列 Σ を持つ N 変数の正規変数とします。分散共分散行列 Σ が**逆行列** Σ^{-1} を持つとき，N 変数の正規変数 $\boldsymbol{X}$ の同時密度関数は次のように表されます：

$$\frac{\partial^N}{\partial x_1\cdots\partial x_N}P(X_1\leq x_1,\ldots,X_N\leq x_N)$$
$$=\frac{1}{\sqrt{(2\pi)^N|\Sigma|}}\mathrm{e}^{-\frac{(\boldsymbol{x}-\boldsymbol{\mu})^\top\Sigma^{-1}(\boldsymbol{x}-\boldsymbol{\mu})}{2}}.$$

ただし，$|\Sigma|$ は分散共分散行列 Σ の**行列式**を表し，引数 $x_1,\ldots,x_N$ は次のベクトルで表しています：

$$\boldsymbol{x}=\begin{pmatrix} x_1 \\ x_2 \\ \vdots \\ x_N \end{pmatrix}.$$

記号 $^\top$ は**転置**を表します（**メモ 8.14**）。**逆行列**については**メモ 8.19** 参照。**行列式**は，行列に対して計算される値ですが，ここでは同時密度関数を全区間で積分した値が 1 になるように調節するための定数と考えても差し支えありません（定義や計算方法については [16] など線形代数の教科書を参照）。

命題：正規分布の再生性 **[5.11]**

$(X_1,\ldots,X_N)$ が N 変数の正規変数であるとき，その和

$$S_N=\sum_{i=1}^{N}X_i,$$

は 1 変数の正規分布に従います。

注意 5.17（N 変数の正規分布のパラメータ） **命題［5.11］** は，**命題［5.9］** を繰り返し使えば示されます。和 S_N の分布のパラメータは，**命題［4.33］** より期待値は次の通り：

$$\mathrm{E}(S_N)=\sum_{i=1}^{N}\mathrm{E}(X_i),$$

命題［4.34］ より分散は次の通り与えられます：

$$\mathrm{V}(S_N)=\sum_{i=1}^{N}\mathrm{V}(X_i)+2\sum_{i=2}^{N}\sum_{j=1}^{i-1}\mathrm{Cov}(X_i,X_j).$$

5.5 χ^2 分布

注意 5.18（χ^2 分布） **5.2 節**では，誤差を表現するのに正規分布を使うと述べました。回帰モデルを使った検定などでは，正規変数を 2 乗したものを考える必要があります。このような場合に現れるのが **χ^2 分布**です。

メモ 5.19（標準正規変数の 2 乗の分布） Z_1 を標準正規変数とします。これを 2 乗した Z_1^2 は確率変数です。その確率密度関数は次のように計算できます（**演習 8**）：

$$\frac{\mathrm{d}}{\mathrm{d}x}P(Z_1^2\leq x)=\begin{cases}\dfrac{x^{-\frac{1}{2}}\mathrm{e}^{-\frac{x}{2}}}{\sqrt{2\pi}}, & (0<x)\\ 0, & (\text{otherwise}).\end{cases} \tag{5.6}$$

$Z_1,\ldots,Z_N$ を互いに独立な標準正規変数とします。これらの 2 乗和

$$S_N^2=Z_1^2+\cdots+Z_N^2,$$

の分布も（多少複雑なのですが）求めることができます。その密度関数は，

$$\frac{\mathrm{d}}{\mathrm{d}x}P(S_N^2\leq x)=\begin{cases}\dfrac{x^{\frac{N}{2}-1}\mathrm{e}^{-\frac{x}{2}}}{2^{\frac{N}{2}}\Gamma\left(\frac{N}{2}\right)}, & (0<x),\\ 0, & (\text{otherwise}),\end{cases} \tag{5.7}$$

であることが知られています。ただし，式 (5.7) 中の Γ は，**ガンマ関数** (Gamma function) と呼ばれる関数で，

$$\Gamma(x)=\int_0^\infty u^{x-1}\mathrm{e}^{-u}\mathrm{d}u,$$

で定義されます。

式(5.6)は，式(5.7)において$N=1$としたものです。分母が違うように見えますが，$\Gamma(\frac{1}{2})$の値を計算すると$\sqrt{\pi}$になることが知られています。

独立な標準正規変数の2乗和が従う分布はχ^2分布と呼ばれます：

定義：χ^2分布 [5.12]

互いに**独立な標準正規変数**$Z_1,\ldots,Z_N$の2乗和$S_N^2=Z_1^2+\cdots+Z_N^2$の従う分布を**χ^2分布**(chi-squared distribution)といいます（記号χはギリシア文字で，日本語では「カイ」と発音されます)。和に含まれる標準正規変数の数Nは**自由度**（**メモ5.20**参照）と呼ばれるパラメータです。たとえば，確率変数S_N^2は自由度Nのχ^2分布に従う，という言い方をします。また，このことを次のように書きます：

$$S_N^2 \sim \chi^2(N).$$

メモ5.20（自由度） **自由度**(degrees of freedom)という言葉は統計学だけでなく，物理学などの分野でも使われますが，どの場合でも概ね「考えている対象に含まれる独立な要素の数」を表しています。

χ^2分布を構成するためにN個の独立な正規変数$Z_1,\ldots,Z_N$を考えたので，この場合の独立な正規変数の数を**自由度**と呼びます。

注意5.21（χ^2分布の確率密度関数） χ^2分布の確率密度関数は式(5.7)で与えられます。自由度が1,2,3,4の場合を図示すると，**図5.4**のようになります。

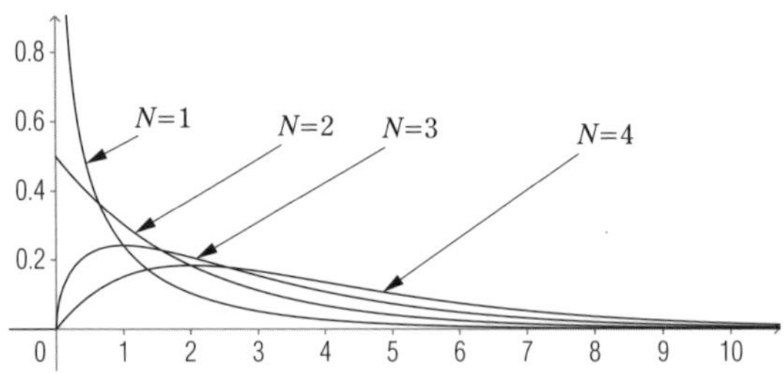

図5.4　χ^2分布の確率密度関数のグラフ。自由度の値が$N=1,2,3,4$の場合。

確率変数 S_N^2 の実現値は非負なので，負の部分に確率は割り当てられておらず，そこでの確率密度の値は 0 です。自由度が 1 の場合，確率密度の値は $x \to +0$ の極限で無限大に発散しますが，自由度 1 では $\frac{1}{2}$，自由度が 2 以上では 0 にそれぞれ収束します。どの場合でも，右側に長い裾を持ち，x 軸に近づきますが，x 軸にくっついたり，交差することはありません。

注意 5.22（χ^2 分布の期待値と分散） S_N^2 を，自由度 N の χ^2 分布に従う確率変数とします。確率変数 S_N^2 は N 個の標準正規変数 $Z_1,\ldots,Z_N$ の 2 乗和として表すことができるので，その期待値は

$$\mathrm{E}(S_N^2)=\sum_{i=1}^{N}\mathrm{E}(Z_i^2)=\sum_{i=1}^{N}\mathrm{V}(Z_i)=N,$$

のように計算できます。分散は次のように計算されます：

$$\begin{aligned}\mathrm{V}(S_N^2)&=\mathrm{E}((S_N^2-N)^2)=\mathrm{E}\left(\left(\sum_{i=1}^{N}(Z_i^2-1)\right)^2\right)\\&=\sum_{i=1}^{N}\mathrm{E}(Z_i^4-2Z_i^2+1)=2N.\end{aligned}$$

ただし，$Z_1,\ldots,Z_N$ が互いに独立なので，共分散がすべて 0 であることと，$\mathrm{E}(Z_i^4)=3$ を使いました。

メモ 5.23（非心 χ^2 分布） **定義 [5.12]** の 2 乗和 S_N^2 と同じように互いに独立なのですが，期待値が 0 でない正規変数の 2 乗和を考えます。$Z_1,\ldots,Z_N$ を互いに独立な標準正規変数とします。また，$\mu_1,\ldots,\mu_N$ を実数として，$Z_i'=Z_i+\mu_i$, $i=1,\ldots,N$ とすると，$Z_1',\ldots,Z_N'$ は互いに独立な正規分布です。このとき，2 乗和 $S_N'^2=Z_1'^2+\cdots+Z_N'^2$ が従う分布を自由度 N，非心パラメータ $\lambda=\mu_1^2+\cdots+\mu_N^2$ の**非心 χ^2 分布** (non-central chi-squared distribution) といいます。

2 乗和 S_N' の期待値は次のように計算されます：

$$\mathrm{E}(S_N'^2)=N+\lambda.$$

このことは，非心 χ^2 分布が，χ^2 分布よりも非心パラメータ λ の分だけ正の方向に歪んでいることを示しています。

確率密度関数が次の式で書かれることが知られています：

$$\frac{\mathrm{d}}{\mathrm{d}x}P(S_N'\leq x)=\sum_{i=0}^{\infty}\frac{\mathrm{e}^{-\frac{\lambda}{2}}(\lambda/2)^i}{i!}\frac{\mathrm{d}}{\mathrm{d}x}P(S_{N+2i}^2\leq x).$$

ただし，S_{N+2i}^2 は，自由度 $N+2i$ の χ^2 分布に従う確率変数です。

5.6 スチューデントの t 分布

注意 5.24（スチューデントの t 分布） **注意 5.7** で確認したように，正規変数の期待値と分散がわかっているときに，基準化をして標準正規変数を作ることができます。回帰モデルでは，分散がわからないときに，χ^2 変数を使って基準化に似た操作をすることがあります。このときに現れるのが**スチューデントの t 分布**です。

定義：スチューデントの t 分布 [5.13]

互いに独立な 2 つの確率変数 Z_0 と S_N^2 の従う分布をそれぞれ $Z_0\sim\mathrm{N}(0,1)$, $S_N^2\sim\chi^2(N)$ とします。このとき次の確率変数を定めます（**メモ 5.25** 参照）：

$$t_N=\frac{Z_0}{\sqrt{S_N^2/N}}. \tag{5.8}$$

この確率変数 t_N が従う分布は，**スチューデントの t 分布** (Student's t–distribution)，あるいは単に t 分布，と呼ばれます。

式 (5.8) の分母にある確率変数 S_N^2 は自由度 N というパラメータを持ちます。この自由度 N は当然，確率変数 t_N の分布も決めています。ですから，確率変数 t_N は自由度 N の t 分布に従う，という言い方をします。また，確率変数 t_N が自由度 N の t 分布に従うことを次のように書きます：

$$t_N\sim t(N).$$

メモ 5.25（分母が 0 になる事象） **定義 [5.12]** によると，標準正規変数 $Z_1,\ldots,Z_N$ の実現値がすべて 0 であるとき，確率変数 S_N^2 の実現値は 0 になります。このとき式 (5.8) の右辺の分母が 0 になり，t_N の値は実数ではありません。したがって，厳密には t_N は確率変数とはいえないかもしれません。ただし，確率変数 S_N^2 の実現値が 0 になる確率は 0 で，この事象を標本空間から取り除いても考えている確率変数の分布関数の形は変わりません。そのようにして，S_N^2 の可能な実現値が正のみであると考えれば t_N は確率変数になります。**メモ 3.63** 参照。

注意 5.26（t 分布の確率密度関数） t_N を，自由度 N の t 分布に従う確率変数とします。自由度が N=1 のとき，確率変数 t_1 の確率密度関数は次のように求められます（**演習 9**）：

$$\frac{\mathrm{d}}{\mathrm{d}x}P(t_1 \leq x) = \frac{1}{\pi(1+x^2)}.$$

自由度が $N \geq 2$ のときは，複雑な計算が必要になるのですが，確率密度関数が次の式で与えられることが知られています：

$$\frac{\mathrm{d}}{\mathrm{d}x}P(t_N \leq x) = \frac{\Gamma\left(\frac{N+1}{2}\right)}{\sqrt{N\pi}\,\Gamma\left(\frac{N}{2}\right)}\left(1+\frac{x^2}{N}\right)^{-\frac{N+1}{2}}.$$

自由度が 1, 2, 3, 4 の場合を図示すると，**図 5.5** のようになります。

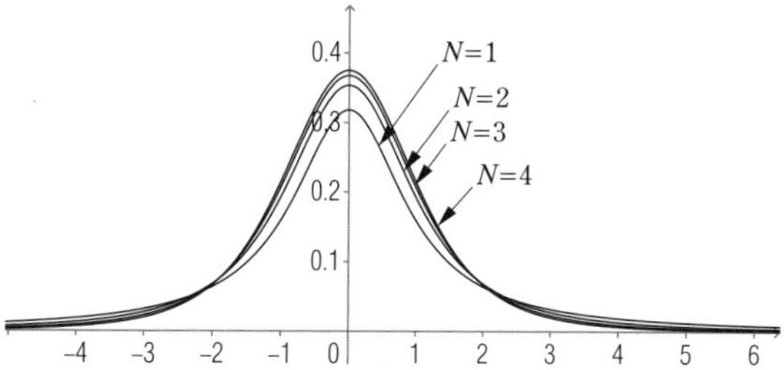

図 5.5 t 分布の確率密度関数のグラフ。自由度の値が N=1, 2, 3, 4 の場合。

この関数は左右に対称に裾を持ち，標準正規分布に似た形をしています。ただし，裾は正規分布よりも厚く，$n>N$ とすると，

$$\lim_{x\to\infty} x^n \frac{\mathrm{d}}{\mathrm{d}x}P(t_N \leq x),$$

は収束しません。裾が最も厚いのは自由度が 1 のときで，自由度が大きくなると，裾は単調に薄くなっていきます。なお，自由度 $N\to\infty$ の極限で t 分布は標準正規分布に一致します（**注意 5.28**）。

注意 5.27（t 分布の期待値と分散） 自由度が N=1 の場合，裾がとても厚いので積分 $\int_{-\infty}^{\infty}|u|P(u-\mathrm{d}u<t_1\leq u)$ が収束せず，確率変数 t_1 は期待値を持ちません（**メモ 3.54**）。自由度 $N\geq 2$ の場合この積分は収束し，確率変数 t_N は期待値を持ちます。分布が 0 を中心として左右に対称であることから期待値は次の通りです：

$$\mathrm{E}(t_N)=0.$$

同じように，自由度 $N=1,2$ の場合，裾が厚いため積分 $\int_{-\infty}^{\infty} u^2 P(u-\mathrm{d}u<t_N\leq u)$ は収束せず，確率変数 t_1,t_2 は分散を持ちません（メモ 3.74）。自由度 $N\geq 3$ の場合この積分は収束するので，確率変数 t_N は分散を持ちます：

$$\mathrm{V}(t_N)=\frac{N}{N-2}.$$

注意 5.28（自由度を大きくした極限） 式 (5.8) において自由度 N を大きくしていくと，確率変数 t_N の分布が標準正規分布に近づいていくことが知られています。直感的には，このことは次のように理解できます：式 (5.8) の分母の確率変数 S_N^2 は，χ^2 分布に従いますので，独立な標準正規変数 $Z_1,\ldots,Z_N$ を使って次の式で表されます：

$$S_N^2=Z_1^2+\cdots+Z_N^2.$$

自由度 N を大きくすると**大数の弱法則**（4.9 節）から S_N^2/N の確率変数としての性質が失われ，定数 $\mathrm{E}(Z_i^2)=1$ に近づいていくことがわかります（**注意 4.34**）。このとき，式 (5.8) の分子の Z_0 は標準正規変数のままですので，結局 t_N の分布は標準正規分布に近づきます。

メモ 5.29（非心 t 分布） **定義 [5.13]** では分子の確率変数 Z_0 の期待値は 0 でした。期待値が 0 でない場合も考えてみましょう。ここでは実数 μ に対して $Z_\mu\sim\mathrm{N}(0,\mu)$, $S_N^2\sim\chi^2(N)$ とします。そうして，確率変数 $t_{N,\mu}$ を次で定めます：

$$t_{N,\mu}=\frac{Z_\mu}{\sqrt{S_N^2/N}}. \tag{5.9}$$

この確率変数 $t_{N,\mu}$ が従う分布は，**非心 t 分布** (non-central t-distribution) と呼ばれます。

この分布のパラメータは，式 (5.9) の分母にある確率変数 S_N^2 の自由度 N と，分子の期待値 μ です。この μ は**非心パラメータ** (non-centrality parameter) と呼ばれます。非心パラメータが $\mu=0$ のとき，非心 t 分布は t 分布と同じものです。

$t_{N,\mu}$ を，自由度 N, 非心パラメータ μ の非心 t 分布に従う確率変数とします。導出には，複雑な計算が必要になるのですが，確率密度関数が次の式で表されることが知られています：

$$\frac{d}{dx}P(t_{N,\mu}\leq x)$$
$$=\frac{1}{\sqrt{\pi N}}e^{-\frac{\mu^2}{2}}\sum_{k=0}^{\infty}\frac{\sqrt{2^k}}{k!}\frac{\Gamma\left(\frac{N+k+1}{2}\right)}{\Gamma\left(\frac{N}{2}\right)}\left(\frac{\mu x}{\sqrt{N}}\right)^k\left(1+\frac{x^2}{N}\right)^{-\frac{N+k+1}{2}}. \quad (5.10)$$

図 5.6 は，自由度の値が $N=4$ の場合です。非心パラメータの値が正のとき分布は右に，負のとき左に歪むことがわかります。

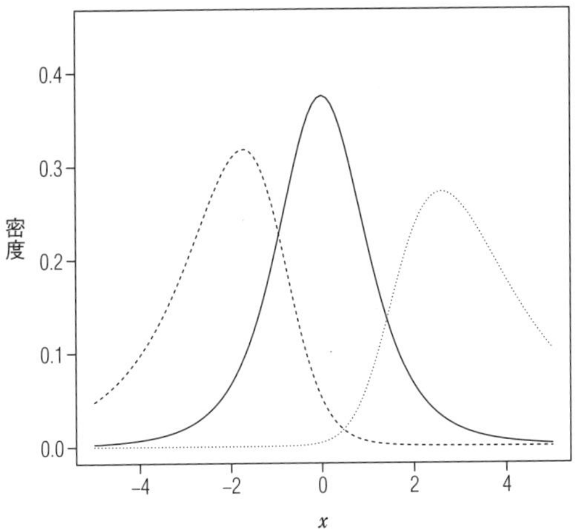

図 5.6　非心 t 分布の確率密度関数のグラフ。非心パラメータの値は，$\mu=-2$（破線），$\mu=0$（実線），$\mu=3$（点線）。自由度の値はすべて $N=4$。

確率密度関数の頂点を M とすると次の不等式が知られています [13]：

$$\sqrt{\frac{2N}{2N+5}}\mu<M<\sqrt{\frac{N}{N+1}}\mu.$$

このことから，自由度 N が大きいとき，確率密度関数の頂点 M は非心パラメータ μ で近似できることがわかります。

5.7 *F* 分布

定義：*F* 分布 [5.14]

2 つの確率変数 V_N^2, W_M^2 をそれぞれ $V_N^2\sim\chi^2(N), W_M^2\sim\chi^2(M)$ とします。

ただし，確率変数 V_N^2 と W_M^2 は互いに独立であるとします。このとき，両者の比は確率変数です（ただし，**メモ 5.25** と同様の注意が必要です）：

$$F_{N,M}=\frac{V_N^2/N}{W_M^2/M}.$$

確率変数 $F_{N,M}$ の従う分布を自由度 (N,M) の **F 分布** (F−distribution) といいます。また，確率変数 $F_{N,M}$ が自由度 (N,M) の F 分布に従うことを次のように書きます：

$$F_{N,M}\sim F(N,M).$$

注意 5.30（F 分布の確率密度関数と期待値） $F_{N,M}$ を，自由度 (N,M) の F 分布に従う確率変数とします。このとき，確率変数 $F_{M,N}$ の確率密度関数が次の式で表されることが知られています： .

$$\frac{\mathrm{d}}{\mathrm{d}x}P(F_{M,N}\leq x)=\begin{cases}\dfrac{\left(\frac{N}{M}\right)^{\frac{N}{2}}}{B\left(\frac{N}{2},\frac{M}{2}\right)}x^{\frac{N}{2}-1}\left(1+\dfrac{N}{M}x\right)^{-\frac{N+M}{2}}, & (0<x),\\ 0 & (\text{otherwise}).\end{cases}$$

ただし，式の中の B は，**ベータ関数** (Beta function) と呼ばれる関数で，次のように定義されます：

$$B(x,y)=\int_0^1 u^{x-1}(1-u)^{y-1}\mathrm{d}u.$$

いくつかの自由度について図示すると，**図 5.7** のようになります。

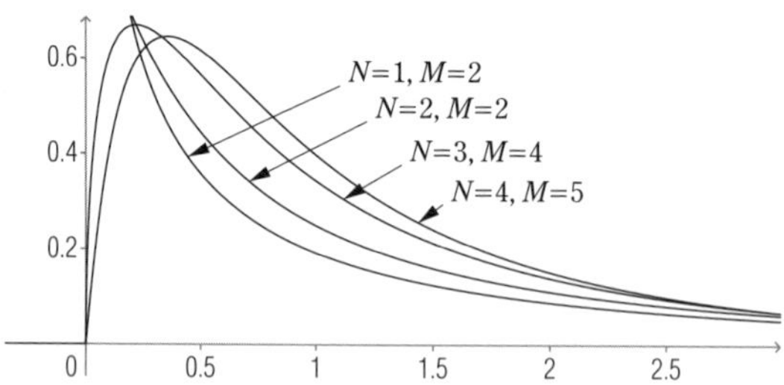

図 5.7　自由度 (N,M) の F 分布の確率密度関数の例。

自由度 (N,M) の F 分布は，$M>2$ のとき期待値が

$$\frac{M}{M-2},$$

であることが知られています。$M \leq 2$ のとき期待値は存在しません。

メモ 5.31（非心 F 分布） $V_N'^2$ を自由度 N, 非心パラメータ λ の非心 χ^2 分布に従う確率変数，W_M^2 を，自由度 N の χ^2 分布に従う，$V_N'^2$ と独立な確率変数とします。このとき，両者の比

$$F_{M,N,\mu} = \frac{V_N'^2/N}{W_M^2/M},$$

が従う分布を，自由度 (N,M), 非心パラメータ λ の**非心 F 分布** (non-central F distribution) といいます。

自由度の値が $M>2$ のとき期待値が次の値であることが知られています：

$$\mathrm{E}(F_{M,N,\mu}) = \frac{(N+\lambda)M}{N(M-2)},$$

$M \leq 2$ のとき期待値は存在しません。**注意 5.30** で確認した F 分布の期待値と比べると，自由度が同じ場合，非心 F 分布の期待値の方が非心パラメータ λ の分だけ大きいことがわかります。

5.8　中心極限定理

N 個の確率変数 $X_1, \ldots, X_N$ が，互いに独立で，ある同じ分布に従うものとします。その共通の分布の期待値を μ, 分散を σ^2 とします。これらの確率変数の和を次のように置きます：

$$S_N = \sum_{i=1}^{N} X_i.$$

第 4 章で確認したように，この期待値と分散は次のように計算されます：

$$\mathrm{E}(S_N) = N\mu,\ \ \mathrm{V}(S_N) = N\sigma^2.$$

ただし，S_N の分布を求めることが簡単とは限りません（**注意 4.32**）。

この和 S_N を基準化した確率変数 ψ_N を考えます：

$$\psi_N = \frac{S_N - N\mu}{\sqrt{N\sigma^2}}. \tag{5.11}$$

この期待値と分散は次のように計算されます：

$$\mathrm{E}(\psi_N)=0,\ \ \mathrm{V}(\psi_N)=1.$$

これらの値は N を含まないので，確率変数 ψ_N の分布の真ん中とひろがり具合は，N を変化させても変わらないことがわかります。

中心極限定理 (central limit theorem) と呼ばれる定理によると，和 S_N に含まれる確率変数の個数 N が無限大の極限において，式 (5.11) で定義される基準化された和 ψ_N の分布が標準正規分布に収束します：

定理：中心極限定理 [5.15]

$X_1,\ldots,X_N$ を，互いに独立に同じ分布に従う確率変数とします。ただし，その共通の期待値を μ，分散を σ^2 とします。このとき，実数 x の値が何であっても次が成り立ちます：

$$\lim_{N\to\infty} P\left(\frac{\sum_{i=1}^{N} X_i - N\mu}{\sqrt{N\sigma^2}} \leq x\right) = \int_{-\infty}^{x} \frac{1}{\sqrt{2\pi}} \mathrm{e}^{-\frac{u^2}{2}} \mathrm{d}u.$$

注意 5.32（離散な分布の和） 収束する先の標準正規分布は連続なのですが，この定理は，もとの確率変数 $X_1,\ldots,X_N$ がたとえ離散なものであったとしても成り立ちます。

メモ 5.33（中心極限定理の証明） 本書では扱いませんが，中心極限定理の証明はふつう，和の分布の**特性関数**を考えることによって行います。特性関数については**メモ 3.72, 4.28** を参照。

注意 5.34（中心極限定理を使った近似） 和に含まれる確率変数の数 N が無限大でなくても，十分に大きければ和の分布について

$$S_N \dot{\sim} \mathrm{N}(N\mu, N\sigma^2),$$

という近似が成り立ちます。「十分に大きい」N の値がどれくらいなのかは，当然，もとの確率変数の分布や，どの程度の精度を求めるかによります。この近似の精度は，分布の真ん中付近の方が，裾の部分よりも良いことが知られています。

演習問題

演習 1　$I=\int_{-\infty}^{\infty}\frac{1}{\sqrt{2\pi\sigma^2}}\mathrm{e}^{-\frac{(u-\mu)^2}{2\sigma^2}}\mathrm{d}u$ のとき $I=1$ を次の手順で証明しなさい：

(1)　$v=\frac{u-\mu}{\sigma}$ と変数変換して $I=\int_{-\infty}^{\infty}\frac{1}{\sqrt{2\pi}}\mathrm{e}^{-\frac{v^2}{2}}\mathrm{d}v$ を確認しなさい。

(2)　$I^2=\int_{-\infty}^{\infty}\int_{-\infty}^{\infty}\frac{1}{2\pi}\mathrm{e}^{-\frac{v^2+w^2}{2}}\mathrm{d}v\mathrm{d}w$ を確認しなさい。

(3)　$v=r\cos\theta,\ w=r\sin\theta$ と変数変換すると

$$I^2=\int_0^{\infty}\int_0^{2\pi}\frac{1}{2\pi}r\mathrm{e}^{-\frac{r^2}{2}}\mathrm{d}\theta\mathrm{d}r, \tag{5.12}$$

となることを証明しなさい。ただし，この変数変換の**ヤコビアン行列** (Jacobian matrix) が $J=\begin{pmatrix}\cos\theta & -r\sin\theta\\ \sin\theta & r\cos\theta\end{pmatrix}$ で，その行列式が r であることを利用しなさい。

(4)　式 (5.12) の積分を計算し $I^2=1$ となること，つまり $I=1$ であることを証明しなさい。ただし，$\frac{\mathrm{d}}{\mathrm{d}r}\mathrm{e}^{-\frac{r^2}{2}}=r\mathrm{e}^{-\frac{r^2}{2}}$ を利用しなさい。

演習 2　確率変数 X がパラメータ μ,σ の正規分布に従うとき，$\mathrm{E}(X)=\mu,\ \mathrm{V}(X)=\sigma^2$ を確認しなさい。ただし，積分

$$\int_{-\infty}^{\infty}u\frac{1}{\sqrt{2\pi\sigma^2}}\mathrm{e}^{-\frac{(u-\mu)^2}{2\sigma^2}}\mathrm{d}u,\ \int_{-\infty}^{\infty}(u-\mu)^2\frac{1}{\sqrt{2\pi\sigma^2}}\mathrm{e}^{-\frac{(u-\mu)^2}{2\sigma^2}}\mathrm{d}u,$$

を計算するとき，変数変換 $v=\frac{u-\mu}{\sigma}$ や次の関係を利用しなさい：

$$v^2\frac{1}{\sqrt{2\pi}}\mathrm{e}^{-\frac{v^2}{2}}=-\frac{\mathrm{d}}{\mathrm{d}v}\left(v\frac{1}{\sqrt{2\pi}}\mathrm{e}^{-\frac{v^2}{2}}\right)+\frac{1}{\sqrt{2\pi}}\mathrm{e}^{-\frac{v^2}{2}}.$$

演習 3　$X\sim\mathrm{N}(\mu,\sigma^2)$, a と b を実数とします。

(1)　$Z=aX+b$ の分布関数を，確率密度関数の積分の形で表しなさい。

(2)　Z の確率密度関数を求め，Z が正規分布に従うことを確かめなさい。

演習 4　互いに独立な標準正規変数 Z_1,Z_2 に対して正規変数 X,Y を

$$X=Z_1+2Z_2,\quad Y=1+2Z_1+3Z_2,$$

で定めます。このとき，共分散 $\mathrm{Cov}(X,Y)$ の値を求めなさい。

演習 5　Z_1,Z_2 を互いに独立な標準正規変数とします。

(1)　確率変数 (Z_1,Z_2) の同時密度関数が次の形に整理できることを示しなさい：

$$f_{Z_1Z_2}(x,y)=\frac{1}{2\pi}\mathrm{e}^{-\frac{x^2+y^2}{2}}.$$

(2)　実数 a_1 と $a_2>0$ に対して，確率変数 X を次で定義します：

$$X = a_1 Z_1 + a_2 Z_2.$$

このとき，確率変数 X の分布関数 $P(X \leq x)$ を，(1) で求めた同時密度関数 $f_{Z_1 Z_2}$ の 2 重積分の形で表しなさい。

(3)　(2) で求めた分布関数を x で微分して整理して次を確認しなさい：

$$\frac{\mathrm{d}}{\mathrm{d}x} P(X \leq x) = \frac{1}{\sqrt{2\pi\left(a_1^2 + a_2^2\right)}} \mathrm{e}^{-\frac{x^2}{2\left(a_1^2 + a_2^2\right)}}.$$

演習 6　演習 5 と同じく，Z_1, Z_2 を互いに独立な標準正規変数とします。また，実数 $a_0, a_1, a_2, b_0, b_1, b_2$ に対し正規変数 X, Y を次のように定めます：

$$X = a_0 + a_1 Z_1 + a_2 Z_2, \quad Y = b_0 + b_1 Z_1 + b_2 Z_2.$$

また，パラメータ $\mu_X, \mu_Y, \sigma_X^2, \sigma_Y^2, \theta, \rho$ を次のように定めます：

$$\mu_X = a_0, \qquad \mu_Y = b_0, \qquad \sigma_X^2 = a_1^2 + a_2^2, \qquad \sigma_Y^2 = b_1^2 + b_2^2,$$
$$\cos\theta = \frac{a_1}{\sigma_X}, \qquad \sin\theta = \frac{a_2}{\sigma_X}, \qquad \rho = \frac{a_1 b_1 + a_2 b_2}{\sigma_X \sigma_Y}.$$

このとき，次が得られることを示しなさい：

$$X = \mu_X + \sigma_X (\cos\theta) Z_1 + \sigma_X (\sin\theta) Z_2,$$
$$Y = \mu_Y + \sigma_Y \left(\rho\cos\theta - \sqrt{1-\rho^2}\sin\theta\right) Z_1$$
$$+ \sigma_Y \left(\rho\sin\theta - \sqrt{1-\rho^2}\cos\theta\right) Z_2.$$

演習 7　(X, Y) を 2 変数の正規変数とします。ただし，パラメータは，$\mathrm{E}(X) = \mu_X$, $\mathrm{V}(X) = \sigma_X^2$, $\mathrm{E}(Y) = \mu_Y$, $\mathrm{V}(Y) = \sigma_Y^2$, $\mathrm{Corr}(X, Y) = \rho$ のように定められているとします。このとき，正規変数 (X, Y) の同時密度関数を次のように求めなさい：

(1)　Z_1, Z_2 を互いに独立な標準正規変数とします。2 変数の正規変数 (U, V) を

$$U = Z_1,$$
$$V = \rho Z_1 + \sqrt{1-\rho^2} Z_2,$$

で定めると，U, V は両方とも標準正規分布に従い，$\mathrm{Corr}(U, V) = \rho$ を満たすことを確認しなさい。

(2)　標準正規分布の確率密度関数と分布関数をそれぞれ**定義 [5.4]** の ϕ と Φ で表すことにします。このとき，2 変数の正規変数 (U, V) の同時分布関数が

$$P(U \leq x, V \leq y) = \int_{u=-\infty}^{x} \phi(u) \Phi\left(\frac{y - \rho u}{\sqrt{1-\rho^2}}\right) \mathrm{d}u,$$

で与えられることを示しなさい。

(3) 2 変数の正規変数 (U, V) の同時分布関数を x と y で微分して整理して，同時密度関数が次で与えられることを確認しなさい：

$$f_{UV}(x,y)=\frac{\partial^2}{\partial x \partial y}P(U\le x, V\le y)=\frac{1}{2\pi\sqrt{1-\rho^2}}\mathrm{e}^{-\frac{x^2-2\rho xy+y^2}{2(1-\rho^2)}}.$$

(4) 2 変数の確率変数 (X, Y) を次で定めます：

$$X=\sigma_X U+\mu_X,\ Y=\sigma_Y V+\mu_Y,$$

これらが問のパラメータに関する条件をすべて満たす正規変数であることを確認しなさい。

(5) 2 変数の正規変数 (X, Y) の同時密度関数を同時分布関数 $P(U\le x, V\le y)$ から求めなさい。

演習 8　標準正規変数 Z を 2 乗した確率変数 Z^2 の確率密度関数を次のように求めなさい。ただし，標準正規変数 Z の分布関数と確率密度関数をそれぞれ**定義 [5.4]** の Φ, ϕ で表すとします。

(1) 確率変数 Z^2 の分布関数を Φ を使って表しなさい。

(2) 確率変数 Z^2 の分布関数を微分して，その確率密度関数を求めなさい。

演習 9　確率変数 t_1 を次のように定めます：

$$t_1=\frac{Z_0}{\sqrt{Z_1^2}}=\frac{Z_0}{|Z_1|}.$$

ただし，Z_0, Z_1 は互いに独立な標準正規変数とします。このとき，確率変数 t_1 の確率密度関数を次のように求めなさい。ただし，標準正規変数の分布関数と確率密度関数をそれぞれ**定義 [5.4]** の Φ, ϕ で表すものとします。

(1) 確率変数 t_1 の分布関数が次の式で表されることを示しなさい：

$$P(t_1\le x)=\int_{-\infty}^{0}\phi(u)\Phi(-ux)\mathrm{d}u+\int_{0}^{\infty}\phi(u)\Phi(ux)\mathrm{d}u.$$

(2) 確率変数 t_1 の確率密度関数が次の式で表されることを示しなさい：

$$\frac{\mathrm{d}}{\mathrm{d}x}P(t_1\le x)=2\int_{0}^{\infty}\phi(u)\phi(ux)\mathrm{d}u.$$

(3) 問 (2) の積分を整理すると次が得られることを示しなさい：

$$\frac{\mathrm{d}}{\mathrm{d}x}P(t_1\le x)=\frac{1}{\pi(1+x^2)}.$$

ただし，変数変換 $v=\sqrt{1+x^2}u$ と，$\frac{\mathrm{d}}{\mathrm{d}v}\phi(v)=-v\phi(v)$ であることを利用しても良い。

演習問題

6 パラメータの推定

例 6.1（均質な試料の重さ） 同じ材料と手順によって，試料を 5 個作ったとします。これらの試料を標本と考え，その重さを量ってデータを得ます。データを見る前に私たちは，「5 個の試料の重さは同じだろう」という見込みを持つことができます。

実際に得られたデータが次のようであったとします：

$$(5.04, 5.10, 4.96, 5.07, 4.88).$$

このデータを見ると，どの試料も重さに大きな違いはありませんが，一致もしていません。これは，材料か作り方か重さの計測か，どこかの段階で偶然が関与したせいであると考えることができます。

この章で確認する**統計的推測**では，いくつかの仮定を導入することで偶然を記述し，データと確率論を結びつけます。

6.1　観測値と確率変数

データと確率の考え方を次の仮定によって関連づけます：

仮定：データと確率変数　[6.1]

N 個の観測値からなるデータ $(y_1,\ldots,y_N)$ の背後に，それを生み出した N 変数の確率変数 $(Y_1,\ldots,Y_N)$ が存在すると仮定します。そうして，**データは，その確率変数の実現値である**と考えます。

つまり，観測値は，潜在的にはさまざまな値を取る可能性があったと仮定します。私たちが観測を行うことで，ある帰結 $\omega\in\Omega$ が実現したことが明らかになります。そうして確率変数の実現値，

$$y_1=Y_1(\omega),\ldots,y_N=Y_N(\omega),$$

が観測される，と考えます（図 6.1）。私たちは，データを観測できますが，それを生み出した確率変数を観測できません。

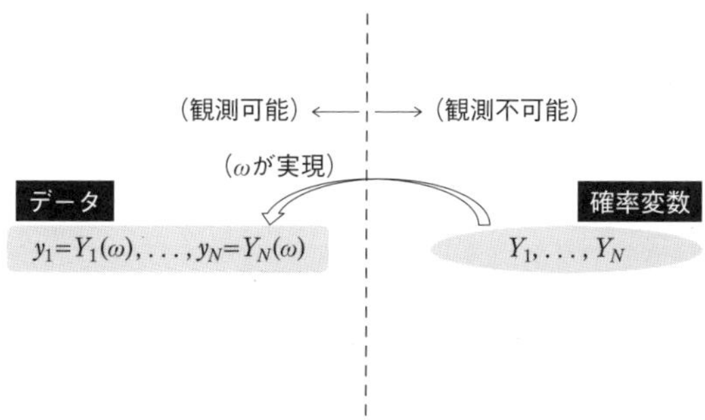

図 6.1　データと確率変数の関係。

例 6.2（均質な試料の重さ――データと確率変数）**例 6.1** で得られたデータは $(5.04, 5.10, 4.96, 5.07, 4.88)$ でした。

仮定 [6.1] は，このデータの背後に，それを生み出した 5 変数の確率変数 $(Y_1, Y_2, Y_3, Y_4, Y_5)$ があると考えます。観察を行うことで，ある帰結 ω が実現したことが明らかになり，私たちは次のデータ，

$$Y_1(\omega)=5.04,\ Y_2(\omega)=5.10,\ Y_3(\omega)=4.96$$
$$Y_4(\omega)=5.07,\ Y_5(\omega)=4.88,$$

を得たと考えます。ただし，私たちは確率変数 $(Y_1, Y_2, Y_3, Y_4, Y_5)$ そのものを見ることはできません。

定義：統計的推測 [6.2]

仮定 [6.1] のもとで，データ $(y_1, \ldots, y_N)$ を手がかりに，それを生み出した確率変数 $(Y_1, \ldots, Y_N)$ の分布について調べることを**統計的推測** (statistical inference) といいます。

メモ 6.3（統計的推測） 教科書によっては統計的推測を，標本から母集団の性質を調べること，のように説明していることがありますが，ここでは**定義 [6.2]** のように考えることにしましょう。2.1.2 節参照。

以下本章では，**仮定 [6.1]** のもとで話を進めます。

6.2 分布に関する仮定

仮定 [6.1] に加えて次の仮定がよく利用されます：

仮定：独立性 [6.3]

確率変数 $Y_1, \ldots, Y_N$ は，互いに独立である。

仮定：均質性 [6.4]

確率変数 $Y_1, \ldots, Y_N$ はすべて同じ分布に従う。このことを**均質性** (homogeneity) といいます。

仮定 [6.3] と **[6.4]** を同時に仮定することがよくあります：

仮定：IID [6.5]

確率変数 $Y_1, \ldots, Y_N$ は互いに独立にすべて同じ分布に従う。この仮定を IID (independent and identically distributed) と書きます。

私たちは，データを生み出した確率変数を見ることができないので，それがどのような分布に従っているのかを，ふつう知りません。ただし話を先に進めるには，分布の形を決める必要があります。そこで，多くの統計的手法では，確率変数が従うパラメトリックな分布をある程度先験的に仮定します。

ここでは正規分布を使いましょう：

仮定：正規性 [6.6]

確率変数 $Y_1, \ldots, Y_N$ は互いに独立にパラメータ μ, σ^2 の正規分布に従う。ただし，パラメータ μ, σ^2 の値は未知とします。

注意 6.4（仮定の利用） これらの仮定を利用するには当然，それらが妥当かどうかの検討が必要です。6.9 節でこれについて考えます。

6.3 パラメータの推定

正規性（**仮定 [6.6]**）を仮定した場合，分布にはパラメータ μ と σ^2 が含まれています。しかし，私たちはふつう，その値を知りません。

例 6.5（均質な試料の重さ——IID と正規性の仮定） **例 6.2** で IID と正規性を仮定すると，データを生み出した確率変数 Y_1, Y_2, Y_3, Y_4, Y_5 は互いに独立に期待値 μ, 分散 σ^2 の正規分布に従うことになります。ただし，私たちはパラメータ μ と σ^2 の値を知りません。

定義：推定 [6.7]

分布が未知のパラメータを含むときに「パラメータがどのような値であれば，得られたようなデータが生み出されるか」を考えることを，分布をデータに**当てはめる** (fit) とか，データから分布のパラメータを**推定する** (estimate) といいます。

定義：推定値 [6.8]

推定して定めたパラメータの値を**推定値** (estimate) といいます。

結論からいうと，IID と正規性の仮定のもとでは，次のように推定することができます。

命題：IID と正規性の仮定のもとでの推定 [6.9]

IID と正規性の仮定のもとでは期待値 μ の推定値として標本平均：

$$\frac{1}{N}\sum_{i=1}^{N} y_i = \bar{y}, \tag{6.1}$$

分散 σ^2 の推定値として標本分散：

$$\frac{1}{N}\sum_{i=1}^{N} (y_i - \bar{y})^2 = s_y^2, \tag{6.2}$$

を使うことが適切です。

例 6.6（均質な試料の重さ——パラメータの推定） **例 6.5** の場合，観測値の標本平均は次の通り：

$$(5.04+5.10+4.96+5.07+4.88)/5=5.01.$$

標本分散は次の通り：

$$\{(5.04-5.01)^2+(5.10-5.01)^2+(4.98-5.01)^2$$
$$(5.07-5.01)^2+(4.88-5.01)^2\}/5=0.0064.$$

したがって，IID と正規性の仮定のもとで，このデータを生み出した分布は，期待値 5.01，分散 0.0064 の正規分布であると推定されます。

なお，これは**推定**であって，データを生み出した分布が明らかになったわけではありません。

注意 6.7（分散の不偏推定値） 式 (6.2) の分散の推定値については，分母を $N-1$ にした**不偏**なものが用いられることもあります（**例 6.27**）。

IID と正規性の仮定のもとで期待値と分散を推定することだけが目的なのであれば，この結論を知っていれば十分です。しかし，これらの推定値がどのような意味で適切なのかを理解したり，より広範囲への応用を考えるには，この結論に至るまでの考え方を知ることが必要です。

6.4 節と **6.5 節**ではパラメータを推定する考え方として，最小 2 乗法と最尤法の 2 つを確認します。

6.4 最小2乗法によるモデルの当てはめ

最小2乗法は，データに合うように**モデル** (model) を調整する方法の1つで，とても広い範囲に用いられます。ここでは，分布の期待値を推定する方法として確認します。あらかじめ手順をまとめておくと次の通りになります：

手順：最小2乗法による期待値の推定 [6.10]

N 個の観測値からなるデータ $(y_1,\ldots,y_N)$ が，N 変数の確率変数 $(Y_1,\ldots,Y_N)$ の実現値であると仮定します（**仮定 [6.1]**）。

(1) 確率変数 Y_i の期待値 $\mathrm{E}(Y_i)$ がどのような性質を持つのかを**モデル**として表します（**6.4.1 節**）。期待値が $\mathrm{E}(Y_i)=\mu_i(\theta)$ のように表されるとします。ただし，関数 μ_i は，**期待値のモデル**で，実数 θ はそれに含まれる**未知のパラメータ**です。

(2) 観測値と期待値の差の2乗和を考えます：

$$\sum_{i=1}^{N}(y_i-\mu_i(\theta))^2.$$

ただし，パラメータ θ の値がわからないので，適当な実数を表す t と入れ替えたものを考えます（**メモ 6.14**）。この2乗和を，t を引数とする関数と考えます：

$$S^2(t)=\sum_{i=1}^{N}(y_i-\mu_i(t))^2. \tag{6.3}$$

(3) この $S^2(t)$ の値を最も小さくする実数 t の値を探します。

このように求めた実数 t の値をパラメータ θ の推定値とする方法を**最小2乗法** (method of least squares) といいます。また，この値を**最小2乗推定値** (least squares estimate) といいます。

6.4.1 期待値のモデル

データの背後に存在すると仮定した確率変数（**仮定 [6.1]**）の期待値に関

心があるとします。ふつう期待値は未知なのですが，それに対する見込みや仮説を私たちが持っているとします。

定義：モデル [6.11]

私たちの持つ見込みや仮説を数式の形で表したものを**モデル**(model)といいます。

モデルを使って期待値がわかるならば，推定を行う必要はありません。しかし多くの場合，モデルは**未知のパラメータ**を含んでいます：

例 6.8（均質な試料の重さ――期待値のモデル） **例 6.2** では，データ (5.04, 5.10, 4.96, 5.07, 4.88) の背後に，これを生み出した確率変数 $(Y_1, Y_2, Y_3, Y_4, Y_5)$ が存在すると仮定しました（**仮定 [6.1]**）。

私たちが，確率変数 Y_1, Y_2, Y_3, Y_4, Y_5 の期待値が「互いに同じである」という見込みを持っているとしましょう（**仮定 [6.4]**）。ただし，その値まではわからないとします。この未知の値を μ で表すと，私たちの見込みは，次の式で表すことができます：

$$\mathrm{E}(Y_1)=\mathrm{E}(Y_2)=\mathrm{E}(Y_3)=\mathrm{E}(Y_4)=\mathrm{E}(Y_5)=\mu. \tag{6.4}$$

この式がこの場合の**期待値のモデル**で，μ は**未知パラメータ**です。

6.4.2 期待値と誤差

確率変数から期待値を取り出しておくと，作業を理解しやすくなります。そのために**誤差**と呼ばれる確率変数を定義しましょう：

定義：誤差 [6.12]

観測値 y_i を生み出した確率変数を Y_i とします。このとき次の確率変数を i 番目の観測値の**誤差**(error)といいます：

$$\varepsilon_i=Y_i-\mathrm{E}(Y_i). \tag{6.5}$$

式(6.5)を変形すると，次が得られます：

命題：確率変数と期待値，誤差の関係 [6.13]

観測値 y_i を生み出した確率変数 Y_i は，その期待値 $\mathrm{E}(Y_i)$ と誤差 ε_i の和

で表されます：

$$Y_i = \mathrm{E}(Y_i) + \varepsilon_i. \tag{6.6}$$

命題：誤差の期待値 [6.14]

誤差 ε_i の期待値は常に 0 です。

注意 6.9（誤差の期待値） **命題** [6.14] は式 (6.5) の両辺の期待値を計算すればただちに導かれます。

例 6.10（均質な試料の重さ——期待値と誤差） **例 6.8** で考えたモデルを使うと，確率変数 Y_1, Y_2, Y_3, Y_4, Y_5 の期待値はすべて μ です。したがって，これらに対応する誤差は，**定義** [6.12] より，それぞれ $\varepsilon_1 = Y_1 - \mu$, $\varepsilon_2 = Y_2 - \mu$, $\varepsilon_3 = Y_3 - \mu$, $\varepsilon_4 = Y_4 - \mu$, $\varepsilon_5 = Y_5 - \mu$ のように定められます。これを使うと，もとの確率変数は次のように表されます：

$$\begin{cases} Y_1 = \mu + \varepsilon_1, \\ Y_2 = \mu + \varepsilon_2, \\ Y_3 = \mu + \varepsilon_3, \\ Y_4 = \mu + \varepsilon_4, \\ Y_5 = \mu + \varepsilon_5. \end{cases} \tag{6.7}$$

6.4.3 観測値と実現誤差

仮定 [6.1] によると，観察を行うことで，ある帰結 ω が実現したことが明らかになり，確率変数 Y_i の実現値が $y_i = Y_i(\omega)$ のように与えられます。

定義：実現誤差 [6.15]

確率変数 Y_i の実現値を y_i とします。このとき，実現値と期待値の差 e_i を**実現誤差** (realised error) といいます：

$$e_i = y_i - \mathrm{E}(Y_i). \tag{6.8}$$

式 (6.8) を変形すると次が得られます：

命題：観測値と期待値，実現誤差の関係 [6.16]

観測値 y_i は，それを生み出した確率変数の期待値と実現誤差 e_i の和で表されます：

$$y_i = \mathrm{E}(Y_i) + e_i.$$

注意 6.11（誤差と実現誤差） 式 (6.5) において，帰結 ω が実現したとき，$\varepsilon_i(\omega) = Y_i(\omega) - \mathrm{E}(Y_i)$ のように誤差の実現値が計算できます。また，**仮定 [6.1]** より $Y_i(\omega) = y_i$ です。これらと式 (6.8) から $\varepsilon_i(\omega) = y_i - \mathrm{E}(Y_i) = e_i$ がわかります。つまり**定義 [6.15]** で定義される実現誤差 e_i は，確率変数である誤差 ε_i の実現値です。ただし，式 (6.8) の右辺の期待値 $\mathrm{E}(Y_i)$ が未知ならば実現誤差 e_i の値も未知です。

例 6.12（均質な試料の重さ——実現誤差） **例 6.1** のデータの場合，**例 6.8** のモデルのもとで，観測値と期待値，実現誤差の関係は次のように表されます：

$$\begin{cases} 5.04 = \mu + e_1, \\ 5.10 = \mu + e_2, \\ 4.96 = \mu + e_3, \\ 5.07 = \mu + e_4, \\ 4.88 = \mu + e_5. \end{cases} \tag{6.9}$$

これらの式の右辺の μ の値が未知なので，実現誤差 e_1, e_2, e_3, e_4, e_5 の値も未知です（図 6.2）。

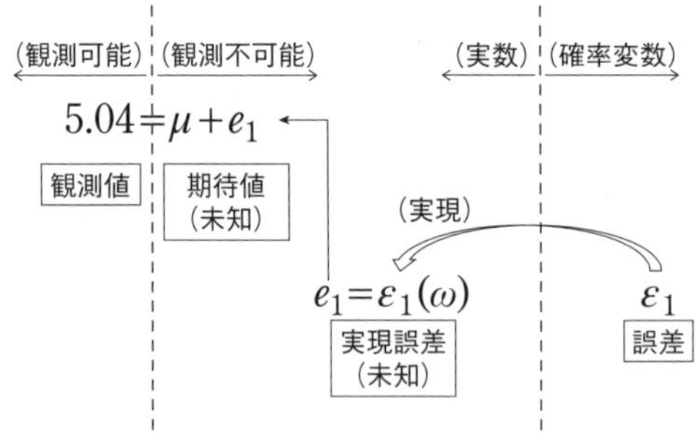

図 6.2 観測値 (5.04)，期待値 (μ)，実現誤差 (e_1)，誤差 (ε_1) の関係。

6.4.4　最小 2 乗法によるモデルの当てはめ

最小 2 乗法は，期待値のモデルが観測値に最も近くなるような未知パラメータの値を探します。そうして，そのパラメータの値を**推定値**とします。期待値のモデルとデータの距離（の 2 乗）は，観測値とモデルの差の 2 乗をすべての観測値について足し合わせたものによって測ります。

例 6.13（均質な試料の重さ――最小 2 乗法）**例 6.12** では，観測値は 5.04, 5.10, 4.96, 5.07, 4.88 です。期待値のモデルは式 (6.4) で表されて，未知パラメータは μ です。このとき観測値と期待値の差の 2 乗和は次の通り：

$$(5.04-\mu)^2+(5.10-\mu)^2+(4.96-\mu)^2+(5.07-\mu)^2+(4.88-\mu)^2.$$

パラメータ μ の値がわからないので，これを，実数を表す m で置き換えると（**メモ 6.14**），この 2 乗和は次のように表されます：

$$S^2(m)=(5.04-m)^2+(5.10-m)^2+(4.96-m)^2$$
$$+(5.07-m)^2+(4.88-m)^2.$$

最小 2 乗法では，この値が最も小さくなるような実数 m の値をパラメータ μ の最小 2 乗推定値 $\hat{\mu}$ とします。上の式を整理すると，2 乗和 $S^2(m)$ が実数 t の 2 次関数であることがわかります：

$$S^2(m)=5m^2-2(5.04+5.10+4.96+5.07+4.88)m$$
$$+5.04^2+5.10^2+4.96^2+5.07^2+4.88^2.$$

2 乗の項の係数が正の 2 次関数の値が最も小さくなるのは，放物線の頂点においてなので，頂点を探します。放物線の頂点では傾きが 0 になるので，求める期待値 m の値は次を満たすはずです：

$$\frac{\mathrm{d}S^2(m)}{\mathrm{d}m}=0.$$

この微分を計算すると次が得られます：

$$\frac{\mathrm{d}S^2(m)}{\mathrm{d}m}=-10m+2(5.04+5.10+4.96+5.07+4.88)=0.$$

ここからただちに次が導かれます：

$$m=\frac{1}{5}(5.04+5.10+4.96+5.07+4.88)=5.01.$$

これが，未知パラメータ μ の最小 2 乗推定値 $\hat{\mu}=5.01$ です。

メモ 6.14（未知パラメータの表記） **手順［6.10］**や**例 6.13** では，未知のパラメータを，実数を表す記号で置き換えました。これは，θ や μ は未知ではあるものの値が定まっているので，本来ならばその値を勝手に動かすことができないからです。しかし，混乱の恐れがない場合，一々置き換えないこともあります。これは，他の推定方法でも同様です。

6.4.5 残　差

観測値と，期待値の推定値の差を**残差** (residual) といいます。

定義：残差 ［6.17］

観測値 y_i を生み出した確率変数を Y_i とします。確率変数 Y_i の期待値 $\mathrm{E}(Y_i)$ の推定値が $\hat{\mu}_i$ であったとします。
このとき，次のように表される両者の差 $\hat{e}_i$ を**残差** (residual) といいます：

$$\hat{e}_i = y_i - \hat{\mu}_i.$$

例 6.15（均質な試料の重さ――残差） **例 6.13** で確認したように，期待値の推定値は，すべての試料について $\hat{\mu}=5.01$ です。
　1 番目の試料の観測値は 5.04 なので，期待値の推定値との差は

$$\hat{e}_1 = 5.04 - 5.01 = 0.03,$$

です。これが 1 番目の試料に対する残差になります。2 番目以降の試料に対する残差も同じように計算されます：

$$\hat{e}_2 = 5.10 - 5.01 = 0.03,$$
$$\hat{e}_3 = 4.96 - 5.01 = -0.05,$$
$$\hat{e}_4 = 5.07 - 5.01 = 0.06,$$
$$\hat{e}_5 = 4.88 - 5.01 = -0.13.$$

メモ 6.16（実現誤差と残差） **定義［6.17］**の残差 $\hat{e}_i = y_i - \hat{\mu}_i$ は，**定義［6.15］**の実現誤差 $e_i = y_i - \mathrm{E}(Y_i)$ の右辺にある未知の期待値 $\mathrm{E}(Y_i)$ を，その推定値 $\hat{\mu}_i$ で入れ替えたものです。

もしパラメータの推定がうまくいっていて，期待値 $\mathrm{E}(Y_i)$ とその推定値 $\hat{\mu}_i$ が互いに近いとすると，実現誤差 e_i と残差 $\hat{e}_i$ も互いに近いことになります。**注意 6.11** のように，実現誤差の値は未知なのですが，残差は観測可能なので，このことは実現誤差について知るうえで大きな手掛かりになります。

6.5 最尤法

最尤法（さいゆうほう）は，パラメトリックな分布の未知パラメータを推定する代表的な方法です。最小 2 乗法と違って，期待値以外のパラメータも推定することができます。

メモ 6.17（最尤法の考え方） まずは極端な例を使って，直感的な理解を試みましょう。観測値がたった 1 個，5.04 しかないとします。この観測値 5.04 が，確率変数 Y_1 の実現値であると仮定します（**仮定 [6.1]**）。確率変数 Y_1 の分布は未知なのですが，その候補が，分布 A と分布 B の 2 つにまで絞られているとします。分布 A と B の確率密度関数をそれぞれ f_A, f_B と置き，それを観測値 5.04 とともに図示して図 6.3 が得られたとします。このとき値 5.04 を実現させるような分布の確率密度関数として，f_A と f_B のどちらがよりもっともらしいでしょうか？

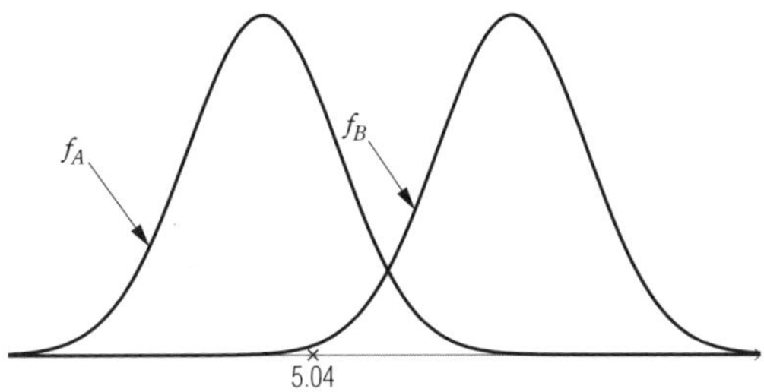

図 6.3 分布 A の確率密度関数 f_A, 分布 B の確率密度関数 f_B, および観測値 5.04。

多くの人は「f_A の方がもっともらしい」と感じたのではないでしょうか。もちろん，分布 B が正しいのかもしれませんが，ここではどちらが「正しい」のかを問うているのではありません。分布 A のもっともらしさについては，次のように説明できます：

もし，確率変数 Y_1 の分布が A だったとすると，その実現値が実数 5.04 付近である確率は $f_A(5.04)$ に比例します（**注意 3.49**）。**図 6.3** を見ると，$f_A(5.04)$ の値（つまり，x=5.04 での f_A の高さ）はそれなりの大きさを持っているので，値 5.04 を実現させる分布として A はそれなりにもっともらしいといえます。その一方で，$f_B(5.04)$ の値はとても小さく，分布 B のもとで 5.04 が実現したとすると，とても珍しいことが起こったことになってしまい，もっともらしいとはいえません。

分布 A と B のどちらがよりもっともらしいかは，$f_A(5.04)$ と $f_B(5.04)$ の値を比べることで判断できます。**図 6.3** から，$f_A(5.04)>f_B(5.04)$ なので，分布 A の方がよりもっともらしいといえます。

観測値が 2 個，(5.04, 5.10) の場合はどのように考えればよいでしょうか。ここでもやはり**仮定［6.1］**によって，観測値 (5.04, 5.10) は 2 変数の確率変数 (Y_1, Y_2) の実現値であると仮定します。さらに，IID（**仮定［6.5］**）も仮定し，確率変数 Y_1 と Y_2 は互いに独立に同じ分布に従っているものとします。ここでもやはり，確率変数 Y_1 と Y_2 が従う（共通の）分布の候補が分布 A と分布 B の 2 つにまで絞られているとしましょう。

確率変数 Y_1, Y_2 が独立に分布 A に従うとすると，それらの同時密度関数は周辺密度関数 f_A の積です：

$$f_A(u_1)\times f_A(u_2).$$

確率変数 Y_1, Y_2 が独立に分布 B に従うとすると，それらの同時密度関数は周辺密度関数 f_B の積です：

$$f_B(u_1)\times f_B(u_2).$$

これらの同時密度関数を等高線で表し，観測値 (5.04, 5.10) とともに図示して**図 6.4** が得られたとします。ここでも観測値が 1 個の場合と同じような説明をすることができます：

もし，確率変数 (Y_1, Y_2) の分布が A だったとすると，その実現値が点 (5.04, 5.10) 付近である確率は $f_A(5.04)\times f_A(5.10)$ に比例します（**注意 4.9**）。同じように，確率変数 (Y_1, Y_2) の分布が B だったとすると，その実現値が点 (5.04, 5.10) 付近である確率は $f_B(5.04)\times f_B(5.10)$ に比例します。

この確率が高い分布の方がよりもっともらしいと考えると，観測値 (5.04, 5.10) におけるそれぞれの同時密度関数の値 $f_A(5.04)\times f_A(5.10)$ と $f_B(5.04)\times f_B(5.10)$ の大きさを比べれば判断できます。

図 6.4 の等高線を読むと，$f_A(5.04)\times f_A(5.10)>f_B(5.04)\times f_B(5.10)$ で，分布 A の方がもっともらしいことがわかります。

以上の考え方は，より広い範囲にも当てはめることができます。標本の大きさが 3 以上の場合にも，同時密度関数の引数に観測値を代入したものが，その分布のもっともらしさを表していると考えることができます。

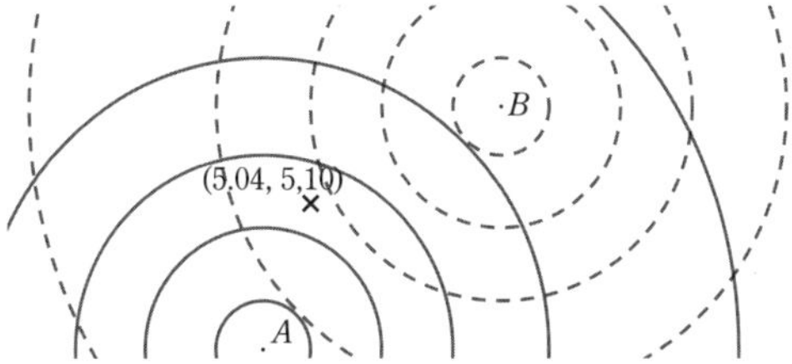

図 6.4　分布 A の場合の同時密度関数（実線の等高線），分布 B の場合の同時密度関数（破線の等高線），および観測値 (5.04, 5.10)。

また，分布の候補が 2 つでなく，もっと多い場合には，その中から一番もっともらしいものを探します。分布に含まれるパラメータの値がわからない場合，そのパラメータの可能な値 1 つ 1 つが，分布の候補に対応するといえます。この場合，一番もっともらしい分布を与えるようなパラメータの値を求めれば良いのです。この考え方によって未知のパラメータの値を定めるのが**手順 [6.18]** の最尤法です。

最尤法によるパラメータ推定の手順は次のように整理できます：

手順：最尤法　[6.18]

N 個の観測値からなるデータ $(y_1, \ldots, y_N)$ が，N 変数の確率変数 $(Y_1, \ldots, Y_N)$ の実現値であると仮定します（**仮定 [6.1]**）。

(1) 確率変数 $(Y_1, \ldots, Y_N)$ の同時密度関数を整理して，値のわからないパラメータを特定します。同時密度関数を f_N と置き，そこに含まれているパラメータ θ の値がわからないとします。

(2) パラメータ θ の値がわからないので，θ を，適当な実数を表す記号 t で置き換えます。同時密度関数 f_N の中のパラメータ θ を記号 t で置き換えたものを $f_N(|t)$ のように書くことにしましょう。

(3) 同時密度関数の引数に観測値を代入すると次が得られます：

$$L(t) = f_N(y_1, \ldots, y_N | t).$$

この $L(t)$ を実数 t の関数として見たものをパラメータ θ の**尤度関数**（ゆうどかんすう） (likelihood function) といいます。

(4) 尤度関数 $L(t)$ の値が最も大きくなるような実数 t を探します。このような t の値を推定値とします。

このような推定値の決め方を**最尤法** (maximum likelihood method) といい，また，尤度関数の値を最も大きくするような実数 t の値をパラメータ θ の**最尤推定値** (maximum likelihood estimate) といいます。最尤推定値であることを示すために以下では，$\tilde{\theta}$ のようにパラメータに ˜ をつけて表すことにします。

例 6.18 (均質な試料の重さ——最尤法)　**例 6.1** のデータ (5.04, 5.10, 4.96, 5.07, 4.88) について，IID と正規性の仮定のもとに，**手順 [6.18]** に従ってパラメータを推定してみましょう。

(1)　データを生み出した 5 変数の確率変数 $(Y_1, \ldots, Y_5)$ の同時密度関数を整理して値のわからないパラメータを特定します。IID と正規性の仮定より，確率変数 Y_1, Y_2, Y_3, Y_4, Y_5 は互いに独立に正規分布に従います。ただし，正規分布のパラメータ μ と σ^2 の値はわかりません。確率変数 Y_1, Y_2, Y_3, Y_4, Y_5 が互いに独立なので，密度関数は 1 変数の正規分布の密度関数の積です (**4.8 節**参照)。求める同時密度関数を f_5 とすると，

$$f_5(x_1, x_2, x_3, x_4, x_5) = \frac{1}{\sqrt{2\pi\sigma^2}} e^{-\frac{(x_1-\mu)^2}{2\sigma^2}} \times \frac{1}{\sqrt{2\pi\sigma^2}} e^{-\frac{(x_2-\mu)^2}{2\sigma^2}} \times \frac{1}{\sqrt{2\pi\sigma^2}} e^{-\frac{(x_3-\mu)^2}{2\sigma^2}} \times \frac{1}{\sqrt{2\pi\sigma^2}} e^{-\frac{(x_4-\mu)^2}{2\sigma^2}} \times \frac{1}{\sqrt{2\pi\sigma^2}} e^{-\frac{(x_5-\mu)^2}{2\sigma^2}},$$

となります。これは次のように整理できます：

$$f_5(x_1, x_2, x_3, x_4, x_5) = \left(\frac{1}{\sqrt{2\pi\sigma^2}}\right)^5 e^{-\frac{\sum_{i=1}^{5}(x_i-\mu)^2}{2\sigma^2}}.$$

この中で，μ と σ^2 が値のわからないパラメータです。

(2)　同時密度関数の中でパラメータ μ と σ^2 の値がわからないので，それぞれ，実数を表す記号 m と s^2 で置き換えたものを $f(|m, s^2)$ と置きましょう：

$$f_5(x_1, x_2, x_3, x_4, x_5|m, s^2) = \left(\frac{1}{\sqrt{2\pi s^2}}\right)^5 e^{-\frac{\sum_{i=1}^{5}(x_i-m)^2}{2s^2}}.$$

(3)　この関数の引数 $x_1, \ldots, x_5$ に観測値 5.04, 5.10, 4.96, 5.07, 4.88 を代入して**尤度関数** L を求めます：

$$L(m,s^2)=f_5(5.04,5.10,4.96,5.07,4.88|m,s^2)$$
$$=\left(\frac{1}{\sqrt{2\pi s^2}}\right)^5 e^{-\frac{(5.04-m)^2+(5.10-m)^2+(4.96-m)^2+(5.07-m)^2+(4.88-m)^2}{2s^2}}.$$

(4) 尤度関数の値が最も大きくなるような実数 m, s^2 の値を探します。ただし，直接探すよりも，対数を取った尤度関数 $\ell=\log L$ が最も大きくなるような値を探す方が簡単であることが知られています。対数は大小関係を変えないので，ℓ の値が最大のとき L の値もまた最大になります。したがって，この簡単な方の問題を解けば良いのです。この対数を取った尤度関数を**対数尤度関数** (log likelihood function) といいます。

対数尤度関数を整理すると次の式が得られます：

$$\ell(m,s^2)=\log L(m,s^2)=-\frac{5}{2}\log(2\pi)-\frac{5}{2}\log s^2$$
$$-\frac{1}{2s^2}\{(5.04-m)^2+(5.10-m)^2+(4.96-m)^2$$
$$+(5.07-m)^2+(4.88-m)^2\}. \tag{6.10}$$

対数尤度関数 $\ell(m,s^2)$ の値を高さ，実数 m と s^2 を平面上の軸にしてプロットすると，図 6.5 のようになります。対数尤度関数の値を最大にするような実数 m と s^2 の値は，図 6.5 で山の頂点の座標に対応します。山の頂点では，m 軸方向にも s^2 軸方向にも傾きは 0 なので，求めるパラメータ m と s^2 の値は次を満たします：

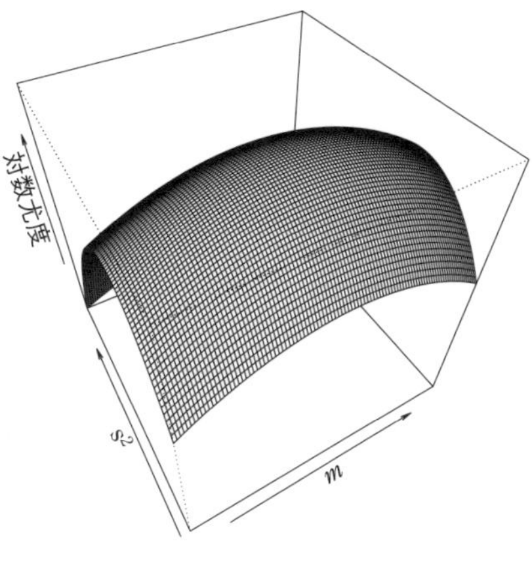

図 6.5　パラメータ (m,s^2) に対し，式(6.10)で与えられる対数尤度をプロットしたもの。

$$\frac{\partial \ell(m,s^2)}{\partial m}=0, \quad \frac{\partial \ell(m,s^2)}{\partial (s^2)}=0. \tag{6.11}$$

式(6.11)の最初の微分を計算すると次が得られます：

$$\frac{\partial \ell(m,s^2)}{\partial m}=\frac{1}{s^2}\{(5.04-m)+(5.10-m)+(4.96-m)+(5.07-m)+(4.88-m)\}=0.$$

ここからただちに次が導かれます：

$$m=\frac{5.04+5.10+4.96+5.07+4.88}{5}=5.01.$$

つまり，式(6.11)が満たされるような実数 m の値はデータの標本平均のみです。これをパラメータ μ の最尤法による推定値として，$\tilde{\mu}=\bar{y}=5.01$ と表すことにしましょう。

さらに式(6.11)の2番目の微分から次が得られます：

$$\frac{\partial \ell(m,s^2)}{\partial (s^2)}=-\frac{5}{2s^2}+\frac{1}{2s^4}\{(5.04-m)^2+(5.10-m)^2+(4.96-m)^2+(5.07-m)^2+(4.88-m)^2\}=0.$$

ここから次が導かれます：

$$s^2=\frac{1}{5}\{(5.04-m)^2+(5.10-m)^2+(4.96-m)^2+(5.07-m)^2+(4.88-m)^2\}.$$

これらから，(6.11)の2つの式を満たすような実数の組合せが次であることがわかります：

$$m=\bar{y}=5.01, \quad s^2=s_y^2=0.0064.$$

したがって，最尤推定値は $\tilde{\mu}=5.01, \tilde{\sigma}^2=0.0064$ です。

メモ 6.19（最尤法と最小2乗法）　ここで考えた仮定のもとでは，期待値の最小2乗推定値 $\hat{\mu}=\bar{y}$ と最尤推定値 $\tilde{\mu}=\bar{y}$ は結局同じものになります。ただし，別の仮定のもとでは，両者で推定値が異なることもあります（演習1）。

定義：離散な場合の尤度関数　[6.19]

確率変数 $(Y_1,\ldots,Y_N)$ が離散であるときは，同時確率関数に含まれる未知パラメータを実数を表す t で置き換え，引数に観測値 $y_1,\ldots,y_N$ を代入したものを尤度関数とします：

$$L(t)=P(Y_1=y_1,\ldots,Y_N=y_N|t).$$

6.6 推定値と推定量

6.3 節では，パラメータを推定する方法 2 つと，その背後にある考え方を確認しました。**仮定 [6.1]，[6.5]，[6.6]** のもとでは，これらの方法で計算された推定値を使うことが適切といえます。しかし，6.3 節の方法による推定値がどのような意味で適切であるのかを調べるには，計算結果だけでは不十分です。

例 6.20（均質な試料の重さ——推定の適切さ） **例 6.6** では，期待値の推定値が 5.01 になりました。この値が適切なのかどうかを 5.01 という数字を眺めるだけで判断するのは難しいのではないでしょうか。

6.6.1 推 定 量

統計的推測では，推定のやり方の良し悪しを判断するために**推定量** (estimator) というものを考えます。

注意 6.21（推定値の計算式） 確率変数 $(Y_1,\ldots,Y_N)$ の分布に含まれる未知パラメータ θ を，データ $(y_1,\ldots,y_N)$ から推定したとします。この推定値を $\hat{\theta}$ と置きます。

当たり前ですが，推定値 $\hat{\theta}$ は，観測値 $y_1,\ldots,y_N$ から計算されます。この，観測値から推定値を計算する計算式を，次のように関数と考えることができます：

$$\hat{\theta}(y_1,\ldots,y_N).$$

定義：推定量 **[6.20]**

確率変数 $(Y_1,\ldots,Y_N)$ の分布が未知パラメータ θ を含むとします。その

推定値をデータ $(y_1,\ldots,y_N)$ から計算する関数を次のように書きます：

$$\hat{\theta}(y_1,\ldots,y_N).$$

この，関数として見た推定値 $\hat{\theta}$ の引数を，データを生み出した確率変数 $(Y_1,\ldots,Y_N)$ で置き換えると，次の**確率変数**が得られます：

$$\hat{\theta}(Y_1,\ldots,Y_N).$$

この確率変数を，パラメータ θ の**推定量** (estimator) といいます。

例 6.22（均質な試料の重さ──推定量） **例 6.6** では，均質性（**仮定 [6.4]**）のもとで，データ (5.04, 5.10, 4.96, 5.07, 4.88) から，確率変数 Y_1, Y_2, Y_3, Y_4, Y_5 の共通の期待値 μ を次の計算式で推定しました：

$$\hat{\mu}(5.04, 5.10, 4.96, 5.07, 4.88) = \frac{5.04+5.10+4.96+5.07+4.88}{5} = 5.01.$$

この推定値を計算する式で，データを，それを生み出した確率変数 $(Y_1,\ldots,Y_N)$ で置き換えると次の**確率変数**が得られます：

$$\hat{\mu}(Y_1, Y_2, Y_3, Y_4, Y_5) = \frac{Y_1+Y_2+Y_3+Y_4+Y_5}{5}, \tag{6.12}$$

これが期待値 μ の**推定量**です。

6.6.2 推定値と推定量

定義 [6.20] では，推定値の計算式に含まれるデータ $(y_1,\ldots,y_N)$ を，確率変数 $(Y_1,\ldots,Y_N)$ に置き換えることで推定量を定義しました。しかし，推定値と推定量の関係は次のように考えることもできます：

命題：推定値と推定量 **[6.21]**

推定値は，推定量の実現値である。

例 6.23（均質な試料の重さ──推定値と推定量） **例 6.22** で考えた期待値 μ の推定量は次で定められる確率変数です：

$$\hat{\mu}(Y_1, Y_2, Y_3, Y_4, Y_5)=\frac{1}{5}\sum_{i=1}^{5} Y_i.$$

ある帰結 $\omega\in\Omega$ が実現すると，次のように推定値が得られます：

$$\hat{\mu}(Y_1(\omega), Y_2(\omega), Y_3(\omega), Y_4(\omega), Y_5(\omega))=\frac{1}{5}\sum_{i=1}^{5} Y_i(\omega)$$
$$=\frac{1}{5}(5.04+5.10+4.96+5.07+4.88)=5.01.$$

つまり，確率変数としての推定量 $\sum_{i=1}^{5} Y_i/5$ があり，その実現値としての推定値 5.01 が得られた，と考えることができます。

メモ 6.24（推定値と推定量の表記） ここまで，パラメータ θ の推定値を表すのに $\hat{\theta}$ という記号を使うことがありました。しかし**命題［6.21］**の観点からは，（確率変数である）推定量を $\hat{\theta}$ と表し，（その実現値である）推定値の方は $\hat{\theta}(\omega)$ のように表すべきです。

定義：推定値と推定量の表記 **［6.22］**

パラメータ θ の推定量と推定値を区別する必要がある場合，**推定量**を $\hat{\theta}$, **推定値**を $\hat{\theta}(\omega)$ のようにそれぞれ表記します。

6.6.3 推定量の分布

定義［6.20］より，推定量は確率変数です。したがって，推定量は分布を持つはずです。**第 4 章**で確認したように，確率変数 $(Y_1, \ldots, Y_N)$ の分布が定まっていれば，推定量 $\hat{\theta}(Y_1, \ldots, Y_N)$ の分布も（求めることが容易かどうかは別として）一意に定まります。

例 6.25（均質な試料の重さ――推定量の分布） **例 6.22** で考えた期待値の推定量 $\hat{\mu}(Y_1, \ldots, Y_5)=\sum_{i=1}^{5} Y_i/5$ の分布は，確率変数 $Y_1, \ldots, Y_5$ の分布によって定められているはずです。しかし**第 4 章**で確認したように，それが簡単に求められる保証はありません。しかし，期待値については，**均質性**（**仮定［6.4］**）のもとで以下のことがいえます：均質性を仮定すると確率変数 $Y_1, \ldots, Y_5$ の期待値が同じになるので，その（共通の）期待値を $\mu=\mathrm{E}(Y_i)$ と置きます。このとき，推定量の期待値は次のように計算されます：

$$\mathrm{E}(\hat{\mu})=\mathrm{E}\left(\frac{1}{5}\sum_{i=1}^{5}Y_i\right)=\frac{1}{5}\sum_{i=1}^{5}\mathrm{E}(Y_i)=\frac{1}{5}\times 5\mu=\mu. \tag{6.13}$$

つまり，推定量 $\hat{\mu}$ の期待値は，推定の目標としていたパラメータ μ の値と一致します。

均質性に加えて**独立性**（**仮定［6.3］**）も仮定すると，推定量 $\hat{\mu}$ の分散は次のように計算されます（演習 2）：

$$\mathrm{V}(\hat{\mu})=\mathrm{E}((\hat{\mu}-\mu)^2)=\frac{\sigma^2}{5}. \tag{6.14}$$

ただし，σ^2 は確率変数 $Y_1,\dots,Y_5$ の（共通の）分散です。

このように，期待値と分散に関する手がかりがあるので，**注意 5.34** で確認した，中心極限定理による近似が使える可能性があります：

$$\hat{\mu}\dot{\sim}\mathrm{N}\left(\mu,\frac{\sigma^2}{5}\right).$$

ただし，この場合の標本の大きさ 5 がこの近似に十分であるかは検討する必要があります。

正規性（**仮定［6.6］**）も加えて，確率変数 $Y_1,\dots,Y_5$ が正規分布に従うと仮定しましょう。**第 5 章**で確認したように，互いに独立な正規変数の和はやはり正規変数ですので，推定量 $\hat{\mu}$ は正規分布に従います。期待値と分散はすでに式 (6.13), (6.14) で求めた通りです。したがって，IID と正規性の仮定のもとでは，近似ではなく次が成り立ちます：

$$\hat{\mu}\sim\mathrm{N}\left(\mu,\frac{\sigma^2}{5}\right).$$

6.7　推定量の評価基準

パラメータ θ の推定に，ある推定量 $\hat{\theta}$ を使うとします。このとき，推定のやり方の良し悪しを，推定量の分布によって評価することができます。本節では，評価をするために使われることの多い基準を確認します。

6.7.1 不偏性

正規分布をはじめとして，多くの分布は，期待値付近に大きな確率が割り当てられています。したがって，もし推定量 $\hat{\theta}$ の期待値と，推定しようとしているパラメータ θ の値が同じであれば，推定値 $\hat{\theta}(\omega)$ はパラメータ θ の付近にある確率が高いといえます。その意味で，このような推定量は良い性質を持っているといえます。

定義：不偏性 [6.23]

パラメータ θ に対する推定量 $\hat{\theta}$ が

$$\mathrm{E}(\hat{\theta})=\theta,$$

を満たすとき，推定量 $\hat{\theta}$ は**不偏** (unbiased) であるといいます。

例 6.26（均質な試料の重さ──期待値の推定量） **例 6.22** で考えた，期待値 μ の推定量 $\hat{\mu}=\frac{1}{N}\sum_{i=1}^{N} Y_i$ を考えましょう。**例 6.25** で確認したように，この推定量は**均質性**（**仮定 [6.4]**）のもとで

$$\mathrm{E}(\hat{\mu})=\mu,$$

を満たすので不偏です。

例 6.27（均質な試料の重さ──分散の推定量） **例 6.18** では，IID と**正規性**（**仮定 [6.6]**）のもとで，分散 σ^2 の最尤推定値と標本分散 $s_y^2=0.0064$ が同じであることを示しました。

このとき，分散の最尤推定量は（データを確率変数と入れ替えて）

$$\tilde{\sigma}^2=\frac{1}{5}\sum_{i=1}^{5}(Y_i-\bar{Y})^2,\quad \bar{Y}=\frac{1}{5}\sum_{j=1}^{5}Y_j,$$

となります。この推定量の期待値は，IID の仮定を使うと

$$\mathrm{E}(\tilde{\sigma}^2)=\mathrm{E}\left(\frac{1}{5}\sum_{i=1}^{5}(Y_i-\bar{Y})^2\right)=\left(1-\frac{1}{5}\right)\sigma^2\neq\sigma^2, \tag{6.15}$$

のように計算され（**演習 3**），不偏ではありません。

この偏りを持った推定量 $\tilde{\sigma}^2$ の代わりに

$$\tilde{\sigma}^2_{\mathrm{ub}}=\frac{1}{5-1}\sum_{i=1}^{5}(Y_i-\bar{Y})^2,$$

が使われることもあります。この推定量 $\tilde{\sigma}^2_{\mathrm{ub}}$ は，IID の仮定のもとで不偏なので，分散の**不偏推定量** (unbiased estimator) などと呼ばれます。この推定量による推定値 $\tilde{\sigma}^2_{\mathrm{ub}}(\omega)=0.0080$ です。

推定量 $\tilde{\sigma}^2$ の偏りの大きさは，N を標本の大きさとすると，σ^2/N です。上の例では $N=5$ なので，最尤推定値 $\tilde{\sigma}^2(\omega)=0.0064$ と不偏推定値 $\tilde{\sigma}^2_{\mathrm{ub}}(\omega)=0.0080$ の違いは無視しえないかもしれません。N の値がたとえば数十よりも大きければこの偏りは問題にならないかもしれません。

6.7.2 効率性

6.7.1 節で見たように，パラメータ θ の推定量 $\hat{\theta}$ が不偏であるとすると，その実現値である推定値 $\hat{\theta}(\omega)$ がパラメータ θ の近くにある確率が高いといえます。それに加えて，推定量の分散が小さければ，期待値付近に確率が集まっており，推定値がパラメータの近くにある確率が高いといえます。

定義：効率性 [6.24]

未知パラメータ θ に対する推定量が $\hat{\theta}_1, \hat{\theta}_2$ の 2 種類あったとします。このとき，$\mathrm{V}(\hat{\theta}_1)<\mathrm{V}(\hat{\theta}_2)$ であるとき，推定量 $\hat{\theta}_1$ の方がより**効率的** (efficient) であるといいます。

注意 6.28（効率性） ある未知パラメータ θ に対する推定量が $\hat{\theta}_1$ と $\hat{\theta}_2$ の 2 つ考えられたとします。ただし，$\hat{\theta}_1, \hat{\theta}_2$ のどちらも不偏であるとします：

$$\mathrm{E}(\hat{\theta}_1)=\mathrm{E}(\hat{\theta}_2)=\theta.$$

$\mathrm{V}(\hat{\theta}_1)<\mathrm{V}(\hat{\theta}_2)$ とすると推定量 $\hat{\theta}_1$ の分布の方が，目標とする θ の近くに確率が集中しており，推定値 $\hat{\theta}_1(\omega)$ が未知パラメータ θ の近くにある確率がより高いといえます（図 6.6）。ただしこのことは，$\hat{\theta}_1(\omega)$ の方が $\hat{\theta}_2(\omega)$ よりも θ に近いことを保証しているわけではありません。

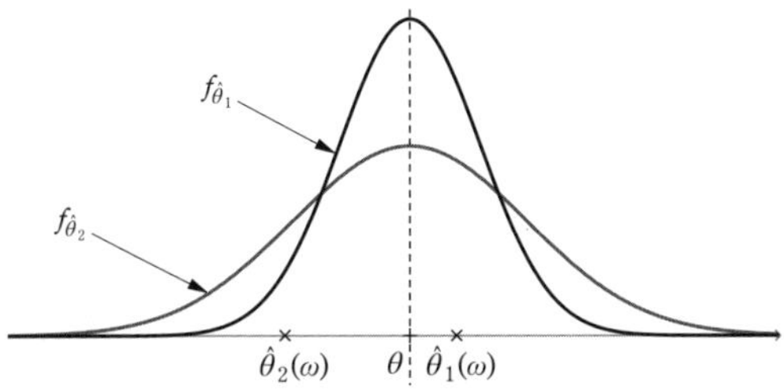

図 6.6 2 種類の推定量 $\hat{\theta}_1$ と $\hat{\theta}_2$ を比較した模式図。$\mathrm{E}(\hat{\theta}_1)=\mathrm{E}(\hat{\theta}_2)=\theta$, $\mathrm{V}(\hat{\theta}_1)<\mathrm{V}(\hat{\theta}_2)$ の場合について，それぞれの確率密度関数を $f_{\hat{\theta}_1}, f_{\hat{\theta}_2}$ としています。

例 6.29（均質な試料の重さ──期待値の推定量） **例 6.22** で考えた期待値 μ の推定量 $\hat{\mu}=\frac{1}{5}\sum_{i=1}^{5} Y_i$ の期待値と分散は，IID の仮定のもとで次のように計算されます：

$$\mathrm{E}(\hat{\mu})=\mu,\quad \mathrm{V}(\hat{\mu})=\frac{\sigma^2}{5}.$$

比較のために，5 番目の事例を捨てて，大きさ 4 の標本から作った推定量 $\hat{\mu}_4$ を作ってみましょう：

$$\hat{\mu}_4=\frac{1}{4}\sum_{i=1}^{4} Y_i.$$

推定量 $\hat{\mu}_4$ から計算される推定値は $\hat{\mu}_4(\omega)=5.04$ です。この値と $\hat{\mu}(\omega)=5.01$ の 2 つの数字を眺めているだけではどちらが良いのかの判断はできません。

推定量 $\hat{\mu}_4$ の期待値と分散は IID のもとで次の通り計算されます：

$$\mathrm{E}(\hat{\mu}_4)=\mu,\quad \mathrm{V}(\hat{\mu}_4)=\frac{\sigma^2}{4}.$$

σ^2 の値は未知ですが，$\mathrm{V}(\hat{\mu})<\mathrm{V}(\hat{\mu}_4)$ なので，推定量 $\hat{\mu}$ の方がより効率的であることがわかります。どちらの推定量も不偏であることを考えると，**注意 6.28** の観点から $\hat{\mu}(\omega)=5.01$ の方が，推定の目標の μ により近いことが期待できます。

6.7.3 一 致 性

例 6.29 からわかるように，IID の仮定のもとでは，より大きな標本から作った推定量の方が望ましいことが考えられます。標本の大きさを無限大にしたときの性質に関する基準に，一致性と呼ばれるものがあります：

定義：一致性 [6.25]

$\hat{\theta}_N$ を，未知のパラメータ θ の推定量とします。ただし N は推定に使う標本の大きさです。どのような（小さな）正の実数 ε に対しても

$$\lim_{N\to\infty} P(|\hat{\theta}_N - \theta| > \varepsilon) = 0,$$

が成り立つとき，$\hat{\theta}_N$ は**一致性** (consistency) を持つ，といいます。

メモ 6.30（一致性の意味） 推定量 $\hat{\theta}_N$ が一致性を持っているならば，標本を大きくしていくと，推定値 $\hat{\theta}_N(\omega)$ がパラメータ θ に近づくことが期待できます（**注意 4.34**）。標本の大きさを無限大にすることはできませんが，推定量が一致性を持っていれば，標本の大きさを増やすことで，より良い推定ができることが期待できます。

例 6.31（期待値の推定量） **例 6.22** で考えた，期待値 μ の推定量 $\hat{\mu} = \frac{1}{5}\sum_{i=1}^{5} Y_i$ の一致性を調べましょう。試料をいくらでもたくさん作れるとしましょう。N 個の試料から得られたデータで推定したときの推定量を $\hat{\mu}_N = \frac{1}{N}\sum_{i=1}^{N} Y_i$ と置きます。

IID のもとでは大数の法則が使えて，どんな $\varepsilon > 0$ の値に対しても次が成り立ちます：

$$\lim_{N\to\infty} P(|\hat{\mu}_N - \mu| > \varepsilon) = 0.$$

したがって，この推定量は IID の仮定のもとで一致性を持ちます。

例 6.32（分散の推定量） **例 6.27** で考えた，分散 σ^2 の最尤推定量についても，標本の大きさを N としたとき $\tilde{\sigma}_N^2 = \frac{1}{N}\sum_{i=1}^{N}(Y_i - \bar{Y})^2$ と表すことにします。IID のもとで大数の法則を使うと，どんな $\varepsilon > 0$ の値に対しても次が示されるので，一致推定量です（演習 4）：

$$\lim_{N\to\infty} P(|\tilde{\sigma}_N^2 - \sigma^2| > \varepsilon) = 0.$$

6.7.4　推定量の評価

推定量は，以上の基準によって評価をすることができます。一般に，推定量の**効率性**が大きく（つまり，分散が小さく），**偏り**が小さければ，良い推定量といえます。

> **例 6.33**（最良線形不偏推定量）　IID の仮定のもとで，**例 6.31** で考えた推定量 $\hat{\mu}=\frac{1}{N}\sum_{i=1}^{N} Y_i$ は不偏です。また，**線形推定量** (linear estimator) と呼ばれる推定量のうち，不偏なものの中で，推定量 $\hat{\mu}$ は最も効率的であることが知られています。このことから，この推定量は**最良線形不偏推定量** (best linear unbiased estimator, BLUE) と呼ばれます。これについては，**第 8 章**でもう一度考えます。

不偏性は重視されることが多いのですが，絶対ではありません。偏りを持った推定量の方がある意味で良いと考えられる場合もあります（演習 5)。

偏りや**効率性**が不明な場合でも，**標本が十分に大きく，かつ，一致性を満たしていれば**良い推定量であることが期待できます。逆にいえば，標本があまり大きくない場合，推定量が一致性を持っているかどうかは推定量の良さにあまり関係しないかもしれません。

6.8　最尤推定量の性質

6.5 節では，最尤法による未知パラメータの推定を確認しました。最尤法によって求めた未知パラメータの推定値にも，対応する推定量を考えることができます。ここでは，IID の仮定のもとで成り立つことが知られている最尤推定量の性質を確認します。

> **注意 6.34**（最尤推定値と最尤推定量）　**6.5 節**で確認した**最尤推定値**と，それに対応する**最尤推定量**の関係について考えます。**6.5 節**では，次のことを確認しました：確率変数 $Y_1,\dots,Y_N$ が互いに独立に確率密度関数が $f(|\theta)$ の分布に従っているとします。ただし，θ は，確率密度関数に含まれている未知パラメータです。データ $(y_1,\dots,y_N)$ が与えられたとき，パラメータ θ の**最尤推定値**

は，**尤度** $\prod_{i=1}^{N} f(y_i|t)$ を最大にするような実数 t の値です。この値は，次の式を満たす t の値として求められます（**例 6.18** 参照）：

$$\sum_{i=1}^{N} \frac{\partial}{\partial t} \log f(y_i|t)=0.$$

6.6 節で確認したように，推定量は確率変数で，推定値はその実現値です。つまり，未知パラメータ θ の**最尤推定量**を $\tilde{\theta}$ と書くと，**最尤推定値**は $\tilde{\theta}(\omega)$ と書くことができます。観測値と確率変数の関係 $y_i=Y_i(\omega)$ を考えると，最尤推定値 $\tilde{\theta}(\omega)$ は次を満たします：

$$\sum_{i=1}^{N} \frac{\partial}{\partial t} \log f(Y_i(\omega)|t)\bigg|_{t=\tilde{\theta}(\omega)}=0.$$

これは，どのような帰結 $\omega\in\Omega$ が実現しても成り立つので，実数 t に，確率変数である最尤推定量 $\tilde{\theta}$ を代入しても，次が満たされます：

$$\sum_{i=1}^{N} \frac{\partial}{\partial t} \log f(Y_i|t)\bigg|_{t=\tilde{\theta}}=0. \tag{6.16}$$

つまり，最尤推定量は，式(6.16) を満たすような**確率変数** $\tilde{\theta}$ です。

命題：最尤推定量の変換 **[6.26]**

θ を未知パラメータとします。未知パラメータ θ をある関数 g で変換した量 $\eta=g(\theta)$ を推定します。$\tilde{\theta}$ が未知パラメータ θ の最尤推定量であるとき，変換した量 η の最尤推定量は $\tilde{\eta}=g(\tilde{\theta})$ です。

メモ 6.35（最尤推定量の変換） 関数 g が逆関数 g^{-1} を持つとき，**命題 [6.26]** は簡単に確かめられます。

確率密度関数がパラメータ θ を使って $f(|\theta)$ と表されるとします。このとき，$\theta=g^{-1}(\eta)$ より，$f(|\theta)=f(|g^{-1}(\eta))$ です。未知パラメータ η に対する尤度は，引数にデータを代入し，η を実数 s で置き換えて，$\prod_{i=1}^{N} f(y_i|g^{-1}(s))$ と表されます。これを最大にするような実数 s の値がパラメータ η の最尤推定値 $\tilde{\eta}(\omega)$ です。$s=\tilde{\eta}(\omega)$ のときに尤度が最大になるので，パラメータ θ に対する尤度 $\prod_{i=1}^{N} f(y_i|t)$ は，$t=g^{-1}(\tilde{\eta}(\omega))$ のとき最大になります。したがって，パラメータ θ の最尤推定値は $\tilde{\theta}(\omega)=g^{-1}(\tilde{\eta}(\omega))$ です。ここから $\tilde{\eta}=g(\tilde{\theta})$ が導かれます。

命題：最尤推定量の一致性 **[6.27]**

$\tilde{\theta}$ を，未知パラメータ θ の最尤推定量とします。ただし，推定に使った標本の大きさはNで，推定にはIIDの仮定を利用したとします。このとき，どんな$\varepsilon>0$の値に対しても次が成り立ちます：

$$\lim_{N\to\infty} P(|\tilde{\theta}-\theta|>\varepsilon)=0.$$

つまり，$\tilde{\theta}$はパラメータθの一致推定量です（**メモ6.36**）。

命題：最尤推定量の漸近正規性 **[6.28]**

$\tilde{\theta}$を，未知パラメータθの最尤推定量とします。ただし，推定に使った標本の大きさはNで，推定にはIIDの仮定を利用したとします。このとき，実数xに対して次が成り立ちます：

$$\lim_{N\to\infty} P\left(\sqrt{NI(\theta)}(\tilde{\theta}-\theta)\leq x\right)=\int_{-\infty}^{x}\frac{1}{\sqrt{2\pi}}\mathrm{e}^{-\frac{u^2}{2}}\mathrm{d}u.$$

つまり，標本の大きさNが大きいとき，$\tilde{\theta}$の分布は，期待値θ，分散$1/(NI(\theta))$の正規分布で近似できます。ただし，$I(\theta)$は，観測値を生み出した確率変数の**フィッシャー情報量**(Fisher information)と呼ばれる量です（**定義［6.29］**）。

定義：スコア関数とフィッシャー情報量 **[6.29]**

確率変数Yの確率密度関数が$f(|\theta)$と表されるとします。ただし，θは確率密度関数に含まれる（未知）パラメータです。この確率密度関数$f(|\theta)$のパラメータθの代わりに実数tを代入した関数$f(|t)$を考えます。この関数$f(|t)$の対数を取って実数tで微分したもの

$$z(x,t)=\frac{\partial}{\partial t}\log f(x|t) \tag{6.17}$$

を，(x,t)を引数とする関数としてみたものzを確率変数Yの**スコア関数**(score function)といいます。

スコア関数$z(x,t)$の引数(x,t)のうち実数xを，もとの確率変数Yで置き換えた$z(Y,t)$を考えます。この$z(Y,t)$は，実数tの値によって分布が決まる確率変数です。実数tの値を$t=\theta$としたとき，その期待値$\mathrm{E}(z(Y,\theta))$を計算すると0になります（演習7）。**フィッシャー情報量**(Fisher information) $I(\theta)$は，$t=\theta$としたときの，この確率変数の分散として定義されます：

$$I(\theta)=\mathrm{V}(z(Y,\theta)).$$

フィッシャー情報量は次のように表すこともできます（演習 7）：

$$I(\theta)=\mathrm{V}(z(Y,\theta))=-\mathrm{E}(z'(Y,\theta)),$$

ただし，関数 z' は次で定められます：

$$z'(x,t)=\frac{\partial}{\partial t}z(x,t)=\frac{\partial^2}{\partial t^2}\log f(x|t).$$

メモ 6.36（最尤推定量の一致性） 最尤推定量の一致性は次のように確かめられます：未知パラメータ θ を持つ確率変数 $Y_1,\ldots,Y_N$ が互いに独立に，確率密度関数が $f(|\theta)$ である分布に従っているとします。実数 t を引数とする関数 $\ell'(t)$ を

$$\ell'(t)=\mathrm{E}\left(\frac{\partial}{\partial t}\log f(Y_1|t)\right)=\mathrm{E}(z(Y_1,t)),$$

によって，さらに，実数 t の値によって分布が決まる確率変数 $\ell'_N(t)$ を

$$\ell'_N(t)=\frac{1}{N}\sum_{i=1}^{N}\frac{\partial}{\partial t}\log f(Y_i|t)=\frac{1}{N}\sum_{i=1}^{N}z(Y_i,t),$$

によってそれぞれ定めます。ただし z は，**定義［6.29］**のスコア関数です。

演習 7 より，$t=\theta$ のとき $\ell'(\theta)=0$ です。また，関数 $\ell'_N(t)$ の引数 t に（確率変数である）最尤推定量 $\tilde{\theta}$ を代入すると式(6.16)より $\ell'_N(\tilde{\theta})=0$ が成り立ちます。

これらを使うと，**大数の法則**より，正の実数 ε に対して

$$\lim_{N\to\infty}P(|\ell'_N(\theta)-\ell'(\theta)|>\varepsilon)=\lim_{N\to\infty}P(|\ell'_N(\theta)-\ell'_N(\tilde{\theta})|>\varepsilon)=0, \tag{6.18}$$

が成り立ちます。$\ell'(t)=0$ が成り立つ t の値が $t=\theta$ のみである場合，式(6.18)が成り立つためには，確率変数 $\tilde{\theta}$ についても正の実数 ε に対して

$$\lim_{N\to\infty}P(|\tilde{\theta}-\theta|>\varepsilon)=0,$$

が成り立っていることが必要かつ十分です。

メモ 6.37（最尤推定量の漸近正規性） **命題［6.28］**は次のように確かめられます：関数 ℓ'_N をメモ 6.36 のように定めます。このとき，**平均値の定理** (mean value theorem) より，

$$\ell''_N(\theta^*)=\frac{\ell'_N(\tilde{\theta})-\ell'_N(\theta)}{\tilde{\theta}-\theta}, \tag{6.19}$$

かつ

$$\tilde{\theta} \leq \theta^* \leq \theta \text{ または } \theta \leq \theta^* \leq \tilde{\theta}, \tag{6.20}$$

を満たす確率変数 θ^* が存在します。ただし，確率変数 $\ell''_N(\theta^*)$ は

$$\ell''_N(\theta^*) = \frac{\partial}{\partial t}\ell'_N(t)\bigg|_{t=\theta^*},$$

で定められます。メモ 6.36 で確認したように $\ell'_N(\tilde{\theta})=0$ なので，式 (6.19) は次のように変形できます：

$$\tilde{\theta} - \theta = -\frac{\ell'_N(\theta)}{\ell''_N(\theta^*)}.$$

この式の右辺の分子は，次のように書き換えられます：

$$\ell'_N(\theta) = \sqrt{\frac{I(\theta)}{N}} \sum_{i=1}^{N} \frac{z(Y_i, \theta)}{\sqrt{NI(\theta)}}.$$

定義 [6.29] よりフィッシャー情報量 $I(\theta)$ が確率変数 $z(Y_i, \theta)$ の分散であることを使うと，この式の和の部分には**中心極限定理**を当てはめることができます。つまり，N が十分に大きいとき，$\ell'_N(\theta)$ の分布は期待値 0, 分散 $I(\theta)/N$ の正規分布で近似できます。分母については次のように書けます：

$$\ell''_N(\theta^*) = \frac{1}{N} \sum_{i=1}^{N} z'(Y_i, \theta^*).$$

この右辺に**大数の法則**を当てはめると，N が十分に大きいとき

$$\ell''_N(\theta^*) \simeq \mathrm{E}(z'(Y_1, \theta^*)),$$

という近似が成り立ちます。さらに**命題** [6.27] より，$\tilde{\theta} \simeq \theta$ が成り立つので，式 (6.20) より近似

$$\ell''_N(\theta^*) \simeq \mathrm{E}(z'(Y_1, \theta^*)) \simeq \mathrm{E}(z'(Y_1, \theta)) = I(\theta),$$

が使えます。結局，N が十分に大きいとき，最尤推定量 $\tilde{\theta}$ の分布は，期待値 θ,分散 $1/(NI(\theta))$ の正規分布で近似できます。

6.9 仮定の妥当性

ここまでの議論はすべて，6.1 節で挙げた**仮定** [6.1]～[6.6] のどれかを使うことによって成り立っています。推定量の評価なども，これらの仮定に依存しています。しかし，これらの仮定が正しいかどうかを，標本から確か

めることは多くの場合難しいといえます。私たちにできるのは，それらの仮定が標本を生み出した経緯や仕組みを表すものとして妥当かどうかを，ある程度主観的に判断することです。

6.9.1 データと確率変数

仮定 [6.1] では，私たちの手元にあるデータ $(y_1, \ldots, y_N)$ が確率変数 $(Y_1, \ldots, Y_N)$ の実現値であることを仮定しています。この仮定が正しいかどうかを問うことは，標本を観測して得られた値が偶然によるのか，あるいは必然によるのかを問うていることになります。この問いはどちらかというと哲学の領域に属するものです。

現実的にできる一つの割り切りとして，次の①，②のような考え方があります：①観測される値が決まる経緯や仕組みが私たちにとってすべて明らかであれば，その観測値を確率変数の実現値と考えるのは不自然と考えられます。

例 6.38（円周率） 円周率 π を小数近似したときの小数点第 100 位の数字は，記憶している人以外にとっては明らかではありません。しかし，私たちはみな，ある手順で計算すればこの数字が明らかになることを知っています。したがって，その値が明らかでなかったとしても，確率変数として扱うのは不自然かもしれません。なお，小数点第 100 位の数は 9 です。

②逆に，観測される値が決まる過程や仕組みの中に私たちに明らかでない部分があるとしたら，それを確率変数として表現することは妥当でしょう。

例 6.39（均質な試料の重さ――ばらつきの影響） **例 6.1** で観察された試料の重さは，作る材料や過程の意図しない不均一さや計測のばらつきの影響を受けていたと考えられます。こうした不均一さやばらつきがどのように影響したのかを私たちが知らないとしたら，試料の重さを確率変数の実現値と考えることは妥当といえます。

6.9.2 独 立 性

確率変数 $Y_1,\ldots,Y_N$ が互いに独立であることの数学的な意味は，**第 4 章**の**定義 [4.30]** で確認をしたように，どのような実数の組合せ $(u_1,\ldots,u_N)$ に対しても次が成り立つことです：

$$P(Y_1 \leq u_1,\ldots,Y_N \leq u_N) = P(Y_1 \leq u_1) \times \cdots \times P(Y_N \leq u_N).$$

しかし，これが成り立っているかどうかを観測値 $y_1 = Y_1(\omega),\ldots,y_N = Y_N(\omega)$ から確かめることは難しいといえます。

独立性を仮定することは，ある事例と他の事例の間にありうる個別の関係を無視することでもあります。ですから「観測値 y_i と y_j の間の相互依存関係が重要でないならば，確率変数 Y_i と Y_j を独立とみなす」と割り切ることも可能です。逆に，観測値が得られた経緯や仕組みの間の関係が無視できない場合には，独立性を仮定するべきではありません。

注意 6.40（クロスセクショナルなデータと独立性） **第 2 章**で確認をしたように，クロスセクショナルな形式に整理されたデータでは，事例間の個別の関係が明示されていないことがあります（**注意 2.4**）。与えられたクロスセクショナルなデータに，事例同士の間の個別の関係が明示されていなければ，独立であると仮定することがあります。しかし，その場合でも，ありうる相互依存関係を無視したことに注意が必要です。

例 6.41（都道府県の経済データ） 都道府県ごとに県内総生産などの経済指標を観察し，クロスセクショナルなデータの形式に整理することがあります。厳密には，ある県と他の県の経済が互いに影響し合わないとは考えにくく，独立性の仮定は成り立っていないと考えるべきでしょう。しかし，都道府県の間の関係を表現するようなモデルの構築は，一層難しい問題といえます。本当は独立ではないことを意識しつつ便宜的に独立性を仮定することがあります。

注意 6.42（時系列データ） 1 つの事例を時間を追って観察したとき，隣り合う 2 時点の間に何の関係もないと仮定するのは不自然といえます。データ $(y_1,\ldots,y_N)$ が**時系列データ**である場合，独立性の仮定は妥当かどうかは慎重に考える必要があります。時系列データに含まれる依存関係を**系列依存関係**

(serial dependence) といいます。こうした系列依存関係を表現したり，有無を調べるための様々な方法が提案されています（[2], [12]）。

6.9.3 均 質 性

注意 6.43（均質性の仮定） 均質性を仮定すると，標本に含まれる個々の事例に固有の事情を無視することになります。データが，同じ条件で行われた試行の繰り返しから得られたものであれば，均質性の仮定は妥当といえます。

事例ごとに固有の事情が無視できないくらい違ったり，事情の違いに関心があったりする場合には，均質性の仮定は妥当とはいえません。しかし，個人や企業のように固有の事情が大きく違うことが考えられる場合でも，固有の事情に関する情報がない場合には均質性を仮定することがあります。

6.9.4 正 規 性

独立性と均質性の（つまり IID の）仮定が妥当であると判断されたとします。このとき，観測値 $y_1,\ldots,y_N$ の背後にある確率変数 $Y_1,\ldots,Y_N$ が正規分布に従っているという仮定も妥当かどうかを調べる方法を考えます。

注意 6.44（正規性の仮定） データからは，正規性の仮定が的外れかどうかは判断できるかもしれません。しかし，正規性の仮定が厳密に成立しているかどうかを調べることの意味に関しては注意が必要です。**第 5 章**で確認したように，正規分布は数学的に定義されるものです。現実を観察して得られた値が，数学的に定義された正規分布に厳密に一致することは考えにくいといえます。

正規分布の利用を検討する場合，こうした厳密さにこだわるよりも，標本を表現するための近似として正規分布が有用であるかどうかを考えた方が現実的な判断ができるといえるでしょう。

ヒストグラム

注意 6.45（ヒストグラムの利用） 一般に，標本の大きさが十分であれば，IID

のもとで，データ $(y_1,\ldots,y_N)$ から作った**ヒストグラム**の形状は，データの背後にある確率変数 Y_i の確率密度関数の形を反映していると考えることができます。このことから，ヒストグラムの形状が正規分布の確率密度関数のグラフと似ていれば，正規性の仮定はある程度妥当といえます。

メモ 6.46（ヒストグラムと確率密度関数） **注意 6.45** のように考えられる根拠は次のように説明されます：

実数 v 付近にあり，幅が h のビン $I_v=(\!(v-h,v]\!]$ を考えます。ビン I_v の度数（つまり，ビン I_v に含まれる観測値の数）を n_v とします。

確率変数 $\mathbf{1}_{\{Y_i\in I_v\}}$ を次で定めます：

$$\mathbf{1}_{\{Y_i\in I_v\}}(\omega)=\begin{cases}1, & (Y_i(\omega)=y_i\in I_v),\\ 0, & (\text{otherwise}).\end{cases} \tag{6.21}$$

つまり，確率変数 $\mathbf{1}_{\{Y_i\in I_v\}}$ を，Y_i の実現値 $Y_i(\omega)=y_i$ がビン I_v に含まれれば実現値が 1，そうでなければ 0 になるように定めます。

確率変数 Y_i の確率密度関数を f とすると，確率変数 $\mathbf{1}_{\{Y_i\in I_v\}}$ の期待値は

$$\mathrm{E}(\mathbf{1}_{\{Y_i\in I_v\}})=\int_{u\in I_v}1\times f(u)\mathrm{d}u+\int_{u\notin I_v}0\times f(u)\mathrm{d}u=\int_{u=v-h}^{v}f(u)\mathrm{d}u,$$

のように計算されます。確率変数 $\bar{\mathbf{1}}_{\{Y\in I_v\}}$ を次のように定めます：

$$\bar{\mathbf{1}}_{\{Y\in I_v\}}=\frac{1}{N}\sum_{i=1}^{N}\mathbf{1}_{\{Y_i\in I_v\}}. \tag{6.22}$$

IID のもとで大数の法則が使えて，実数 $\varepsilon>0$ に対して次が成り立ちます：

$$\lim_{N\to\infty}P\left(\left|\bar{\mathbf{1}}_{\{Y\in I_v\}}-\int_{u=v-h}^{h}f(u)\mathrm{d}u\right|>\varepsilon\right)=0.$$

つまり，標本を大きくしていくと，確率変数 $\bar{\mathbf{1}}_{\{Y\in I_v\}}$ の実現値が積分 $\int_{u=v-h}^{h}f(u)\mathrm{d}u$ から少しでも外れてしまう確率は 0 に近づきます。

ここで，式 (6.21), (6.22) より，確率変数 $\bar{\mathbf{1}}_{\{Y\in I_v\}}$ の実現値は，ビン I_v に含まれる観測値の数を標本の大きさで割ったもの，つまりビン I_v の相対度数であることがわかります。つまり次が成り立ちます：

$$\bar{\mathbf{1}}_{\{Y\in I_v\}}(\omega)=\frac{n_v}{N},$$

また，ビンの幅 h が小さければ，積分には次の近似が使えます：

$$f(v)h\simeq\int_{u=v-h}^{v}f(u)\mathrm{d}u.$$

したがって，標本の大きさ N が十分大きく，ビンの幅 h が小さければ，次の関係が期待できます：

$$\frac{n_v}{Nh} \simeq f(v).$$

この式の左辺は，ヒストグラムの高さ n_v に比例します。

例 6.47（レポートの点数）**図 6.7** は，**表 2.2** のデータのヒストグラムと，このデータから最尤法でパラメータを推定した正規分布の確率密度関数を重ねたものです。

両者を比べると，あまり近いとはいえず，この観測値に正規性を仮定するのは妥当とはいえそうもありません。

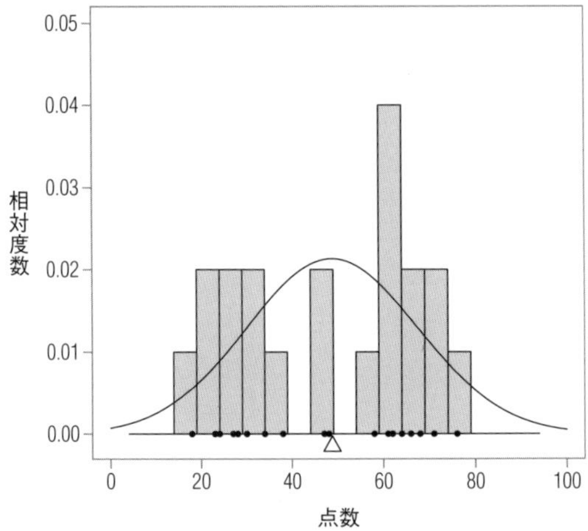

図 6.7　表 2.2 のデータのヒストグラムに，最尤法でパラメータを推定した正規分布の密度関数を重ねたもの。

正規 Q-Q プロット

定義：正規 Q-Q プロット [6.30]

標準正規分布の分布関数を Φ として（**定義 [5.4]**），その逆関数を Φ^{-1} で表します。つまり，2 つの実数 p, q に対して $\Phi(q)=p$ が成り立つとき $\Phi^{-1}(p)=q$ と表すことにします。

また，観測値 $y_1, \ldots, y_N$ を昇順に並べなおしたものを $y_{[1]}, \ldots, y_{[N]}$ と表します。つまり，$y_{[i]}$ が，小さい方から i 番目の観測値を表すものとしま

す。このとき，$i=1,\ldots,N$ に対して座標

$$\left(\Phi^{-1}\left(\frac{i}{N+1}\right),\ y_{[i]}\right), \tag{6.23}$$

に点をプロットしたものを**正規 Q-Q プロット** (Normal Q-Q plot) といいます。

注意 6.48（正規 Q-Q プロット） 観測値 $y_1,\ldots,y_N$ を生み出した確率変数 $Y_1,\ldots,Y_N$ が IID に正規分布に従うなら，正規 Q-Q プロットの点は右上がりの直線付近に分布することが期待されます。

例 6.49（レポートの点数——正規 Q-Q プロット） **図 6.8** は，**例 6.47** のレポートの成績の正規 Q-Q プロットです。これを見ると，直線上に並んでいるとはいいがたく，正規性の仮定が適当でない可能性がここからもうかがえます。

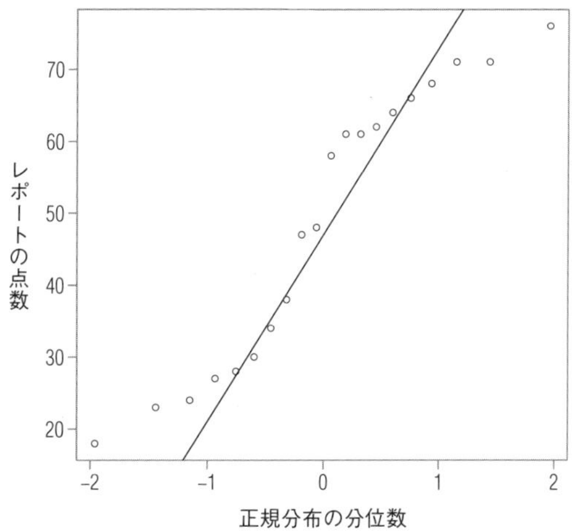

図 6.8 **例 6.47** のレポートの成績の正規 Q-Q プロット。

メモ 6.50（分布関数と正規 Q-Q プロット） **注意 6.48** のように期待できる根拠は，**メモ 6.46** と同じように説明されます：

実数 v に対して，確率変数 $\mathbf{1}_{\{Y_i\leq v\}}$ を次で定めます：

$$\mathbf{1}_{\{Y_i\leq v\}}(\omega)=\begin{cases}1, & (Y_i(\omega)=y_i\leq v),\\ 0, & (\text{otherwise}).\end{cases}$$

確率変数 Y_i が，$N(\mu, \sigma^2)$ に従っているとすると，確率変数 $\mathbf{1}_{\{Y_i \leq v\}}$ の期待値は次のように計算されます：

$$E(\mathbf{1}_{\{Y_i \leq v\}}) = \int_{u \leq v} \frac{1}{\sigma}\phi\left(\frac{u-\mu}{\sigma}\right) du = \Phi\left(\frac{v-\mu}{\sigma}\right).$$

ただし，ϕ と Φ をそれぞれ，標準正規分布の確率密度関数と分布関数とします（**注意5.8**）。

確率変数 $\bar{\mathbf{1}}_{\{Y \leq v\}}$ を次のように定めます：

$$\bar{\mathbf{1}}_{\{Y \leq v\}} = \frac{1}{N}\sum_{i=1}^{N} \mathbf{1}_{\{Y_i \leq v\}}. \tag{6.24}$$

ここで，確率変数 $\bar{\mathbf{1}}_{\{Y \leq v\}}$ の実現値は，観測値 $y_1, \ldots, y_N$ のうち，実数 v 以下であるものの割合を表しています。観測値を昇順に並べ替えをして，小さい方から i 番目のものを $y_{[i]}$ で表すと，$y_{[i]}$ 以下の観測値の数は（自分自身も入れて）i です。式(6.24)で $v=y_{[i]}$ として実現値を考えると，次が成り立ちます：

$$\bar{\mathbf{1}}_{\{Y \leq y_{[i]}\}}(\omega) = \frac{i}{N}.$$

IID のもとでは大数の法則により，実数 $\varepsilon > 0$ に対して次が成り立ちます：

$$\lim_{N \to \infty} P\left(\left|\bar{\mathbf{1}}_{\{Y \leq y_{[i]}\}} - \Phi\left(\frac{y_{[i]}-\mu}{\sigma}\right)\right| > \varepsilon\right) = 0.$$

したがって，標本の大きさ N がある程度大きければ，実現値 $\frac{i}{N}$ と期待値 $\Phi\left(\frac{y_{[i]}-\mu}{\sigma}\right)$ は互いに近いことが期待できます。実現値と期待値に対して Φ^{-1} を当てはめると，$\Phi^{-1}\left(\frac{i}{N}\right)$ と $\frac{y_{[i]}-\mu}{\sigma}$ が互いに近いことが期待できます。つまり，点 $\left(\Phi^{-1}\left(\frac{i}{N}\right), y_{[i]}\right)$ は傾き $\frac{1}{\sigma}$，切片 $-\frac{\mu}{\sigma}$ の直線の近くに位置することが期待できます。

式(6.23)では，逆関数の中の分母を N でなく $N+1$ にしています。これは，$i=N$ のときに生じる問題に対処するためです。つまり，$i=N$ のとき $\Phi^{-1}(N/N)=\Phi^{-1}(1)$ が値を持たないため，$i=1,\ldots,N$ のすべてで点が定義できるよう $\Phi^{-1}(i/(N+1))$ を使っています。

正規性の検定

本書では扱いませんが，正規性について調べるのに，統計的仮説検定の考え方を利用する方法もあります（統計的仮説検定については次章で確認をします）。たとえば，**Jarque-Bera 検定**や **χ^2 適合度検定** (chi-squared goodness of fit test) などが有名です。こうした方法は，ヒストグラムや正規 Q-Q プロットのように視覚に頼る方法と比べると，ある意味で客観的ともいえます。ただし，以下の 2 点に注意が必要です。

まず1点目は，**統計的仮説検定**の可能な結論です。正規性の検定を行って得られる結論は，「正規性の仮定は妥当でない」というものか，「正規性の仮定が妥当かそうでないかはわからない」のどちらかです。つまり，統計的仮説検定によって「正規性の仮定は妥当である」ということを積極的に示すことができないのです。

2点目は，**注意6.44**に関係します。現実を観察して得られたデータが正規変数の実現値と厳密に一致することは考えにくいです。どんな場合でも，十分に大きな標本を使って，十分に**検出力**の高い検定を行えば，「正規性の仮定は妥当でない」という結論が得られることが見込まれます。

例6.51（レポートの点数──正規性） 厳密に考えると，**例6.47**のレポートの点数は0から満点までの間の整数値に限定されているので，実数全体に分布する正規変数の実現値ではありえません。

念のために正規性の検定を行っておくことには意味があるかもしれませんが，論文の査読などでも，正規性の検定は求められないこともあります。

演習問題

演習1　大きさ10のデータが次のように与えられたとします：

$$(1.2, 4.6, 1.5, 3.0, 1.6, 4.7, 4.8, 3.5, 4.4, 3.2).$$

これらの値が，互いに独立に同じ分布に従う確率変数$X_1, \ldots, X_{10}$の実現値であるとします。ただし，その確率密度関数は次で与えられるとします：

$$f(x) = \begin{cases} \frac{1}{a}, & (0 \leq x \leq a), \\ 0, & (\text{otherwise}). \end{cases}$$

ここで，$a > 0$は未知パラメータです（このような分布を一様分布といいます）。

(1)　未知パラメータaの値が2であるときの尤度の値を計算しなさい。また，同様に，未知パラメータaの値が5と6のときの尤度の値を計算しなさい。

(2)　尤度が最も大きくなるようなパラメータaの値$\tilde{a}$を求めなさい。

(3)　確率変数$X_1, \ldots, X_{10}$の（共通な）期待値をμと置きます。期待値μを，パラメータaを使って表しなさい。

(4)　最小2乗法により期待値μの推定値$\hat{\mu}$を求めなさい。また上で求めた，期待値μとパラメータaの関係を使って，パラメータaの最小2乗推定値$\hat{a}$を求めなさい。

演習2　式(6.14)を証明しなさい。

演習3

(1)　確率変数X_iの期待値がμ, 分散がσ^2のとき次を示しなさい：

$$\mathrm{E}(X_i^2)=\sigma^2+\mu^2.$$

(2)　上の結果を使って式(6.15)を証明しなさい。

演習4　確率変数$X_1,\ldots,X_N$が，期待値μ, 分散σ^2の同じ分布に互いに独立に従っているとします。

(1)　演習3の(1)の結果と大数の法則を使って，実数$\varepsilon''>0$に対しても次が成り立つことを確認しなさい：

$$\lim_{N\to\infty} P\left(\left|\frac{1}{N}\sum_{i=1}^{N} X_i^2-(\sigma^2+\mu^2)\right|>\varepsilon''\right)=0.$$

(2)　$\bar{X}=\frac{1}{N}\sum_{i=1}^{N} X_i$とします。大数の法則より，実数$\varepsilon'>0$に対して次が成り立ちます：

$$\lim_{N\to\infty} P(|\bar{X}-\mu|>\varepsilon')=0.$$

このことを使って，実数$\varepsilon>0$に対して次が成り立つことを示しなさい：

$$\lim_{N\to\infty} P(|\bar{X}^2-\mu^2|>\varepsilon)=0.$$

（ヒント：$\varepsilon'=\sqrt{\mu^2+\varepsilon}-|\mu|$とすると，$\varepsilon'>0$かつ$\{|\bar{X}^2-\mu^2|>\varepsilon\}\subseteq\{|\bar{X}-\mu|>\varepsilon'\}$であることを示し，これを利用してもよい。）

(3)　(1), (2)を使って，実数$\varepsilon>0$に対して次が成り立つことを示しなさい：

$$\lim_{N\to\infty} P\left(\left|\frac{1}{N}\sum_{i=1}^{N} X_i^2-\bar{X}^2-\sigma^2\right|>\varepsilon\right)=0.$$

演習5　確率変数$X_1,\ldots,X_N$が互いに独立に同じ分布に従っており，その期待値と分散がμとσ^2であるとします。このとき，期待値の2乗μ^2を推定します。

(1)　$\hat{\mu}=\frac{1}{N}\sum_{i=1}^{N} X_i$とします。$\hat{\mu}^2$は$\mu^2$の推定量として偏りがあることを示しなさい。

(2)　分散σ^2の不偏推定量を次のように定めます：

$$\hat{\sigma}_{\mathrm{ub}}^2=\frac{1}{N-1}\sum_{i=1}^{N}(X_i-\hat{\mu})^2.$$

次で定められる $\hat{\mu}^2_{\mathrm{ub}}$ が μ^2 の不偏推定量であることを確認しなさい：

$$\hat{\mu}^2_{\mathrm{ub}}=\hat{\mu}^2-\frac{\hat{\sigma}^2_{\mathrm{ub}}}{N}.$$

(3) 推定量 $\hat{\mu}^2_+$ を $\hat{\mu}^2_+=\max(\hat{\mu}^2_{\mathrm{ub}},0)$ とします。これは偏りがあるものの，推定量 $\hat{\mu}^2_{\mathrm{ub}}$ よりもある意味で良いと考えられます。その理由を説明しなさい。

演習 6 演習 1 の一様分布を考えます。大きさ N の標本 $x_1,\ldots,x_N$ が，互いに独立に未知のパラメータ a の一様分布に従う確率変数 $X_1,\ldots,X_N$ の実現値であると仮定します。

(1) パラメータ a の最小 2 乗推定量 $\hat{a}$ と最尤推定量 $\tilde{a}$ をそれぞれ確率変数 $X_1,\ldots,X_N$ を使って表しなさい。

(2) 確率変数 X_i の期待値と分散をパラメータ a を使って表しなさい。

(3) 推定量 $\hat{a}$ の期待値と分散をパラメータ a と標本の大きさ N を使って表しなさい。また，推定量 $\hat{a}$ の不偏性と一致性を調べなさい。

(4) 推定量 $\tilde{a}$ の分布関数と確率密度関数をパラメータ a と標本の大きさ N を使って表しなさい。（ヒント：2つの事象，「確率変数 $X_1,\ldots,X_N$ の最大値が実数 x 以下」と，「確率変数 $X_1,\ldots,X_N$ のすべてが実数 x 以下」は等しい。）

(5) 正の実数 ε に対して確率 $P(|\tilde{a}-a|>\varepsilon)$ を，実数 ε, パラメータ a,標本の大きさ N で表しなさい。また，推定量 $\tilde{a}$ の一致性を調べなさい。

(6) 推定量 $\tilde{a}$ の期待値と分散をパラメータ a と標本の大きさ N で表しなさい。また，推定量 $\tilde{a}$ の不偏性を調べなさい。

(7) 演習 1 では，標本の大きさは $N=10$ でした。このとき，推定量 $\hat{a}$ と $\tilde{a}$ の効率性を比較しなさい。また，演習 1 で求めた 2 つの推定値のうちどちらがより良いといえるか，理由とともに述べなさい。

演習 7 定義［6.29］ で定めた確率変数 $z(Y,\theta)$ の期待値

$$\mathrm{E}(z(Y,\theta))=\int_{u=-\infty}^{\infty} z(u,\theta)f(u|\theta)\mathrm{d}u,$$

を計算すると 0 になることを示しなさい。ただし，$\frac{\partial}{\partial t}\log f(x|t)=\frac{\frac{\partial}{\partial t}f(x|t)}{f(x|t)}$ と，積分と微分の計算の順序を入れ替えても良いことを使いなさい。また，次を確認しなさい：

$$\mathrm{E}(z'(Y,\theta))=\mathrm{E}\left(\frac{\partial}{\partial t}z(Y,t)\bigg|_{t=\theta}\right)=-\mathrm{E}\left(\{z(Y,\theta)\}^2\right)=-\mathrm{V}(z(Y,\theta)).$$

7 単回帰モデルと統計的仮説検定

第2章では，散布図や標本相関係数を使って2つの項目の間の関係を調べる方法を確認しました。これら記述統計の方法は，偶然がどのようにデータに関与するのかを一切考えることなく利用することができました。

こうした記述統計の方法に対して，モデルを使う方法は，データに含まれている偶然の要素を表現することができます。本章で確認をする**単回帰モデル**は，2つの数値項目の間の関係を，偶然の要素とともに表すモデルの中で最も単純なものといえます。

7.1 単回帰モデル

7.1.1 単回帰モデルとクロスセクショナルなデータ

例 7.1（架空の講義――モデルとデータ） **例 1.40** のようにレポートと試験を課す講義を考えます。たとえば私たちが，レポートの点数が高い受講生は試験の点数も高いだろう，という見込みを持っていたとします。レポートの点数を x, 試験の点数を y としたとき，このような見込みは，たとえば次の**直線**の式で表すことができます：

$$y=\beta_0+\beta_1 x. \tag{7.1}$$

この直線を**回帰直線** (regression line) と呼びます。この式で，傾き β_1 の値を正にすれば，レポートの点数 x が高いほど試験の点数 y も高くなる様子を表せます。

この講義の 3 人の受講生から**表 7.1** のようなクロスセクショナルなデータが得られたとします（標本の大きさが 3 しかないようなデータはふつう使わないのですが，ここでは説明のために，**第 2 章**の**表 2.1** から最初の 3 人を抜き出したものを使います）。このデータの散布図（**図 7.1**）を見ると，レポートの点数が高い受講生は試験の点数も高いだろうという私たちの見込みが的外れでないことがわかります。しかし同時に，どのような直線を考えても，すべての観測値が 1 本の直線の上に乗ることがないこともわかります。

単回帰モデルは，観測値は回帰直線の上に乗っているのではなく，偶然が作用する**誤差**によって直線からずらされている，と考えます。

表 7.1　ある架空の講義の受講生 3 人のレポートと試験の点数（第 2 章の表 2.1 から最初の 3 人だけを抜き出して作ったデータ）。

№	レポートの点数	試験の点数
1	32	12
2	52	18
3	12	0

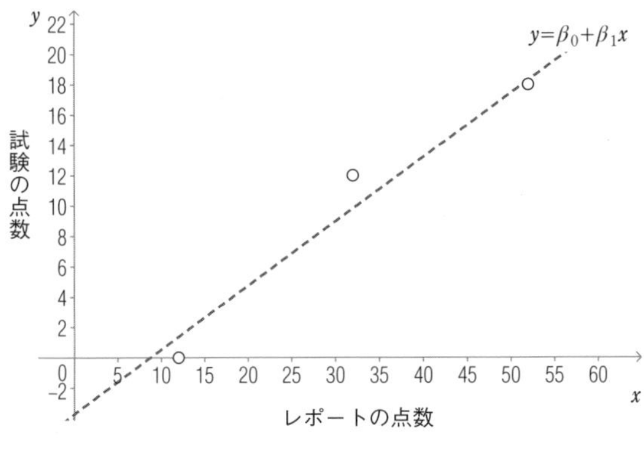

図 7.1　表 7.1 のデータの散布図と直線 $y=\beta_0+\beta_1 x$。ただし，パラメータ β_0, β_1 の値が未知なので，破線で示した直線が実際に見えているわけではありません。

定義：単回帰モデル　**[7.1]**

2 つの数値項目を持つ大きさ N のデータ $((x_1,y_1),\ldots,(x_N,y_N))$ を考えま

す。2 つの項目の間の関係を表す式

$$y_i=\beta_0+\beta_1 x_i+e_i,\ (i=1,\dots,N), \tag{7.2}$$

を**単回帰モデル** (simple regression model) といいます。ただし，β_0 と β_1 はこのモデルのパラメータで，ふつう未知であると仮定されます。式の右辺に含まれる項目 x_i は**説明変数** (explanatory variable) あるいは**独立変数** (independent variable) と呼ばれます。左辺の項目 y_i は**被説明変数** (explained variable) あるいは**従属変数** (dependent variable) と呼ばれます。e_i は**実現誤差**を表します（**定義 [6.15]**）。実現誤差の値も未知です。

例 7.2（架空の講義——単回帰モデル） **表 7.1** のデータにおいて，レポートの点数 (32, 52, 12) を**説明変数**，試験の点数 (12, 18, 0) を**被説明変数**とした単回帰モデルを考えてみましょう。このように考えることは，次の関係を仮定していることになります（**定義 [7.1]**，**図 7.2**）：

$$\begin{cases} 12=\beta_0+\beta_1\times 32+e_1, \\ 18=\beta_0+\beta_1\times 52+e_2, \\ 0=\beta_0+\beta_1\times 12+e_3. \end{cases} \tag{7.3}$$

ただし，パラメータ β_0,β_1 と実現誤差 e_1,e_2,e_3 の値は未知です（**6.4.3 節参照**）。

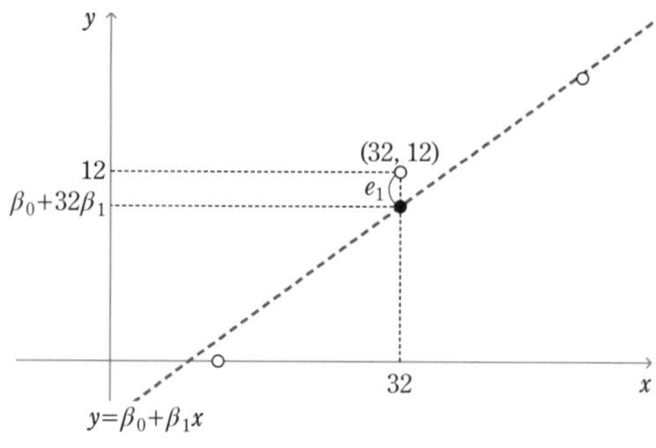

図 7.2　標本の散布図と単回帰モデルの関係。○は**観測値**を表します。破線は，未知の**回帰直線** $y=\beta_0+\beta_1 x$ を表します。1 番目の受講生の試験の点数は，回帰直線上の値 $\beta_0+32\beta_1$ から**実現誤差** e_1 だけずらされて，12 になったと考えます。

メモ 7.3（単回帰モデルの未知パラメータ） **例 7.2** のように単回帰モデルを考えた

ら，次の目標は未知パラメータ β_0 と β_1 の値をデータから**推定**することです。未知の量の数が方程式の数よりも多いので，方程式を連立させて β_0, β_1 の値を求めることはできません（式 (7.3) は 3 個の方程式で，未知の量は $\beta_0, \beta_1, e_1, e_2, e_3$ の 5 個です）。

注意 7.4（パラメータの解釈） 式 (7.2) は明示的に β_0 と β_1 の 2 つの未知パラメータを含んでいます。これらのうちパラメータ β_1 は回帰直線の傾きを表しています。多くの場合，$\beta_1=0$ かどうかが私たちの関心の中心になります。なぜならば，式 (7.2) で $\beta_1=0$ とすると単回帰モデルは

$$y_i=\beta_0+0\times x_i+e_i=\beta_0+e_i,$$

となります。この式は，説明変数と被説明変数の間に，直線で表されるような関係が存在しないことを表しています。このように，パラメータ β_1 の値が 0 であるかそうでないかが，説明変数と被説明変数の間に関係があるかどうかを知る手がかりになるのです。

また，パラメータ β_1 は，2 つの項目の間の相関係数と深い関係を持ちます。β_1 の値が 0 であることは，2 つの項目が互いに無相関であると解釈できます（**注意 7.12, メモ 7.8** 参照）。

パラメータ β_0 は回帰直線の切片ですが，この値が重要になることはあまり多くありません。

メモ 7.5（単回帰モデルで表せない関係） 単回帰モデルの傾きのパラメータ β_1 の値が 0 であったからといって，2 つの項目 x と y が互いに無関係であるとはいい切れません。単回帰モデルで表せないような仕方で x と y が関連しているかもしれないからです。こうした関係のいくつかを次章で確認します。

7.1.2 単回帰モデルと確率変数

第 6 章では，観測値の背後にそれを生み出した確率変数が存在することを仮定しました（**仮定 [6.1]**）。単回帰モデルは，観測値のうち**被説明変数**の背後に，それを生み出した確率変数が存在すると仮定します：

仮定：確率変数としての被説明変数 [7.2]

2 つの数値項目を持つ大きさ N のデータ $((x_1,y_1),\ldots,(x_N,y_N))$ のうち $(y_1,\ldots,y_N)$ を**被説明変数**とします。被説明変数の背後に，それを生み出

した確率変数 $Y_1,\ldots,Y_N$ が存在すると仮定します。これを**確率変数としての被説明変数**と呼ぶことにしましょう。
単回帰モデルでは，この確率変数の期待値が次の式で表されることを仮定します：

$$\mathrm{E}(Y_i)=\beta_0+\beta_1 x_i.$$

これがこの場合の**期待値のモデル**です（6.4.1 節）。ただし，x_i は**説明変数**，β_0,β_1 は未知パラメータです。

例 7.6（架空の講義──被説明変数の期待値） 1番目の受講生について考えます。観測される前の試験の点数を確率変数 Y_1 で表します。試験の点数がわからないまま，レポートの点数が 32 点であることだけがわかったとします（**表 7.1**）。このとき，**仮定［7.2］**は，試験の点数 Y_1 の**期待値**が次の式で定められることを仮定します：

$$\mathrm{E}(Y_1)=\beta_0+32\beta_1.$$

ただし，パラメータ β_0,β_1 の値が未知なので，この期待値も未知です。同じように，2 番目，3 番目の受講生の試験の点数の期待値もそれぞれ次の式で定められることを仮定します：

$$\mathrm{E}(Y_2)=\beta_0+52\beta_1,$$
$$\mathrm{E}(Y_3)=\beta_0+12\beta_1.$$

定義：単回帰モデルの誤差 ［7.3］

仮定［7.2］のもとで，確率変数としての被説明変数 Y_i に対応する**誤差** ε_i は次の確率変数として定義できます（**定義［6.12］**）：

$$\varepsilon_i=Y_i-\mathrm{E}(Y_i)=Y_i-\beta_0-\beta_1 x_i.$$

誤差に関する**注意 6.11** と**命題［6.14］**はここでも成り立ちます：

命題：誤差の期待値と実現値 ［7.4］

確率変数 ε_i を**定義［7.3］**で定義される**誤差**とします。このとき，$\mathrm{E}(\varepsilon_i)=0$ です。また，帰結 ω が与えられたときの誤差 ε_i の実現値は，$\varepsilon_i(\omega)=e_i$，つまり**定義［7.1］**の**実現誤差**です。

命題：確率変数と単回帰モデル [7.5]

定義 [7.3] の誤差 ε_i を使うと，確率変数としての被説明変数 Y_i は次の式で表すことができます：

$$Y_i=\beta_0+\beta_1 x_i+\varepsilon_i.$$

注意 7.7（確率変数の期待値と回帰直線） 誤差 ε_i の期待値が 0 であることは**定義 [7.3]** よりただちに導かれます（**命題 [6.14]**）。

仮定 [7.2] は，i 番目の事例の説明変数の観測値 x_i が与えられたとき，確率変数としての被説明変数 Y_i の期待値が式(7.1)で表される回帰直線によって定められることを意味しています。

メモ 7.8（確率変数としての説明変数） 被説明変数だけでなく，説明変数 x_i の背後にもそれを生み出した確率変数 X_i が存在する，と仮定することは可能です。その場合，モデルは

$$Y_i=\beta_0+\beta_1 X_i+\varepsilon_i, \tag{7.4}$$

のように書くことができます。

ただし，式(7.4)で表されるようなモデルについて期待値を計算すると，

$$\mathrm{E}(Y_i)=\beta_0+\beta_1 \mathrm{E}(X_i), \tag{7.5}$$

となります。説明変数の期待値 $\mathrm{E}(X_i)$ も未知であるとすると，**7.2.1 節**で確認するような単純な最小 2 乗法を利用することができず，パラメータ β_0, β_1 の推定が面倒になってしまいます。

単回帰モデルといった場合，説明変数 x_i が確率変数 X_i の実現値であったとしても，$X_i=x_i$ という条件のもとでの被説明変数 Y_i の期待値

$$\mathrm{E}(Y_i|X_i=x_i)=\beta_0+\beta_1 x_i,$$

を表現するモデルを指します。

式(7.4)で表されるようなモデルを考える場合，確率変数 X_i と ε_i は互いに独立であるか，無相関であることがふつう仮定されます。確率変数 X_i と ε_i が互いに無相関であると仮定すると，式(7.4)から次が導かれます：

$$\mathrm{Cov}(X_i, Y_i)=\beta_1 \mathrm{V}(X_i).$$

これを変形すると次が得られます：

$$\beta_1=\sqrt{\frac{\mathrm{V}(X_i)}{\mathrm{V}(Y_i)}}\mathrm{Corr}(X_i, Y_i).$$

これは，パラメータ β_1 と相関係数の関係を表しています。

確率変数X_iとε_iが互いに独立でない場合，パラメータの推定には最小２乗法ではなく**一般化モーメント法** (generalised method of moments) と呼ばれる方法が使われます。

7.2 最小２乗法によるパラメータの推定

クロスセクショナルなデータに単回帰モデルを当てはめるのには，ふつう最小２乗法が使われます（正規分布を仮定して最尤法を使っても同じ結果が得られます。演習1)。あらかじめ結論を示すと次のようになります：

命題：パラメータ β_0,β_1 の最小２乗推定値 [7.6]

データ $((x_1,y_1),\ldots,(x_N,y_N))$ が与えられたとき，単回帰モデル $y_i=\beta_0+\beta_1x_i+e_i$ に含まれる未知パラメータ β_0,β_1 の最小２乗推定値 $\hat{\beta}_0,\hat{\beta}_1$ は，それぞれ次の式で与えられます：

$$\begin{cases}\hat{\beta}_0=\bar{y}-\hat{\beta}_1\bar{x}, \\ \hat{\beta}_1=\dfrac{\sum_{i=1}^{N}(x_i-\bar{x})(y_i-\bar{y})}{\sum_{i=1}^{N}(x_i-\bar{x})^2}.\end{cases} \tag{7.6}$$

ただし，$\bar{x}$と$\bar{y}$はそれぞれ観測値$x_1,\ldots,x_N$と$y_1,\ldots,y_N$の標本平均です。

例 7.9（架空の講義――パラメータの最小２乗推定値） **表 7.1** のデータが与えられたとします。レポートの点数を説明変数，試験の点数を被説明変数として式(7.6)を当てはめます。

説明変数 32, 52, 12 の標本平均は $\bar{x}=(32+52+12)/3=32$，被説明変数 12, 18, 0 の標本平均は $\bar{y}=(12+18+0)/3=10$ です。式(7.6)の２番目の式から次が得られます：

$$\hat{\beta}_1=\frac{(32-32)(12-10)+(52-32)(18-10)+(12-32)(0-10)}{(32-32)^2+(52-32)^2+(12-32)^2}$$
$$=\frac{360}{800}=0.45.$$

これを式(7.6)の１番目の式に代入すると次が得られます：

$$\hat{\beta}_0=10-0.45\times32=-4.4.$$

これらから，推定された回帰直線は次の通りです：

$$y=-4.4+0.45x.$$

これをデータとともにプロットすると図 7.3 のようになります。

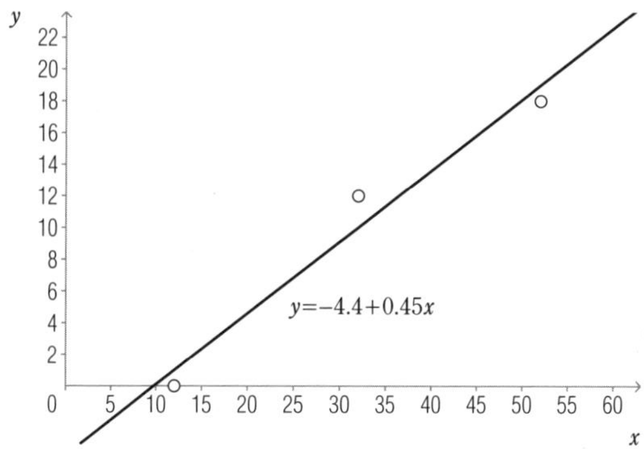

図 7.3　表 7.1 のデータの散布図と，式 (7.6) によって推定された回帰直線。

7.2.1　最小 2 乗法によるパラメータの推定

命題 [7.6] は次のように確認されます：

メモ 7.10（最小 2 乗法によるパラメータの推定）　最小 2 乗法は期待値のモデルが観測値に最も近くなるような未知パラメータの値を探します（**6.4.4 節**）。データ $((x_1,y_1),\ldots,(x_N,y_N))$ が与えられたとき，被説明変数の観測値 y_i と期待値のモデル $\mathrm{E}(Y_i)=\beta_0+\beta_1 x_i$ の差の 2 乗和は次の式で表されます：

$$S^2=\sum_{i=1}^{N}(y_i-\beta_0-\beta_1 x_i)^2.$$

この 2 乗和を最小にするようなパラメータ β_0,β_1 の値は次を満たすはずです（**例 6.13**）：

$$\begin{cases} \frac{\partial S^2}{\partial \beta_0}=0, \\ \frac{\partial S^2}{\partial \beta_1}=0. \end{cases} \tag{7.7}$$

式 (7.7) の最初の式より，

$$\frac{\partial S^2}{\partial \beta_0}=\frac{\partial}{\partial \beta_0}\sum_{i=1}^{N}(y_i-\beta_0-\beta_1 x_i)^2$$

$$=\sum_{i=1}^{N}2(y_i-\beta_0-\beta_1 x_i)\times(-1)$$

$$=-2\left\{\sum_{i=1}^{N}y_i-N\beta_0-\beta_1\sum_{i=1}^{N}x_i\right\}=0, \qquad (7.8)$$

が，式(7.7)の2番目の式より次がそれぞれ得られます：

$$\frac{\partial S^2}{\partial \beta_1}=\frac{\partial}{\partial \beta_1}\sum_{i=1}^{N}(y_i-\beta_0-\beta_1 x_i)^2$$

$$=\sum_{i=1}^{N}2(y_i-\beta_0-\beta_1 x_i)\times(-x_i)$$

$$=-2\left\{\sum_{i=1}^{N}x_i y_i-\beta_0\sum_{i=1}^{N}x_i-\beta_1\sum_{i=1}^{N}x_i^2\right\}=0. \qquad (7.9)$$

これらを連立させると，次のときに2乗和 $S^2(\beta_0,\beta_1)$ が最小になることがわかります：

$$\begin{cases}\beta_0=\bar{y}-\frac{\sum_{i=1}^{N}(x_i-\bar{x})(y_i-\bar{y})}{\sum_{i=1}^{N}(x_i-\bar{x})^2}\bar{x},\\ \beta_1=\frac{\sum_{i=1}^{N}(x_i-\bar{x})(y_i-\bar{y})}{\sum_{i=1}^{N}(x_i-\bar{x})^2}.\end{cases}$$

したがって，**命題［7.6］**が示されます（演習2）。

注意 7.11（最小2乗法と実現誤差） **メモ 7.10** で行ったように，最小2乗法は，被説明変数の観測値と期待値のモデルの差の2乗和が小さくなるように未知パラメータの値を定めます。その一方で，式(7.2)で表される単回帰モデルの式から次が成り立ちます：

$$e_i=y_i-\beta_0-\beta_1 x_i.$$

つまり，実現誤差は被説明変数の観測値と期待値の差に等しいのです。したがって，**メモ 7.10** で考えた2乗和は実現誤差の2乗和に等しいのです：

$$S^2=\sum_{i=1}^{N}(y_i-\beta_0-\beta_1 x_i)^2=\sum_{i=1}^{N}e_i^2.$$

注意 7.12（最小2乗推定値と記述統計） 式(7.6)の最小2乗推定値は，**第2章**の記述統計を使って表すことができます。すなわち，式(7.6)の2番目の式を整理すると，次の関係が得られます：

$$\hat{\beta}_1 = \frac{s_y}{s_x}\rho_{xy}.$$

ただし，s_x, s_y はそれぞれ項目 x, y の標本標準偏差，ρ_{xy} は項目 x と y の間の標本相関係数です。この式からは，標本相関係数 ρ_{xy} と，回帰直線の傾きの推定値 $\hat{\beta}_1$ の符号が等しいことがわかります。

7.2.2 期待値の推定値と残差

注意 7.13（期待値の推定） 観測値 y_i を生み出した確率変数 Y_i の期待値 $\mathrm{E}(Y_i)$ に興味があるとしましょう。単回帰モデルを当てはめたときの期待値 $\mathrm{E}(Y_i) = \beta_0 + \beta_1 x_i$ において，パラメータ β_0, β_1 の値は未知なのですが，これらを推定値 $\hat{\beta}_0, \hat{\beta}_1$ で置き替えた値 $\hat{\mu}_i$ によって，期待値 $\mathrm{E}(Y_i)$ を推定できます：

$$\hat{\mu}_i = \hat{\beta}_0 + \hat{\beta}_1 x_i. \tag{7.10}$$

例 7.14（架空の講義——期待値の推定値） **例 7.9** で求めたように，未知パラメータの推定値は $\hat{\beta}_0 = -4.4$, $\hat{\beta}_1 = 0.45$ でした。

まず 1 番目の受講生について，期待値を推定してみましょう。**表 2.1** より，1 番目の受講生のレポートの点数は $x_1 = 32$ です。したがって，1 番目の受講生の試験の点数の期待値は式 (7.10) より次のように推定されます：

$$\hat{\mu}_1 = -4.4 + 0.45 \times 32 = 10.$$

同じように，2 番目と 3 番目の受講生の試験の点数の期待値は，$x_2 = 52$ と $x_3 = 12$ を使って次のように推定されます：

$$\hat{\mu}_2 = -4.4 + 0.45 \times 52 = 19,$$
$$\hat{\mu}_3 = -4.4 + 0.45 \times 12 = 1.$$

観測値と，期待値の推定値が互いに近ければ，それだけモデルの当てはまりが良いといえます。このような観点から，両者の差が重要になることがあります。

定義：単回帰モデルの残差 [7.7]

単回帰モデルの被説明変数の**観測値** y_i と，**期待値の推定値** $\hat{\mu}_i$ との差 $\hat{e}_i$ を**残差**といいます（**定義［6.17］**参照）：

$$\hat{e}_i=y_i-\hat{\mu}_i=y_i-\hat{\beta}_0-\hat{\beta}_1x_i,\ (i=1,\ldots,N). \tag{7.11}$$

例 7.15（架空の講義——残差） 試験の点数の**期待値の推定値**は，**例 7.14** で求めたように，$\hat{\mu}_1=10$, $\hat{\mu}_2=19$, $\hat{\mu}_3=1$ でした。試験の点数の**観測値**が $y_1=12$, $y_2=18$, $y_3=0$ なので，**残差**は式(7.11)より次のように求められます：

$$\hat{e}_1=12-10=2,$$
$$\hat{e}_2=18-19=-1,$$
$$\hat{e}_3=0-1=-1.$$

モデルを当てはめた結果，これだけのずれが残ったことになります。

観測値，推定された回帰直線，期待値の推定値，残差の関係を図示すると**図 7.4** のようになります。**図 7.2** では，回帰直線，期待値，誤差が未知ですが，**図 7.4** では考えている量の値はすべて既知です。

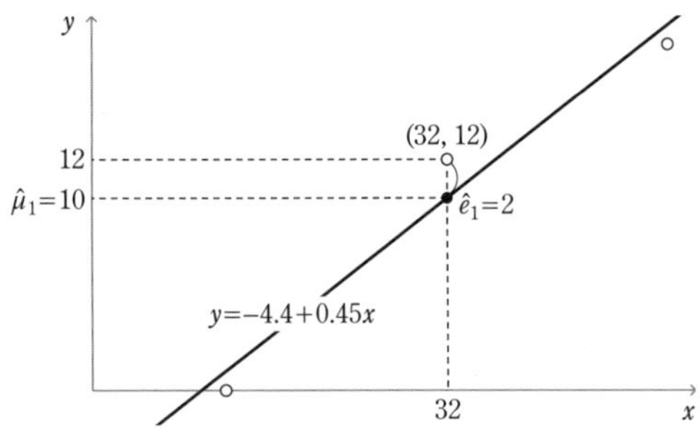

図 7.4 観測値（○），推定された回帰直線（実線），1 番目の事例の観測値 (32, 12)，期待値の推定値 10，残差 $\hat{e}_1=2$ の関係。

注意 7.16（正規方程式） 最小 2 乗法によって得られた残差 $\hat{e}_1,\ldots,\hat{e}_N$ は次の方程式を満たすことが知られています：

$$\begin{cases} \sum_{i=1}^{N}\hat{e}_i=0, \\ \sum_{i=1}^{N}x_i\hat{e}_i=0. \end{cases} \tag{7.12}$$

これらは**正規方程式** (normal equations) と呼ばれます（演習 3）。

7.2.3 単回帰モデルの当てはまりのよさ

7.2.2 節で考えたように，残差が小さい方がモデルの当てはまりは良いといえます。

注意 7.17（残差 2 乗和とモデルの当てはまりの良さ） データに単回帰モデルを当てはめて，期待値の推定値 $\hat{\mu}_1,\ldots,\hat{\mu}_N$ と残差 $\hat{e}_1,\ldots,\hat{e}_N$ を得たとします。**定義** [6.17], [7.7] より，被説明変数の観測値 y_i と期待値の推定値 $\hat{\mu}_i$, 残差 $\hat{e}_i$ の間には次の関係があることがわかります：

$$y_i=\hat{\mu}_i+\hat{e}_i.$$

この式は，観測値 y_i が，モデルで推定できる部分 $\hat{\mu}_i$ と推定しきれないで残った残差 $\hat{e}_i$ の和で表されることを示しています。この観測値 y_i へのモデルの当てはまりを評価するうえでは，推定値 $\hat{\mu}_i$ が大きく，残差 $\hat{e}_i$ が小さい方が良いことになります。データ全体としての残差の大きさは 2 乗和 $\sum_{i=1}^{N}\hat{e}_i^2$ によって測ることができます。この残差 2 乗和は次の関係を満たします（演習 4）：

$$\sum_{i=1}^{N}(y_i-\bar{y})^2=\sum_{i=1}^{N}(\hat{\mu}_i-\bar{y})^2+\sum_{i=1}^{N}\hat{e}_i^2. \tag{7.13}$$

ただし，$\bar{y}$ は被説明変数の標本平均です。この式の左辺は，被説明変数の観測値がどれだけばらついているのかを表しています（左辺を標本の大きさ N で割れば標本分散が得られます）。右辺の最初の項は期待値の推定値のばらつきを，2 番目の項は残差のばらつきをそれぞれ表しています。この式は，被説明変数の観測値のばらつきのうち，どれだけが推定したモデルによって捉えられ，どれだけが捉えきれずに残差として残ってしまったのかを表しています。それぞれの 2 乗和を次のように置きます：

$$S_y^2=\sum_{i=1}^{N}(y_i-\bar{y})^2,\ S_{\hat{\mu}}^2=\sum_{i=1}^{N}(\hat{\mu}_i-\bar{y})^2,\ S_{\hat{e}}^2=\sum_{i=1}^{N}\hat{e}_i^2.$$

式 (7.13) の両辺を観測値のばらつき S_y^2 で割ると次が得られます：

$$\frac{S_{\hat{\mu}}^2}{S_y^2}+\frac{S_{\hat{e}}^2}{S_y^2}=1.$$

この式から，比 $S_{\hat{\mu}}^2/S_y^2$ は，観測値のばらつきのうち推定したモデルで捉えられる部分の割合を表していることがわかります。これが 1 に近いほど，推定したモデルの当てはまりが良いことになります。

定義：決定係数 [7.8]

被説明変数の観測値を $y_1,\ldots,y_N$,単回帰モデルを当てはめたときの期待値の推定値を $\hat{\mu}_1,\ldots,\hat{\mu}_N$, 残差を $\hat{e}_1,\ldots,\hat{e}_N$ とします。次の 2 乗和の比 R^2 を**決定係数** (coefficient of determination) といいます：

$$R^2=\frac{\sum_{i=1}^N(\hat{\mu}_i-\bar{y})^2}{\sum_{i=1}^N(y_i-\bar{y})^2}=\frac{\sum_{i=1}^N(y_i-\bar{y})^2-\sum_{i=1}^N\hat{e}_i^2}{\sum_{i=1}^N(y_i-\bar{y})^2}.$$

ただし，$\bar{y}$ は被説明変数の観測値の標本平均を表します。

7

単回帰モデルと統計的仮説検定

例 7.18（架空の講義——決定係数） **例 7.1** の 3 人の受講生の試験の点数の観測値は $y_1=12$, $y_2=18$, $y_3=0$ でした。また，この標本平均は $\bar{y}=(12+18+0)/3=10$ ですので，これらの値からばらつきは次のように計算されます：

$$S_y^2=(12-10)^2+(18-10)^2+(0-10)^2=168.$$

例 7.15 では，3 人の受講生について残差の値 $\hat{e}_1=2$, $\hat{e}_2=-1$, $\hat{e}_3=-1$ を求めました。ここから残差の 2 乗和は次のように計算されます：

$$S_{\hat{e}}^2=2^2+(-1)^2+(-1)^2=6.$$

つまり被説明変数のもともとのばらつきは 168 だけありますが，単回帰モデルを当てはめた結果残ってしまったずれは 6 しかないことになります。

決定係数は，次のように計算されます：

$$R^2=\frac{S_y^2-S_{\hat{e}}^2}{S_y^2}=\frac{168-6}{168}=0.96.$$

つまり，推定した回帰直線

$$y=-4.4+0.45x,$$

は，試験の点数のばらつきのほとんどを捉えています。したがって，この回帰モデルは，**表 7.1** のデータへの当てはまりという意味では良いといえそうです。

命題：決定係数の値 [7.9]

決定計数 R^2 は割合を表しているので，データやモデルが何であっても次を満たします：

$$0\leq R^2\leq 1.$$

命題：決定係数と標本相関係数 [7.10]

ρ_{xy} を説明変数と被説明変数の間の標本相関係数とすると次がが成り立ちます（演習 5）：

$$R^2=\rho_{xy}^2. \tag{7.14}$$

7.3 説明変数と被説明変数

クロスセクショナルなデータに対して単回帰モデルを当てはめるときには，どの項目を説明変数にして，どの項目を被説明変数にするかを決定する必要があります。どのように決めるのが良いかは，ふつうデータの中身を見てもわかりません。この決定には，データの中身ではなくむしろ，データやモデルの背後にありうる経緯や，モデルをどのように使うのかが関係します。

定義［7.1］の単回帰モデルは 2 つの項目の間にある，式(7.2)で表される関係を表していますが，これを次のように解釈することができます：

仮定：単回帰モデルの解釈 [7.11]

与えられたデータと，**定義［7.1］**の単回帰モデルの間に次のような経緯があることを仮定します：まず，説明変数の値 x_i が決まります。すると，確率変数としての被説明変数の**期待値** $\mu_i=\beta_0+\beta_1x_i$ が定まります。私たちは，これに**実現誤差** e_i が加わった値 $\beta_0+\beta_1x_i+e_i$ を，被説明変数 y_i の値として観察している，と考えます。

注意 7.19（説明変数と被説明変数） **仮定［7.11］**を置くことが適切ならば，説明変数と被説明変数を次のように決定することが**自然**です：

- 片方の項目の値が，もう片方よりも先に決まるのであれば，先に決まる方を説明変数とする
- 片方の項目の値を操作することができるならば，操作できる方を説明変数とする
- 2 つの項目の間に**因果関係**があると思われるならば，原因と思われる方を説明変数とする

- どちらかの項目の値の方が観測しやすく，それを使ってもう片方の値を予測したい場合，観測しやすい方を説明変数とする

たとえば，人の身長と靴のサイズのようにどちらが先に決まるともいえないものは**仮定［7.11］**のような仮定は適当でないかもしれません。その場合，単回帰モデルを定義通り2つの項目の間の式(7.2)で表される関係と考えれば，どちらを説明変数としても構わないことがわかります。

注意 7.20（単回帰モデルと因果関係） 因果関係が想定される場合に単回帰モデルを使うことに問題はありません。しかし，単回帰モデルがデータにうまく当てはめられたからといって，データから因果関係が示されたことにはなりません（1.2 節参照）。

例 7.21（架空の講義——説明変数と被説明変数） **例 1.40** で考えたように，レポートの点数が試験の実施よりも前に開示される場合，レポートの点数が試験の点数に影響する可能性があります。したがって，レポートの点数を説明変数，試験の点数を被説明変数とした単回帰モデルを考えることが自然です。

7.4 単回帰モデルと推定量

与えられたデータに対して回帰直線を推定するだけであれば，7.2 節までの知識で十分です。私たちの関心は多くの場合，回帰直線の傾きのパラメータ β_1 の値が 0 であるかどうかにありますが（**注意 7.4**），7.2 節で確認した手順に従って，パラメータ β_1 の推定値 $\hat{\beta}_1$ を求め，それが 0 でないことを確認すれば十分なのでしょうか？

当たり前ですが，興味の対象である未知パラメータ β_1 の値と，その推定値 $\hat{\beta}_1$ は異なるものです。推定値 $\hat{\beta}_1$ が 0 でなかったからといって，パラメータ β_1 の値が 0 ではないとはいい切れません。この問題には，パラメータ β_1 の**推定量**を考えることで対処をします。6.6 節では期待値の推定量を考えましたが，パラメータ β_1 についても同じように推定量を考えます。

7.4.1 推定値と実現誤差

推定値 $\hat{\beta}_1$ が未知パラメータ β_1 の値と異ってしまうのは，実現誤差 $e_1,\ldots,e_N$ のせいです。それでは，実現誤差が推定値にどのように影響しているのかを考えましょう：

命題：最小 2 乗推定値と実現誤差 [7.12]

単回帰モデルを表す式(7.2)の中の未知パラメータ β_1,その最小 2 乗推定値 $\hat{\beta}_1$, 実現誤差 $e_1,\ldots,e_N$ の間には次の関係があります：

$$\hat{\beta}_1=\beta_1+\frac{\sum_{i=1}^N(x_i-\bar{x})e_i}{\sum_{i=1}^N(x_i-\bar{x})^2}. \tag{7.15}$$

ただし，$x_1,\ldots,x_N$ は説明変数の観測値です。

注意 7.22（最小 2 乗推定値と実現誤差） 式(7.15)の右辺第 1 項の β_1 は，私たちが推定したいと考えている目標です。それに実現誤差 $e_1,\ldots,e_N$ によって値が決まる第 2 項が加えられています。

メモ 7.23（最小 2 乗推定値と実現誤差） **命題 [7.12]** は次のように確かめられます。単回帰モデル式(7.2)とその両辺の標本平均を考えます：

$$y_i=\beta_0+\beta_1x_i+e_i,$$
$$\bar{y}=\beta_0+\beta_1\bar{x}+\bar{e}.$$

式(7.6)で与えられる推定値 $\hat{\beta}_1$ を計算する式

$$\hat{\beta}_1=\frac{\sum_{i=1}^N(x_i-\bar{x})(y_i-\bar{y})}{\sum_{i=1}^N(x_i-\bar{x})^2},$$

の被説明変数 y_i とその標本平均 $\bar{y}$ に，上の式の右辺を代入すると次が得られます：

$$\begin{aligned}\hat{\beta}_1&=\frac{\sum_{i=1}^N(x_i-\bar{x})(\beta_0+\beta_1x_i+e_i-(\beta_0+\beta_1\bar{x}+\bar{e}))}{\sum_{i=1}^N(x_i-\bar{x})^2}\\&=\beta_1+\frac{\sum_{i=1}^N(x_i-\bar{x})(e_i-\bar{e})}{\sum_{i=1}^N(x_i-\bar{x})^2}\\&=\beta_1+\frac{\sum_{i=1}^N(x_i-\bar{x})e_i}{\sum_{i=1}^N(x_i-\bar{x})^2}.\end{aligned}$$

ただし，次の事実を使いました：

$$\sum_{i=1}^{N}(x_i-\bar{x})\bar{e}=\bar{e}\sum_{i=1}^{N}(x_i-\bar{x})=0.$$

式(7.15)の実現誤差の影響の大きさがどの程度なのかが，β_1 の値が0なのかどうかを推測するうえで重要な意味を持ちます。ただし，実現誤差の値も未知なので，その影響を直接観察することはできません。しかし，いくつか仮定を置いたうえで，**推定量**を考えることでその影響を評価することが可能になります。

7.4.2 パラメータの推定量

定義［6.20］の通り**推定量**とは，推定値を計算する式の中の観測値を，それを生み出した確率変数で置き換えたものです。パラメータ β_1 の推定量は，式(7.6)の中で，被説明変数の観測値 $y_1,\ldots,y_N$ を**仮定［7.2］**で考えた確率変数 $Y_1,\ldots,Y_N$ と置き換えれば得られます。同じものは，式(7.15)の中で，実現誤差 $e_1,\ldots,e_N$ を**定義［7.3］**の誤差 $\varepsilon_1,\ldots,\varepsilon_N$ と置き換えても得られます：

定義：単回帰モデルのパラメータ β_1 の推定量　［7.13］

式(7.15)の実現誤差 e_i を，それを生み出した誤差 ε_i で置き換えると次の確率変数が得られます：

$$\hat{\beta}_1=\beta_1+\frac{\sum_{i=1}^{N}(x_i-\bar{x})\varepsilon_i}{\sum_{i=1}^{N}(x_i-\bar{x})^2}. \tag{7.16}$$

この確率変数がパラメータ β_1 の**推定量**です（**定義［6.20］**）。

命題［6.21］の通り推定値は，確率変数である推定量の実現値です。

定義：推定値と推定量の表記　［7.14］

命題［6.21］の観点から考えると，パラメータ β_1 の**推定量**を $\hat{\beta}_1$ で表すとしたら，式(7.6)の**推定値**は $\hat{\beta}_1(\omega)$ と表すべきでした。この先，区別が必要な場合には，**推定量**を $\hat{\beta}_1$，**推定値**を $\hat{\beta}_1(\omega)$ のように表記します（**定義［6.22］**）。

注意 7.24（推定量の不偏性）**命題［7.4］** より $\mathrm{E}(\varepsilon_i)=0$ なので，式(7.16)から次が導かれます：

$$\mathrm{E}(\hat{\beta}_1)=\beta_1.$$

つまり，推定量 $\hat{\beta}_1$ は不偏であることがわかります（**定義［6.23］**）。

ここで，誤差の分布に関する仮定を導入しましょう：

仮定：誤差の正規性 ［7.15］

誤差 $\varepsilon_1,\ldots,\varepsilon_N$ は互いに独立に期待値 0，分散 σ^2 の**正規分布**に従うと仮定します（**メモ 7.27**）。分散 σ^2 はすべての誤差について共通ですが，その値は未知であるとします。

命題：推定量の分布 ［7.16］

式(7.16)に**仮定［7.15］**を当てはめると，推定量 $\hat{\beta}_1$ の分布は

$$\hat{\beta}_1 \sim \mathrm{N}\left(\beta_1,\ \frac{\sigma^2}{\sum_{i=1}^{N}(x_i-\bar{x})^2}\right),$$

のように表されます（**演習 6**）。

例 7.25（架空の講義――推定量の分布）**例 7.9** では，パラメータ β_1 の推定値を次のように求めました：

$$\hat{\beta}_1(\omega)=0.45.$$

仮定［7.15］ のもとで，誤差が実現する前の推定量 $\hat{\beta}_1$ の分布を考えます。**命題［7.16］** より，推定量 $\hat{\beta}_1$ は，期待値 β_1，分散 $\sigma^2/\sum_{i=1}^{3}(x_i-\bar{x})^2$ の正規分布に従うことがわかります。分散の分母にある説明変数のばらつきは次のように計算されます：

$$\sum_{i=1}^{3}(x_i-\bar{x})^2=(32-32)^2+(52-32)^2+(12-32)^2=800.$$

したがって，推定量 $\hat{\beta}_1$ の分布は次のように与えられます：

$$\hat{\beta}_1 \sim \mathrm{N}\left(\beta_1,\ \frac{\sigma^2}{800}\right).$$

つまり，私たちが推定した $\hat{\beta}_1(\omega)=0.45$ という値は，期待値 β_1，分散 $\sigma^2/800$ の正規変数 $\hat{\beta}_1$ の実現値である，と考えることができます。

注意 7.26（推定量の分布） このように，**仮定［7.15］**のもとでは推定量が正規分布に従うことがわかります。しかし，そこには未知のパラメータ β_1 と σ^2 が含まれているので，分布の形が完全に明らかなわけではありません。

メモ 7.27（誤差の分布） ここで利用した**仮定［7.15］**では，誤差の分布を正規分布としましたが，誤差の分布に正規分布以外の分布を仮定することもあります。こうしたモデルは**一般化線形モデル**(Generalised Linear Model, GLM) と呼ばれるモデル群に含まれます。また GLM は，分散が期待値の水準に依存して変化するようなものも含みます。[8] がこの分野の古典的な教科書です。

7.4.3 確率変数としての残差

命題［7.16］で与えられる分布は 2 つの未知パラメータ，β_1 と σ^2 を含みます。これらのうち σ^2 は誤差の分散なので，これについて知るには誤差を調べる必要があります。しかし，誤差やその実現値は観測できません。そこで，誤差と関係が深く，しかも観測が可能である残差を調べることで誤差分散 σ^2 の情報を得ます。ここでは推定値を生み出した確率変数である推定量を考えたのと同じように，残差を生み出した確率変数を考えます：

定義：確率変数としての残差 ［7.17］

式(7.11)で定義した残差 $\hat{e}_i$ は**定義［7.14］**に注意すると次のように表されます：

$$\hat{e}_i = y_i - \hat{\beta}_0(\omega) - \hat{\beta}_1(\omega) x_i. \tag{7.17}$$

ただし，x_i, y_i はそれぞれ説明変数と被説明変数の観測値，$\hat{\beta}_0(\omega), \hat{\beta}_1(\omega)$ はそれぞれ未知パラメータ β_0, β_1 の推定値を表します。この式で，被説明変数の観測値 y_i を，それを生み出した確率変数 Y_i（**仮定［7.2］**）と置き換え，推定値 $\hat{\beta}_0(\omega), \hat{\beta}_1(\omega)$ を推定量 $\hat{\beta}_0, \hat{\beta}_1$ で置き換えたものは確率変数です：

$$\hat{e}_i = Y_i - \hat{\beta}_0 - \hat{\beta}_1 x_i, \tag{7.18}$$

これを，**確率変数としての残差**と呼びましょう。

定義：残差の表記 [7.18]

式 (7.17) などで考えた，実数としての残差と，式 (7.18) で定めた，確率変数としての残差の両方を表すのに $\hat{e}_i$ という記号を使いました。
この先，区別する必要がある場合，実数としての残差を**残差の実現値**と呼び，記号 $\hat{e}_i(\omega)$ で表し，**確率変数としての残差**を $\hat{e}_i$ と表すことにします。

注意 7.28（残差の分布） 誤差に対して**仮定 [7.15]** を置くと，確率変数 $Y_i, \hat{\beta}_0, \hat{\beta}_1$ が従う分布は正規分布になります。式 (7.18) の右辺はこれらの線形和なので，確率変数としての誤差 $\hat{e}_i$ が従う分布も正規分布です（**命題 [5.11]**）。残差の分布については **8.6 節**でもう一度詳しく考えます。

確率変数として見た残差 $\hat{e}_1,\ldots,\hat{e}_N$ は，このように正規変数です。その 2 乗和の分布が次のように知られています：

命題：残差の 2 乗和の分布 [7.19]

誤差 $\varepsilon_1,\ldots,\varepsilon_N$ が**仮定 [7.15]** に従うとします。このとき，式 (7.18) で与えられる残差 $\hat{e}_1,\ldots,\hat{e}_N$ を誤差の標準偏差 σ で割ったものの 2 乗和は自由度 $N-2$ の χ^2 分布に従います：

$$\sum_{i=1}^{N}\left(\frac{\hat{e}_i}{\sigma}\right)^2=\frac{\sum_{i=1}^{N}\hat{e}_i^2}{\sigma^2}=\frac{S_{\hat{e}}^2}{\sigma^2}\sim\chi^2(N-2).$$

例 7.29（架空の講義――残差の 2 乗和の分布） **例 7.15** では，残差の実現値を次のように求めました：

$$\hat{e}_1(\omega)=2,\ \hat{e}_2(\omega)=-1,\ \hat{e}_3(\omega)=-1.$$

またその 2 乗和は次のように計算されます（**例 7.18**）：

$$S_{\hat{e}}^2(\omega)=2^2+(-1)^2+(-1)^2=6.$$

命題 [7.19] より，確率変数としてみた残差の 2 乗和を誤差の分散で割った $S_{\hat{e}}^2/\sigma$ は，自由度 $3-2=1$ の χ^2 分布に従います。したがって，

$$\frac{S_{\hat{e}}^2(\omega)}{\sigma^2}=\frac{6}{\sigma^2},$$

は，自由度 1 の χ^2 分布に従う確率変数 $S_{\hat{e}}^2/\sigma^2$ の実現値である，と考えることができます。

メモ 7.30（残差の 2 乗和の分布） **命題［7.19］**は，未知パラメータ σ^2 を扱ううえで大きな手掛かりになります。これをどのように使うのかは，**7.4.4 節**で確認をします。

5.5 節で確認したように，χ^2 分布は，互いに独立な標準正規変数の 2 乗和が従う分布として定義されます。χ^2 分布の**自由度**は，2 乗和に含まれる独立な正規変数の数です。**命題［7.19］**では，N 個の正規変数の 2 乗和を考えているのに，その分布の自由度は $N-2$ です。このように，自由度が減らされている理由は，残差 $\hat{e}_1,\ldots,\hat{e}_N$ が互いに独立ではないことです。このことは，直感的には次のように説明されます。残差は**注意 7.16** で確認をした 2 つの正規方程式を満たします。つまり，残差のうち $N-2$ 個の値が決まると，残りの 2 個の値は式(7.12)によって決められてしまいます。自由度が独立な成分の数を表すものと考えると，この場合の自由度は $N-2$ になります。なお，正規方程式の数は，推定したパラメータの数に一致します。単回帰モデルでは，β_0 と β_1 の 2 つのパラメータを推定したので，正規方程式は 2 個になり，自由度の減少も 2 になります。このことのもう少し詳しい説明は **8.6 節**で行います。

7.4.4　推定量と残差

7.4.2 節で確認したように，誤差に対する**仮定［7.15］**のもとで，推定量 $\hat{\beta}_1$ は正規分布に従うことがわかっています。しかし，その分布には，未知のパラメータ β_1 と σ^2 が含まれていました。これらのうち，誤差の分散 σ^2 の方は，**7.4.3 節**の知識を使うと「見えなくする」ことができます。

仮定［7.15］のもとで，次のことが知られています（証明は **8.3.6 節**）：

命題：推定量と残差　**［7.20］**

誤差 $\varepsilon_1,\ldots,\varepsilon_N$ が**仮定［7.15］**に従うとします。このとき，推定量 $\hat{\beta}_1$ と，確率変数として見た残差 $(\hat{e}_1,\ldots,\hat{e}_N)$ は互いに独立です。

注意 7.31（推定量と残差） 推定量 $\hat{\beta}_1$ の分布は**命題［7.16］**で考えました。推定量 $\hat{\beta}_1$ をその標準偏差 $\sqrt{\sigma^2/\sum_{i=1}^N(x_i-\bar{x})^2}$ で割った確率変数 $Z_{\hat{\beta}_1}$ を考えます：

$$Z_{\hat{\beta}_1}=\hat{\beta}_1\sqrt{\frac{\sum_{i=1}^N(x_i-\bar{x})^2}{\sigma^2}}.$$

確率変数 $Z_{\hat{\beta}_1}$ は**仮定 [7.15]** のもとで正規分布に従い，その期待値は $\beta_1\sqrt{\sum_{i=1}^{N}(x_i-\bar{x})^2/\sigma^2}$ で，分散は 1 です。

命題 [7.20] より，この確率変数 $Z_{\hat{\beta}_1}$ と**命題 [7.19]** で考えた χ^2 変数

$$\frac{S_{\hat{e}}^2}{\sigma^2}=\frac{\sum_{i=1}^{N}\hat{e}_i^2}{\sigma^2}\sim\chi^2(N-2),$$

は互いに独立なことがわかります。

ここで次の比を考えます：

$$t_{\hat{\beta}_1}=\frac{Z_{\hat{\beta}_1}}{\sqrt{\frac{S_{\hat{e}}^2/\sigma^2}{N-2}}}. \tag{7.19}$$

これは**メモ 5.29** で確認した**非心 t 分布**に従う確率変数であることがわかります。その自由度は $N-2$ で，非心パラメータは $\beta_1\sqrt{\sum_{i=1}^{N}(x_i-\bar{x})^2/\sigma^2}$ です。もし $\beta_1=0$ を仮定できれば，$t_{\hat{\beta}_1}$ は自由度 $N-2$ の t 分布に従います。

式(7.19)の右辺を整理すると次が得られます：

$$\begin{aligned}t_{\hat{\beta}_1}&=\frac{Z_{\hat{\beta}_1}}{\sqrt{\frac{S_{\hat{e}}^2/\sigma^2}{N-2}}}\\&=\hat{\beta}_1\sqrt{\frac{\sum_{i=1}^{N}(x_i-\bar{x})^2}{\cancel{\sigma^2}}}\sqrt{\frac{(N-2)\cancel{\sigma^2}}{\sum_{i=1}^{N}\hat{e}_i^2}}\\&=\hat{\beta}_1\sqrt{\frac{(N-2)\sum_{i=1}^{N}(x_i-\bar{x})^2}{\sum_{i=1}^{N}\hat{e}_i^2}}.\end{aligned} \tag{7.20}$$

注目すべきは，上の計算の途中で，未知パラメータ σ^2 が約分によって消えていることです。帰結 ω が実現したとき，式(7.20)の右辺の $\hat{\beta}_1(\omega)$ も $\hat{e}_i(\omega)$ も既知ですので，$t_{\hat{\beta}_1}(\omega)$ は計算可能です。

注意 7.31 でわかったことは次のように整理できます：

命題：推定量と非心 t 分布　[7.21]

誤差 $\varepsilon_1,\ldots,\varepsilon_N$ が**仮定 [7.15]** を満たすとします。このとき，

$$t_{\hat{\beta}_1}=\hat{\beta}_1\sqrt{\frac{(N-2)\sum_{i=1}^{N}(x_i-\bar{x})^2}{\sum_{i=1}^{N}\hat{e}_i^2}},$$

は，自由度 $N-2$, 非心パラメータ $\beta_1\sqrt{\sum_{i=1}^{N}(x_i-\hat{x})^2/\sigma^2}$ の**非心 t 分布**に従

います。ただし，β_1 と σ^2 は未知パラメータ，$\hat{\beta}_1$ は β_1 の推定量，$\hat{e}_1,\ldots,\hat{e}_N$ は確率変数としての残差（式(7.18)），$x_1,\ldots,x_N$ は説明変数です。
特に，$\beta_1=0$ を仮定できるとき，非心パラメータの値が 0 になるので，確率変数 $t_{\hat{\beta}_1}$ の従う分布は自由度 $N-2$ の t 分布になります。

例 7.32（架空の講義――非心 t 分布と t 分布） 次の値は**例** 7.25, 7.29 で求めました：

$$\hat{\beta}_1(\omega)=0.45,\ \sum_{i=1}^{3}(x_i-\bar{x})^2=800,\ S_{\hat{e}}^2(\omega)=6.$$

命題［7.21］の確率変数 $t_{\hat{\beta}_1}$ の実現値は次のように計算できます：

$$\begin{aligned} t_{\hat{\beta}_1}(\omega)&=\hat{\beta}_1(\omega)\sqrt{\frac{(3-2)\sum_{i=1}^{3}(x_i-\bar{x})^2}{S_{\hat{e}}^2}} \\ &=0.45\times\sqrt{\frac{1\times 800}{6}}=5.20. \end{aligned}$$

この $t_{\hat{\beta}_1}(\omega)=5.20$ は，自由度 1, 非心パラメータ $\beta_1\sqrt{800/\sigma^2}$ の非心 t 分布に従う確率変数 $t_{\hat{\beta}_1}$ の実現値である，と考えることができます。

この分布の非心パラメータの値は未知なのですが，$\beta_1=0$ を仮定できるとき，非心パラメータの値が 0 になります。つまり，$\beta_1=0$ を仮定すると，確率変数 $t_{\hat{\beta}_1}$ は自由度 1 の t 分布に従い，その実現値は $t_{\hat{\beta}_1}(\omega)=5.20$ となります。このとき，確率変数の分布もその実現値も既知です。7.5 節の**統計的仮説検定**ではこのことを利用します。

7.5 単回帰モデルを使った統計的仮説検定

注意 7.4 で確認したように，私たちの関心は多くの場合，回帰直線の傾きを表すパラメータ β_1 の値が 0 かどうかにあります。パラメータ β_1 の値は観測できないので，その推定値 $\hat{\beta}_1(\omega)$ をもとに判断することになりますが，**注意** 7.22 で確認したように，推定値は実現誤差の影響を受けています。

例 7.33（架空の講義——仮説と統計的仮説検定） **例 7.9** では，パラメータ β_1 の推定値は次のように正の値でした：

$$\hat{\beta}_1(\omega)=0.45.$$

このことは，次の 2 通りの仮説で説明することができます：

- H_0 ：本当は $\beta_1=0$ なのだが，誤差の影響で推定値は $\hat{\beta}_1(\omega)>0$ となった。
- H_1 ：実際に $\beta_1>0$ であり，誤差の影響があったものの，推定値も $\hat{\beta}_1(\omega)>0$ となった。

$\hat{\beta}_1(\omega)=0.45$ というエビデンスだけからは，これらの仮説に優劣をつけることができません。

統計的仮説検定 (statistical hypothesis testing) では，次のように考えます：まず，仮説 H_0 が本当であると仮定します。その仮定のもとで，データから見出されたようなエビデンスが実現するのが「珍しい」ことなのか，「当たり前」のことなのかを考えます。

- もし，見出されたエビデンスが実現するのが「珍しい」ことならば，もとになった仮説 H_0 を疑うことができます。

  この場合，私たちはこの仮説 H_0 を**棄却** (reject) できます。このとき，データはもうひとつの仮説 H_1 を**支持** (support) しているといえます。
- もし見出されたエビデンスが実現するのが「当たり前」ならば，仮説 H_0 を疑う理由はありません。この場合，私たちは仮説 H_0 を棄却できません。またデータから仮説 H_0, H_1 の優劣について判断できません。

結論からいうと，単回帰モデルに対して**例 7.25** のような仮説を検定する多くの場合，***t* 検定**と呼ばれる手順を使うことが一般的です。あらかじめ手順だけをまとめておくと次の通りです：

手順：単回帰モデルを使った右側 *t* 検定 [7.22]

2 つの数値項目を持つ大きさ N のデータ $((x_1,y_1),\ldots,(x_N,y_N))$ が与えられたとき，単回帰モデル

$$y_i=\beta_0+\beta_1x_i+e_i,\ (i=1,\ldots,N),$$

についてパラメータ β_1 の値が **0** であるのか，あるいは**正**であるのかに関心があるとします。

(1) まず**帰無仮説** H_0 と**対立仮説** H_1 を定めます。上のような関心を持つ場合次のように定めます：

$$H_0 : \beta_1 = 0,$$
$$H_1 : \beta_1 > 0.$$

(2) 次に，自由度 $N-2$ の t 分布の 10%, 5%, 1%の右側**分位数**を分布表などから求めます（3.3.7 節）。これらの分位数を $r_{0.1}, r_{0.05}, r_{0.01}$ と置くと次が成り立ちます（演習 7）：

$$r_{0.1} < r_{0.05} < r_{0.01}. \tag{7.21}$$

(3) 式 (7.6)，**定義**［7.14］を使って推定値 $\hat{\beta}_1(\omega)$ を求めます。また，式 (7.11),**定義**［7.18］を使って残差の実現値 $\hat{e}_1(\omega), \ldots, \hat{e}_N(\omega)$ を求めます。これらから $t_{\hat{\beta}_1}(\omega)$ の値を次のように計算します：

$$t_{\hat{\beta}_1}(\omega) = \hat{\beta}_1(\omega) \sqrt{\frac{(N-2)\sum_{i=1}^{N}(x_i - \bar{x})^2}{\sum_{i=1}^{N}\hat{e}_i^2(\omega)}}.$$

(4) 上の (2) で求めた右側分位数と (3) で求めた $t_{\hat{\beta}_1}(\omega)$ の値を比較します。もし，$t_{\hat{\beta}_1}(\omega)$ の値が分位数 $r_{0.01}$ よりも大きければ，「帰無仮説 H_0 は 1%**有意**で**棄却**され，対立仮説 H_1 は 1%**有意**で**支持**される」と結論できます。他の分位数についても同様に比較します。

$t_{\hat{\beta}_1}(\omega)$ の値が分位数 $r_{0.1}$ よりも小さい場合，結論には「対立仮説 H_1 は 10%**有意**ではなかった」のように記述します。

以下では，**手順**［7.22］の意味や，背後にある考え方を確認します。

7.5.1 仮　説

まず，**帰無仮説** (null hypothesis) H_0 と**対立仮説** (alternative hypothesis) H_1 の 2 つの仮説を定めます。ふつう，私たちが棄却したいと考えている仮説を帰無仮説として，支持したいと考えている仮説を対立仮説とします。

例 7.34（架空の講義――帰無仮説と対立仮説） **例 7.25** で，レポートと試験の点数の間に関連があることを積極的に示したい場合，帰無仮説 H_0 と対立仮説 H_1 を次のように定めます：

$$H_0 : \beta_1 = 0,$$
$$H_1 : \beta_1 > 0.$$

注意 7.35（片側検定と両側検定） **例 7.34** のように帰無仮説が $H_0 : \beta_1 = 0$ の場合を考えます。未知パラメータ β_1 の値が 0 でなかったとしたら，どのような値がありうるでしょうか。

例 7.34 の場合，レポートの点数が高い受講生はやはり試験の点数も高いことが考えられます。したがって，$\beta_1 = 0$ でなかったとしたら，未知パラメータ β_1 の値は正であることを先験的に仮定することが自然です。このように考えて，対立仮説を $H_1 : \beta_1 > 0$ と定めました。このような検定は，後述のように分布の右側に注目するので，**右側検定**と呼ばれます。

別の例では，$\beta_1 = 0$ でなかったとしたら，未知パラメータの β_1 の値は負に違いないといえることもあるでしょう。こうした場合，対立仮説を $H_1 : \beta_1 < 0$ と定めるべきです。このような対立仮説を使った検定を**左側検定**といいます。

また，$\beta_1 = 0$ でなかったとき，未知パラメータの β_1 の値が正なのか負なのかを先験的に決められない場合もあります。このような場合，対立仮説として $H_1 : \beta_1 \neq 0$ を使います。このような対立仮説を使った検定を**両側検定**といいます。

右側検定と左側検定を合わせて**片側検定**といいます。

7.5.2 有意水準

例 7.25 では，仮説を棄却する基準として「珍しい」という表現を使いましたが，どの程度の確率ならば「珍しい」といえるでしょうか。統計的仮説検定では，「珍しい」といえるほど小さい確率をあらかじめ決めておきます。この，「珍しい」といえる確率を**有意水準** (significance level) といいます。慣習的に，10%, 5%, 1% の 3 つが使われます。有意水準については **7.5.7 節**でもう一度考えます。

7.5.3 検定統計量

次に，**検定統計量** (test statistic) と呼ばれる確率変数を決めます：

定義：検定統計量 [7.23]

統計的仮説検定に使う確率変数を**検定統計量**といいます。

条件：検定統計量の満たすべき条件 [7.24]

ある確率変数 U を検定統計量として使うには，次の条件が満たされている必要があります：

(1) 実現値 $U(\omega)$ がデータから計算できることが必要です。

(2) 帰無仮説 H_0 のもとでの分布 $P(U \leq x|H_0)$ がわかっていることが必要です。

(3) 帰無仮説 H_0 のもとでの分布 $P(U \leq x|H_0)$ と，対立仮説 H_1 のもとでの分布 $P(U \leq x|H_1)$ が異なっていることがわかっていることが必要です。ただし，. 対立仮説のもとでの分布 $P(U \leq x|H_1)$ 自体は未知であっても構いません。

条件 [7.24] を満たすように検定統計量を選ぶと，帰無仮説のもとでその実現値が得られることが「珍しい」といえるかどうかを判断することができます。

例 7.36（架空の講義––t 分布に従う統計量） **例 7.25** では，仮説が未知パラメータ β_1 の値に関するものなので，その推定量 $\hat{\beta}_1$ を検定統計量として使うことが自然かもしれません。推定量 $\hat{\beta}_1$ は**条件 [7.24]** の (1) と (3) を満たします。しかし，**7.4.2 節**で確認したように，推定量 $\hat{\beta}_1$ の分布は未知パラメータ β_1 と σ^2 を含みます。帰無仮説 H_0 のもとでは $\beta_1=0$ とできるのですが，それでもまだ未知パラメータ σ^2 が残ってしまい，(2) を満たしません。

単回帰モデルの場合，**注意 7.31** で考えた確率変数 $t_{\hat{\beta}_1}$ が**条件 [7.24]** の (1), (2), (3) のすべてを満たします。**例 7.32** で確認したように，この確率変数の実現値はデータから $t_{\hat{\beta}_1}=5.20$ と計算されます。また，誤差に関する**仮定 [7.15]** と帰無仮説 $H_0 : \beta_1=0$ のもとで，この確率変数は自由度 3−2=1 の t 分布に従います。対立仮説 $H_1 : \beta_1>0$ のもとでこの確率変数は，自由度 1, 非心パラメータ $\beta_1\sqrt{800/\sigma^2}$ の非心 t 分布に従います。パラメータ β_1 と σ^2 の値が未知なのでこの分布は特定されませんが，少なくとも，対立仮説のもとで非心パラメータの値が正になり，分布が右側に歪むことはわかります。したがって，この $t_{\hat{\beta}_1}$ を検定統計量として利用することができます。

定義：t 検定 [7.25]

帰無仮説のもとで t 分布に従う検定統計量を利用する検定を **t 検定** (t−test) といいます。

7.5.4 棄却域

例 7.33 では，データから得られるエビデンスが「珍しい」かどうかで帰無仮説を棄却するかどうかの判断ができるとしました。それでは，「珍しい」かどうかの判断はどのようにできるでしょうか。

例 7.37（架空の講義――帰無仮説のもとでの分布と実現値） **例 7.36** で確認したように，データから計算される検定統計量の実現値は $t_{\hat{\beta}_1}(\omega)=5.20$ です。この値は 0 よりは大きいのですが，帰無仮説 $H_0:\beta_1=0$ のもとで「珍しい」といえるくらい大きいでしょうか。この判断のためには実現値が「このくらい大きければ珍しい」といえるような領域を決める必要があります。

「珍しい」といえる確率（つまり**有意水準**，**7.5.2 節**）を 10%とします。帰無仮説のもとで検定統計量 $t_{\hat{\beta}_1}$ は自由度 1 の t 分布に従います。**図 7.5** の実線はこの確率密度関数を図示したものです。$r_{0.1}$ を自由度 1 の t 分布の**右側 0.1 分位数**（**3.3.7 節**）とすると，帰無仮説のもとで，検定統計量 $t_{\hat{\beta}_1}$ が $r_{0.1}$ を超える確率は 10%です。したがって，実現値が分位数 $r_{0.1}$ よりも大きければ，帰無仮説のもとで「珍しい」ほど大きいといえます。コンピュータなどを使ってこの分位数を計算すると，$r_{0.1}=3.08$ です。したがって，検定統計量 $t_{\hat{\beta}_1}$ の実現値が 3.08 を超えていれば珍しいといえます。$t_{\hat{\beta}_1}(\omega)=5.20>r_{0.1}=3.08$ なので，この実現値は有意水準 10%で「珍しい」といえます。

有意水準を 5%にすると，右側 0.05 分位数は $r_{0.05}=6.31$ です。実現値 $t_{\hat{\beta}_1}(\omega)=5.20$ はこれよりも小さいので，この値は有意水準 5%では「珍しい」とはいえません。

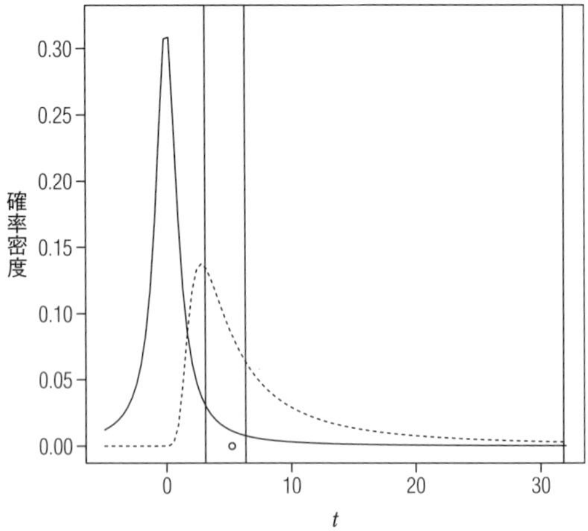

図 7.5　例 7.36 で考えた検定統計量 $t_{\hat{\beta}_1}$ の帰無仮説 H_0 のもとでの分布（実線）と実現値 $t_{\hat{\beta}_1}(\omega)=5.20$（○）。縦の実線は，左から順番に有意水準 $\alpha=0.1, 0.05, 0.01$ に対応する分位数 $r_{0.1}=3.08$, $r_{0.05}=6.31$, $r_{0.01}=31.82$ を表します（**例 7.37**）。破線は対立仮説 H_1 において非心パラメータの値を $\mu^*=4.95$ とした場合の検定統計量 $t_{\hat{\beta}_1}$ の分布の例（**例 7.46**）。

有意水準 α の右側検定では，まず帰無仮説のもとでの検定統計量の分布の右側 α 分位数 r_α を求めます。そうして実数上の領域 $I_\alpha=(\!(r_\alpha, \infty)\!)$ を決めておけば，検定統計量の実現値がそこに含まれるかどうかで帰無仮説 H_0 を棄却できるかどうかを判断できます。

定義：棄却域　[7.26]

検定統計量の実現値がそこに含まれると，帰無仮説が棄却されるような実数上の区間を**棄却域** (rejection region, critical region) といいます。

命題：右側検定の棄却域　[7.27]

検定統計量を U, 有意水準を α とします。検定統計量 U の帰無仮説 H_0 のもとでの右側 α 分位数を r_α と置くと，右側検定の棄却域は次のように与えられます：

$$I_\alpha=(\!(r_\alpha, \infty)\!).$$

例 7.38（架空の講義——棄却域） **例 7.36** で考えた検定統計量 $t_{\hat{\beta}_1}$ の場合，分位数は，自由度 1 の t 分布表などによって求めることができます。そうすると，有意水準 $\alpha=0.1, 0.05, 0.01$ に対応する値は，それぞれ $r_\alpha=3.08, 6.31, 31.82$ です。したがって，それぞれの有意水準に対応する棄却域は $I_{0.1}=(\!|3.08, \infty|\!)$, $I_{0.05}=(\!|6.31, \infty|\!)$, $I_{0.01}=(\!|31.82, \infty|\!)$ のように求められます。

左側検定の棄却域も同じように得られます：

命題：左側検定の棄却域 [7.28]

検定統計量を U, 有意水準を α とします。検定統計量 U の帰無仮説 H_0 のもとでの左側 α 分位数を ℓ_α と置くと，左側検定の棄却域は次のように与えられます：

$$I_\alpha=(\!|-\infty, \ell_\alpha|\!).$$

両側検定の場合，有意水準を両側に「振り分け」て，次のように求めます：

命題：両側検定の棄却域 [7.29]

検定統計量を U, 有意水準を α とします。検定統計量 U の帰無仮説 H_0 のもとでの左側 $\alpha/2$ 分位数を $\ell_{\alpha/2}$, 右側 $\alpha/2$ 分位数を $r_{\alpha/2}$ とそれぞれ置くと，両側検定の棄却域は次のように与えられます：

$$I_\alpha=(\!|-\infty, \ell_{\alpha/2}|\!) \cup (\!|r_{\alpha/2}, \infty|\!).$$

7.5.5 検　定

定義：検定 [7.30]

データから，検定統計量 U の実現値 $U(\omega)$ を求め，それが有意水準 α の棄却域 I_α に入っているかによって帰無仮説を棄却するかどうかを判断することを**統計的仮説検定**，あるいは単に**検定**といいます：

- $U(\omega) \in I_\alpha$ であれば，帰無仮説 H_0 は有意水準 α で棄却されます。そして，データは対立仮説 H_1 を有意水準 α で支持している，と結論することができます。

- $U(\omega) \notin I_\alpha$ であった場合，帰無仮説を棄却することはできません。このとき，データはどちらかの仮説を支持しているわけではありません。

定義：t 値 [7.31]

帰無仮説のもとで t 分布に従う検定統計量を使った場合，データから計算したその実現値を **t 値** (t-value) といいます。

例 7.39（架空の講義――t 検定） **例 7.36** で考えた検定統計量 $t_{\hat{\beta}_1}$ の場合，実現値 $t_{\hat{\beta}_1}(\omega)$ は**例 7.32** で計算したように 5.20 でした。つまり，t 値は 5.20 です。これは，$I_{0.1}=(3.08, \infty)$ に含まれますので，帰無仮説 H_0 は有意水準 0.1（つまり 10%有意）で棄却されます。その一方で，$I_{0.05}=(6.31, \infty), I_{0.01}=(31.82, \infty)$ には含まれないので，有意水準 0.05（つまり 5%有意）や 0.01（つまり 1%有意）では棄却できません（図 7.5）。

7.5.6 p 値

ここまでで考えてきたのと同じ判断は，分位数 r_α を計算しなくても，次の手順で行うことができます：

手順：単回帰モデルを使った右側 t 検定（p 値の利用） [7.32]

手順 [7.22] と同じ判断を次の手順で行います。(1) の帰無仮説と対立仮説は**手順 [7.22]** と同じです。

(2) t 値を計算します。これを，$u=t_{\hat{\beta}_1}(\omega)$ と置きます。

(3) 帰無仮説 H_0 のもとで，検定統計量 $t_{\hat{\beta}_1}$ が実現値 u を超える確率 p を求めます：

$$p=P\left(u<t_{\hat{\beta}_1}|H_0\right)=\int_u^\infty f_0(v)\mathrm{d}v.$$

ただし，f_0 は，検定統計量 $t_{\hat{\beta}_1}$ が帰無仮説 H_0 のもとで従う分布の確率密度関数です。この確率 p を **p 値** (p-value) といいます。

(4) p 値と有意水準 α を比較します。もし，$p<\alpha$ であれば，帰無仮説 H_0 を有意水準 α で棄却することができます。

例 7.40（架空の講義――p 値の利用） **例 7.36** で考えた検定統計量 $t_{\hat{\beta}_1}$ の場合，実現値 $t_{\hat{\beta}_1}(\omega)=5.20$ に対応する p 値は 0.06 です。これは，0.1 よりも小さく，0.05 よりも大きいので，帰無仮説 H_0 は有意水準 0.1（つまり 10%有意）で棄却されますが，有意水準 0.05（つまり 5%有意）では棄却できないことがわかります（図 7.6）。

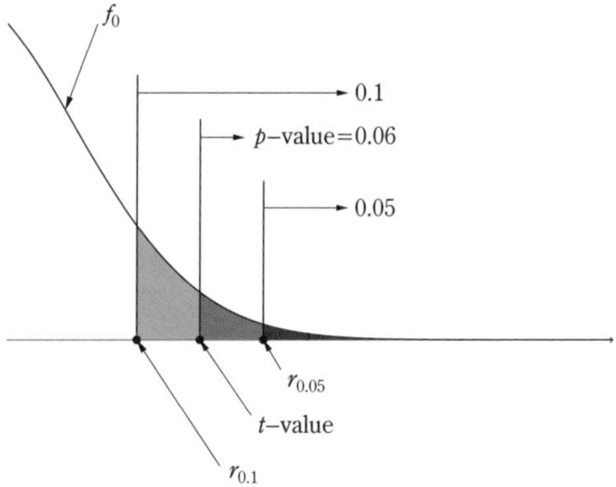

図 7.6　p 値が 0.1 と 0.05 の間にある場合の模式図。このとき分位数 $r_{0.1}, r_{0.05}$ を計算しなくても，検定の t 値が分位数 $r_{0.1}$ よりも大きく，$r_{0.05}$ よりも小さいことがわかります。

命題：確率密度関数と p 値 [7.33]

検定統計量を U, 帰無仮説 H_0 のもとでのその確率密度関数を f_0 とします。検定統計量の実現値を $u=U(\omega)$ と置きます。

このとき，右側検定に対する p 値は次で計算されます：

$$P\left(u<U|H_0\right)=\int_u^{\infty} f_0(v)\mathrm{d}v.$$

同じように，左側検定に対する p 値は次で計算されます：

$$P\left(U<u|H_0\right)=\int_{-\infty}^{u} f_0(v)\mathrm{d}v.$$

確率密度関数 f_0 が 0 を中心にして左右対称なとき，両側検定に対する p 値は次のように計算されます：

$$P\left(|u|<|U|\middle|H_0\right)=2P(|u|<U|H_0)=2\int_{|u|}^{\infty}f_0(v)\mathrm{d}v.$$

どの場合でも，p 値が有意水準よりも小さければ，帰無仮説 H_0 を棄却できます。

7.5.7　第 I 種過誤の確率と有意水準

1%有意で帰無仮説を棄却できたとします。このことは，「データは（1%有意で）帰無仮説でなく対立仮説を支持している」と解釈できます。しかし，このことは帰無仮説が反証されたことを意味しません。たとえば1%の有意確率で統計的仮説検定を行う場合，帰無仮説が正しかったとしても，これを1%の確率で「誤って」棄却してしまいます。

定義：第 I 種の過誤とその確率　[7.34]

帰無仮説が正しいにも関わらず，統計的仮説検定の結果これを棄却してしまうことを**第 I 種の過誤** (type I error) といいます。
また，帰無仮説が正しいという仮定のもとで，帰無仮説を棄却してしまう確率を**第 I 種過誤の確率** (probability of a type I error) または**有意水準**といいます。

メモ 7.41（第 I 種過誤の確率の解釈）　**定義［7.34］**の第 I 種過誤の確率は，帰無仮説が正しいという仮定のもとで，これを棄却する確率です。これは帰無仮説が正しい確率を表しているわけではありません。

頻度論（3.1.1 節）の立場からは，帰無仮説が1%有意で棄却されたからといって「帰無仮説は99%の確率で正しくない」のように解釈することは適当ではありません。

注意 7.42（有意水準）　**7.5.2 節**では有意水準を，「珍しい」といえる確率，と説明しました。**定義［7.34］**の第 I 種過誤の確率は，有意水準のより厳密な定義ともいえます。

7.5.8 第 II 種過誤の確率と検出力

第 I 種の他に考えられる過誤には次のものがあります：

定義：第 II 種の過誤とその確率 [7.35]

帰無仮説が正しくないにも関わらず，統計的仮説検定の結果これを棄却できないことを**第 II 種の過誤** (type II error) といいます。
また，帰無仮説が正しくないという仮定のもとで，帰無仮説を棄却できない確率を**第 II 種過誤の確率** (probability of a type II error) といいます。

注意 7.43（第 I 種と第 II 種の過誤の確率） 過誤の確率はどちらも小さいに越したことはありません。**7.5.2 節**で確認したように，第 I 種過誤の確率（あるいは有意水準）は自分で決めるので，できるだけ小さく設定することが望ましいとも考えられます。

しかし，第 I 種過誤の確率を小さくすると，第 II 種過誤の確率が大きくなってしまいます。**図 7.7** で第 I 種過誤の確率 α を小さくすると，右側分位数 r_α が右に移動し，第 II 種過誤の確率 β が大きくなることがわかります。このように，第 I 種過誤の確率を小さくしすぎることにも問題があります。ふつう

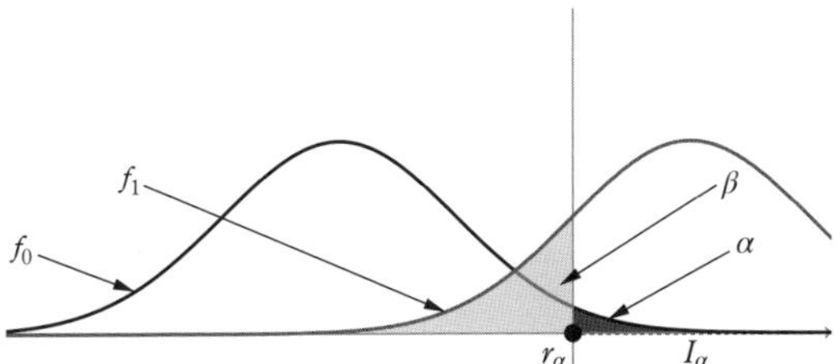

図 7.7 第 I 種と第 II 種過誤の確率と検出力の模式図。有意水準 α で右側検定を行うものとします。帰無仮説 H_0 のもとでの検定統計量 U の確率密度関数を f_0 とします。その右側 α 分位数を r_α と置くと実数 r_α は $\int_{r_\alpha}^{\infty} f_0(u)\mathrm{d}u=\alpha$ を満たします。このときの棄却域は $I_\alpha=(\!(r_\alpha, \infty)\!)$ と定まります。検定統計量の実現値 $U(\omega)$ が縦線よりも右側に位置すれば帰無仮説は棄却されるので，仮に帰無仮説が正しかったとしても，確率 α で誤って棄却してしまいます（**第 I 種過誤の確率**）。対立仮説 H_1 のもとでの検定統計量 U の確率密度関数を f_1 とします。帰無仮説が正しくなく，対立仮説が正しい場合に帰無仮説を棄却できない確率は，$\beta=\int_{-\infty}^{r_\alpha} f_1(u)\mathrm{d}u$ で与えられます（**第 II 種過誤の確率**）。また，この場合に帰無仮説を棄却できる確率は $1-\beta=\int_{r_\alpha}^{\infty} f_1(u)\mathrm{d}u$ です（**検出力**）。

は，7.5.2 節で確認したように第 I 種過誤の確率の値として 10%, 5%, 1%が利用されます。

定義：検出力 [7.36]

ある検定の第 II 種の過誤の確率の値が β であったとします。このとき，$1-\beta$ を**検出力** (power) といいます。

注意 7.44（検定統計量と検出力） 検出力は，帰無仮説が正しくないという仮定のもとでそれを棄却できる確率を表しています（図 7.7）。複数の検定統計量が利用可能な場合，同じ有意水準に対して検出力が高い検定統計量の方が優れているといえます。

注意 7.45（検出力の計算） 検出力を計算するには，検定統計量の，対立仮説 H_1 のもとでの分布がわかっていることが必要です。しかし，**例 7.36** の場合を含め，多くの場合対立仮説は $H_1 : \beta_1 > 0$ のように不等式で記述されており，パラメータの値が定められていません。こうした場合について検出力を算出するには，未知パラメータの値に対する見込みをもとに分布を定める他ありません。

例 7.46（架空の講義——検出力） **例 7.39** の検定で検出力を求めるためには，未知パラメータ β_1 と σ^2 の値に対する見込みが必要です。ここでは，次のように考えてみましょう：レポートで満点を取るのに必要な能力や労力と，試験で満点を取るのに必要な能力や労力が同程度であると仮定すると，レポートが 70 点満点で試験が 30 点満点であるので β_1 の値は次のように見込むことができます：

$$\beta_1^* = \frac{30}{70} = 0.43.$$

誤差の分散 σ^2 の値については，不偏推定値を使いましょう：

$$\hat{\sigma}^2_{\text{ub}} = \frac{S^2_{\hat{e}}(\omega)}{3-2} = 6,$$

このとき，非心パラメータは次のように計算されます：

$$\mu^* = \beta_1^* \sqrt{\frac{\sum_{i=1}^{3}(x_i - \bar{x})^2}{\hat{\sigma}^2_{\text{ub}}}} = 0.43 \times \sqrt{\frac{800}{6}} = 4.95.$$

図 7.5 の破線は，上のように定めた対立仮説のもとでの確率密度関数です。これをもとに第 II 種過誤の確率を計算すると，0.44 です。この検定で有意水準を 5% とすると，上のように定めた対立仮説が正しかったとしても，44% の確率で帰無仮説を棄却できません。また，検出力は 1−0.44=0.66 です。少なくとも，β_1=0.43 程度の対立仮説については，この検定の検出力はあまり高くないと評価できます。

7.5.9 標本の大きさと検出力

2.1.3 節で確認したように，標本の大きさ N がどの程度であれば十分なのかを一般的に述べることは容易ではありません。私たちの目標が t 検定によって帰無仮説を棄却することであったとします。単回帰モデルを使った t 検定の場合，標本の大きさを大きくすると，検出力は上がるといえます（メモ 7.49）。このことから，標本の大きさに関して次のような目安を得ることができます：

注意 7.47（帰無仮説が棄却できた場合） もし統計的仮説検定を行って，十分な有意水準で帰無仮説が棄却できた場合，標本の大きさは十分であると考えることができます。

もちろん，この検定の結果が間違っていて，標本を大きくしたり，別の標本を使って検定をやりなおした結果，帰無仮説が棄却できなくなってしまう可能性はあります。しかし，検定の結果が間違っているというリスクは第 I 種過誤の確率（つまり，有意水準）で把握されています。私たちがその確率を十分小さいと考えているならば，私たちはこのリスクを受け入れているということになります。

注意 7.48（帰無仮説が棄却できていない場合） 統計的仮説検定の結果，帰無仮説を棄却できなかったか，あるいは，まだ統計的仮説検定を行っていない場合には，検出力を使って標本の大きさを検討できます。つまり，合理的に検出力を算出することができるならば，その検出力が十分な大きさになるように標本の大きさを決めることが適当であると考えられます。このように決めれば，帰無仮説が正しくないにも関わらずこれを棄却できないリスクは第 II 種過誤の確率（つまり，1− 検出力）で把握されます。

注意 7.45 で確認したように，多くの場合，検出力を計算するには私たちの見込みが必要です。このような場合，検出力が主観的な見込みに基づいていることに注意することが重要です。

メモ 7.49（標本の大きさと検出力） きちんとした議論をすることは難しいのですが，t 検定の場合，標本を大きくすると検出力は大きくなることが期待できます。ここでも単回帰モデル

$$y_i=\beta_0+\beta_1 x_i+e_i,$$

に対して $H_0:\beta_1=0$ に関する右側検定を考えます。検定統計量を

$$t_{\hat{\beta}_1}=\hat{\beta}_1\sqrt{\frac{(N-2)\sum_{i=1}^{N}(x_i-\bar{x})^2}{\sum_{i=1}^{N}\hat{e}_i^2}},$$

として，誤差に関する**仮定［7.15］**を利用します。このとき，検定統計量は，帰無仮説のもとでは，自由度 $N-2$ の t 分布に従い，対立仮説のもとでは，未知パラメータ β_1 と σ^2 の値が与えられれば，自由度 $N-2$, 非心パラメータ $\mu=\beta_1\sqrt{\sum_{i=1}^{N}(x_i-\bar{x})^2/\sigma^2}$ の非心 t 分布に従います。

ここで標本を大きくすると，次のようなことが起こります：まず，自由度 $N-2$ が大きくなりますので，**注意 5.26** で確認したように，帰無仮説のもとでの分布の裾は薄くなっていき，右側分位点は左に移動します。分布の形は正規分布に近づくことが知られています（**注意 5.28**）。

同時に，対立仮説のもとでの分布を考えると，非心パラメータの平方根の中の分子で，足される項 $(x_i-\bar{x})^2$ の数が増えますので，非心パラメータの値が大きくなっていくことが分かります。**メモ 5.29** で確認したように，自由度が大きいとき，非心 t 分布の確率密度関数の頂点は非心パラメータで近似できますので，確率密度関数の頂点が右側に移動することが分かります。帰無仮説のもとでの右側分位点が左に，対立仮説のもとでの分布の頂点が右に移動するので，検出力は大きくなることが期待できます。

例 7.50（架空の講義——標本の大きさと検出力） ここまでの例では，説明のために，大きさが 3 しかないような標本を使ってきました。実際にデータを使って何かを調べようとするとき，この標本が小さすぎることは，次のようにわかります。**表 7.2** は，**第 2 章**の**表 2.1** のデータを使って p 値と検出力の比較を行ったものです。$N=3, 10$ の検定では，5% 有意で帰無仮説を棄却できません。また，検出力も小さすぎるといえるでしょう。

$N=20$ よりも大きな標本を使った検定では，帰無仮説が十分に小さい有意水

表 7.2　表 2.1 のデータを使った検出力の比較。N=3 の行は，**表 2.1** のデータの 1 番目から 3 番目までの事例を使った結果。N=10, 20, 40, 112 もそれぞれ同様に 1 番目から 10, 20, 40, 112 番目までの事例を使った検定を表しています。検出力は，右側 1%検定に対するもの。NCP は非心パラメータの値。検出力算出のための未知パラメータの値は，β_1=30/70=0.43 と $\sigma^2=\hat{\sigma}^2_{\mathrm{ub}}$ を利用（**例 7.46**）。

N	$\hat{\beta}_1(\omega)$	t-value	p-value	1%tile	NCP	Power
3	0.45	5.20	0.06	31.82	4.95	0.12
10	0.23	1.76	0.06	2.90	3.30	0.34
20	0.26	4.30	2.2×10^{-4}	2.47	7.13	$\simeq$1
40	0.20	4.13	9.5×10^{-5}	2.43	8.84	$\simeq$1
112	0.21	6.85	2.2×10^{-10}	2.36	14.06	$\simeq$1

準で棄却されています。また検出力も高いので，仮に帰無仮説が棄却できなかったとしても，β_1 が 0.43 やそれよりも大きい値であることが疑わしい可能性を指摘することができます。このとき β_1=0.43 であることが疑わしいことをきちんと示すとしたら，帰無仮説を $H'_0 : \beta_1$=0.43, 対立仮説を $H'_1 : \beta_1$<0.43 として統計的仮説検定を行うことが考えられます。

7.6　仮定の妥当性と残差によるモデルの評価

単回帰モデルと，それを使った統計的仮説検定は，誤差に関する**仮定 [7.15]** に依存しています。この仮定が妥当なものならば，統計的仮説検定で得られた結論は概ね額面通りに受け止めても構わないでしょう。しかし，この仮定が的外れであれば，どのような結論が得られたとしても，それは割り引いて見る必要があります。

注意 7.51（残差によるモデルの評価）　**仮定 [7.15]** は誤差 $\varepsilon_1, \ldots, \varepsilon_N$ に関するものですが，確率変数である誤差を観測することはできません。さらに，誤差の実現値である $e_1, \ldots, e_N$ も観測できません。

私たちが観測できるのは残差の実現値 $\hat{e}_1(\omega), \ldots, \hat{e}_N(\omega)$ ですので，これを手掛かりとします。つまり，残差の実現値 $\hat{e}_i(\omega)$ を，未知の実現誤差 e_i の**推定値**と考えます。残差の実現値が，分散が等しい独立な正規変数の実現値のように見えれば，置かれた仮定は概ね妥当であると判断できるでしょう。また，このように見える残差を生み出すモデルは良いモデルであると評価できます。7.2.3節では，決定係数の値によってモデルの当てはまりの良さが評価できることを確認しましたが，ここで確認するのは，モデルを評価するためのもうひとつの視点です。

メモ 7.52（残差によるモデルの評価） ここでの考え方は，**6.9節**のものと同じです。**6.9節**で確認したように，仮定が厳密に正しいことを確かめることが難しいことは意識しておくべきです。

6.9節と異なるのは，誤差 $\varepsilon_1,\ldots,\varepsilon_N$ と残差 $\hat{e}_1,\ldots,\hat{e}_N$ が違うものであることです。たとえば，誤差が互いに独立であったとしても，確率変数としての残差が互いに独立ではないことは，**注意 7.16**からも確認できます。

置いた仮定のうち正規性と独立性については**6.9節**と同じような考え方で検討できます。均質性については，説明変数の水準によって残差に「癖」が現れないかを検討することが考えられます。つまり，$(x_1,\hat{e}_1(\omega)),\ldots,(x_N,\hat{e}_N(\omega))$ の散布図を観察して，癖が見られないかを検討します。

例 7.53（架空の講義──残差による仮定の妥当性の検討） **6.9.4節**では，**正規性**の仮定の妥当性を検討するためにヒストグラムや正規Q-Qプロットの利用を考えました。**例 7.15**では，大きさ3の標本の残差を求めましたが，たった3個の値からでは，ヒストグラムや正規Q-Qプロットを作っても判断のしようがありません。そこで，ここでは**表 2.1**の112人分の記録全部に単回帰モデルを当てはめて残差の実現値 $\hat{e}_1(\omega),\ldots,\hat{e}_{112}(\omega)$ を計算したものを使います。**図 7.8**はそのヒストグラムです。これを見ると，左右の裾の形が異なり，左右対称とはいえそうにありません。したがって，正規分布はあまり良い近似とはいえなさそうです。

また，説明変数を横軸に置いた散布図（**図 7.9**）を見ると，レポートの点数が30点よりも小さな事例は，30点よりも大きな事例よりも散らばりが著しく小さいように見えます。このことから，均質性の仮定は妥当ではないことがうかがえます。

例 7.50で確認したように，**表 2.1**全体を使った検定では，帰無仮説 $H_0:\beta_1=0$ は1%有意で棄却できました。しかし，その検定の前提となっている正規性や均質性の仮定については，上で見たように妥当でない可能性があります。仮定が妥当でないからといって，ただちに検定の結論が無意味になるわ

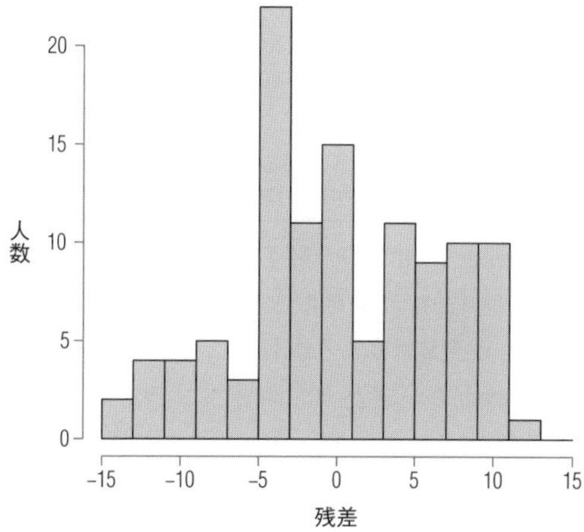

図 7.8　単回帰モデルを当てはめた残差のヒストグラム。

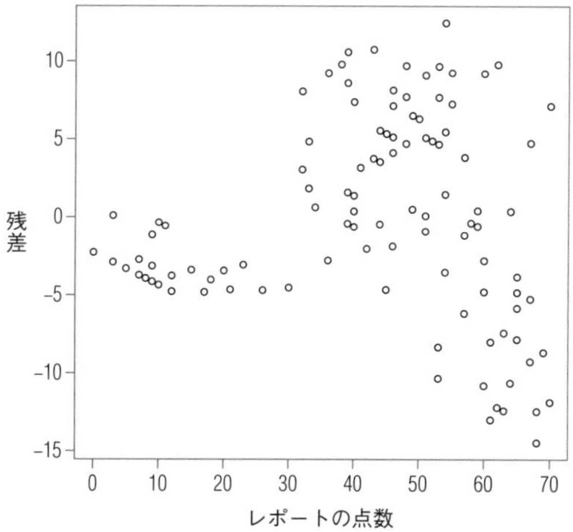

図 7.9　レポートの点数（横軸）と残差（縦軸）の散布図。

けではないのですが，検定に使った単回帰モデルとデータの間にずれがあることは意識しておくべきです。

もし，データに合うようにモデルを変えるとすると，正規分布以外の分布を誤差に仮定したり（**メモ 7.27**），誤差の分散が説明変数の値に依存するようなものが考えられます。ただし，こうしたモデルは，パラメータの推定や推定量の分布の導出が単回帰モデルの場合と比べると複雑になります。

メモ 7.54（値の変換） **2.3.5 節**では，記述統計の文脈において，データの特徴をつかむために対数を取るなど観測値の変換が有効な場合があることを確認しました。データに単回帰モデルを当てはめる場合にも，残差の質が改善するようであれば，観測値を変換した値を使う良い理由になります。

例 7.55（人口密度と森林率の関係） **図 7.10** の左上は，47 都道府県の人口密度（2018 年）と森林率（2017 年）の散布図に推定された回帰直線を重ねたものです。人が多く住む市街地はふつう森林ではないので，人口密度が高いほど森林率が低いことが常識から予想されます。ここでは，これを確かめてみます。

パラメータの推定値は $\hat{\beta}_1(\omega)=-8.20\times10^{-5}<0$ です。帰無仮説 $H_0:\beta_1=0$, 対立仮説 $H_1:\beta_1<0$ とすると，p 値は $5.18\times10^{-7}<0.01$ ですので，帰無仮説は 1% 有意で棄却できます。ここまでは問題ないのですが，残差を観察すると，次のような癖があることがわかります。まず，説明変数である人口密度を横軸，残差を縦軸とした散布図（**図 7.10** の右上）を見ます。人口密度が 0 から 1000 人 / km^2 付近の範囲では，人口密度が高くなるほど残差が小さくなり，人口密度

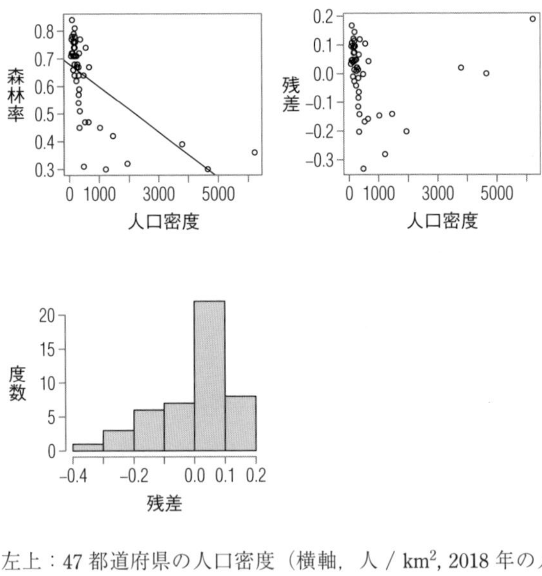

図 7.10　左上：47 都道府県の人口密度（横軸，人 / km^2, 2018 年の人口を都道府県面積で割った値）と森林率（縦軸，2017 年の都道府県ごとの森林面積を都道府県面積で割った値）の散布図と，推定された回帰直線。右上：人口密度と回帰直線を当てはめた後の残差の散布図。左下：残差のヒストグラム。森林面積の値は林野庁のウェブサイトより入手。

が 1000 人 / km^2 より大きい範囲では人口密度が高くなるほど残差が大きくなるようなパターンが見えます。つまり，残差が説明変数に強く依存しているように見えます。また，残差のヒストグラム（図 7.10 の左下）を見ると，左右対称とはいえず，正規分布とは大きく異なる様子がうかがえます。

図 7.11 は，人口密度の対数を取ったデータに対して，同じ処理を行ったものです。係数の推定値は $\hat{\beta}_1(\omega)=-0.28<0$ です。帰無仮説 $H_0 : \beta_1=0$, 対立仮説 $H_1 : \beta_1<0$ とすると，p 値は $1.72\times10^{-12}<0.01$ ですので，帰無仮説は 1% 有意で棄却できます。ここまでの結論は，対数を取る前と変わりません。図 7.11 右上の残差の散布図を見ると，対数を取る前に見られた癖は残っているものの，あまり顕著ではないことがわかります。また左下の残差のヒストグラムも，左右対称とはいえないものの，対数を取る前よりは正規分布の確率密度関数の形状に近づいたといえます。

統計的仮説検定を行った結果からは，対数を取っても取らなくても「人口密度と森林率の間には有意な関係がある」と結論できます。ただし，残差を検討すると，対数を取る前のデータは IID と正規性の仮定から大きく外れている様

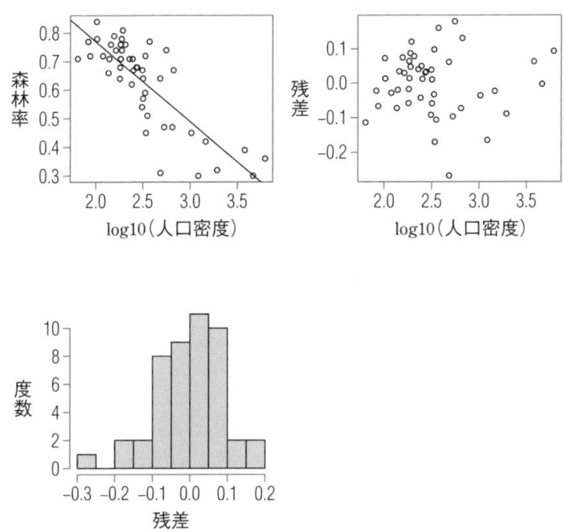

図 7.11　左上：47 都道府県の人口密度（横軸，人 / km^2 の常用対数値, 2018 年の人口を都道府県面積で割った値）と森林率（縦軸，2017 年の都道府県ごとの森林面積を都道府県面積で割った値）の散布図と，推定された回帰直線。右上：人口密度の常用対数値と回帰直線を当てはめた後の残差の散布図。左下：残差のヒストグラム。

子が見られる一方で，対数を取った後のデータの方が検定で利用する仮定に近いことがわかります。この意味において，対数を取ったデータから得られた結論の方がより信頼できるといえます。また，決定係数を比較すると，対数を取る前の値が0.41で，対数を取ったものの値は0.66でした。モデルとデータの当てはまりも，対数を取ったものの方が良いといえます。

この例では，説明変数の対数を取ることが有効でしたが，データとモデルの組み合わせによっては，被説明変数の対数を取ったり，両方の対数を取ったりすることが有効である場合もあります。

演習問題

演習1　次の単回帰モデルのパラメータを最尤法で推定します：

$$y_i = \beta_0 + \beta_1 x_i + e_i,$$

(1)　$i=1,\ldots,N$ について確率変数 Y_i を

$$Y_i = \beta_0 + \beta_1 x_i + \varepsilon_i,$$

で定義します。ただし，説明変数 x_i は既知の実数，誤差 ε_i は期待値0, 分散 σ^2 の正規変数，$\beta_0, \beta_1, \sigma^2$ は未知パラメータとします。このとき，Y_i の従う分布を考え，その確率密度関数を求めなさい。

(2)　誤差 $\varepsilon_1,\ldots,\varepsilon_N$ が互いに独立であると仮定し，$(Y_1,\ldots,Y_N)$ の同時密度関数を求めなさい。

(3)　確率変数 $(Y_1,\ldots,Y_N)$ の実現値 $(y_1,\ldots,y_N)$ が与えられたとして，尤度 L と対数尤度 ℓ を求めなさい。

(4)　対数尤度 ℓ を未知パラメータ β_0 と β_1 でそれぞれ偏微分し，最尤推定値 $\tilde{\beta}_0$ と $\tilde{\beta}_1$ を計算する式を導出しなさい。

(5)　$i=1,\ldots,N$ に対して，残差を $\tilde{e}_i = y_i - \tilde{\beta}_0 + \tilde{\beta}_1 x_i$ とします。対数尤度 ℓ を未知パラメータ σ^2 で偏微分して，最尤推定値 $\tilde{\sigma}^2$ を計算する式を導出しなさい。ただし，残差 $\tilde{e}_1,\ldots,\tilde{e}_N$ を使いなさい。

演習2　式(7.8)と(7.9)を連立させて**命題［7.6］**を示しなさい。

演習3　式(7.6)の推定値 $\hat{\beta}_0, \hat{\beta}_1$ を残差の定義 $\hat{e}_i = y_i - \hat{\beta}_0 - \hat{\beta}_1 x_i$ に代入して，式(7.12)が成り立つことを確認しなさい。

演習4　式(7.13)を確認しなさい。ただし，式(7.12)を利用しても良い。

演習5　式(7.14)を確認しなさい。

演習 6　式(7.16)と**仮定**［7.15］から推定量$\hat{\beta}_1$の分散を求めなさい。

演習 7　**手順**［7.22］において確率変数tの分布が，連続でありさえすればどんなものであっても式(7.21)が成り立つことを，確率の公理を使って証明しなさい。

8 重回帰モデル

第7章で確認した単回帰モデルでは，2つの数値項目を持つクロスセクショナルなデータを対象に，項目のひとつを被説明変数，もうひとつを説明変数として両者の間の関係を考えました。

単回帰モデルと似たような形の式で，説明変数が複数あるようなものを**重回帰モデル** (multivariate regression models) あるいは単に**回帰モデル** (regression models) といいます。重回帰モデルは，3つ以上の数値項目の間の関係を表すことができます。このとき，いくつかある数値項目のうちひとつを被説明変数として，残りを説明変数とします。また重回帰モデルは，項目間の直線以外の関係を表すために使うこともできます（**8.5節**）。

本章では，まず説明変数が2つの場合のモデルとパラメータの推定方法を確認して，その後に3つ以上の場合を扱います。説明変数が2つの場合に成り立つことのほとんどは3つ以上の場合でも成り立ちます。

8.1 説明変数が2つの回帰モデルとその推定

8.1.1 説明変数が2つの回帰モデル

表8.1のようなデータが与えられたとします。項目 y を被説明変数，項目 $x^{(1)}$ と $x^{(2)}$ を説明変数とする回帰モデルを考えます。

表 8.1　3 つの数値項目を持つクロスセクショナルなデータの形式。

№	$x^{(1)}$	$x^{(2)}$	y
1	$x_1^{(1)}$	$x_1^{(2)}$	y_1
2	$x_2^{(1)}$	$x_2^{(2)}$	y_2
⋮	⋮	⋮	⋮
N	$x_N^{(1)}$	$x_N^{(2)}$	y_N

定義：説明変数が 2 つの回帰モデル　[8.1]

3 つの数値項目を持つ大きさ N のデータ $\left((x_1^{(1)}, x_1^{(2)}, y_1), \ldots, (x_N^{(1)}, x_N^{(2)}, y_N)\right)$ が与えられたとき，3 つの項目の間の関係を表す次の式を**説明変数が 2 つの回帰モデル**といいます：

$$y_i = \beta_0 + \beta_1 x_i^{(1)} + \beta_2 x_i^{(2)} + e_i, \ (i=1, \ldots, N). \tag{8.1}$$

ただし，$\beta_0, \beta_1, \beta_2$ はこのモデルの**パラメータ**で，ふつう未知であると仮定されます。右辺に含まれる項目 $x_i^{(1)}$ と $x_i^{(2)}$ は**説明変数**，左辺の項目 y_i は**被説明変数**です。また，e_i は**実現誤差**を表します（**定義 [6.15]**）。

メモ 8.1（説明変数と被説明変数）　実際のデータには，**表 8.1** のようにどれを説明変数にして，どれを被説明変数にするべきかがわかるようなラベルがついているわけではありません。**7.3 節**と同じように検討して，どれを被説明変数にするのかを決定する必要があります。

8.1.2　最小 2 乗法によるパラメータの推定

メモ 8.2（推定方法を知る意味）　実際にはパラメータの推定はコンピュータにやらせる場合がほとんどでしょう。私たちユーザーが，コンピュータがどうやって推定をしているのかを意識することは少ないかもしれません。しかし，回帰モデルの推定の原理を知っておくと，他のモデルや手法を理解する助けになります。

回帰モデルに含まれる未知パラメータ $\beta_0, \beta_1, \beta_2$ の推定には，単回帰モデルの場合と同じように，ふつう最小 2 乗法が使われます。推定した結果だけを示すと次のようになります：

命題：パラメータ $\beta_0, \beta_1, \beta_2$ の最小 2 乗推定値 [8.2]

データ $\left((x_1^{(1)}, x_1^{(2)}, y_1), \ldots, (x_N^{(1)}, x_N^{(2)}, y_N)\right)$ が与えられたとき，回帰モデル $y_i = \beta_0 + \beta_1 x_i^{(1)} + \beta_2 x_i^{(2)} + e_i$ に含まれる未知パラメータの最小 2 乗推定値 $\hat{\beta}_0, \hat{\beta}_1, \hat{\beta}_2$ は次の式で計算されます：

$$\begin{cases} \hat{\beta}_0 = \bar{y} - \hat{\beta}_1 \bar{x}^{(1)} - \hat{\beta}_2 \bar{x}^{(2)}, \\ \hat{\beta}_1 = \dfrac{s_{x^{(1)}x^{(2)}} s_{x^{(2)}y} - s_{x^{(2)}}^2 s_{x^{(1)}y}}{\left(s_{x^{(1)}x^{(2)}}\right)^2 - s_{x^{(1)}}^2 s_{x^{(2)}}^2}, \\ \hat{\beta}_2 = \dfrac{s_{x^{(1)}x^{(2)}} s_{x^{(1)}y} - s_{x^{(1)}}^2 s_{x^{(2)}y}}{\left(s_{x^{(1)}x^{(2)}}\right)^2 - s_{x^{(1)}}^2 s_{x^{(2)}}^2}. \end{cases} \tag{8.2}$$

ただし，s_u^2 は項目 u の標本分散，s_{uv} は項目 u と v の間の標本共分散です。

7.2.1 節の方法をそのまま使う推定方法は次のように確認できます：

メモ 8.3（連立方程式を解く方法） 最小 2 乗法は，実現誤差の 2 乗和が最も小さくなるようにパラメータの値を定めます（**メモ 7.10, 注意 7.11**）。**定義 [8.1]** の回帰モデルの場合，実現誤差の 2 乗和は次の通りです：

$$S^2 = \sum_{i=1}^{N} e_i^2 = \sum_{i=1}^{N} \left(y_i - \beta_0 - \beta_1 x_i^{(1)} - \beta_2 x_i^{(2)}\right)^2.$$

これを最小にするパラメータ $\beta_0, \beta_1, \beta_2$ の値は，次を満たします（6.4 節）：

$$\begin{cases} \dfrac{\partial S^2}{\partial \beta_0} = 0, \\ \dfrac{\partial S^2}{\partial \beta_1} = 0, \\ \dfrac{\partial S^2}{\partial \beta_2} = 0. \end{cases} \tag{8.3}$$

式 (8.3) の最初の式より，

$$\begin{aligned} \frac{\partial S^2}{\partial \beta_0} &= \frac{\partial}{\partial \beta_0} \sum_{i=1}^{N} \left(y_i - \beta_0 - \beta_1 x_i^{(1)} - \beta_2 x_i^{(2)}\right)^2 \\ &= \sum_{i=1}^{N} 2\left(y_i - \beta_0 - \beta_1 x_i^{(1)} - \beta_2 x_i^{(2)}\right) \times (-1) \\ &= -2\left\{\sum_{i=1}^{N} y_i - N\beta_0 - \beta_1 \sum_{i=1}^{N} x_i^{(1)} - \beta_2 \sum_{i=1}^{N} x_i^{(2)}\right\} = 0, \end{aligned} \tag{8.4}$$

2 番目の式より，

$$\frac{\partial S^2}{\partial \beta_1}=\frac{\partial}{\partial \beta_1}\sum_{i=1}^{N}\left(y_i-\beta_0-\beta_1 x_i^{(1)}-\beta_2 x_i^{(2)}\right)^2$$
$$=\sum_{i=1}^{N}2\left(y_i-\beta_0-\beta_1 x_i^{(1)}-\beta_2 x_i^{(2)}\right)\times\left(-x_i^{(1)}\right)$$
$$=-2\left\{\sum_{i=1}^{N}x_i^{(1)}y_i-\beta_0\sum_{i=1}^{N}x_i^{(1)}\right.$$
$$\left.-\beta_1\sum_{i=1}^{N}\left(x_i^{(1)}\right)^2-\beta_2\sum_{i=1}^{N}x_i^{(1)}x_i^{(2)}\right\}=0, \tag{8.5}$$

最後の式からも同じように，

$$\frac{\partial S^2}{\partial \beta_2}=-2\left\{\sum_{i=1}^{N}x_i^{(2)}y_i-\beta_0\sum_{i=1}^{N}x_i^{(2)}\right.$$
$$\left.-\beta_1\sum_{i=1}^{N}x_i^{(1)}x_i^{(2)}-\beta_2\sum_{i=1}^{N}\left(x_i^{(2)}\right)^2\right\}=0, \tag{8.6}$$

が得られます。これら 3 つの方程式を連立させて，β_0,β_1,β_2 の値を求めると，**命題 [8.2]** の式(8.2)が得られます。

8.1.3　ベクトルと行列を使った表現

8.1.2 節の方法は正しくはあるのですが，計算が面倒です。また，推定値を計算する式(8.2)の形も複雑で，そこから推定値の性質を知ることは簡単とはいえません。説明変数が 3 つ以上の場合，複雑さはさらに増し，連立方程式を解く方法で手に負えるものではなくなってしまいます。

回帰モデルを推定する場合，ふつう**メモ 8.3** と同じ計算を，ベクトルと行列を使って行います。ベクトルや行列を使うことで計算の面倒さがなくなるわけではないのですが，少なくとも表面上見えないようにできます。そうして，計算のあらすじがわかるように見せることができます。面倒な計算自体はコンピュータにやらせることができます。

回帰モデルをベクトルと行列を使って表すと次の通りです：

命題：回帰モデルのベクトルと行列を使った表現　[8.3]

データ $\left((x_1^{(1)},x_1^{(2)},y_1),\ldots,(x_N^{(1)},x_N^{(2)},y_N)\right)$ が与えられたとします。式(8.1)の回帰モデルは次のように表されます：

$$\begin{pmatrix} y_1 \\ y_2 \\ \vdots \\ y_N \end{pmatrix} = \begin{pmatrix} 1 & x_1^{(1)} & x_1^{(2)} \\ 1 & x_2^{(1)} & x_2^{(2)} \\ \vdots & \vdots & \vdots \\ 1 & x_N^{(1)} & x_N^{(2)} \end{pmatrix} \begin{pmatrix} \beta_0 \\ \beta_1 \\ \beta_2 \end{pmatrix} + \begin{pmatrix} e_1 \\ e_2 \\ \vdots \\ e_N \end{pmatrix}.$$

ここで，ベクトルや行列の記号を次のように定めます：

$$\boldsymbol{y} = \begin{pmatrix} y_1 \\ y_2 \\ \vdots \\ y_N \end{pmatrix}, \quad \boldsymbol{X} = \begin{pmatrix} 1 & x_1^{(1)} & x_1^{(2)} \\ 1 & x_2^{(1)} & x_2^{(2)} \\ \vdots & \vdots & \vdots \\ 1 & x_N^{(1)} & x_N^{(2)} \end{pmatrix}, \quad \boldsymbol{\beta} = \begin{pmatrix} \beta_0 \\ \beta_1 \\ \beta_2 \end{pmatrix}, \quad \boldsymbol{e} = \begin{pmatrix} e_1 \\ e_2 \\ \vdots \\ e_N \end{pmatrix}.$$

これを使うと回帰モデルは次のように表されます：

$$\boldsymbol{y} = \boldsymbol{X}\boldsymbol{\beta} + \boldsymbol{e}. \tag{8.7}$$

定数 1 と説明変数からなる行列 $\boldsymbol{X}$ を**計画行列** (design matrix) といいます。

注意 8.4（回帰モデルのベクトルと行列を使った表現） **定義** [8.1] の回帰モデルと，**命題** [8.3] のベクトルと行列を使った表現が同じものであることを確かめてみましょう。まず，**定義** [8.1] の回帰モデル

$$y_i = \beta_0 + \beta_1 x_i^{(1)} + \beta_2 x_i^{(2)} + e_i, \ (i=1, \ldots, N),$$

は，1 本の方程式に見えますが，実際には N 本の方程式

$$\begin{cases} y_1 = \beta_0 + \beta_1 x_1^{(1)} + \beta_2 x_1^{(2)} + e_1, \\ y_2 = \beta_0 + \beta_1 x_2^{(1)} + \beta_2 x_2^{(2)} + e_2, \\ \quad \vdots \\ y_N = \beta_0 + \beta_1 x_N^{(1)} + \beta_2 x_N^{(2)} + e_N, \end{cases} \tag{8.8}$$

があり，その i 番目を代表として書いたものです。この N 本の方程式を**ベクトル**の形で書くと（**メモ** 8.5, 8.8），次の通りです：

$$\begin{pmatrix} y_1 \\ y_2 \\ \vdots \\ y_N \end{pmatrix} = \begin{pmatrix} \beta_0 + \beta_1 x_1^{(1)} + \beta_2 x_1^{(2)} + e_1 \\ \beta_0 + \beta_1 x_2^{(1)} + \beta_2 x_2^{(2)} + e_2 \\ \vdots \\ \beta_0 + \beta_1 x_N^{(1)} + \beta_2 x_N^{(2)} + e_N \end{pmatrix}. \tag{8.9}$$

右辺を**期待値**（**仮定** [7.2]）と**実現誤差**の 2 つのベクトルの和で表すと，

$$\begin{pmatrix} y_1 \\ y_2 \\ \vdots \\ y_N \end{pmatrix} = \begin{pmatrix} \beta_0+\beta_1 x_1^{(1)}+\beta_2 x_1^{(2)} \\ \beta_0+\beta_1 x_2^{(1)}+\beta_2 x_2^{(2)} \\ \vdots \\ \beta_0+\beta_1 x_N^{(1)}+\beta_2 x_N^{(2)} \end{pmatrix} + \begin{pmatrix} e_1 \\ e_2 \\ \vdots \\ e_N \end{pmatrix}, \tag{8.10}$$

となります（**メモ 8.9**）。この式の右辺の最初の項を掛け算の形にすると次が得られます（**メモ 8.11**）：

$$\begin{pmatrix} y_1 \\ y_2 \\ \vdots \\ y_N \end{pmatrix} = \begin{pmatrix} 1 & x_1^{(1)} & x_1^{(2)} \\ 1 & x_2^{(1)} & x_2^{(2)} \\ \vdots & \vdots & \vdots \\ 1 & x_N^{(1)} & x_N^{(2)} \end{pmatrix} \begin{pmatrix} \beta_0 \\ \beta_1 \\ \beta_2 \end{pmatrix} + \begin{pmatrix} e_1 \\ e_2 \\ \vdots \\ e_N \end{pmatrix}.$$

メモ 8.5（ベクトルとその大きさ）　いくつかの数を 1 列に並べたものを**ベクトル** (vector) といいます。**命題 [8.3]** に現れる次はベクトルの例です：

$$\boldsymbol{y}=\begin{pmatrix} y_1 \\ y_2 \\ \vdots \\ y_N \end{pmatrix}, \quad \boldsymbol{\beta}=\begin{pmatrix} \beta_0 \\ \beta_1 \\ \beta_2 \end{pmatrix}, \quad \boldsymbol{e}=\begin{pmatrix} e_1 \\ e_2 \\ \vdots \\ e_N \end{pmatrix}.$$

数を並べるという意味では，ベクトルと数列はほとんど同じものですが，ベクトルについては，並べる方向が縦なのか横なのかで区別をします。たとえば，$y_1, y_2, \ldots, y_N$ という N 個の数を並べてベクトルを作るのでも，縦に並べた

$$\begin{pmatrix} y_1 \\ y_2 \\ \vdots \\ y_N \end{pmatrix},$$

と，横に並べた

$$(y_1 \quad y_2 \quad \cdots \quad y_N),$$

を違うものと考えます。数を縦に並べたベクトルを**列ベクトル** (column vector)，横に並べたベクトルを**行ベクトル** (row vector) とそれぞれ呼びます。

どちらのベクトルでも，並べた数の個数をベクトルの**大きさ** (size) といいます。上の例では，ベクトル $\boldsymbol{y}$ と $\boldsymbol{e}$ の大きさは N で，ベクトル $\boldsymbol{\beta}$ の大きさは 3 です。

メモ 8.6（行列とその大きさ）　いくつかの数字を縦横に表のような形に並べたものを**行列** (matrix) といいます。たとえば**命題 [8.3]** に現れる次は行列の例です：

$$X=\begin{pmatrix} 1 & x_1^{(1)} & x_1^{(2)} \\ 1 & x_2^{(1)} & x_2^{(2)} \\ \vdots & \vdots & \vdots \\ 1 & x_N^{(1)} & x_N^{(2)} \end{pmatrix}.$$

行列の中で縦方向に並んでいる数字の個数を**行の数**(number of rows)，横方向に並んでいる個数を**列の数**(number of columns)といいます。上の行列 $\boldsymbol{X}$ では，縦方向に数えると N 個の数字が並んでいるので，行の数は N で，横方向に数えると 3 つの数字が並んでいるので，列の数は 3 です。行の数と列の数の組み合わせを行列の**大きさ**といいます。たとえば上の行列 $\boldsymbol{X}$ の大きさは N 行 3 列です。これを簡略化して，$N \times 3$ 行列，のような書き方をすることもあります。

行の数と列の数が等しい行列を**正方行列**(square matrix)といいます。

メモ 8.7（行列の要素） ここから先，必要な場合には，行列 A の i 行 j 列目の要素を指すのに次の表記を使いましょう：

$$[A]_{i,j}.$$

たとえば，**メモ 8.6** の行列 $\boldsymbol{X}$ において，「行列 $\boldsymbol{X}$ の 2 行 3 列目の要素は $x_2^{(2)}$ です」というのと同じ意味で次の表記を使います：

$$[\boldsymbol{X}]_{2,3}=x_2^{(2)}.$$

メモ 8.8（ベクトルや行列の方程式） 2 つのベクトルや行列の大きさが同じで，同じ位置にある要素が互いに等しいとき，これらを等号で結んで方程式を作ることができます。たとえば，ベクトルの方程式である式(8.9)が成り立つためには左辺のベクトルの 1 番目の要素 y_1 が右辺のベクトルの 1 番目の要素 $\beta_0+\beta_1x_1^{(1)}+\beta_2x_1^{(2)}+e_1$ と等しいこと，つまり次が必要です：

$$y_1=\beta_0+\beta_1x_1^{(1)}+\beta_2x_1^{(2)}+e_1.$$

2 番目の要素同士も等しくなくてはならないので次も必要です：

$$y_2=\beta_0+\beta_1x_2^{(1)}+\beta_2x_2^{(2)}+e_2.$$

3 番目以降の要素についても，同様に左辺と右辺の要素が等しいことが必要なので，結局ベクトルの方程式(8.9)と連立方程式(8.8)は同値です。

メモ 8.9（ベクトルや行列の足し算と引き算） 大きさが同じであるベクトルや行列の間では，足し算や引き算ができます。ベクトルや行列の間の足し算や引き算は，同じ位置にある要素の足し算や引き算として定義されます。次の式は大きさ N のベクトルの足し算の例です：

$$\begin{pmatrix} \beta_0+\beta_1 x_1^{(1)}+\beta_2 x_1^{(2)} \\ \beta_0+\beta_1 x_2^{(1)}+\beta_2 x_2^{(2)} \\ \vdots \\ \beta_0+\beta_1 x_N^{(1)}+\beta_2 x_N^{(2)} \end{pmatrix} + \begin{pmatrix} e_1 \\ e_2 \\ \vdots \\ e_N \end{pmatrix} = \begin{pmatrix} \beta_0+\beta_1 x_1^{(1)}+\beta_2 x_1^{(2)}+e_1 \\ \beta_0+\beta_1 x_2^{(1)}+\beta_2 x_2^{(2)}+e_2 \\ \vdots \\ \beta_0+\beta_1 x_N^{(1)}+\beta_2 x_N^{(2)}+e_N \end{pmatrix}.$$

このように計算できるので，式(8.9)から式(8.10)が導かれます。

メモ 8.10（ベクトルの内積）　大きさが等しい行ベクトルと列ベクトルの間には，**内積** (inner product) と呼ばれる掛け算の一種が定義されています。内積は，行ベクトルを左から，列ベクトルを右から掛けたときに計算できます。内積の値は，2 つのベクトルから同じ順番の要素同士を取り出して掛け合わせ，すべて足して計算します。たとえば，**命題［8.3］**の行列 $\boldsymbol{X}$ から 1 行目を「切り出し」て作った大きさ 3 の行ベクトル

$$\boldsymbol{x}_1 = \begin{pmatrix} 1 & x_1^{(1)} & x_1^{(2)} \end{pmatrix},$$

と，未知パラメータ $\beta_0, \beta_1, \beta_2$ を縦に並べた大きさ 3 の列ベクトル

$$\boldsymbol{\beta} = \begin{pmatrix} \beta_0 \\ \beta_1 \\ \beta_2 \end{pmatrix},$$

の内積は次のように計算されます（図 8.1）：

$$\boldsymbol{x}_1\boldsymbol{\beta} = \begin{pmatrix} 1 & x_1^{(1)} & x_1^{(2)} \end{pmatrix} \begin{pmatrix} \beta_0 \\ \beta_1 \\ \beta_2 \end{pmatrix} = 1\times\beta_0 + x_1^{(1)}\times\beta_1 + x_1^{(2)}\times\beta_2$$
$$= \beta_0 + \beta_1 x_1^{(1)} + \beta_2 x_1^{(2)}.$$

ベクトルの内積は，（ベクトルや行列でなく）1 つの数です。

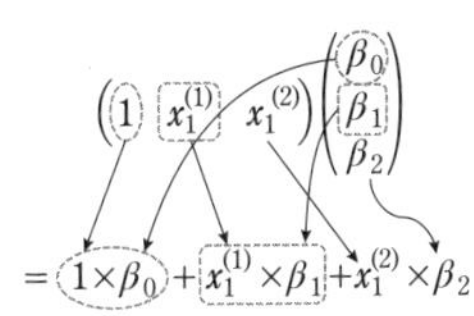

図 8.1　大きさ 3 の行ベクトルと列ベクトルの内積の計算の例。

メモ 8.11（行列とベクトルの掛け算）　行列の列の数と，列ベクトルの大きさが等しいとき，行列を左側，ベクトルを右側に置いた掛け算が定義されています。たとえば**命題［8.3］**の行列 $\boldsymbol{X}$ とベクトル $\boldsymbol{\beta}$ を考えます。行列 $\boldsymbol{X}$ の列の数は 3 で，$\boldsymbol{\beta}$ が大きさ 3 の列ベクトルなので，掛け算 $\boldsymbol{X}\boldsymbol{\beta}$ が定義されています。

行列と列ベクトルの掛け算を計算したものは列ベクトルになります。その要素は，左側の行列から行ベクトルを切り出し，右側の列ベクトルとの**内積**を取って計算します。左側の行列 $\boldsymbol{X}$ の 1 行目と右側のベクトル $\boldsymbol{\beta}$ との内積は次のように計算されます（メモ 8.10）：

$$\begin{pmatrix} 1 & x_1^{(1)} & x_1^{(2)} \end{pmatrix} \begin{pmatrix} \beta_0 \\ \beta_1 \\ \beta_2 \end{pmatrix} = \beta_0 + \beta_1 x_1^{(1)} + \beta_2 x_1^{(2)}.$$

これが，掛け算 $\boldsymbol{X\beta}$ の 1 番目の値になります（図 8.2）。2 行目以降も同じように計算すると次が得られます：

$$\boldsymbol{X\beta} = \begin{pmatrix} 1 & x_1^{(1)} & x_1^{(2)} \\ 1 & x_2^{(1)} & x_2^{(2)} \\ \vdots & \vdots & \vdots \\ 1 & x_N^{(1)} & x_N^{(2)} \end{pmatrix} \begin{pmatrix} \beta_0 \\ \beta_1 \\ \beta_2 \end{pmatrix} = \begin{pmatrix} \beta_0 + \beta_1 x_1^{(1)} + \beta_2 x_1^{(2)} \\ \beta_0 + \beta_1 x_2^{(1)} + \beta_2 x_2^{(2)} \\ \vdots \\ \beta_0 + \beta_1 x_N^{(1)} + \beta_2 x_N^{(2)} \end{pmatrix}.$$

このように，$N \times 3$ 行列と，大きさ 3 の列ベクトルを掛けたものは，大きさ N の列ベクトルになります。

行列やベクトルの掛け算の順序には意味があります。掛け算の順序を入れ替えると，計算の結果は違うものになったり，計算ができなくなったりします。上の場合，掛け算 $\boldsymbol{X\beta}$ は計算できますが，単純に左右を入れ替えた $\boldsymbol{\beta X}$ は計算できません。

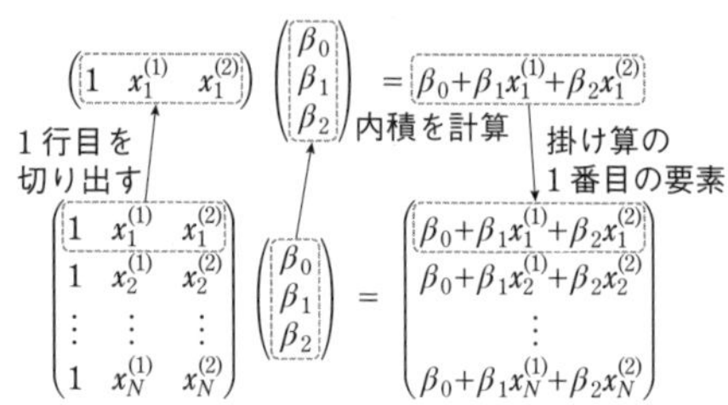

図 8.2　行列とベクトルの掛け算の例。$N \times 3$ 行列と大きさ 3 の列ベクトルを掛けると大きさ N の列ベクトルになります。

ベクトルと行列を使うと，**命題［8.2］**の推定値は次のように表されます：

命題：パラメータ $\boldsymbol{\beta}$ の最小 2 乗推定値　［8.4］

命題［8.3］の回帰モデルを考えます：

$$\boldsymbol{y} = \boldsymbol{X\beta} + \boldsymbol{e}.$$

行列 $\boldsymbol{X}^\top \boldsymbol{X}$ が逆行列 $(\boldsymbol{X}^\top \boldsymbol{X})^{-1}$ を持つとき（メモ 8.15, 8.19），未知パラ

メータの推定値 $\hat{\beta}_0, \hat{\beta}_1, \hat{\beta}_2$ を並べた列ベクトル $\hat{\boldsymbol{\beta}}$ は次で与えられます（**注意 8.18**）：

$$\hat{\boldsymbol{\beta}}=\begin{pmatrix}\hat{\beta}_0\\ \hat{\beta}_1\\ \hat{\beta}_2\end{pmatrix}=(\boldsymbol{X}^\top\boldsymbol{X})^{-1}\boldsymbol{X}^\top\boldsymbol{y}. \tag{8.11}$$

ただし，$^\top$ は転置（**メモ 8.14**）を表します。

メモ 8.12（パラメータ $\boldsymbol{\beta}$ の最小 2 乗推定値） 式 (8.11) の最小 2 乗推定値は，8.1.2 節の式 (8.2) をベクトルと行列を使って表したものです。説明変数が 2 つの回帰モデルの推定値を求めるだけであれば，どちらの式を使っても同じ程度の手間といえそうです。しかし，説明変数が 3 つ以上の場合の推定や，推定値の性質を調べる場合には 8.1.2 節の方法や式 (8.2) は使い勝手が悪く，式 (8.11) の方がはるかに扱いやすいといえます。

以下，いくつかの命題をつなぐ形で**命題［8.4］**を確認していきましょう。最小 2 乗法では実現誤差の 2 乗和を考えます（**注意 7.11**）。この 2 乗和は，ベクトルと行列を使って次のように表すことができます：

命題：実現誤差の 2 乗和 ［8.5］

命題［8.3］の表記を使うと，実現誤差の 2 乗和 S^2 は次のように表すことができます：

$$S^2=\sum_{i=1}^{N}e_i^2=\boldsymbol{y}^\top\boldsymbol{y}-2\boldsymbol{\beta}^\top\boldsymbol{X}^\top\boldsymbol{y}+\boldsymbol{\beta}^\top\boldsymbol{X}^\top\boldsymbol{X}\boldsymbol{\beta}.$$

メモ 8.13（実現誤差の 2 乗和） **命題［8.5］**は次のように確かめられます：

$$\begin{aligned}S^2=\sum_{i=1}^{N}e_i^2&=\boldsymbol{e}^\top\boldsymbol{e}=(\boldsymbol{y}-\boldsymbol{X}\boldsymbol{\beta})^\top(\boldsymbol{y}-\boldsymbol{X}\boldsymbol{\beta})\\ &=(\boldsymbol{y}^\top-\boldsymbol{\beta}^\top\boldsymbol{X}^\top)(\boldsymbol{y}-\boldsymbol{X}\boldsymbol{\beta})\\ &=\boldsymbol{y}^\top\boldsymbol{y}-\boldsymbol{y}^\top\boldsymbol{X}\boldsymbol{\beta}-\boldsymbol{\beta}^\top\boldsymbol{X}^\top\boldsymbol{y}+\boldsymbol{\beta}^\top\boldsymbol{X}^\top\boldsymbol{X}\boldsymbol{\beta}.\end{aligned}$$

ここで $\boldsymbol{\beta}^\top\boldsymbol{X}^\top\boldsymbol{y}=\boldsymbol{y}^\top\boldsymbol{X}\boldsymbol{\beta}$ を利用すると**命題［8.5］**が得られます（演習 2）。

メモ 8.14（行列やベクトルの転置） 行列やベクトルの行と列を入れ替えることを**転置** (transpose) といいます。転置の記号には $^\top$ などが使われます。たとえば次のように表されます：

$$X^\top=\begin{pmatrix}1 & x_1^{(1)} & x_1^{(2)}\\ 1 & x_2^{(1)} & x_2^{(2)}\\ \vdots & \vdots & \vdots\\ 1 & x_N^{(1)} & x_N^{(2)}\end{pmatrix}^\top=\begin{pmatrix}1 & 1 & \cdots & 1\\ x_1^{(1)} & x_2^{(1)} & \cdots & x_N^{(1)}\\ x_1^{(2)} & x_2^{(2)} & \cdots & x_N^{(2)}\end{pmatrix},$$

$$e^\top=\begin{pmatrix}e_1\\ e_2\\ \vdots\\ e_N\end{pmatrix}^\top=(e_1\quad e_2\quad \cdots\quad e_N).$$

A と B を行列やベクトルとします。このとき次は簡単に示されます：

$$(A^\top)^\top=A,\quad (A+B)^\top=A^\top+B^\top.$$

メモ 8.15（行列同士の掛け算） 2つの行列 A と B があったとします。行列 A の列の数と，行列 B の行の数が等しいとき，A を左側，B を右側に置いた掛け算 AB が計算できます。たとえば，**命題 [8.5]** や**メモ 8.14** の中では，行列 $X^\top$ の列の数が N で，行列 X の行の数も N ですので，掛け算 $X^\top X$ が計算できます。

行列の掛け算を計算したものは行列になります。その要素は，左側の行列から行ベクトルを切り出し，右側の行列から列ベクトルを切り出し，両者の内積を取って計算します。次の掛け算を考えます：

$$X^\top X=\begin{pmatrix}1 & 1 & \cdots & 1\\ x_1^{(1)} & x_2^{(1)} & \cdots & x_N^{(1)}\\ x_1^{(2)} & x_2^{(2)} & \cdots & x_N^{(2)}\end{pmatrix}\begin{pmatrix}1 & x_1^{(1)} & x_1^{(2)}\\ 1 & x_2^{(1)} & x_2^{(2)}\\ \vdots & \vdots & \vdots\\ 1 & x_N^{(1)} & x_N^{(2)}\end{pmatrix}.$$

まず，左側の行列から1行目を切り出し，これと右側の行列から1列目を切り出したものの内積を計算すると次が得られます：

$$(1\quad 1\quad \cdots\quad 1)\begin{pmatrix}1\\ 1\\ \vdots\\ 1\end{pmatrix}=1\times1+1\times1+\cdots+1\times1=N.$$

これが掛け算の1行1列目の要素になります。同じように，左側の行列から1行目を切り出し，これと右側の行列から2列目を切り出したものの内積を計算すると次が得られます：

$$\begin{pmatrix}1 & 1 & \cdots & 1\end{pmatrix}\begin{pmatrix}x_1^{(1)}\\ x_2^{(1)}\\ \vdots\\ x_N^{(1)}\end{pmatrix}=1\times x_1^{(1)}+1\times x_2^{(1)}+\cdots+1\times x_N^{(1)}$$

$$=\sum_{i=1}^{N} x_N^{(1)}.$$

これが，掛け算の1行2列目の要素になります（図8.3)。残りの行と列も同じように内積を計算していくと，掛け算は次のように計算されます：

$$\boldsymbol{X}^\top\boldsymbol{X}=\begin{pmatrix}N & \sum_{i=1}^N x_i^{(1)} & \sum_{i=1}^N x_i^{(2)}\\ \sum_{i=1}^N x_i^{(1)} & \sum_{i=1}^N \left(x_i^{(1)}\right)^2 & \sum_{i=1}^N x_i^{(1)}x_i^{(2)}\\ \sum_{i=1}^N x_i^{(2)} & \sum_{i=1}^N x_i^{(1)}x_i^{(2)} & \sum_{i=1}^N \left(x_i^{(2)}\right)^2\end{pmatrix}.$$

この計算の手順からも明らかですが，行列の掛け算の順序には意味があります。たとえば，2つの行列A,Bの掛け算がABのように計算できる場合でも，掛け算ABと掛け算BAはふつう違うものですし，そもそもBAが計算できないこともあります。転置との関係では，掛け算ABが計算できるとき次が成り立ちます（演習1)。

$$(AB)^\top=B^\top A^\top.$$

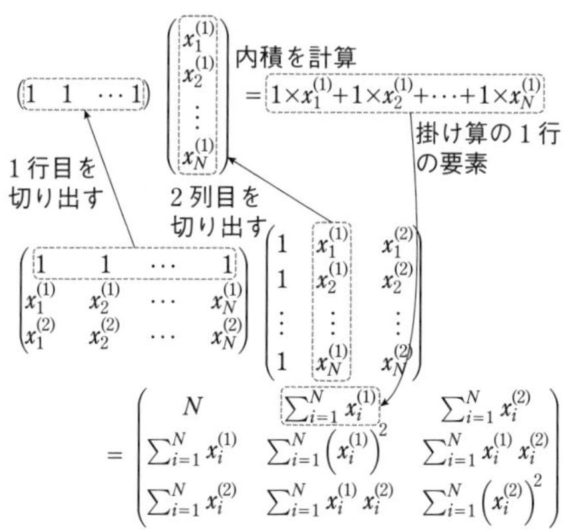

図8.3　行列の掛け算の中で1行2列の要素の計算。

2乗和S^2を考えたら，次にそれを未知パラメータβ_0,β_1,β_2でそれぞれ微分します（メモ7.10)。

命題：未知パラメータでの微分 [8.6]

S^2 を**命題 [8.5]** で考えた実現誤差の 2 乗和とします。これを未知パラメータ $\beta_0, \beta_1, \beta_2$ でそれぞれ偏微分したもの

$$\frac{\partial S^2}{\partial \beta_0}, \frac{\partial S^2}{\partial \beta_1}, \frac{\partial S^2}{\partial \beta_2},$$

を並べたベクトルについて次が成り立ちます（演習 3）：

$$\begin{pmatrix} \partial S^2/\partial \beta_0 \\ \partial S^2/\partial \beta_1 \\ \partial S^2/\partial \beta_2 \end{pmatrix} = -2\boldsymbol{X}^\top \boldsymbol{y} + 2\boldsymbol{X}^\top \boldsymbol{X}\boldsymbol{\beta}. \qquad (8.12)$$

最小 2 乗法では，式 (8.12) に含まれる微分の値が 0 になるように未知パラメータの値を定めます（メモ 7.10）。

注意 8.16（正規方程式） 式 (8.12) で，$\partial S^2/\partial \beta_0 = 0, \partial S^2/\partial \beta_1 = 0, \partial S^2/\partial \beta_2 = 0,$ とすると次が得られます：

$$-2\boldsymbol{X}^\top \boldsymbol{y} + 2\boldsymbol{X}^\top \boldsymbol{X}\boldsymbol{\beta} = \boldsymbol{0}. \qquad (8.13)$$

ただし，$\boldsymbol{0}$ はゼロベクトル (zero vector) です（メモ 8.17）。この式の両辺を 2 で割って，第 1 項を右辺に移すと**命題 [8.7]** が得られます。

命題：正規方程式 [8.7]

命題 [8.3] で考えた回帰モデル

$$\boldsymbol{y} = \boldsymbol{X}\boldsymbol{\beta} + \boldsymbol{e},$$

に含まれる未知パラメータ $\boldsymbol{\beta}$ の最小 2 乗推定値は，次の方程式を満たします：

$$\boldsymbol{X}^\top \boldsymbol{X}\boldsymbol{\beta} = \boldsymbol{X}^\top \boldsymbol{y}. \qquad (8.14)$$

この式は，回帰モデルの**正規方程式**と呼ばれます。

メモ 8.17（ゼロベクトルとゼロ行列） すべての要素が 0 であるベクトルを**ゼロベクトル** (zero vector) といい，$\boldsymbol{0}$ で表します。ゼロベクトルの大きさや，それが行ベクトルなのか列ベクトルなのかは，都合の良いように解釈されます。式 (8.13) では式が意味を持つよう次のように解釈されます：

$$\mathbf{0}=\begin{pmatrix}0\\0\\0\end{pmatrix}.$$

同じように，すべての要素が 0 である行列を**ゼロ行列** (zero matrix) といい，$\boldsymbol{O}$ で表します。ゼロベクトルの場合と同じように，式の中でゼロ行列の大きさは都合の良いように解釈されます。大きさをはっきりさせたいときは，たとえば次のような表記を使うこともあります：

$$\boldsymbol{O}_{3\times2}=\begin{pmatrix}0&0\\0&0\\0&0\end{pmatrix}.$$

注意 8.18（最小 2 乗推定値の導出） 式 (8.11) は，**命題［8.7］**の式 (8.14) から求められます。行列 $\boldsymbol{X}^\top\boldsymbol{X}$ が**逆行列** $(\boldsymbol{X}^\top\boldsymbol{X})^{-1}$ を持つとき，これを式 (8.14) の両辺に**左側から**掛けると次が得られます：

$$\begin{aligned}(\boldsymbol{X}^\top\boldsymbol{X})^{-1}\boldsymbol{X}^\top\boldsymbol{X}\boldsymbol{\beta}&=(\boldsymbol{X}^\top\boldsymbol{X})^{-1}\boldsymbol{X}^\top\boldsymbol{y}\\ \boldsymbol{I}\boldsymbol{\beta}&=(\boldsymbol{X}^\top\boldsymbol{X})^{-1}\boldsymbol{X}^\top\boldsymbol{y}\\ \boldsymbol{\beta}&=(\boldsymbol{X}^\top\boldsymbol{X})^{-1}\boldsymbol{X}^\top\boldsymbol{y}.\end{aligned}$$

この値が最小 2 乗推定値 $\hat{\boldsymbol{\beta}}$ になります。ただし，$\boldsymbol{I}$ は**単位行列** (identity matrix) を表します（**メモ 8.19, 8.21** 参照）。

メモ 8.19（逆行列） A を大きさ $n\times n$ の**正方行列**とします。このとき次を満たすような $n\times n$ 正方行列 B が存在することがあります：

$$AB=BA=I. \tag{8.15}$$

ただし，I は大きさ $n\times n$ の**単位行列**です（**メモ 8.20**）。式 (8.15) を満たすような行列 B は，存在する場合ただ 1 つしか存在しないことが知られています（**演習 4**）。このような行列 B を，行列 A の**逆行列** (inverse matrix) といい，$B=A^{-1}$ のように表します。

一般に，正方行列 A が与えられたとき，それが逆行列を持つかどうかの判定は比較的簡単に行うことができます。しかし，逆行列 A^{-1} の要素を求めることは多くの場合とても面倒です。ふつう，私たちは逆行列の要素が何なのかはあまり気にせずに計算を行い，必要な場合にのみコンピュータを使って近似値を求めます。

行列 $\boldsymbol{X}^\top\boldsymbol{X}$ の逆行列に関しては，**8.6 節**でもう少し詳しく調べます。

メモ 8.20（単位行列） 左上から右下の対角成分が 1，それ以外の成分が 0 であるような正方行列を**単位行列** (identity matrix) といいます。たとえば，大きさが 3×3 の単位行列は次の行列です：

$$\begin{pmatrix} 1 & 0 & 0 \\ 0 & 1 & 0 \\ 0 & 0 & 1 \end{pmatrix}.$$

単位行列を表すのに I という記号を使います。単位行列の大きさは（ゼロ行列と同じように）文脈から都合の良いように解釈されます。たとえば，**注意 8.18** で行った計算では行列 $\boldsymbol{X}^\top \boldsymbol{X}$ は 3×3 の正方行列でしたので，**逆行列**を掛けた $(\boldsymbol{X}^\top \boldsymbol{X})^{-1}\boldsymbol{X}^\top \boldsymbol{X}=I$ は 3×3 の単位行列を表します（**メモ 8.19**）。単位行列の大きさを強調したいときに，たとえば大きさ $n \times n$ の単位行列を I_n のような書き方をすることもあります。

単位行列を掛けることは，行列やベクトルを変化させません。たとえば行列 A に単位行列を掛けると次が得られます：

$$IA=AI=A.$$

メモ 8.21（連立方程式を解く方法との関係と多重共線性）　式 (8.14) は，**メモ 8.3** の式 (8.4), (8.5), (8.6) を連立させたものと同値です。また，式 (8.14) の両辺に右側から逆行列を掛けることは，連立方程式 (8.4), (8.5), (8.6) を解くことと同じ意味を持ちます。式 (8.14) を解くために逆行列を求める面倒と，連立方程式 (8.4), (8.5), (8.6) を解く面倒は概ね比較可能といえます。

式 (8.14) が連立方程式と同値であると書きましたが，この連立方程式がうまく解けない場合もありえます。つまり，式 (8.4), (8.5), (8.6) を同時に満たす $\beta_0, \beta_1, \beta_2$ の値の組み合わせが存在しなかったり，ただ 1 つに決まらない場合もありえます。たとえば，標本の大きさが 2 以下だと，解は複数存在してしまいます。(**条件 [8.8]**)。また，2 つの説明変数の間の標本相関係数が 1 である場合も同様です。

こうした場合，式 (8.14) の中の行列 $\boldsymbol{X}^\top \boldsymbol{X}$ は逆行列を持ちません。このような場合を**特異** (singular) と呼びます。特異な場合，ナイーヴな方法を使っても，ベクトルや行列を使っても，最小 2 乗法の推定はうまくいきません。

実際のデータを扱っていて特異な場合に出くわすことはまれといえます。しかし，「特異に近い」といえる場合はときどきあります。たとえば，2 つの説明変数の間に強い相関がある場合などです。こうした場合，推定値は一応計算できるのですが，あまり信頼が置けるものではありません。こうした問題は**多重共線性** (multicollinearlity) と呼ばれます。

例 8.22（車の燃費）　**表 8.2** は，ソフトウェア R の `datasets` ライブラリの `mtcars` より取得した，32 の車種の各性能を記録したデータから燃費，排気量，最終減速比を抜き出したものです。

表 8.2 32 の車種の燃費（mpg, 1 マイルあたりガロン），排気量（disp, 立法インチ），最終減速比（drat）の比較。データは R の `datasets` ライブラリの `mtcars` より取得。車種等詳細は R のオンラインヘルプを参照。

№	mpg	disp	drat	№	mpg	disp	drat
1	21	160	3.9	17	14.7	440	3.23
2	21	160	3.9	18	32.4	78.7	4.08
3	22.8	108	3.85	19	30.4	75.7	4.93
4	21.4	258	3.08	20	33.9	71.1	4.22
5	18.7	360	3.15	21	21.5	120.1	3.7
6	18.1	225	2.76	22	15.5	318	2.76
7	14.3	360	3.21	23	15.2	304	3.15
8	24.4	146.7	3.69	24	13.3	350	3.73
9	22.8	140.8	3.92	25	19.2	400	3.08
10	19.2	167.6	3.92	26	27.3	79	4.08
11	17.8	167.6	3.92	27	26	120.3	4.43
12	16.4	275.8	3.07	28	30.4	95.1	3.77
13	17.3	275.8	3.07	29	15.8	351	4.22
14	15.2	275.8	3.07	30	19.7	145	3.62
15	10.4	472	2.93	31	15	301	3.54
16	10.4	460	3	32	21.4	121	4.11

燃費（mpg）を被説明変数，排気量（disp）と最終減速比（drat）を説明変数とした回帰モデル

$$\mathrm{mpg}_i=\beta_0+\beta_1\mathrm{disp}_i+\beta_2\mathrm{drat}_i+e_i,\quad (i=1,\dots,32),$$

の未知パラメータ β_0,β_1,β_2 の値を推定してみます。計画行列 $\boldsymbol{X}$ は表 8.2 より次のような 32×3 の行列です：

$$\boldsymbol{X}=\begin{pmatrix}1 & 160 & 3.9\\ 1 & 160 & 3.9\\ 1 & 108 & 3.85\\ \vdots & \vdots & \vdots\\ 1 & 121 & 4.11\end{pmatrix}.$$

命題 [8.4] の式(8.11)を使うと推定値は次のように得られます：

$$\begin{pmatrix}\hat{\beta}_0\\ \hat{\beta}_1\\ \hat{\beta}_2\end{pmatrix}=\hat{\boldsymbol{\beta}}=(\boldsymbol{X}^\top\boldsymbol{X})^{-1}\boldsymbol{X}^\top\boldsymbol{y}=\begin{pmatrix}21.84\\ -3.57\times10^{-2}\\ 1.80\end{pmatrix}.$$

排気量の係数の推定値 $\hat{\beta}_1$ は負の値です。つまり推定されたモデルは「排気量の大きい車種の方が燃費が悪い傾向がある」ことを示唆しています。これは直感と整合的といえるでしょう。

8.2 説明変数が k 個の場合

8.2.1 説明変数が k 個の回帰モデル

8.1 節では，説明変数が 2 つの場合の回帰モデルと，それに含まれる未知パラメータの推定について確認をしました。説明変数が 2 つより多い場合にも，8.1 節で確認したことは，注意点も含めて，自然に拡張することができます。ただし，次の条件には注意が必要です（メモ 8.21, 8.53）：

条件：説明変数の数 [8.8]

標本の大きさを N, 説明変数の数を k とします。このとき回帰モデルを推定するためには次が必要です：

$$k+1<N.$$

表 8.3 のように $k+1$ 個の数値項目を持つデータが与えられたときに，k 個の説明変数を使った回帰モデルは次のように定義できます：

表 8.3 $k+1$ 個の数値項目を持つクロスセクショナルなデータの形式。

№	$x^{(1)}$	$x^{(2)}$	$\ldots$	$x^{(k)}$	y
1	$x_1^{(1)}$	$x_1^{(2)}$	$\ldots$	$x_1^{(k)}$	y_1
2	$x_2^{(1)}$	$x_2^{(2)}$	$\ldots$	$x_2^{(k)}$	y_2
$\vdots$	$\vdots$	$\vdots$	$\vdots$	$\vdots$	$\vdots$
N	$x_N^{(1)}$	$x_N^{(2)}$	$\ldots$	$x_N^{(k)}$	y_N

定義：説明変数が k 個の回帰モデル [8.9]

表 8.3 のようなデータが与えられたとき，項目 $x^{(1)},x^{(2)},\ldots,x^{(k)}$ を説明変数とする回帰モデルは次のように定義されます：

$$y_i=\beta_0+\beta_1x_i^{(1)}+\beta_2x_i^{(2)}+\cdots+\beta_kx_i^{(k)}+e_i,\ (i=1,\ldots,N). \tag{8.16}$$

ただし，$\beta_0,\beta_1,\beta_2\ldots,\beta_k$ は未知パラメータ，e_i は実現誤差です。

命題：回帰モデルのベクトルと行列を使った表現 [8.10]

定義 [8.9] の回帰モデルは，ベクトルと行列で次のように表されます：

$$\boldsymbol{y}=\boldsymbol{X}\boldsymbol{\beta}+\boldsymbol{e}. \tag{8.17}$$

ただし，ベクトルと行列を次のように定めます（**命題 [8.3]**）：

$$\boldsymbol{y}=\begin{pmatrix} y_1 \\ y_2 \\ \vdots \\ y_N \end{pmatrix},\ \boldsymbol{X}=\begin{pmatrix} 1 & x_1^{(1)} & x_1^{(2)} & \cdots & x_1^{(k)} \\ 1 & x_2^{(1)} & x_2^{(2)} & \cdots & x_2^{(k)} \\ \vdots & \vdots & \vdots & \vdots & \vdots \\ 1 & x_N^{(1)} & x_N^{(2)} & \cdots & x_N^{(k)} \end{pmatrix},$$

$$\boldsymbol{\beta}=\begin{pmatrix} \beta_0 \\ \beta_1 \\ \beta_2 \\ \vdots \\ \beta_k \end{pmatrix},\ \boldsymbol{e}=\begin{pmatrix} e_1 \\ e_2 \\ \vdots \\ e_N \end{pmatrix}.$$

8.2.2 回帰モデルと確率変数

仮定 [7.2] と同じように，**定義 [8.9]** の被説明変数の背後にそれを生み出した確率変数が存在すると仮定します：

仮定：確率変数としての被説明変数 [8.11]

定義 [8.9] の被説明変数 $y_1,\ldots,y_N$ の背後に，それを生み出した確率変数 $Y_1,\ldots,Y_N$ が存在すると仮定します。さらに，この期待値が次の式で表されることを仮定します：

$$\mathrm{E}(Y_i)=\beta_0+\beta_1 x_i^{(1)}+\cdots+\beta_k x_i^{(k)}. \tag{8.18}$$

ただし，$x_i^{(1)},\ldots,x_i^{(k)}$ は説明変数，$\beta_0,\ldots,\beta_k$ は未知パラメータです。

仮定 [8.11] をベクトルと行列を使って書きなおしてみます。そのために，まず被説明変数のベクトルと期待値ベクトルを次のように定義しましょう：

定義：被説明変数のベクトルと期待値ベクトル [8.12]

仮定 [8.11] の確率変数 $Y_1,\ldots,Y_N$ を並べた列ベクトルを $\boldsymbol{Y}$ とします：

$$\boldsymbol{Y}=\begin{pmatrix} Y_1 \\ \vdots \\ Y_N \end{pmatrix}.$$

確率変数のベクトル $\boldsymbol{Y}$ の**期待値ベクトル** $\mathrm{E}(\boldsymbol{Y})$ を，期待値 $\mathrm{E}(Y_1),\ldots,$ $\mathrm{E}(Y_N)$ を並べた列ベクトルで定めます：

$$\mathrm{E}(\boldsymbol{Y})=\begin{pmatrix} \mathrm{E}(Y_1) \\ \vdots \\ \mathrm{E}(Y_N) \end{pmatrix}.$$

定義 [8.12] のようにベクトルの表記を定めると，**仮定 [8.11]** は次のように書くことができます：

仮定：確率変数としての説明変数 [8.13]

命題 [8.10] で定められる**被説明変数のベクトル** $\boldsymbol{y}$ の背後にそれを生み出した確率変数のベクトル $\boldsymbol{Y}$ が存在すると仮定します（**定義 [8.12]**）。さらに，この**期待値ベクトル**が次の式で表されることを仮定します（式 (8.18)）：

$$\mathrm{E}(\boldsymbol{Y})=\boldsymbol{X\beta}.$$

ただし，$\boldsymbol{X}$ と $\boldsymbol{\beta}$ はそれぞれ**命題 [8.10]** で定めた**計画行列**と**未知パラメータのベクトル**です。

定義：回帰モデルの誤差ベクトル [8.14]

仮定 [8.11] のもとで，確率変数としての被説明変数 $\boldsymbol{Y}$ に対応する**誤差ベクトル** (error vector) $\boldsymbol{\varepsilon}$ は次で定められます：

$$\boldsymbol{\varepsilon}=\begin{pmatrix} \varepsilon_1 \\ \vdots \\ \varepsilon_N \end{pmatrix}=\boldsymbol{Y}-\mathrm{E}(\boldsymbol{Y})=\boldsymbol{Y}-\boldsymbol{X\beta}.$$

ただし，ε_i は被説明変数 Y_i に対応する誤差で，次で定められます：

$$\varepsilon_i = Y_i - \mathrm{E}(Y_i) = Y_i - \beta_0 - \beta_1 x_i^{(1)} - \cdots - \beta_k x_i^{(k)}.$$

定義［8.14］と**命題**［8.10］から次が導かれます：

命題：誤差ベクトルの期待値と実現値 ［8.15］

確率変数のベクトル $\boldsymbol{\varepsilon}$ を**定義**［8.14］で定義される**誤差ベクトル**とします。このとき，$\mathrm{E}(\boldsymbol{\varepsilon})=\mathbf{0}$ です。また，帰結 $\boldsymbol{\omega}$ が与えられたときの誤差ベクトルの実現値は**命題**［8.10］で定められる**実現誤差のベクトル** $\boldsymbol{e}$ です：

$$\boldsymbol{\varepsilon}(\omega) = \begin{pmatrix} \varepsilon_1(\omega) \\ \vdots \\ \varepsilon_N(\omega) \end{pmatrix} = \begin{pmatrix} e_1 \\ \vdots \\ e_N \end{pmatrix} = \boldsymbol{e}.$$

定義［8.14］の誤差ベクトル $\boldsymbol{\varepsilon}$ を定める式を変形すると次が得られます：

命題：確率変数と回帰モデル ［8.16］

定義［8.14］の誤差ベクトル $\boldsymbol{\varepsilon}$ を使うと確率変数としての被説明変数 $\boldsymbol{Y}$ は次の式で表すことができます：

$$\boldsymbol{Y} = \boldsymbol{X}\boldsymbol{\beta} + \boldsymbol{\varepsilon}.$$

8.2.3　最小２乗法によるパラメータの推定と残差

パラメータの推定値は**命題**［8.4］と同じように与えられます：

命題：回帰モデルの最小２乗推定値 ［8.17］

命題［8.10］において行列 $\boldsymbol{X}^\top\boldsymbol{X}$ が逆行列 $(\boldsymbol{X}^\top\boldsymbol{X})^{-1}$ を持つとき，未知パラメータ $\beta_0, \ldots, \beta_k$ の最小２乗推定値 $\hat{\beta}_0, \ldots, \hat{\beta}_k$ を並べた列ベクトル $\hat{\boldsymbol{\beta}}$ は次で与えられます：

$$\hat{\boldsymbol{\beta}} = \begin{pmatrix} \hat{\beta}_0 \\ \vdots \\ \hat{\beta}_k \end{pmatrix} = (\boldsymbol{X}^\top\boldsymbol{X})^{-1}\boldsymbol{X}^\top\boldsymbol{y}. \tag{8.19}$$

注意 8.23（期待値の推定） **注意 7.13** と同じように，確率変数 Y_i の期待値を次の $\hat{\mu}_i$ によって推定できます：

$$\hat{\mu}_i = \hat{\beta}_0 + \hat{\beta}_1 x_i^{(1)} + \cdots + \hat{\beta}_k x_i^{(k)}.$$

ただし，$\hat{\beta}_0, \ldots, \hat{\beta}_K$ は**命題［8.17］**で得られた推定値です。

この期待値の推定値を並べた列ベクトル $\hat{\boldsymbol{\mu}}$ は次のように表されます：

$$\hat{\boldsymbol{\mu}} = \begin{pmatrix} \hat{\mu}_1 \\ \vdots \\ \hat{\mu}_N \end{pmatrix} = \boldsymbol{X}\hat{\boldsymbol{\beta}} = \boldsymbol{X}(\boldsymbol{X}^\top \boldsymbol{X})^{-1} \boldsymbol{X}^\top \boldsymbol{y}.$$

残差は，被説明変数の観測値と期待値の推定値の差です（7.2.2 節）：

命題：回帰モデルの残差 ［8.18］

命題［8.10］の回帰モデルのパラメータ $\boldsymbol{\beta}$ を**命題［8.17］**の $\hat{\boldsymbol{\beta}}$ で推定したとします。このとき，**残差**

$$\hat{e}_i = y_i - \hat{\mu}_i = y_i - \hat{\beta}_0 - \hat{\beta}_1 x_i^{(1)} - \cdots - \hat{\beta}_k x_i^{(k)},$$

を並べた列ベクトル $\hat{\boldsymbol{e}}$ は次のように表されます：

$$\hat{\boldsymbol{e}} = \begin{pmatrix} \hat{e}_1 \\ \vdots \\ \hat{e}_N \end{pmatrix} = \boldsymbol{y} - \boldsymbol{X}\hat{\boldsymbol{\beta}} = (\boldsymbol{I} - \boldsymbol{X}(\boldsymbol{X}^\top \boldsymbol{X})^{-1} \boldsymbol{X}^\top)\boldsymbol{y}. \tag{8.20}$$

8.2.4　回帰モデルの当てはまりの良さ

7.2.3 節では，単回帰モデルの当てはまりの良さを評価するための**決定係数**を確認しました。説明変数が複数ある場合でも決定係数を使って評価をすることができます。

注意 8.24（決定係数） 式(8.20)で得られる残差の 2 乗和 $S_{\hat{e}}^2 = \sum_{i=1}^N \hat{e}_i^2$ と，被説明変数のばらつき $S_y^2 = \sum_{i=1}^N (y_i - \bar{y})^2$ から次のように決定係数を計算できます：

$$R^2 = 1 - \frac{S_{\hat{e}}^2}{S_y^2}.$$

ただし，次の点に注意が必要です：

注意 8.25（調整済み決定係数）　たとえ被説明変数と何の関係もないものであっても，適当な項目を説明変数に加えると，回帰モデルの残差は減少します（注意 8.73）。この効果を加味し，次で定義される**調整済み決定係数** (adjusted coefficient of determination) が使われることもあります：

$$R^2_{\mathrm{adj}}=1-\frac{(N-1)S^2_{\hat{e}}}{(N-k-1)S^2_y}.$$

ただし，N は標本の大きさ，k は回帰モデルに含まれる説明変数の数です。

8.3　推定量と確率変数としての残差

前章で確認した単回帰モデルの場合と同じように，データから回帰モデルを推定するだけであれば，8.2 節までの知識で十分です。前章と同じように，パラメータに関する統計的仮説検定を行う準備として，パラメータの推定値に対応する推定量を考えます。

8.3.1　推定値と実現誤差

次の関係は単回帰モデルの**命題 [7.12]** に対応します：

命題：最小 2 乗推定値と実現誤差　[8.19]

回帰モデル式 (8.17) の中の未知パラメータ $\boldsymbol{\beta}$，その最小 2 乗推定値 $\hat{\boldsymbol{\beta}}$，実現誤差 $\boldsymbol{e}$ の間には次の関係があります（演習 5）：

$$\hat{\boldsymbol{\beta}}=\boldsymbol{\beta}+(\boldsymbol{X}^\top\boldsymbol{X})^{-1}\boldsymbol{X}^\top\boldsymbol{e}. \tag{8.21}$$

ただし $\boldsymbol{X}$ は回帰モデルの計画行列です。

注意 8.26（最小 2 乗推定値と実現誤差）　式 (8.21) の右辺第 1 項の $\boldsymbol{\beta}$ は，私たちが推定したいと考えている目標です。右辺の第 2 項は，実現誤差 $\boldsymbol{e}$ によって値が決まります。この式は，推定値 $\hat{\boldsymbol{\beta}}$ が実現誤差 $\boldsymbol{e}$ によって目標の $\boldsymbol{\beta}$ からずらされている様子を表しています（**注意 7.22**）。

8.3.2 誤差ベクトル

実現誤差がどのように推定値に影響したのかを考えるために，単回帰モデルの**仮定**［7.15］と同じものを，**定義**［8.14］の誤差にも置きます：

仮定：誤差 ［8.20］

誤差 $\varepsilon_1, \ldots, \varepsilon_N$ は互いに独立に期待値 0, 分散 σ^2 の**正規分布**に従う。分散 σ^2 はすべての誤差について共通ですが，その値は未知であるとします。

仮定［8.20］は，ベクトルを使うと次のように書くことができます：

仮定：誤差ベクトル ［8.21］

定義［8.14］で定めた誤差ベクトル $\boldsymbol{\varepsilon}$ は次の N 変数の正規分布に従うと仮定します：

$$\boldsymbol{\varepsilon} \sim \mathrm{N}(\mathbf{0}, \sigma^2 I).$$

ただし，σ^2 は誤差分散，I は大きさ $N \times N$ の単位行列です。

注意 8.27（誤差の分布） **仮定**［8.20］と**仮定**［8.21］が同じであることは次のように確かめられます。まず，誤差ベクトル $\boldsymbol{\varepsilon}$ が N 変数の正規分布に従うことは，**仮定**［8.20］より，個々の要素 $\varepsilon_1, \ldots, \varepsilon_N$ が互いに独立に正規分布に従うことからわかります（**定義**［5.10］）。

多変数の正規分布は，期待値ベクトルと分散共分散行列が求められれば特定されます。まず，期待値ベクトルが $\mathrm{E}(\boldsymbol{\varepsilon})=\mathbf{0}$ であることはすでに**命題**［8.15］で確認しました。

確率変数 $\boldsymbol{\varepsilon}$ の分散共分散行列は，$\mathrm{Cov}(\varepsilon_i, \varepsilon_j)$ を i 行 j 列要素に配置した行列です（**注意 5.15**）。これは次のように計算できます：

$$\mathrm{Cov}(\varepsilon_i, \varepsilon_j)=\mathrm{E}((\varepsilon_i-0)(\varepsilon_j-0))=\mathrm{E}(\varepsilon_i\varepsilon_j)=\begin{cases} \mathrm{V}(\varepsilon_i)=\sigma^2, & (i=j), \\ 0, & (i\neq j). \end{cases}$$

$i\neq j$ のとき共分散の値が 0 になるのは誤差が互いに独立であることによります。分散共分散行列は次のように計算できます：

$$
\begin{aligned}
\mathrm{E}\left(\boldsymbol{\varepsilon}\boldsymbol{\varepsilon}^\top\right)&=\mathrm{E}\left(\begin{pmatrix}\varepsilon_1\\ \varepsilon_2\\ \vdots\\ \varepsilon_N\end{pmatrix}\begin{pmatrix}\varepsilon_1 & \varepsilon_2 & \cdots & \varepsilon_N\end{pmatrix}\right)\\
&=\mathrm{E}\left(\begin{pmatrix}\varepsilon_1\varepsilon_1 & \varepsilon_1\varepsilon_2 & \cdots & \varepsilon_1\varepsilon_N\\ \varepsilon_2\varepsilon_1 & \varepsilon_2\varepsilon_2 & \cdots & \varepsilon_2\varepsilon_N\\ \vdots & \vdots & \ddots & \vdots\\ \varepsilon_N\varepsilon_1 & \varepsilon_N\varepsilon_2 & \cdots & \varepsilon_N\varepsilon_N\end{pmatrix}\right)\\
&=\begin{pmatrix}\mathrm{E}(\varepsilon_1\varepsilon_1) & \mathrm{E}(\varepsilon_1\varepsilon_2) & \cdots & \mathrm{E}(\varepsilon_1\varepsilon_N)\\ \mathrm{E}(\varepsilon_2\varepsilon_1) & \mathrm{E}(\varepsilon_2\varepsilon_2) & \cdots & \mathrm{E}(\varepsilon_2\varepsilon_N)\\ \vdots & \vdots & \ddots & \vdots\\ \mathrm{E}(\varepsilon_N\varepsilon_1) & \mathrm{E}(\varepsilon_N\varepsilon_2) & \cdots & \mathrm{E}(\varepsilon_N\varepsilon_N)\end{pmatrix}\\
&=\begin{pmatrix}\sigma^2 & 0 & \cdots & 0\\ 0 & \sigma^2 & \cdots & 0\\ \vdots & \vdots & \ddots & \vdots\\ 0 & 0 & \cdots & \sigma^2\end{pmatrix}=\sigma^2 I. \qquad (8.22)
\end{aligned}
$$

ただし，上の計算で，行列の期待値は，行列の各要素の期待値の行列を表すことにしました。

8.3.3　パラメータの推定量

単回帰モデルの場合と同じように，パラメータの推定量を考えます。

定義：パラメータの推定量　　[8.22]

式(8.21)で，実現誤差 $\boldsymbol{e}$ を実現する前の誤差 $\boldsymbol{\varepsilon}$ に戻した確率変数をパラメータ $\boldsymbol{\beta}$ の**推定量**といいます（**定義［7.13］**）：

$$\hat{\boldsymbol{\beta}}=\boldsymbol{\beta}+(\boldsymbol{X}^\top\boldsymbol{X})^{-1}\boldsymbol{X}^\top\boldsymbol{\varepsilon}. \qquad (8.23)$$

注意 8.28（推定値と推定量の表記）　パラメータ $\boldsymbol{\beta}$ の**推定量**を $\hat{\boldsymbol{\beta}}$ で表すとしたら，**推定値**はその実現値なので，$\hat{\boldsymbol{\beta}}(\omega)$ と表すべきでした。この先，区別が必要な場合には，推定量を $\hat{\boldsymbol{\beta}}$，推定値を $\hat{\boldsymbol{\beta}}(\omega)$ のように表記します（**メモ 6.24** 参照）。

命題：推定量の分布 [8.23]

説明変数が k 個の回帰モデルの未知パラメータ $\boldsymbol{\beta}$ の推定量 $\hat{\boldsymbol{\beta}}$ は，**仮定 [8.20]** のもとで，$k+1$ **変数の正規分布**に従います。すなわち，

$$\hat{\boldsymbol{\beta}} \sim \mathrm{N}(\boldsymbol{\beta}, \sigma^2(\boldsymbol{X}^\top \boldsymbol{X})^{-1}),$$

です。ただし，σ^2 は**誤差分散**，$\boldsymbol{X}$ は回帰モデルの**計画行列**です。

注意 8.29（推定量の分布）　**命題 [8.23]** は次のように確かめられます。まず，推定量 $\hat{\boldsymbol{\beta}}$ が $k+1$ 変数の正規変数であることは次のように示されます。式 (8.23) の右辺の誤差 $\boldsymbol{\varepsilon}$ は互いに独立な正規変数のベクトルです（**仮定 [8.21]**）。また，誤差に掛けられている $(k+1)\times N$ 行列 $(\boldsymbol{X}^\top \boldsymbol{X})^{-1}\boldsymbol{X}^\top$ の要素はすべて定数なので，$(\boldsymbol{X}^\top \boldsymbol{X})^{-1}\boldsymbol{X}^\top \boldsymbol{\varepsilon}$ は大きさ $k+1$ のベクトルで，その各要素は独立な正規変数の線形和です。$\boldsymbol{\beta}$ は（値は未知の）大きさ $k+1$ の定数のベクトルですので，これらの和は $k+1$ 変数の正規変数です（**定義 [5.10]**）。

期待値ベクトルを求めましょう。式 (8.23) の両辺の期待値を取ると，

$$\begin{aligned}\mathrm{E}(\hat{\boldsymbol{\beta}}) &= \mathrm{E}\left(\boldsymbol{\beta} + (\boldsymbol{X}^\top \boldsymbol{X})^{-1}\boldsymbol{X}^\top \boldsymbol{\varepsilon}\right)\\ &= \boldsymbol{\beta} + (\boldsymbol{X}^\top \boldsymbol{X})^{-1}\boldsymbol{X}^\top \mathrm{E}(\boldsymbol{\varepsilon})\\ &= \boldsymbol{\beta} + (\boldsymbol{X}^\top \boldsymbol{X})^{-1}\boldsymbol{X}^\top \mathbf{0} = \boldsymbol{\beta},\end{aligned}$$

が得られます。期待値と，推定の目標が一致していますので，推定量 $\hat{\boldsymbol{\beta}}$ は不偏であることがわかります。

次に分散共分散行列を求めます。分散共分散行列は，**注意 8.27** で行った計算と同じように求められます：

$$\begin{aligned}\mathrm{V}(\hat{\boldsymbol{\beta}}) &= \mathrm{E}\left((\hat{\boldsymbol{\beta}} - \boldsymbol{\beta})(\hat{\boldsymbol{\beta}} - \boldsymbol{\beta})^\top\right)\\ &= \mathrm{E}\left((\boldsymbol{X}^\top \boldsymbol{X})^{-1}\boldsymbol{X}^\top \boldsymbol{\varepsilon}\boldsymbol{\varepsilon}^\top \boldsymbol{X}(\boldsymbol{X}^\top \boldsymbol{X})^{-1}\right)\\ &= (\boldsymbol{X}^\top \boldsymbol{X})^{-1}\boldsymbol{X}^\top \mathrm{E}(\boldsymbol{\varepsilon}\boldsymbol{\varepsilon}^\top)\boldsymbol{X}(\boldsymbol{X}^\top \boldsymbol{X})^{-1}\\ &= (\boldsymbol{X}^\top \boldsymbol{X})^{-1}\boldsymbol{X}^\top \sigma^2 \boldsymbol{I}\boldsymbol{X}(\boldsymbol{X}^\top \boldsymbol{X})^{-1}\\ &= \sigma^2(\boldsymbol{X}^\top \boldsymbol{X})^{-1}\boldsymbol{X}^\top \boldsymbol{X}(\boldsymbol{X}^\top \boldsymbol{X})^{-1}\\ &= \sigma^2(\boldsymbol{X}^\top \boldsymbol{X})^{-1}.\end{aligned}$$

命題 [8.23] は，個々の推定量 $\hat{\beta}_0, \ldots, \hat{\beta}_k$ が正規分布に従うことも意味しています。たとえば，推定量 $\hat{\beta}_1$ の分布については次のことがわかります。これは単回帰モデルの**命題 [7.16]** に対応します：

推定量 $\hat{\beta}_1$ の分布 [8.24]

定義 [8.22] で与えられる推定量

$$\begin{pmatrix} \hat{\beta}_0 \\ \hat{\beta}_1 \\ \vdots \\ \hat{\beta}_k \end{pmatrix} = \hat{\boldsymbol{\beta}} = \boldsymbol{\beta} + (\boldsymbol{X}^\top \boldsymbol{X})^{-1} \boldsymbol{X}^\top \boldsymbol{\varepsilon},$$

の要素 $\hat{\beta}_1$ は，**仮定 [8.20]** のもとで，期待値 β_1，分散 $\sigma^2[(\boldsymbol{X}^\top \boldsymbol{X})^{-1}]_{2,2}$ の正規分布に従います：

$$\hat{\beta}_1 \sim \mathrm{N}\left(\beta_1, \sigma^2[(\boldsymbol{X}^\top \boldsymbol{X})^{-1}]_{2,2}\right).$$

ただし，β_1 は未知パラメータ，σ^2 は未知の誤差分散，$[(\boldsymbol{X}^\top \boldsymbol{X})^{-1}]_{2,2}$ は行列 $(\boldsymbol{X}^\top \boldsymbol{X})^{-1}$ の 2 行 2 列要素を表します（メモ 8.7）。

8.3.4 ガウス・マルコフの定理

注意 8.30（最良線形不偏推定量） 8.3.3 節で確認した最小 2 乗推定量 $\hat{\boldsymbol{\beta}}$ は**最良線形不偏推定量** (best linear unbiased estimator, BLUE) と呼ばれます。これは，**線形**（注意 8.31）で**不偏**（6.7.1 節）な推定量の中で，最も**良い**という意味です。ここで，良いというのは，**効率的である**（6.7.2 節）ことを指しています。

注意 8.31（線形な推定量） 被説明変数を $\boldsymbol{Y}$ としたとき，ある定数の行列 A を使って，$A\boldsymbol{Y}$ の形で表されるような推定量を**線形な推定量** (linear estimator) といいます。

最小 2 乗推定量 $\hat{\boldsymbol{\beta}}$ は，$\hat{\boldsymbol{\beta}} = (\boldsymbol{X}^\top \boldsymbol{X})^{-1} \boldsymbol{X}^\top \boldsymbol{Y}$ のように定数の行列と被説明変数の掛け算で表されるので，線形です。

注意 8.32（不偏性） **仮定 [8.20]** のもとで最小 2 乗推定量 $\hat{\boldsymbol{\beta}}$ が不偏であることは，**注意 8.29** ですでに確認しました。

注意 8.33（ガウス・マルコフの定理） 線形で不偏な推定量の中で，**定義 [8.22]** の最小 2 乗推定量 $\hat{\boldsymbol{\beta}}=(\boldsymbol{X}^\top\boldsymbol{X})^{-1}\boldsymbol{X}^\top\boldsymbol{Y}$ が最も効率的である，という命題は，**ガウス・マルコフの定理**(Gauss-Markov theorem) と呼ばれています。証明は次のように行われます：

$\tilde{\boldsymbol{\beta}}$ を，最小 2 乗推定量 $\hat{\boldsymbol{\beta}}$ とは別の線形不偏推定量とします。推定量 $\tilde{\boldsymbol{\beta}}$ は線形なので，何か適当な定数行列 A を使って $\tilde{\boldsymbol{\beta}}=A\boldsymbol{Y}$ という形に書くことができるはずです。ここで，推定量 $\tilde{\boldsymbol{\beta}}$ と $\hat{\boldsymbol{\beta}}$ は違う，ということを強調するために，$A=B+(\boldsymbol{X}^\top\boldsymbol{X})^{-1}\boldsymbol{X}^\top$ と置きます。すると，

$$
\begin{aligned}
\tilde{\boldsymbol{\beta}}&=\left(B+(\boldsymbol{X}^\top\boldsymbol{X})^{-1}\boldsymbol{X}^\top\right)\boldsymbol{Y}\\
&=(B\boldsymbol{X}+I)\boldsymbol{\beta}+\left(B+(\boldsymbol{X}^\top\boldsymbol{X})^{-1}\boldsymbol{X}^\top\right)\boldsymbol{\varepsilon},
\end{aligned}
$$

が得られます。推定量 $\tilde{\boldsymbol{\beta}}$ は不偏なので，期待値は $\boldsymbol{\beta}$ でなければなりません。このことから，$B\boldsymbol{X}=\boldsymbol{O}$ が必要なことがわかります。

次に，推定量 $\tilde{\boldsymbol{\beta}}$ の分散共分散行列を計算すると，

$$
\begin{aligned}
&\mathrm{E}\left((\tilde{\boldsymbol{\beta}}-\boldsymbol{\beta})(\tilde{\boldsymbol{\beta}}-\boldsymbol{\beta})^\top\right)\\
&=\mathrm{E}\left((B+(\boldsymbol{X}^\top\boldsymbol{X})^{-1}\boldsymbol{X}^\top)\boldsymbol{\varepsilon}\boldsymbol{\varepsilon}^\top(B+(\boldsymbol{X}^\top\boldsymbol{X})^{-1}\boldsymbol{X}^\top)^\top\right)\\
&=\sigma^2\left(BB^\top+B\boldsymbol{X}(\boldsymbol{X}^\top\boldsymbol{X})^{-1}\right.\\
&\qquad\left.+(\boldsymbol{X}^\top\boldsymbol{X})^{-1}\boldsymbol{X}^\top B^\top+(\boldsymbol{X}^\top\boldsymbol{X})^{-1}\right)\\
&=\sigma^2\left(BB^\top+(\boldsymbol{X}^\top\boldsymbol{X})^{-1}\right),
\end{aligned}
$$

が得られます。ただし，不偏性より導いた $B\boldsymbol{X}=\boldsymbol{O}$ を使いました。

未知パラメータのベクトル $\boldsymbol{\beta}$ に含まれる i 番目の未知パラメータ β_i に対する推定量 $\tilde{\beta}_i$ の分散は，

$$
\begin{aligned}
\mathrm{V}(\tilde{\beta}_i)&=\sigma^2\left([BB^\top]_{i,i}+[(\boldsymbol{X}^\top\boldsymbol{X})^{-1}]_{i,i}\right)\\
&=\sigma^2[BB^\top]_{i,i}+\mathrm{V}(\hat{\beta}_i),
\end{aligned}
$$

のように計算されます。行列 B の要素がどんな実数であっても，行列 $BB^\top$ の i 行 i 列目の要素は非負です（演習 6）。したがって $\mathrm{V}(\tilde{\beta}_i)\geq\mathrm{V}(\hat{\beta}_i)$ が成り立ち，推定量 $\hat{\beta}_i$ が最も効率的であることがわかります。

8.3.5 確率変数としての残差

命題 [8.17] で確認したように，残差 $\hat{\boldsymbol{e}}$ は観測値としての被説明変数 $\boldsymbol{y}$ と

計画行列 $\boldsymbol{X}$ のみから計算されるので，観測が可能な量です。ここでは，**7.4.3 節**と同じように，確率変数としての残差を考えます。

まず，残差と実現誤差の関係を考えます：

注意 8.34（残差と実現誤差の関係） 式(8.20)の右辺の被説明変数 $\boldsymbol{y}$ にもとの回帰モデル $\boldsymbol{y}=\boldsymbol{X\beta}+\boldsymbol{e}$ を代入すると次が得られます：

$$\begin{aligned}\hat{\boldsymbol{e}}&=(I-\boldsymbol{X}(\boldsymbol{X}^\top\boldsymbol{X})^{-1}\boldsymbol{X}^\top)(\boldsymbol{X\beta}+\boldsymbol{e})\\&=\boldsymbol{X\beta}-\boldsymbol{X}(\boldsymbol{X}^\top\boldsymbol{X})^{-1}\boldsymbol{X}^\top\boldsymbol{X\beta}+(I-\boldsymbol{X}(\boldsymbol{X}^\top\boldsymbol{X})^{-1}\boldsymbol{X}^\top)\boldsymbol{e}\\&=(I-\boldsymbol{X}(\boldsymbol{X}^\top\boldsymbol{X})^{-1}\boldsymbol{X}^\top)\boldsymbol{e}.\end{aligned}\tag{8.24}$$

定義：確率変数としての残差 [8.25]

注意 8.34 の式(8.24)で，実現誤差 $\boldsymbol{e}$ を誤差 $\boldsymbol{\varepsilon}$ と入れ替えた

$$\hat{\boldsymbol{e}}=(I-\boldsymbol{X}(\boldsymbol{X}^\top\boldsymbol{X})^{-1}\boldsymbol{X}^\top)\boldsymbol{\varepsilon},\tag{8.25}$$

は，確率変数です。これを，**確率変数としての残差**と呼びましょう。

注意 8.35（残差の表記） 式(7.17)で考えた，実数としての残差と，式(7.18)で考えた，確率変数としての残差の両方を表すのに $\hat{\boldsymbol{e}}$ という記号を使ってきました。この先，区別する必要がある場合，**残差の実現値**を $\hat{\boldsymbol{e}}(\omega)$，**確率変数としての残差**を $\hat{\boldsymbol{e}}$ と表すことにします。

命題：残差の分布 [8.26]

仮定［8.20］のもとで残差 $\hat{\boldsymbol{\varepsilon}}$ は正規分布に従います（演習 7）：

$$\hat{\boldsymbol{e}}\sim \mathrm{N}(\boldsymbol{0},\sigma^2(I-\boldsymbol{X}(\boldsymbol{X}^\top\boldsymbol{X})^{-1}\boldsymbol{X}^\top)).$$

ただし $\boldsymbol{X}$ は計画行列，σ^2 は誤差分散です。

単回帰モデルの場合の**命題［7.19］**と同じように，残差の 2 乗和の分布が次のように知られています：

命題：残差の 2 乗和の分布 [8.27]

仮定［8.20］のもとで，式(8.25)で与えられる残差 $\hat{\boldsymbol{e}}$ の要素 $\hat{e}_1,\ldots,\hat{e}_N$ を誤差の標準偏差 $\boldsymbol{\sigma}$ で割ったものの 2 乗和は，

$$\sum_{i=1}^{N}\left(\frac{\hat{e}_i}{\sigma}\right)^2=\frac{\sum_{i=1}^{N}\hat{e}_i^2}{\sigma^2}=\frac{\hat{\boldsymbol{e}}^\top\hat{\boldsymbol{e}}}{\sigma^2}\sim\chi^2(N-k-1),$$

のように，自由度 $N-k-1$ の χ^2 分布に従います。

メモ 8.36（残差の自由度） **命題［8.27］**では，N 個の正規変数の 2 乗和を考えているのに，その分布の自由度は $N-k-1$ です。このように自由度が減らされている理由は $\hat{e}_1,\ldots,\hat{e}_N$ が互いに独立でないことです（**メモ 7.30**）。直感的には，$k+1$ 個の未知パラメータ $\beta_0,\ldots,\beta_k$ を推定したことによって，もともと N あったはずの自由度が $k+1$ だけ減ってしまった，と考えることができます。このことは **8.6 節**で確認します。

8.3.6　推定量と残差

命題：推定量と残差　［8.28］

仮定［8.20］のもとで，式(8.23)で与えられる推定量 $\hat{\boldsymbol{\beta}}$ と，式(8.25)で与えられる残差 $\hat{\boldsymbol{e}}$ は互いに独立です。

注意 8.37（推定量と残差） 推定量 $\hat{\boldsymbol{\beta}}$ も，残差 $\hat{\boldsymbol{e}}$ も，同じ確率変数 $\boldsymbol{\varepsilon}$ を変換して作った確率変数です。それにも関わらず**命題［8.28］**は，両者が互いに独立であることを主張しています。一見すると，このことは不自然ですが，**仮定［8.20］**のもとで**命題［8.28］**が正しいことは，次のように確かめることができます。式 (8.23), (8.25) より推定量 $\hat{\beta}_0,\ldots,\hat{\beta}_k$ も残差 $\hat{e}_1,\ldots,\hat{e}_N$ も，誤差 $\varepsilon_1,\ldots,\varepsilon_N$ の線形和であることがわかります。したがって，たとえば推定量 $\hat{\beta}_i$ と残差 $\hat{e}_j$ の順序対 $(\hat{\beta}_i,\hat{e}_j)$ は 2 変数の正規変数です（**定義［5.6］**参照）。このとき，推定量 $\hat{\beta}_i$ と残差 $\hat{e}_j$ が互いに独立であることを示すには，無相関であることを示せば十分です（**命題［5.8］**参照）。共分散 $\mathrm{Cov}(\hat{\beta}_i,\hat{e}_j)$ を i 行 j 列要素に配置した行列を計算すると次が得られます（演習 8）：

$$\mathrm{E}\left((\hat{\boldsymbol{\beta}}-\boldsymbol{\beta})\hat{\boldsymbol{e}}^\top\right)=\boldsymbol{O}.$$

右辺のゼロ行列 $\boldsymbol{O}$ はすべての要素が 0 である行列なので（**メモ 8.17**），可能な i,j の組合せのどれに対しても，$\mathrm{Cov}(\hat{\beta}_i,\hat{e}_j)=0$ であることが示されます。これらより，推定量と残差は互いに独立であることが確認できます。

命題［8.24］，［8.27］，［8.28］から，単回帰モデルの**命題［7.21］**に対応す

る命題が得られます：

命題：推定量と非心 t 分布 [8.29]

仮定 [8.20] のもとで，確率変数

$$t_{\hat{\beta}_1}=\hat{\beta}_1\sqrt{\frac{N-k-1}{\hat{\boldsymbol{e}}^\top\hat{\boldsymbol{e}}[(\boldsymbol{X}^\top\boldsymbol{X})^{-1}]_{2,2}}},$$

は自由度 $N-k-1$, 非心パラメータ

$$\frac{\beta_1}{\sqrt{\sigma^2[(\boldsymbol{X}^\top\boldsymbol{X})^{-1}]_{2,2}}},$$

の非心 t 分布に従います。ただし，β_1, σ^2 は未知パラメータ，$\hat{\beta}_1$ は未知パラメータ β_1 の最小 2 乗推定量，$\hat{\boldsymbol{e}}$ は確率変数としての残差，N は標本の大きさ，k は回帰モデルに含まれる説明変数の数，$\boldsymbol{X}$ は計画行列，$[(\boldsymbol{X}^\top\boldsymbol{X})^{-1}]_{2,2}$ は行列 $(\boldsymbol{X}^\top\boldsymbol{X})^{-1}$ の 2 行 2 列要素をそれぞれ表します。

特に，$\beta_1=0$ のときに限り，非心パラメータの値が 0 になるので，確率変数 $t_{\hat{\beta}_1}$ の従う分布は自由度 $N-k-1$ の t 分布になります。

8.4 統計的仮説検定

8.4.1 t 検定

$k+1$ 個の項目を持つクロスセクショナルなデータに回帰モデル

$$y_i=\beta_0+\beta_1x_i^{(1)}+\cdots+\beta_kx_i^{(k)}+e_i,\ (i=1,\ldots,N),$$

を当てはめたとします。この回帰モデルに含まれる説明変数 $\boldsymbol{x}^{(1)},\ldots,\boldsymbol{x}^{(k)}$ のうちどれか 1 つに注目して，それと被説明変数との関係が**有意**であることを示すことを考えます。この場合の手順は，**7.5 節の手順 [7.22]** と自由度以外は同じです：

注意 8.38（回帰モデルを使った右側 t 検定） **手順 [7.22]** とは次のような比較が可能です：

(1) 注目している説明変数を $x^{(1)}$ とすると帰無仮説と対立仮説は次のように定められます：

$$H_0 : \beta_1 = 0,\ H_1 : \beta_1 > 0.$$

(2) 分位数 $r_{0.1}, r_{0.05}, r_{0.01}$ を求めるとき，t 分布の自由度を $N-k-1$ とします。ただし，N は標本の大きさ，k は説明変数の数です。

(3) **t 値**を計算する式は次を使います：

$$t_{\hat{\beta}_1}(\omega) = \hat{\beta}_1(\omega)\sqrt{\frac{N-k-1}{\hat{\boldsymbol{e}}(\omega)^\top \hat{\boldsymbol{e}}(\omega)[(\boldsymbol{X}^\top \boldsymbol{X})^{-1}]_{2,2}}}.$$

ただし，$\hat{\beta}_1(\omega)$ は式 (8.19) で計算される未知パラメータ β_1 の最小 2 乗推定値，$\hat{\boldsymbol{e}}(\omega)$ は式 (8.20) の実現値としての残差のベクトル，$[(\boldsymbol{X}^\top \boldsymbol{X})^{-1}]_{2,2}$ は，逆行列 $(\boldsymbol{X}^\top \boldsymbol{X})^{-1}$ の 2 行 2 列目の要素，$\boldsymbol{X}$ は計画行列をそれぞれ表します。

(4) 上の (1) で求めた右側分位数と (2) で求めた $t_{\hat{\beta}_1}$ を比較して検定を行います。

注意 8.39（p 値の利用） p 値を使った検定も，自由度を変更するだけで，**手順［7.32］**と同じように行うことができます。

例 8.40（車の燃費――t 検定） **例 8.22** のデータを使って，t 検定を行います。**例 8.22** では，排気量 (disp) の係数の推定値が $\hat{\beta}_1(\omega) = -3.57\times10^{-2}$ でした。これが有意なのかを調べてみます。排気量が大きいほど燃費は悪くなることはあらかじめ見込まれるので，対立仮説を $H_1 : \beta_1 < 0$ としましょう。標本の大きさ $N=32$，説明変数の数 $k=2$，残差 2 乗和 $\hat{\boldsymbol{e}}(\omega)^\top \hat{\boldsymbol{e}}(\omega) = 303$，逆行列の 2 行 2 列目の要素 $[(\boldsymbol{X}^\top \boldsymbol{X})^{-1}]_{2,2} = 4.24\times10^{-6}$ を代入すると，

$$t_{\hat{\beta}_1}(\omega) = -3.57\sqrt{\frac{32-2-1}{303\times4.24\times10^{-6}}} = -5.37,$$

です。自由度 $32-2-1=29$ の t 分布から左側検定の p 値を求めると $P(t_{\hat{\beta}_1} < -5.37 | H_0) = 4.60\times10^{-6} < 0.01$ で，帰無仮説 $H_0 : \beta_1 = 0$ は 1% 有意で棄却できます。

メモ 8.41（線形式で表される帰無仮説） 帰無仮説が，たとえば

$$H_0 : \beta_1 - 2\beta_2 = 0,$$

のような**線形式**で表されるような場合の検定も上の手順と同じように行うことができます。帰無仮説 H_0 の左辺を $\gamma = \beta_1 - 2\beta_2$ と置きましょう。**仮定［8.20］**のもとで，推

定量 $\hat{\gamma}=\hat{\beta}_1-2\hat{\beta}_2$ は正規分布に従い，その期待値は $\gamma=\beta_1-2\beta_2$ で，分散は次のように与えられます：

$$\sigma^2\left\{[(X^\top X)^{-1}]_{2,2}+4[(X^\top X)^{-1}]_{3,3}-4[(X^\top X)^{-1}]_{2,3}\right\}.$$

確率変数 γ を使うと，**命題 [8.29]** と同じように帰無仮説 H_0 のもとでのみ t 分布に従うような検定統計量を作ることができます。

8.4.2 F 検定

前節と同じように，$k+1$ 個の項目を持つクロスセクショナルなデータに回帰モデルを当てはめたとします：

$$y_i=\beta_0+\beta_1 x_i^{(1)}+\cdots+\beta_k x_i^{(k)}+e_i,\ (i=1,\ldots,N).$$

帰無仮説を「k 個ある説明変数 $x^{(1)},\ldots,x^{(k)}$ のうち，実際に被説明変数と関係があるのは，p 個 $(0\leq p\leq k-2)$ だけで，残りの $k-p$ 個の説明変数は被説明変数と線形の関係がない」とします。回帰モデルを当てはめる前に説明変数を適当に並べ替えれば，この帰無仮説は次で表されます：

$$H_0:\beta_{p+1}=\cdots=\beta_k=0.$$

このとき，対立仮説は帰無仮説の論理的な否定を考えて，「$\beta_{p+1},\ldots,\beta_k$ のうち少なくとも 1 つは 0 ではない」とします。このような仮説の検定には **F 検定** (F test) と呼ばれる検定が用いられます。その手順は次のようにまとめられます：

手順：F 検定 [8.30]

$k+1$ 個の項目を持つクロスセクショナルなデータが与えられたとき，次の回帰モデルについて F 検定を行います：

$$y_i=\beta_0+\beta_1 x_i^{(1)}+\cdots+\beta_p x_i^{(p)}+\beta_{p+1} x_i^{(p+1)}+\cdots+\beta_k x_i^{(k)}+e_i,$$
$$(i=1,\ldots,N).$$

(1) **帰無仮説**を次のように定めます：

$$H_0:\beta_{p+1}=\cdots=\beta_k=0.$$

(2) 自由度 $(k-p, N-k-1)$ の F 分布の 10%, 5%, 1% の右側分位数 $r_{0.1}, r_{0.05}, r_{0.01}$ を求めます。

(3) 説明変数を k 個含む回帰モデルの計画行列 $\boldsymbol{X}$ と被説明変数の観測値 $\boldsymbol{y}$ を使って，残差の 2 乗和 $S^2_{\hat{e}}(\omega)$ を計算します：

$$S^2_{\hat{e}}(\omega)=\boldsymbol{y}^\top(I-\boldsymbol{X}(\boldsymbol{X}^\top\boldsymbol{X})^{-1}\boldsymbol{X}^\top)\boldsymbol{y}.$$

(4) もとの計画行列 $\boldsymbol{X}$ の左側 $p+1$ 行目までを取り出した部分行列を $\boldsymbol{X}_0$ と置きます：

$$\boldsymbol{X}_0=\begin{pmatrix} 1 & x_1^{(1)} & \cdots & x_1^{(p)} \\ \vdots & \vdots & \vdots & \vdots \\ 1 & x_N^{(1)} & \cdots & x_N^{(p)} \end{pmatrix}.$$

これと被説明変数の観測値 $\boldsymbol{y}$ を使って，残差の 2 乗和 $S^2_{\hat{e}_0}(\omega)$ を計算します：

$$S^2_{\hat{e}_0}(\omega)=\boldsymbol{y}^\top(I-\boldsymbol{X}_0(\boldsymbol{X}_0^\top\boldsymbol{X}_0)^{-1}\boldsymbol{X}_0^\top)\boldsymbol{y}.$$

(5) 2 つの残差の 2 乗和の値から F 値を計算します：

$$F(\omega)=\frac{(S^2_{\hat{e}_0}(\omega)-S^2_{\hat{e}}(\omega))/(k-p)}{S^2_{\hat{e}}(\omega)/(N-k-1)}.$$

(6) 計算した $F(\omega)$ の値と，上で求めた F 分布の分位数 $r_{0.1}, r_{0.05}, r_{0.01}$ を比べ，帰無仮説が棄却できるかどうかを判断します。$F(\omega)>r_\alpha$ であれば，有意水準 α で帰無仮説 H_0 を棄却できます。

メモ 8.42（F 検定） この方法は，**仮定 [8.20]** のもとで成り立つ次の 4 つの命題を利用しています：

- $(S^2_{\hat{e}_0}-S^2_{\hat{e}})/\sigma^2$ は，帰無仮説 H_0 のもとで自由度 $k-p$ の χ^2 分布に従います。
- $(S^2_{\hat{e}_0}-S^2_{\hat{e}})/\sigma^2$ は，対立仮説 H_1 のもとで自由度 $k-p$ の非心 χ^2 分布に従います。
- $S^2_{\hat{e}}/\sigma^2$ は，帰無仮説 H_0 のもとでも対立仮説 H_1 のもとでも，自由度 $N-k-1$ の χ^2 分布に従います。
- $(S^2_{\hat{e}_0}-S^2_{\hat{e}})$ と 2 乗和 $S^2_{\hat{e}}$ は，互いに独立です。

これらが正しいことは，8.6 節で確認します。

例 8.43（車の燃費──F 検定） **例 8.40** では，排気量 (disp) の係数が有意であるかどうかを調べるために t 検定を行いました。ここでは，F 検定の例として，排気量と最終減速比 (drat) 両方の係数が有意でない，という帰無仮説を調べます。ただし実際には，排気量の係数が有意であることが**例 8.40** で示されていますので，わざわざ F 検定を行う意味はあまり大きくありません。

さて，ここでは帰無仮説 H_0 を

$$H_0 : \beta_1 = \beta_2 = 0,$$

としますので，**手順［8.30］**における p の値は 0 です。他の定数は**例 8.40** と同じく，標本の大きさ $N=32$, 説明変数の数 $k=2$ です。2 種類計算すべき残差 2 乗和のうち $S_{\hat{e}}(\omega) = \hat{e}^{\top}\hat{e}$ は**例 8.40** で計算した値 303 がそのまま使えます。

$p=0$ なので，部分行列 $\boldsymbol{X}_0$ は

$$\boldsymbol{X}_0 = \begin{pmatrix} 1 \\ \vdots \\ 1 \end{pmatrix},$$

のよう大きさ N のベクトルになります。このとき，計画行列 $\boldsymbol{X}_0$ を使った残差 2 乗和は

$$\begin{aligned} S^2_{\hat{e}_0}(\omega) &= \boldsymbol{y}^{\top}(I - \boldsymbol{X}_0(\boldsymbol{X}_0^{\top}\boldsymbol{X}_0)^{-1}\boldsymbol{X}_0^{\top})\boldsymbol{y} \\ &= \sum_{i=1}^{32}(y_i - \bar{y})^2 \\ &= 1126, \end{aligned}$$

のように計算できます。

これらを代入して，F 値は

$$F(\omega) = \frac{(1126-303)/(2-0)}{303/(32-2-1)} = 40.76,$$

です。これに対する p 値は

$$P(F > 40.76 | H_0) = 2.79 \times 10^{-9} < 0.01,$$

ですので，帰無仮説は 1% 有意で棄却できます。

8.5 回帰モデルの応用

例 8.43 などでは車の燃費と排気量，最終減速比の関係を表現しました。これは，回帰モデルのオーソドックスな使い方といえますが，こうした使い方だけでなく，回帰モデルにはさまざまな使い方があります。ここでは，カテゴリカルな説明変数を回帰モデルに含める方法と，期待値が回帰直線で表せないような関係を表現する方法を確認します。

8.5.1 カテゴリカルな説明変数とダミー変数の利用

大きさNの標本から得たクロスセクショナルなデータの中に，数値ではなく，カテゴリカルな値を取る項目が含まれている場合を考えます。ここでは，こうしたカテゴリカルな値と被説明変数の値の関係を調べる方法について確認をします。

例 8.44（架空の講義——単位認定と学習意欲） 再び**例 1.40** の問題を考えます。**表 2.1** のデータには明示されていませんが，単位認定の可能性によって受講生を 3 つのカテゴリーに分けることができます。中間レポートが 30 点未満の受講生は，期末試験で満点を取っても単位は認定されません。こうした受講生をカテゴリー A としましょう。中間レポートが 30 点以上 60 点未満の受講生の単位認定は期末試験の点数によって決まります。これをカテゴリー B とします。中間レポートが 60 点以上の受講生は，期末試験が 0 点でも単位が認定されます。これをカテゴリー C とします。**例 1.40** では，カテゴリーごとに受講生の学習意欲が異なり，それが**図 1.10** の散布図で不連続に見える特徴として現れているのではないかと考えました。

図 1.10 の不連続に見える特徴を回帰モデルを使って調べます。

注意 8.45（カテゴリーとダミー変数） カテゴリカルな項目は，**ダミー変数** (dummy variable) と呼ばれる項目を追加することで，回帰モデルに含めることができます。

定義：ダミー変数 [8.31]

標本に含まれる事例が，あるカテゴリーに含まれれば1を，そうでなければ0を取るように決めた数値項目を**ダミー変数**といいます。

例 8.46（架空の講義——ダミー変数を使った回帰モデル） **例 8.44** で考えたカテゴリー分けを表現するダミー変数を考えます。受講生 i の中間レポートの点数を x_i として，カテゴリー B と C に「反応」するダミー変数 $d_i^{(B)}$ と $d_i^{(C)}$ を次のように定めます：

$$d_i^{(B)}=\begin{cases}1, & (30\leq x_i<60),\\ 0, & (\text{otherwise}),\end{cases}\quad d_i^{(C)}=\begin{cases}1, & (60\leq x_i),\\ 0, & (\text{otherwise}).\end{cases}$$

受講生 i の期末試験の点数を y_i として，次の回帰モデルを考えます：

$$y_i=\beta_0+\beta_1 x_i+\beta_2 d_i^{(B)}+\beta_3 x_i d_i^{(B)}+\beta_4 d_i^{(C)}+\beta_5 x_i d_i^{(C)}+e_i.$$

このモデルは1つの（長い）回帰式に見えますが，実際にはカテゴリーごとにそれぞれ別の回帰直線を表しています。受講生 i がカテゴリー A に属していれば，$d_i^{(B)}=d_i^{(C)}=0$ なので，モデルは次の式で表されます：

$$y_i|_{x_i<30}=\beta_0+\beta_1 x_i+e_i. \tag{8.26}$$

また，受講生 i がカテゴリー B に属していれば $d_i^{(B)}=1$, $d_i^{(C)}=0$ なのでモデルは次のようになります：

$$y_i|_{30\leq x_i<60}=\beta_0+\beta_2+(\beta_1+\beta_3)x_i+e_i. \tag{8.27}$$

この式は，カテゴリー A と B の回帰直線が切片 β_2, 傾き β_3 だけ異なることを表しています。同じように，受講生 i がカテゴリー C に属していればモデルは次のようになります：

$$y_i|_{60\leq x_i}=\beta_0+\beta_4+(\beta_1+\beta_5)x_i+e_i. \tag{8.28}$$

このように，ダミー変数を使った回帰モデルは，カテゴリーごとに異なる回帰直線を表すことができます。

このモデルの推定は，原理的には，**表 2.1** のデータに，ダミー変数に対応する項目を追加し，**表 8.4** のような形に整理したものを使って行います。**表 8.4** の2列目から6列目までを使って**計画行列** $\boldsymbol{X}$ を作り，7列目を**被説明変数** $\boldsymbol{y}$ とします。式 (8.19) より未知パラメータの推定値は次のように与えられます：

$$\hat{\boldsymbol{\beta}}(\omega)=\begin{pmatrix}\hat{\beta}_0(\omega)\\ \hat{\beta}_1(\omega)\\ \hat{\beta}_2(\omega)\\ \hat{\beta}_3(\omega)\\ \hat{\beta}_4(\omega)\\ \hat{\beta}_5(\omega)\end{pmatrix}=(\boldsymbol{X}^\top\boldsymbol{X})^{-1}\boldsymbol{X}^\top\boldsymbol{y}=\begin{pmatrix}0.13\\ 0.12\\ 7.89\\ 0.04\\ 9.65\\ -0.11\end{pmatrix}.$$

回帰式は式(8.26), (8.27), (8.28)のように3つの回帰直線に分けて考えることができます。推定した回帰直線をもとのデータの散布図とともに図示すると**図8.4**の左上のようになります。この図では中間レポートが30点と60点のところに不連続性があるように見えます。たとえばカテゴリーAの回帰直線の右端

表8.4 表2.1の項目RとEにダミー変数 $d^{(\mathrm{B})}$, $d^{(\mathrm{C})}$ に関する項目を加えたもの。

№	R	$d^{(\mathrm{B})}$	R×$d^{(\mathrm{B})}$	$d^{(\mathrm{C})}$	R×$d^{(\mathrm{C})}$	E
1	32	1	32	0	0	12
2	52	1	52	0	0	18
3	12	0	0	0	0	0
⋮	⋮	⋮	⋮	⋮	⋮	⋮
111	11	0	0	0	0	4
112	67	0	0	1	67	11

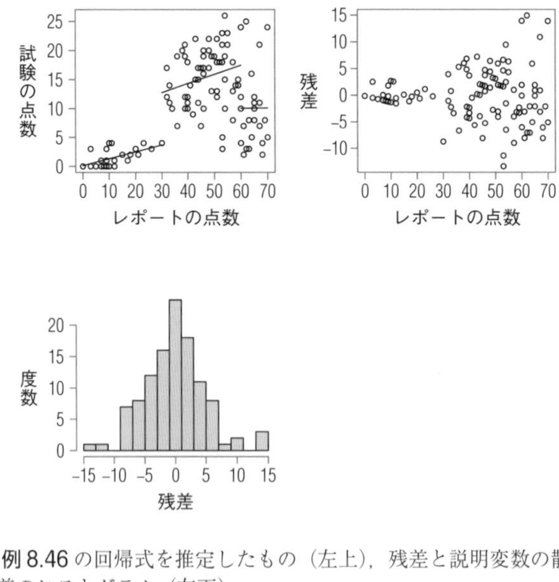

図8.4 例8.46の回帰式を推定したもの（左上），残差と説明変数の散布図（右上），残差のヒストグラム（左下）。

の値は 3.68 ですが，カテゴリー B の左端の値は 12.74 です。これは，カテゴリーの境目で期待値の推定値が 9.06 だけ異なることを意味しています。

例 8.47（架空の講義——t 検定） **例 8.46** のように回帰モデルを推定すると，中間レポートの点数 30 点のところで，期待値の推定値に大きさ 9.06 の段差がありますが，この段差が有意かどうかを統計的仮説検定で調べましょう。ここでは，[7] の RD Design を少しアレンジして使います。

例 8.46 のモデルに戻って，中間レポートの点数 x=30 付近での，確率変数としての期末レポートの点数 Y の期待値を考えます。カテゴリー A は中間レポートが 30 点未満の受講生のグループですので，カテゴリー A で中間レポートが 30 点になることはありません。ただし，30 点に近づける極限ならば求められます：

$$\lim_{x\to 30} \mathrm{E}(Y)=\beta_0+30\beta_1.$$

カテゴリー B については次が得られます：

$$\mathrm{E}(Y)|_{x=30}=\beta_0+\beta_2+30(\beta_1+\beta_3).$$

中間レポートの点数 x=30 でモデルが連続であるとすると，$\lim_{x\to 30}\mathrm{E}(Y)=\mathrm{E}(Y)_{x=30}$ が必要です。ここから，「モデルが連続である」という**帰無仮説**は次のように定められます：

$$H_0:\beta_2+30\beta_3=0.$$

帰無仮説が正しくないとしたら，カテゴリー B の受講生の方が意欲が高く，したがって期待値も高いことが考えられるので，対立仮説は次のように定められます：

$$H_1:\beta_2+30\beta_3>0.$$

検定統計量は，$\hat{\delta}^{(30)}=\hat{\beta}_2+30\hat{\beta}_3$ として，これをもとに作ることが自然です。ベクトル $\boldsymbol{a}$ を $\boldsymbol{a}^\top=\begin{pmatrix}0 & 0 & 1 & 30 & 0 & 0\end{pmatrix}$ で定めると，$\hat{\delta}^{(30)}=\boldsymbol{a}^\top\hat{\boldsymbol{\beta}}$ が成り立ちます。**仮定 [8.20]** と式 (8.23) を使うと $\mathrm{E}(\hat{\delta}^{(30)})=\boldsymbol{a}^\top\boldsymbol{\beta}=\beta_2+30\beta_3$ と，式 (8.23) より次が得られます：

$$\begin{aligned}\mathrm{V}(\hat{\delta}^{(30)})&=\mathrm{E}\left((\boldsymbol{a}^\top\hat{\boldsymbol{\beta}}-\boldsymbol{a}^\top\boldsymbol{\beta})(\boldsymbol{a}^\top\hat{\boldsymbol{\beta}}-\boldsymbol{a}^\top\boldsymbol{\beta})^\top\right)\\&=\mathrm{E}\left(\boldsymbol{a}^\top(\boldsymbol{X}^\top\boldsymbol{X})^{-1}\boldsymbol{X}^\top\boldsymbol{\varepsilon}\boldsymbol{\varepsilon}^\top\boldsymbol{X}(\boldsymbol{X}^\top\boldsymbol{X})^{-1}\boldsymbol{a}\right)\\&=\sigma^2\boldsymbol{a}^\top(\boldsymbol{X}^\top\boldsymbol{X})^{-1}\boldsymbol{a}=0.44\sigma^2.\end{aligned}$$

つまり，確率変数 $\hat{\delta}^{(30)}$ は期待値 $\beta_2+30\beta_3$，分散 $0.44\sigma^2$ の正規分布に従います。

あとは 8.4.1 節と同じように進めます。残差を $\hat{\boldsymbol{e}}=(I-\boldsymbol{X}(\boldsymbol{X}^\top\boldsymbol{X})^{-1}\boldsymbol{X}^\top)\boldsymbol{Y}$, とすると，その 2 乗和を誤差分散 σ^2 で割ったもの $\hat{\boldsymbol{e}}^\top\hat{\boldsymbol{e}}/\sigma^2$ は自由度 112−5−1=106 の χ^2 分布に従います（**命題 [8.27]**）。検定統計量を次で定めます：

$$t_{\hat{\delta}^{(30)}}=\hat{\delta}^{(30)}\sqrt{\frac{106\,\not{\sigma}^2}{0.44\,\not{\sigma}^2\hat{\boldsymbol{e}}^\top\hat{\boldsymbol{e}}}}.$$

この検定統計量は帰無仮説 H_0 のもとで自由度 106 の t 分布に従います。ここから求めた t 値と p 値はそれぞれ 2.73，0.004 ですので，帰無仮説 H_0 は 1% 有意で棄却できます。

中間レポートの点数 $x=60$ についても同じように考えられます。カテゴリー B の期待値の極限 $\lim_{x\to 60}\mathrm{E}(Y)=\beta_0+\beta_2+60(\beta_1+\beta_3)$ とカテゴリー C の期待値 $\mathrm{E}(Y)=\beta_1+\beta_4+60(\beta_1+\beta_5)$ を比べて，帰無仮説と対立仮説は次のように定められます：

$$H_0: -\beta_2+\beta_4+60(-\beta_3+\beta_5)=0,$$
$$H_1: -\beta_2+\beta_4+60(-\beta_3+\beta_5)<0.$$

ベクトル $\boldsymbol{a}$ を $\boldsymbol{a}^\top=\begin{pmatrix}0 & 0 & -1 & -60 & 1 & 60\end{pmatrix}$ で定めれば，あとは $x=30$ の場合とほとんど同じに進められます。こうして t 値と p 値を求めるとそれぞれ −3.40, 0.0005 で，帰無仮説 H_0 は 1% 有意で棄却できます。

このように，不連続に見える特徴は有意です。このことは，**例 1.40** で考えた仮説 h_1 を支持するエビデンスと考えることができます。ただし，**1.1.6 節**で考えたように，このエビデンスを説明する他の仮説があるかもしれないので，因果関係が証明されたとはいえません。

8.5.2 回帰直線で表せない関係の表現

ここまで，回帰モデルで説明変数と被説明変数の間の関係を回帰直線を使って表現してきましたが，回帰直線がうまく当てはまらない場合でも，回帰モデルを工夫することで表せることがあります：

例 8.48（最高気温と最大消費電力の関係） **図 8.5** は，2019 年 1 月 1 日から 2020 年 1 月 1 日までの各日の東京の最高気温（摂氏）とその日の関東地方の最大電力消費量（MW）の散布図と，それに当てはめた直線や曲線を重ねたものです。これは，本来は時系列データなのですが，ここではクロスセクショナルなデータとして扱います。

散布図を見ると，両者の関係は直線ではなく，最高気温 23 度付近を頂点として，そこよりも低くても高くても最大消費電力が上昇する傾向がありそうです。このデータに**単回帰モデル**

$$y_i = \beta_0 + \beta_1 x_i + e_i,$$

を当てはめたのが，点線で示される直線です。これは，データの特徴をあまりうまく捉えていません。**第 7 章**のように t 検定を行うと，帰無仮説 $H_0 : \beta_1 = 0$ は 10% 有意でも棄却できません。

曲線を当てはめるには，説明変数に曲線を表す項を導入すればよいのです。たとえば，

$$y_i = \beta_0 + \beta_1 x_i + \beta_2 x_i^2 + e_i,$$

のように，気温の 2 乗の項を導入すれば，放物線を当てはめることができます。当てはめたものが，**図 8.5** の破線です。こちらの方が直線よりもデータの特徴をうまく捉えていることがわかります。

散布図をさらに注意深く見ると，頂点から右の斜面の方が，左の斜面よりも急峻であるように見えます。放物線は，こうした非対称性を表現できません。

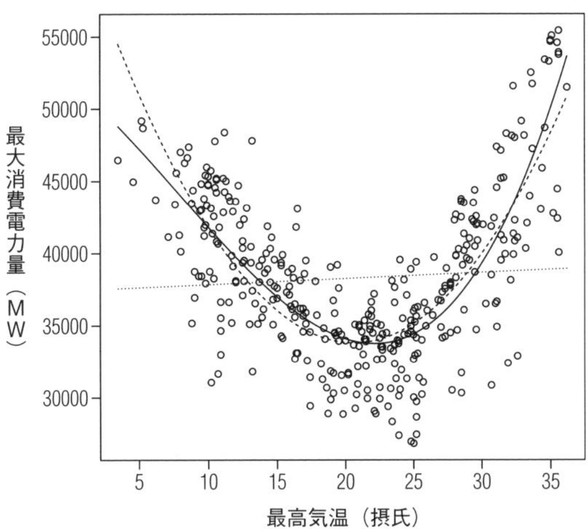

図 8.5　2019 年 1 月 1 日から 2020 年 1 月 1 日の各日の東京の最高気温とその日の関東地方の最大消費電力の散布図と，回帰した直線や曲線。実線は 3 次関数，破線は 2 次関数，点線は 1 次関数をそれぞれ当てはめたもの。最高気温の値は気象庁のサイトより，最大消費電力の値は電力広域的運営推進機関のサイトより取得。

そこで，3次の項も導入して，

$$y_i=\beta_0+\beta_1 x_i+\beta_2 x_i^2+\beta_3 x_i^3+e_i,$$

というモデルも考えられます。これを当てはめたのが，**図8.5**の実線です。左右の斜面が非対称に見えると書きましたが，これが**有意**であるかを確かめるには，このモデルで帰無仮説を $H_0:\beta_3=0$ として t 検定を行います。なお実際に行うと，1%有意でこれを棄却できます。ここから，観察された左右の非対称性は有意であることがわかります。

つまり，3次式を当てはめることで，データの持つ下に凸な様子や，頂点から見た非対称性など，直線で表せない特徴を捉えています。

8.6 残差の分布

誤差が実現する前の回帰モデルを考えます：

$$\boldsymbol{Y}=\boldsymbol{X}\boldsymbol{\beta}+\boldsymbol{\varepsilon}.$$

ベクトルや行列は，**命題［8.10］**, **定義［8.12］**，［8.14］，**仮定［8.21］**で定めた通りです：

$$\boldsymbol{Y}=\begin{pmatrix} Y_1 \\ \vdots \\ Y_N \end{pmatrix},\ \boldsymbol{X}=\begin{pmatrix} 1 & x_1^{(1)} & \cdots & x_1^{(k)} \\ \vdots & \vdots & \vdots & \vdots \\ 1 & x_N^{(1)} & \cdots & x_N^{(k)} \end{pmatrix},$$

$$\boldsymbol{\beta}=\begin{pmatrix} \beta_0 \\ \vdots \\ \beta_k \end{pmatrix},\ \boldsymbol{\varepsilon}=\begin{pmatrix} \varepsilon_1 \\ \vdots \\ \varepsilon_N \end{pmatrix}\sim \mathrm{N}(\boldsymbol{0},\sigma^2 I).$$

また，標本の大きさ N は未知パラメータの数 $k+1$ よりも大きいとします（**条件［8.8］**）。このとき，推定量 $\hat{\boldsymbol{\beta}}$ と（確率変数としての）残差 $\hat{\boldsymbol{e}}$ が

$$\hat{\boldsymbol{\beta}}=\boldsymbol{\beta}+(\boldsymbol{X}^\top\boldsymbol{X})^{-1}\boldsymbol{X}^\top\boldsymbol{\varepsilon},\quad \hat{\boldsymbol{e}}=(I-\boldsymbol{X}(\boldsymbol{X}^\top\boldsymbol{X})^{-1}\boldsymbol{X}^\top)\boldsymbol{\varepsilon},$$

で与えらえることはすでに確認しました（**定義［8.22］**，［8.25］）。ここでは，残差2乗和 $\hat{\boldsymbol{e}}^\top\hat{\boldsymbol{e}}/\sigma^2$ が自由度 $N-k-1$ の χ^2 分布に従うことなどを確認します。その前にいくつかの準備を行います。やや遠回りに感じられるかもしれませ

んが，まずは**ベクトル空間**に関連する用語から確認していきます。

8.6.1 ベクトル空間

定義：線形独立 [8.32]

$\boldsymbol{u}_1,\ldots,\boldsymbol{u}_m$ を，同じ大きさを持つ m 個のベクトルとします。これらに実数の係数 $c_1,\ldots,c_m$ を掛けた次の線形和はやはりベクトルです：

$$c_1\boldsymbol{u}_1+\cdots+c_m\boldsymbol{u}_m.$$

ベクトル $\boldsymbol{u}_1,\ldots,\boldsymbol{u}_m$ を固定すると，この線形和の値は実数の係数 $c_1,\ldots,c_N$ に依存して定まります。線形和の値が

$$c_1\boldsymbol{u}_1+\cdots+c_m\boldsymbol{u}_m=\mathbf{0},$$

となるような実数 $c_1,\ldots,c_m$ の組合せが

$$c_1=\cdots=c_m=0,$$

のみであるとき，ベクトルの組 $\{\boldsymbol{u}_1,\ldots,\boldsymbol{u}_m\}$ は**線形独立** (linearly independent) である，といいます。

メモ 8.49（線形独立） 直感的には，たとえば $\boldsymbol{u}_1=\boldsymbol{u}_2-3\boldsymbol{u}_3$ のように，あるベクトルが他のベクトルの線形和で表すことができる場合，そのベクトルの組は線形独立ではない，と理解できます。互いに線形和で表すことができないようなベクトルの組を，**線形独立**といいます。

定義：ベクトル空間と基底 [8.33]

$\boldsymbol{u}_1,\ldots,\boldsymbol{u}_m$ を，大きさが等しい，$\mathbf{0}$ でない m 個のベクトルとします。これらの組 $\{\boldsymbol{u}_1,\ldots,\boldsymbol{u}_m\}$ が**線形独立**であるとします（**定義 [8.32]**）。係数 $c_1,\ldots,c_m$ の値を実数の範囲で様々に変化させたときに線形和で表すことのできるベクトルすべての集合 $\mathscr{M}$ を**ベクトル空間** (vector space) といいます：

$$\mathscr{M}=\{c_1\boldsymbol{u}_1+\cdots+c_m\boldsymbol{u}_m|(c_1,\ldots,c_m)\in\mathbb{R}^m\}. \qquad (8.29)$$

ベクトル空間を作るのに使ったベクトルの組 $\{\boldsymbol{u}_1,\ldots,\boldsymbol{u}_m\}$ を，このベクトル空間の**基底** (basis) といいます。また，基底に含まれるベクトルの数 m を，このベクトル空間の**次元** (dimension) といいます。

注意 8.50（ベクトル空間と基底） ベクトル空間 $\mathscr{M}$ の基底が $\{\boldsymbol{u}_1, \dots, \boldsymbol{u}_m\}$ であるとします。基底に含まれる個々のベクトル $\boldsymbol{u}_1, \dots, \boldsymbol{u}_m$ はすべて $\mathscr{M}$ の要素です。このことは，**定義**［8.33］の式(8.29)においてどれか1つの係数の値を1に，残りすべてを0にすることで確かめることができます。

例 8.51（$\mathbb{R}^N$の次元） 大きさNのベクトルすべての集合 $\mathbb{R}^N$ は，N個の線形独立なベクトルの線形和で表すことができます。したがって，$\mathbb{R}^N$ はN次元のベクトル空間です（演習9）。

ベクトル空間の基底は1通りではなく，様々な決め方ができます。

命題：ベクトル空間の基底 ［8.34］

$\mathscr{M}$ を m 次元のベクトル空間とします。ベクトル空間 $\mathscr{M}$ から m 個のベクトルを，それらの組が線形独立になるように選べば，その組は $\mathscr{M}$ の基底になります。

メモ 8.52（ベクトル空間の基底） ベクトル空間のイメージがつかめると，**命題**［8.34］は当たり前のようにも思えます。しかしその証明は案外面倒です（演習10）。

8.6.2 計画行列の列ベクトル

計画行列 $\boldsymbol{X}$ から $k+1$ 個のベクトル $\boldsymbol{x}^{(0)}, \boldsymbol{x}^{(1)}, \dots, \boldsymbol{x}^{(k)}$ を

$$\boldsymbol{x}^{(0)} = \begin{pmatrix} 1 \\ 1 \\ \vdots \\ 1 \end{pmatrix},\ \boldsymbol{x}^{(1)} = \begin{pmatrix} x_1^{(1)} \\ x_2^{(1)} \\ \vdots \\ x_N^{(1)} \end{pmatrix}, \dots,\ \boldsymbol{x}^{(k)} = \begin{pmatrix} x_1^{(k)} \\ x_2^{(k)} \\ \vdots \\ x_N^{(k)} \end{pmatrix},$$

のように切り出します。つまり，$\boldsymbol{X} = \begin{pmatrix} \boldsymbol{x}^{(0)} & \boldsymbol{x}^{(1)} & \cdots & \boldsymbol{x}^{(k)} \end{pmatrix}$ です。これらの列ベクトルはどれも実数をN個並べたものなので，$\mathbb{R}^N$ の要素です。これらに対して，次の仮定を置きます：

仮定：説明変数の線形独立 [8.35]

計画行列 $\boldsymbol{X}$ の $k+1$ 個の列ベクトルの組 $\{\boldsymbol{x}^{(0)}, \boldsymbol{x}^{(1)}, \ldots, \boldsymbol{x}^{(k)}\}$ は**線形独立**である。

メモ 8.53（線形独立） **仮定［8.35］**は，標本が十分大きく，**条件［8.8］**を満たしており，かつ説明変数の中に（他の変数の線形和で作ることができるような）無駄なものがないことを意味しています。

誤差に関する**仮定［8.20］**と違って，この仮定は，満たされているかどうかをデータからただちに確かめることができます。

8.6.3 線形部分空間とその正規直交基底

仮定［8.35］で考えたベクトル $\boldsymbol{x}^{(0)}, \boldsymbol{x}^{(1)}, \ldots, \boldsymbol{x}^{(k)}$ と，実数 $c_0, c_1, \ldots, c_k$ に対して，線形和 $\boldsymbol{x}$ を考えます：

$$\boldsymbol{x}=c_0\boldsymbol{x}^{(0)}+c_1\boldsymbol{x}^{(1)}+\cdots+c_k\boldsymbol{x}^{(k)}. \tag{8.30}$$

ベクトル $\boldsymbol{x}^{(0)}, \boldsymbol{x}^{(1)}, \ldots, \boldsymbol{x}^{(k)}$ が $\mathbb{R}^N$ の要素なので，その線形和も $\boldsymbol{x}\in\mathbb{R}^N$ です。それでは，実数 $c_0, c_1, \ldots, c_k$ をうまく調節すれば，$\mathbb{R}^N$ のどの要素も式(8.30)の形で表現できるのでしょうか。

例 8.51 で確認したように $\mathbb{R}^N$ の次元は N なので，$\mathbb{R}^N$ のすべての要素を線形和で表現するには，N 個のベクトルが必要です。線形和に含まれるベクトルの数が N よりも小さい場合，式(8.30)のような線形和で表すことができるのは，$\mathbb{R}^N$ のほんの一部でしかありません。

注意 8.54（線形部分空間） $\{\boldsymbol{x}^{(0)}, \ldots, \boldsymbol{x}^{(k)}\}$ を**仮定［8.35］**で考えたベクトルの組とします。実数 $c_0, c_1, \ldots, c_k$ の値の様々な組合せに対して線形和

$$c_0\boldsymbol{x}^{(0)}+c_1\boldsymbol{x}^{(1)}+\cdots+c_k\boldsymbol{x}^{(k)},$$

で表されるベクトル全体の集合は，$\{\boldsymbol{x}^{(0)}, \ldots, \boldsymbol{x}^{(k)}\}$ を**基底**とする**ベクトル空間**です。このベクトル空間を $\mathscr{M}_X$ と置きましょう。**仮定［8.35］**のもとで，ベクトル空間 $\mathscr{M}_X$ の**次元**は $k+1$ です。

当然ですが，$\mathscr{M}_X\subset\mathbb{R}^N$ です。$\mathbb{R}^N$ の部分集合であることを強調して，$\mathscr{M}_X$ を $\mathbb{R}^N$ の**線形部分空間**(linear subspace) と呼びます。

注意 8.55（正規直交基底）　線形部分空間 $\mathscr{M}_X$ の基底は 1 通りに決まるものではありません。$\mathscr{M}_X$ に含まれるようなベクトルを線形独立になるように k+1 個選べば，それらはやはり線形部分空間 $\mathscr{M}_X$ の基底になります（**命題 [8.34]**）。

そこで，線形部分空間 $\mathscr{M}_X$ の新しい基底 $\boldsymbol{u}_0, \ldots, \boldsymbol{u}_k \in \mathscr{M}_X$ を，

$$\boldsymbol{u}_i^\top \boldsymbol{u}_j = \begin{cases} 1, & (i=j), \\ 0, & (i \neq j), \end{cases} \tag{8.31}$$

が満たされるように選びなおします（演習 11）。式 (8.31) が満たされるような基底を**正規直交基底** (orthonormal basis) といいます。

メモ 8.56（ベクトルの直交）　大きさが等しく，$\mathbf{0}$ でない 2 つのベクトル $\boldsymbol{u}_i$ と $\boldsymbol{u}_j$ の内積が

$$\boldsymbol{u}_i^\top \boldsymbol{u}_j = 0,$$

のように 0 になるとき，これらのベクトルは互いに**直交** (orthogonal) する，といいます。

注意 8.57（正規直交基底の行列）　**注意 8.55** で考えた**線形部分空間** $\mathscr{M}_X$ の**正規直交基底**を $\boldsymbol{u}_0, \ldots, \boldsymbol{u}_k$ とします。これらを並べた

$$U = \begin{pmatrix} \boldsymbol{u}_0 & \boldsymbol{u}_1 & \cdots & \boldsymbol{u}_k \end{pmatrix},$$

は N 行 k+1 列の行列です。この U に，転置した行列 $U^\top$ を左側から掛けると，式 (8.31) より次が成り立ちます（演習 12）：

$$U^\top U = I. \tag{8.32}$$

8.6.4　正規直交基底と逆行列

すでに確認してきたように，最小 2 乗推定量 $\hat{\boldsymbol{\beta}} = (\boldsymbol{X}^\top \boldsymbol{X})^{-1} \boldsymbol{X}^\top \boldsymbol{Y}$ の性質を調べるうえで一番の面倒は，逆行列 $(\boldsymbol{X}^\top \boldsymbol{X})^{-1}$ です。ここでは，実数の正方行列 A が存在して，逆行列が $(\boldsymbol{X}^\top \boldsymbol{X})^{-1} = AA^\top$ のように積の形で表せることを確認します。

注意 8.58（計画行列と正規直交基底）　**注意 8.55** で考えた線形部分空間 $\mathscr{M}_X$ の正規直交基底 $\{\boldsymbol{u}_0, \ldots, \boldsymbol{u}_k\}$ の中のベクトル $\boldsymbol{u}_i$ は $\mathscr{M}_X$ に含まれます。した

がって，もとの基底 $\{\boldsymbol{x}^{(0)},\ldots,\boldsymbol{x}^{(k)}\}$ の線形和として次のように表すことができるはずです（**注意 8.54**）：

$$\boldsymbol{u}_i=a_{i,0}\boldsymbol{x}^{(0)}+a_{i,1}\boldsymbol{x}^{(1)}+\cdots+a_{i,k}\boldsymbol{x}^{(k)},\ (i=0,\ldots,k).$$

ただし，$a_{i,j}$ は実数です。

注意 8.57 の $U=\begin{pmatrix}\boldsymbol{u}_0 & \cdots & \boldsymbol{u}_k\end{pmatrix}$ にこれを代入すると次が得られます：

$$U=\begin{pmatrix}a_{0,0}\boldsymbol{x}^{(0)}+\cdots+a_{0,k}\boldsymbol{x}^{(k)} & \cdots & a_{k,0}\boldsymbol{x}^{(0)}+\cdots+a_{k,k}\boldsymbol{x}^{(k)}\end{pmatrix}$$
$$=\begin{pmatrix}\boldsymbol{x}^{(0)} & \cdots & \boldsymbol{x}^{(k)}\end{pmatrix}\begin{pmatrix}a_{0,0} & \cdots & a_{0,k}\\ \vdots & \vdots & \vdots\\ a_{k,0} & \cdots & a_{k,k}\end{pmatrix}=XA. \tag{8.33}$$

ただし，A は，i 行 j 列目の要素に実数 $a_{i-1,j-1}$ を配置した $(k+1)\times(k+1)$ 行列です。

また逆に，もとの基底 $\{\boldsymbol{x}^{(0)},\ldots,\boldsymbol{x}^{(k)}\}$ の中のベクトル $\boldsymbol{x}^{(i)}$ も線形部分空間 $\mathscr{M}_X$ に含まれるので，同じように，ある $(k+1)\times(k+1)$ 行列 B が存在して，次のように表されるはずです：

$$X=UB. \tag{8.34}$$

注意 8.59（正規直交基底と逆行列） 式 (8.33) の両辺の右側から式 (8.34) の行列 B を掛けると，$UB=XAB$ が得られますが，式 (8.34) より $UB=X$ なので，$X=XAB$ が得られます。つまり，

$$X(I-AB)=O,$$

が成り立ちます。ここで，X の列ベクトルの組が**線形独立**であるならば，$AB=I$ が成り立ちます（**演習 13**）。つまり，行列 A は**非特異** (non-singular) である，つまり逆行列 A^{-1} が存在し，$A^{-1}=B$ であることがわかります。

ここで，式 (8.32) と式 (8.33) を使うと，

$$A^{\top}X^{\top}XA=U^{\top}U=I, \tag{8.35}$$

が得られます。この式の両辺の左側から行列 $(A^{-1})^{\top}$ を，右側から行列 A^{-1} を掛けると，

$$(A^{-1})^{\top}A^{\top}X^{\top}XAA^{-1}=(A^{-1})^{\top}IA^{-1}$$
$$X^{\top}X=(A^{\top})^{-1}A^{-1},$$

が成り立ちます。この両辺に $AA^{\top}$ を掛けると，

$$AA^\top X^\top X = AA^\top (A^\top)^{-1} A^{-1} = I,$$

となり，これは行列 $AA^\top$ が $X^\top X$ の逆行列であること，つまり

$$(X^\top X)^{-1} = AA^\top, \tag{8.36}$$

を意味しています。

8
重回帰モデル

メモ 8.60（正規直交基底と逆行列） **注意 8.55** で確認した正規直交基底の選び方は 1 通りではありません。式(8.36)の行列 A は，どのような正規直交基底を選ぶかに依存しています。しかし，この式の左辺 $(X^\top X)^{-1}$ が定数行列なので $AA^\top$ が基底の選び方に依存しないことがわかります。

8.6.5 直交補空間

注意 8.61（直交補空間） 大きさ N のベクトルすべての集合 $\mathbb{R}^N$ の次元は N です（**例 8.51**）。したがって，ベクトル空間 $\mathbb{R}^N$ の基底は $\mathbb{R}^N$ から N 個のベクトルの組を線形独立になるように選ぶことで構成できます（**命題 [8.34]**）。このうち，$k+1$ 個は，**注意 8.55** で考えた，線形部分空間 $\mathscr{M}_X$ の正規直交基底のベクトル $\boldsymbol{u}_0, \ldots, \boldsymbol{u}_k$ を使うことができます。残り $N-k-1$ 個は（全体として線形独立になるようであれば）どのように選んでも構いません。そこで，$N-k-1$ 個のベクトル $\boldsymbol{v}_1, \ldots, \boldsymbol{v}_{N-k-1}$ を

$$\boldsymbol{u}_i^\top \boldsymbol{v}_j = 0, \ (i=0, \ldots, k, \ j=1, \ldots, N-k-1), \tag{8.37}$$

かつ

$$\boldsymbol{v}_i^\top \boldsymbol{v}_j = \begin{cases} 1, & (i=j), \\ 0, & (i \neq j), \end{cases} \tag{8.38}$$

を満たすように決めます。このような決め方が可能なことは，**演習 11** と同じように示すことができます。

ここで決めたベクトル $\{\boldsymbol{v}_1, \ldots, \boldsymbol{v}_{N-k-1}\}$ を基底とする線形部分空間を，$\mathscr{M}_X$ の**直交補空間** (orthogonal complement) といいます。この直交補空間を $\mathscr{M}_X^\perp$ と表記しましょう。

注意 8.62（直交補空間 $\mathscr{M}_X^{\perp}$ の基底の行列） **注意 8.61** で考えた直交補空間 $\mathscr{M}_X^{\perp}$ の基底 $\{\boldsymbol{v}_1, \dots, \boldsymbol{v}_{N-k-1}\}$ を並べた行列

$$V = \begin{pmatrix} \boldsymbol{v}_1 & \cdots & \boldsymbol{v}_{N-k-1} \end{pmatrix},$$

は N 行 $N-k-1$ 列の行列です。

式(8.37)より次が成り立ちます：

$$U^{\top} V = \boldsymbol{O}.$$

これと式(8.34)から次が導かれます：

$$\boldsymbol{X}^{\top} V = \boldsymbol{O}.$$

また，式(8.38)より次が成り立ちます：

$$V^{\top} V = I.$$

注意 8.63（$\mathbb{R}^N$ の正規直交基底の行列） U, V をそれぞれ**注意 8.57, 8.62** で定めた行列とします。行列 Q を $Q = \begin{pmatrix} U & V \end{pmatrix}$ で定めると，これは $N \times N$ の正方行列です。行列 Q の列ベクトルは，（行列 U と V の列ベクトルなので） $\mathbb{R}^N$ の基底を構成します。また，

$$\begin{aligned} Q^{\top} Q &= \begin{pmatrix} U^{\top} \\ V^{\top} \end{pmatrix} \begin{pmatrix} U & V \end{pmatrix} = \begin{pmatrix} U^{\top} U & U^{\top} V \\ V^{\top} U & V^{\top} V \end{pmatrix} \\ &= \begin{pmatrix} I_{k+1} & \boldsymbol{O} \\ \boldsymbol{O} & I_{N-k-1} \end{pmatrix} = I, \end{aligned}$$

が成り立つので，$Q^{-1} = Q^{\top}$ がわかります。

8.6.6 射影行列と固有値分解

注意 8.64（射影行列） $N \times N$ の正方行列 $P_X = \boldsymbol{X}(\boldsymbol{X}^{\top}\boldsymbol{X})^{-1}\boldsymbol{X}^{\top}$ は，2 乗しても，

$$\begin{aligned} P_X^2 &= \boldsymbol{X}(\boldsymbol{X}^{\top}\boldsymbol{X})^{-1}\boldsymbol{X}^{\top}\boldsymbol{X}(\boldsymbol{X}^{\top}\boldsymbol{X})^{-1}\boldsymbol{X}^{\top} \\ &= \boldsymbol{X}(\boldsymbol{X}^{\top}\boldsymbol{X})^{-1}\boldsymbol{X}^{\top} = P_X, \end{aligned}$$

のように値が変わりません。このように，2 乗しても値の変わらない正方行列を**射影行列** (projection matrix) といいます。

$P_X^{\perp} = I - \boldsymbol{X}(\boldsymbol{X}^{\top}\boldsymbol{X})^{-1}\boldsymbol{X}^{\top}$ とすると，これも $N \times N$ の射影行列です。

注意 8.65（射影行列の固有値分解） 8.6.4 節で行列 A と U についてわかったことを使うと，射影行列 P_X を次のように表すことができます：

$$P_X = X(X^\top X)^{-1}X^\top = XAA^\top X^\top = UU^\top.$$

この $UU^\top$ という表現を，射影行列 P_X の**固有値分解** (eigendecomposition) といいます。

注意 8.64 で考えたもう 1 つの射影行列 $P_X^\perp$ についても，**注意 8.62** で定めた行列 V を使って次のような**固有値分解**ができます（演習 14）：

$$P_X^\perp = I - X(X^\top X)^{-1}X^\top = VV^\top.$$

メモ 8.66（射影行列の性質） 任意のベクトルに射影行列を掛けると，掛けた結果のベクトルは対応する線形部分空間に含まれます。たとえば，$\boldsymbol{c} \in \mathbb{R}^N$ を（任意の）ベクトルとします。このとき，

$$P_X \boldsymbol{c} \in \mathscr{M}_X,\ P_X^\perp \boldsymbol{c} \in \mathscr{M}_X^\perp, \tag{8.39}$$

が成り立ちます（演習 15）。このとき，射影行列 P_X は，ベクトル空間 $\mathbb{R}^N$ を線形部分空間 $\mathscr{M}_X$ に**射影**する，という表現を使います。同じように，射影行列 $P_X^\perp$ は，ベクトル空間 $\mathbb{R}^N$ を線形部分空間 $\mathscr{M}_X^\perp$ に射影します。

8.6.7 残差とその 2 乗和の分布

注意 8.67（残差と射影） 確率変数としての残差

$$\hat{\boldsymbol{e}} = (I - X(X^\top X)^{-1}X^\top)\boldsymbol{\varepsilon},$$

は，**注意 8.64** の射影行列 $P_X^{\perp}=I-X(X^\top X)^{-1}X^\top$ を使って，誤差 ε を直交補空間 $\mathscr{M}_X^{\perp}$ へ射影したものです（**メモ 8.66**）。

注意 8.68（残差 2 乗和の分布） **注意 8.64** の射影行列 $P_X^{\perp}$ とその固有値分解（**注意 8.65**）を使うと，残差の 2 乗和は次のように計算されます：

$$\sum_{i=1}^{N}\hat{e}_i^2=\hat{\boldsymbol{e}}^\top\hat{\boldsymbol{e}}=\boldsymbol{\varepsilon}^\top(I-X(X^\top X)^{-1}X^\top)(I-X(X^\top X)^{-1}X^\top)\boldsymbol{\varepsilon}$$
$$=\boldsymbol{\varepsilon}^\top(I-X(X^\top X)^{-1}X^\top)\boldsymbol{\varepsilon}=\boldsymbol{\varepsilon}^\top P_X^{\perp}\boldsymbol{\varepsilon}=\boldsymbol{\varepsilon}^\top VV^\top\boldsymbol{\varepsilon}.$$

注意 8.62 の $V=\begin{pmatrix}\boldsymbol{v}_1 & \cdots & \boldsymbol{v}_{N-k-1}\end{pmatrix}$ に注目します。まず確率変数 $\zeta_1,\ldots,\zeta_{N-k-1}$ を $\zeta_i=\boldsymbol{\varepsilon}^\top\boldsymbol{v}_i$ で定めます。すると，ζ_i は正規変数で，$\mathrm{E}(\zeta_i)=0$, $\mathrm{V}(\zeta_i)=\sigma^2$,であることは簡単に示すことができます。また，これを並べた $(\zeta_1,\ldots,\zeta_{N-k-1})$ は $N-k-1$ 変数の正規変数です。$i\neq j$ のとき共分散が $\mathrm{Cov}(\zeta_i,\zeta_j)=\mathrm{E}(\boldsymbol{\varepsilon}^\top\boldsymbol{v}_i^\top\boldsymbol{v}_j\boldsymbol{\varepsilon})=0$ のように計算されるので，正規変数 $\zeta_1,\ldots,\zeta_{N-k-1}$ が互いに独立であることがわかります。

さて，正規変数 $\zeta_1,\ldots,\zeta_{N-k-1}$ を使うと，残差 2 乗和は

$$\hat{\boldsymbol{e}}^\top\hat{\boldsymbol{e}}=\boldsymbol{\varepsilon}^\top\begin{pmatrix}\boldsymbol{v}_1 & \cdots & \boldsymbol{v}_{N-k-1}\end{pmatrix}\begin{pmatrix}\boldsymbol{v}_1^\top\\ \vdots\\ \boldsymbol{v}_{N-k-1}^\top\end{pmatrix}\boldsymbol{\varepsilon}$$
$$=\begin{pmatrix}\zeta_1 & \cdots & \zeta_{N-k-1}\end{pmatrix}\begin{pmatrix}\zeta_1\\ \vdots\\ \zeta_{N-k-1}\end{pmatrix}$$
$$=\zeta_1^2+\cdots+\zeta_{N-k-1}^2,$$

のように計算できます。これは，互いに独立な $N-k-1$ 個の正規変数の 2 乗和です。したがって，これを分散 σ^2 で割ったものは

$$\frac{\hat{\boldsymbol{e}}^\top\hat{\boldsymbol{e}}}{\sigma^2}\sim\chi^2(N-k-1),$$

のように自由度 $N-k-1$ の χ^2 分布に従います。

メモ 8.69（自由度と次元） 前節までで議論してきた残差の自由度は，計画行列が作る線形部分空間の直交補空間の次元に他なりません。

8.6.8 計画行列の部分行列

8.4.2 節では，2 つのモデルの残差 2 乗和の差の分布について考えました。つまり，$p<k$ として回帰モデル

$$y_i=\beta_0+\beta_1x_i^{(1)}+\cdots+\beta_px_i^{(p)}+\beta_{p+1}x_i^{(p+1)}+\cdots+x_i^{(k)}+e_i,\quad (i=1,\ldots,N),$$

にデータを当てはめたときの残差を $\hat{\boldsymbol{e}}(\omega)$，帰無仮説

$$H_0:\beta_{p+1}=\cdots=\beta_k=0,$$

のもとでの回帰モデル

$$y_i=\beta_0+\beta_1x_i^{(1)}+\cdots+x_i^{(p)}+e_i,\ (i=1,\ldots,N),$$

にデータを当てはめたときの残差を $\hat{\boldsymbol{e}}_0(\omega)$ としたとき，帰無仮説 H_0 のもとで，確率変数としてみた残差 2 乗和の差 $(\hat{\boldsymbol{e}}_0^\top\hat{\boldsymbol{e}}_0-\hat{\boldsymbol{e}}^\top\hat{\boldsymbol{e}})/\sigma^2$ が，自由度 $k-p$ の χ^2 分布に従い，また，これが $\hat{\boldsymbol{e}}$ と独立であることを利用しました。ここでは，これらのことを確認します。

注意 8.70（計画行列の部分行列とそれが作る線形部分空間） 計画行列 $\boldsymbol{X}=\begin{pmatrix}\boldsymbol{x}^{(0)} & \cdots & \boldsymbol{x}^{(p)} & \boldsymbol{x}^{(p+1)} & \cdots & \boldsymbol{x}^{(k)}\end{pmatrix}$ のうち最初の $p+1$ 列を取り出して計画行列の部分行列を次のように定めます：

$$\boldsymbol{X}_0=\begin{pmatrix}\boldsymbol{x}^{(0)} & \cdots & \boldsymbol{x}^{(p)}\end{pmatrix}.$$

8.6.3 節では，計画行列 $\boldsymbol{X}$ が作る線形部分空間を $\mathscr{M}_{\boldsymbol{X}}$ としました。同じように，部分行列 $\boldsymbol{X}_0$ が作る線形部分空間を $\mathscr{M}_{\boldsymbol{X}_0}$ とします。

8.6.3 節では，線形部分空間 $\mathscr{M}_{\boldsymbol{X}}$ の正規直交基底を考えましたが，これは 1 通りに決まるものではありませんでした。ここでは，$\mathscr{M}_{\boldsymbol{X}}$ の正規直交基底 $\{\boldsymbol{u}_0,\ldots,\boldsymbol{u}_p,\boldsymbol{u}_{p+1},\ldots,\boldsymbol{u}_k\}$ を，$\{\boldsymbol{u}_0,\ldots,\boldsymbol{u}_p\}$ が $\mathscr{M}_{\boldsymbol{X}_0}$ の正規直交基底になるように決めます（たとえば，演習 11 で考えた方法で作った基底はこのようになっています）。

線形部分空間 $\mathscr{M}_{\boldsymbol{X}_0}$ の次元は $p+1$ なので，その直交補空間 $\mathscr{M}_{\boldsymbol{X}_0}^\perp$ は $N-p-1$ 次元です。つまり，直交補空間の基底には $N-p-1$ 個の線形独立なベクトルが必要です。このうち，$k-p$ 個は，上のように定めた $\mathscr{M}_{\boldsymbol{X}}$ の基底のうち $\boldsymbol{u}_{p+1},\ldots,\boldsymbol{u}_k$ を使うことができます。また，残りの $N-k-1$ 個は $\mathscr{M}_{\boldsymbol{X}}^\perp$ のもの $\boldsymbol{v}_1,\ldots,\boldsymbol{v}_{N-k-1}$ を使うことができます。このようにすると，直交補空間 $\mathscr{M}_{\boldsymbol{X}_0}^\perp$ の正規直

交基底を並べた行列 V_0 は次のように書くことができます：

$$V_0=\begin{pmatrix} \boldsymbol{u}_{p+1} & \cdots & \boldsymbol{u}_k & \boldsymbol{v}_1 & \cdots & \boldsymbol{v}_{N-k-1} \end{pmatrix}. \tag{8.40}$$

注意 8.71（帰無仮説のもとでの分布） 帰無仮説 $H_0:\beta_{p+1}=\cdots=\beta_k=0$ のもとで，被説明変数 $\boldsymbol{Y}$ と誤差 $\boldsymbol{\varepsilon}$ の関係は

$$\boldsymbol{Y}=\boldsymbol{X}_0\boldsymbol{\beta}_0+\boldsymbol{\varepsilon}, \tag{8.41}$$

と書くことができます。ただし，パラメータ $\boldsymbol{\beta}_0$ は次で定められます：

$$\boldsymbol{\beta}_0=\begin{pmatrix} \beta_0 \\ \vdots \\ \beta_p \end{pmatrix}.$$

計画行列を $\boldsymbol{X}$，パラメータを $\boldsymbol{\beta}$ とした回帰モデルを推定した残差 $\hat{\boldsymbol{e}}$ は**注意 8.64** で定めた射影行列を使って次で与えられます：

$$\hat{\boldsymbol{e}}=\boldsymbol{Y}-\boldsymbol{X}\hat{\boldsymbol{\beta}}=(I-P_X)\boldsymbol{Y}=P_X^{\perp}\boldsymbol{Y}.$$

帰無仮説のもとでの被説明変数 $\boldsymbol{Y}$ は式(8.41)で与えられるので，この残差と誤差の関係は次の通りです：

$$\hat{\boldsymbol{e}}=P_X^{\perp}(\boldsymbol{X}_0\boldsymbol{\beta}_0+\boldsymbol{\varepsilon})=P_X^{\perp}\boldsymbol{X}_0\boldsymbol{\beta}_0+P_X^{\perp}\boldsymbol{\varepsilon}.$$

ここで，計画行列 $\boldsymbol{X}_0$ の列ベクトルはすべて $\mathscr{M}_X$ の基底でもあるので，$P_X^{\perp}\boldsymbol{X}_0=\boldsymbol{0}$ です。したがって次が得られます：

$$\hat{\boldsymbol{e}}=P_X^{\perp}\boldsymbol{\varepsilon}.$$

ここから，残差 2 乗和は次のように計算されます：

$$\hat{\boldsymbol{e}}^{\top}\hat{\boldsymbol{e}}=\boldsymbol{\varepsilon}^{\top}P_X^{\perp}\boldsymbol{\varepsilon}=\boldsymbol{\varepsilon}^{\top}VV^{\top}\boldsymbol{\varepsilon}=\zeta_1^2+\cdots+\zeta_{N-k-1}^2. \tag{8.42}$$

ただし，$\zeta_i=\boldsymbol{v}_i^{\top}\boldsymbol{\varepsilon}$ は正規変数です（**注意 8.68**）。

同じように計算すると，計画行列を $\boldsymbol{X}_0$ とした回帰モデルを推定した残差 $\hat{\boldsymbol{e}}_0$ は次で与えられます：

$$\hat{\boldsymbol{e}}_0=P_{X_0}^{\perp}\boldsymbol{\varepsilon}.$$

ここから残差 2 乗和は次のように計算されます：

$$\begin{aligned}\hat{\boldsymbol{e}}_0^{\top}\hat{\boldsymbol{e}}_0&=\boldsymbol{\varepsilon}^{\top}P_{X_0}^{\perp}\boldsymbol{\varepsilon}=\boldsymbol{\varepsilon}^{\top}V_0V_0^{\top}\boldsymbol{\varepsilon}\\&=\xi_{p+1}^2+\cdots+\xi_k^2+\zeta_1^2+\cdots+\zeta_{N-k-1}^2.\end{aligned}$$

ただし，$\xi_i = \boldsymbol{u}_i^\top \boldsymbol{\varepsilon}$ です。これら 2 乗和の差は次の通りです：

$$\hat{\boldsymbol{e}}_0^\top \hat{\boldsymbol{e}}_0 - \hat{\boldsymbol{e}}^\top \hat{\boldsymbol{e}} = \xi_{p+1}^2 + \cdots + \xi_k^2.$$

これは，互いに独立な $k-p$ 個の正規変数の 2 乗和ですので，

$$\frac{\hat{\boldsymbol{e}}_0^\top \hat{\boldsymbol{e}}_0 - \hat{\boldsymbol{e}}^\top \hat{\boldsymbol{e}}}{\sigma^2} \sim \chi^2(k-p),$$

が成り立ちます。

ベクトル $\boldsymbol{u}_{p+1}, \ldots, \boldsymbol{u}_k$ と $\boldsymbol{v}_1, \ldots, \boldsymbol{v}_{N-k-1}$ は互いに直交するので，正規変数 $\xi_{p+1}, \ldots, \xi_k$ と $\zeta_1, \ldots, \zeta_{N-k-1}$ は互いに独立です。つまり，残差 2 乗和の差 $\hat{\boldsymbol{e}}_0^\top \hat{\boldsymbol{e}}_0 - \hat{\boldsymbol{e}}^\top \hat{\boldsymbol{e}}$ と残差 2 乗和 $\hat{\boldsymbol{e}}^\top \hat{\boldsymbol{e}}$ は互いに独立です。このことから，帰無仮説のもとでの次の分布が導かれます：

$$\frac{(\hat{\boldsymbol{e}}_0^\top \hat{\boldsymbol{e}}_0 - \hat{\boldsymbol{e}}^\top \hat{\boldsymbol{e}})/(k-p)}{\hat{\boldsymbol{e}}^\top \hat{\boldsymbol{e}}/(N-k-p)} \sim F(k-p, N-k-p).$$

注意 8.72（対立仮説のもとでの分布） たとえば，$\beta_{p+1} \neq 0$ であったとしましょう。被説明変数と誤差の関係は次のようになります：

$$\boldsymbol{Y} = \boldsymbol{X}_0 \boldsymbol{\beta}_0 + \boldsymbol{x}^{(p+1)} \beta_{p+1} + \boldsymbol{\varepsilon}.$$

これを使うと，計画行列を $\boldsymbol{X}$ とした回帰モデルの残差は次のように計算されます：

$$\hat{\boldsymbol{e}} = P_{\boldsymbol{X}}^{\perp} \boldsymbol{Y} = P_{\boldsymbol{X}}^{\perp} (\boldsymbol{X}_0 \boldsymbol{\beta}_0 + \boldsymbol{x}^{(p+1)} \beta_{p+1} + \boldsymbol{\varepsilon}).$$

ここで，$\boldsymbol{X}_0$ の列ベクトルも，$\boldsymbol{x}^{(p+1)}$ も $\mathscr{M}_{\boldsymbol{X}}$ の基底なので，次が得られます：

$$\hat{\boldsymbol{e}} = P_{\boldsymbol{X}}^{\perp} \boldsymbol{\varepsilon}.$$

これは結局，帰無仮説のもとでの残差と同じです。したがって，残差の 2 乗和は次で与えられます：

$$\hat{\boldsymbol{e}}^\top \hat{\boldsymbol{e}} = \zeta_1^2 + \cdots + \zeta_{N-k-1}^2.$$

計画行列を $\boldsymbol{X}_0$ とした回帰モデルの残差は次の通りです：

$$\begin{aligned} \hat{\boldsymbol{e}}_0 &= P_{\boldsymbol{X}_0}^{\perp} \boldsymbol{Y} \\ &= P_{\boldsymbol{X}_0}^{\perp} (\boldsymbol{X}_0 \boldsymbol{\beta}_0 + \boldsymbol{x}^{(p+1)} \beta_{p+1} + \boldsymbol{\varepsilon}). \end{aligned} \tag{8.43}$$

この中で，$\boldsymbol{X}_0$ の列ベクトルは $\mathscr{M}_{\boldsymbol{X}_0}$ の基底なので，$P_{\boldsymbol{X}_0}^{\perp} \boldsymbol{X}_0 = \boldsymbol{0}$ が成り立ちますが，$\boldsymbol{x}^{(p+1)}$ は $\mathscr{M}_{\boldsymbol{X}_0}$ に含まれません。したがって，$P_{\boldsymbol{X}_0}^{\perp} \boldsymbol{x}^{(p+1)} \neq \boldsymbol{0}$ となります。結局，

残差は次のようになります：

$$\hat{\boldsymbol{e}}_0 = P_{X_0}^{\perp}(\boldsymbol{x}^{(p+1)}\beta_{p+1} + \boldsymbol{\varepsilon}).$$

この2乗和を計算します：

$$\begin{aligned}\hat{\boldsymbol{e}}_0^\top \hat{\boldsymbol{e}}_0 &= (\boldsymbol{x}^{(p+1)}\beta_{p+1} + \boldsymbol{\varepsilon})^\top P_{X_0}^{\perp}(\boldsymbol{x}^{(p+1)}\beta_{p+1} + \boldsymbol{\varepsilon}) \\ &= (\boldsymbol{x}^{(p+1)}\beta_{p+1} + \boldsymbol{\varepsilon})^\top V_0 V_0^\top (\boldsymbol{x}^{(p+1)}\beta_{p+1} + \boldsymbol{\varepsilon}).\end{aligned}$$

行列 V_0 は式(8.40)で与えられますので，

$$\begin{aligned}&V_0^\top \boldsymbol{x}^{(p+1)} \\ &= \begin{pmatrix} \boldsymbol{u}_{p+1}^\top \boldsymbol{x}^{(p+1)} & \cdots & \boldsymbol{u}_k^\top \boldsymbol{x}^{(p+1)} & \boldsymbol{v}_1^\top \boldsymbol{x}^{(p+1)} & \cdots & \boldsymbol{v}_{N-k-1}^\top \boldsymbol{x}^{(p+1)} \end{pmatrix},\end{aligned}$$

です。ここで，$\boldsymbol{x}^{(p+1)} \notin \mathscr{M}_{X_0}$ と $\boldsymbol{x}^{(p+1)} \in \mathscr{M}_X$ を考えると，$\boldsymbol{u}_{p+1}^\top \boldsymbol{x}^{(p+1)}, \ldots,$ $\boldsymbol{u}_k^\top \boldsymbol{x}^{(p+1)}$ のうち少なくとも1つは0でなく，また，$\boldsymbol{v}_1^\top \boldsymbol{x}^{(p+1)} = \cdots = \boldsymbol{v}_{N-k-1}^\top \boldsymbol{x}^{(p+1)} =$ 0です。したがって，

$$\hat{\boldsymbol{e}}_0^\top \hat{\boldsymbol{e}}_0 = \xi_{p+1}'^2 + \cdots + \xi_k'^2 + \zeta_1^2 + \cdots + \zeta_{N-k-1}^2,$$

が得られます。ただし，$\xi_i' = \boldsymbol{u}_i^\top \boldsymbol{x}^{(i)}\beta_i + \xi_i$ です。

以上より，残差2乗和の差は

$$\hat{\boldsymbol{e}}_0^\top \hat{\boldsymbol{e}}_0 - \hat{\boldsymbol{e}}^\top \hat{\boldsymbol{e}} = \xi_{p+1}'^2 + \cdots + \xi_k'^2,$$

ですが，$\xi_{p+1}', \ldots, \xi_k'$ のうち少なくとも1つの期待値は0ではありません。したがって，$(\hat{\boldsymbol{e}}_0^\top \hat{\boldsymbol{e}}_0 - \hat{\boldsymbol{e}}^\top \hat{\boldsymbol{e}})/\sigma^2$ は自由度 $\boldsymbol{k-p}$ の**非心** $\boldsymbol{\chi^2}$ **分布**に従います。

2乗和の差 $\hat{\boldsymbol{e}}_0^\top \hat{\boldsymbol{e}}_0 - \hat{\boldsymbol{e}}^\top \hat{\boldsymbol{e}}$ と2乗和 $\hat{\boldsymbol{e}}^\top \hat{\boldsymbol{e}}$ が互いに独立なことは，帰無仮説のもとでの場合と同じように示されます。

注意 8.73（調整済み決定係数） 式(8.42)を見ると，残差2乗和の自由度は $N-k-1$ です。ここで注目すべきことは，この式で考えている回帰モデルの説明変数のうち $\boldsymbol{x}^{(p+1)}, \ldots, \boldsymbol{x}^{(k)}$ は，帰無仮説のもとで被説明変数と関係がないことです。つまり，被説明変数と関係がない量でも，説明変数としてモデルに追加すると，残差2乗和を自由度1の分だけ減少させる効果があるのです。決定係数は，残差2乗和と被説明変数のばらつきの比で決まりますので，モデルの当てはまりの良さを決定係数で評価すると，関係のないものでも何でも説明変数を増やしていけば，この効果のせいで，当てはまりの良いモデルが得られることになってしまいます。

回帰モデルの当てはまりを評価するためには，この効果も加味するべきかも

しれません。そこで重回帰分析では，この効果を加味した**調整済み決定係数** R_{adj} が使われることもあります（8.2.4 節参照）：

$$R_{\mathrm{adj}}^2=1-\frac{(N-1)\hat{\boldsymbol{e}}(\omega)^\top\hat{\boldsymbol{e}}(\omega)}{(N-k-1)\sum_{i=1}^N(y_i-\bar{y})^2}.$$

演習問題

演習 1　行列 A と B を次で定めます：

$$A=\begin{pmatrix}5&3&1\\2&1&3\end{pmatrix},\ B=\begin{pmatrix}6&2\\1&1\\7&3\end{pmatrix}.$$

このとき $(AB)^\top=B^\top A^\top$ を確認しなさい。

演習 2　$\boldsymbol{y},\boldsymbol{X},\boldsymbol{\beta}$ を次で定めます：

$$\boldsymbol{y}=\begin{pmatrix}y_1\\y_2\\\vdots\\y_N\end{pmatrix},\quad \boldsymbol{X}=\begin{pmatrix}1&x_1^{(1)}&x_1^{(2)}\\1&x_2^{(1)}&x_2^{(2)}\\\vdots&\vdots&\vdots\\1&x_N^{(1)}&x_N^{(2)}\end{pmatrix},\quad \boldsymbol{\beta}=\begin{pmatrix}\beta_0\\\beta_1\\\beta_2\end{pmatrix}.$$

このとき $\boldsymbol{\beta}^\top\boldsymbol{X}^\top\boldsymbol{y}=\boldsymbol{y}^\top\boldsymbol{X}\boldsymbol{\beta}$ を確認しなさい。

演習 3　**命題 [8.5]** の実現誤差の 2 乗和

$$S^2=\boldsymbol{y}^\top\boldsymbol{y}-2\boldsymbol{\beta}^\top\boldsymbol{X}^\top\boldsymbol{y}+\boldsymbol{\beta}^\top\boldsymbol{X}^\top\boldsymbol{X}\boldsymbol{\beta},$$

を未知パラメータ β_0,β_1,β_2 でそれぞれ偏微分します。

(1)　$\boldsymbol{y}^\top\boldsymbol{y}$ が未知パラメータを含まない数であることを確認しなさい。

(2)　$\boldsymbol{X}^\top\boldsymbol{y}$ が未知パラメータを含まない大きさ 3 の列ベクトルであることを確認しなさい。

(3)　未知パラメータを含まない数 u_0,u_1,u_2 を使うと

$$\boldsymbol{X}^\top\boldsymbol{y}=\begin{pmatrix}u_0\\u_1\\u_2\end{pmatrix},$$

と置くことができて，

$$\boldsymbol{\beta}^\top\boldsymbol{X}^\top\boldsymbol{y}=\beta_0u_0+\beta_1u_1+\beta_2u_2,$$

と表されることを確認しなさい。また，$\boldsymbol{\beta}^\top\boldsymbol{X}^\top\boldsymbol{y}$ を未知パラメータ β_0,β_1,β_2 で

偏微分するとそれぞれu_0, u_1, u_2になることを確認しなさい。

また，このことを利用して，偏微分を並べたベクトルが

$$\begin{pmatrix} \frac{\partial}{\partial \beta_0}\boldsymbol{\beta}^\top \boldsymbol{X}^\top \boldsymbol{y} \\ \frac{\partial}{\partial \beta_1}\boldsymbol{\beta}^\top \boldsymbol{X}^\top \boldsymbol{y} \\ \frac{\partial}{\partial \beta_2}\boldsymbol{\beta}^\top \boldsymbol{X}^\top \boldsymbol{y} \end{pmatrix} = \boldsymbol{X}^\top \boldsymbol{y},$$

と表せることを確認しなさい。

(4)　$\boldsymbol{X}^\top \boldsymbol{X}$が未知パラメータを含まない3×3行列であることを確認しなさい。

また，$(\boldsymbol{X}^\top \boldsymbol{X})^\top = \boldsymbol{X}^\top \boldsymbol{X}$を示しなさい。

(5)　$v_{i,j}$を未知パラメータを含まない数として，

$$\boldsymbol{X}^\top \boldsymbol{X} = \begin{pmatrix} v_{0,0} & v_{0,1} & v_{0,2} \\ v_{1,0} & v_{1,1} & v_{1,2} \\ v_{2,0} & v_{2,1} & v_{2,2} \end{pmatrix}$$

と置くと，$v_{i,j} = v_{j,i}$が成り立ち，

$$\begin{aligned} \boldsymbol{\beta}^\top \boldsymbol{X}^\top \boldsymbol{X}\boldsymbol{\beta} &= \begin{pmatrix} \beta_0 & \beta_1 & \beta_2 \end{pmatrix} \begin{pmatrix} v_{0,0} & v_{0,1} & v_{0,2} \\ v_{1,0} & v_{1,1} & v_{1,2} \\ v_{2,0} & v_{2,1} & v_{2,2} \end{pmatrix} \begin{pmatrix} \beta_0 \\ \beta_1 \\ \beta_2 \end{pmatrix} \\ &= \beta_0(v_{0,0}\beta_0 + v_{0,1}\beta_1 + v_{0,2}\beta_2) \\ &\quad + \beta_1(v_{1,0}\beta_0 + v_{1,1}\beta_1 + v_{1,2}\beta_2) \\ &\quad + \beta_2(v_{2,0}\beta_0 + v_{2,1}\beta_1 + v_{2,2}\beta_2) \end{aligned}$$

と計算されることを確かめなさい。また，これを未知パラメータで偏微分したうえで，$v_{i,j} = v_{j,i}$を使って整理すると次が成り立つことを確認しなさい：

$$\begin{aligned} \frac{\partial}{\partial \beta_0}\boldsymbol{\beta}^\top \boldsymbol{X}^\top \boldsymbol{X}\boldsymbol{\beta} &= 2(v_{0,0}\beta_0 + v_{0,1}\beta_1 + v_{0,2}\beta_2), \\ \frac{\partial}{\partial \beta_1}\boldsymbol{\beta}^\top \boldsymbol{X}^\top \boldsymbol{X}\boldsymbol{\beta} &= 2(v_{1,0}\beta_0 + v_{1,1}\beta_1 + v_{1,2}\beta_2), \\ \frac{\partial}{\partial \beta_2}\boldsymbol{\beta}^\top \boldsymbol{X}^\top \boldsymbol{X}\boldsymbol{\beta} &= 2(v_{2,0}\beta_0 + v_{2,1}\beta_1 + v_{2,2}\beta_2). \end{aligned}$$

また，このことを利用して，偏微分を並べたベクトルが次のように表されることを確認しなさい：

$$\begin{pmatrix} \frac{\partial}{\partial \beta_0}\boldsymbol{\beta}^\top \boldsymbol{X}^\top \boldsymbol{X}\boldsymbol{\beta} \\ \frac{\partial}{\partial \beta_1}\boldsymbol{\beta}^\top \boldsymbol{X}^\top \boldsymbol{X}\boldsymbol{\beta} \\ \frac{\partial}{\partial \beta_2}\boldsymbol{\beta}^\top \boldsymbol{X}^\top \boldsymbol{X}\boldsymbol{\beta} \end{pmatrix} = 2\boldsymbol{X}^\top \boldsymbol{X}\boldsymbol{\beta}.$$

(6)　以上から次を確認しなさい：

$$\begin{pmatrix} \partial S^2/\partial\beta_0 \\ \partial S^2/\partial\beta_1 \\ \partial S^2/\partial\beta_2 \end{pmatrix} = -2\boldsymbol{X}^\top\boldsymbol{y} + 2\boldsymbol{X}^\top\boldsymbol{X}\boldsymbol{\beta}.$$

演習 4　行列 A が逆行列を持つとします。つまり $AB=BA=I$ を満たす行列 B が存在するとします。ある行列 C が $AC=CA=I$ を満たすとき，方程式 $AC=I$ の左側から B を掛けると $C=B$ が導かれることを確かめなさい。

また，行列 A の逆行列 A^{-1} が存在するとき，$(A^\top)^{-1}=(A^{-1})^\top$ を確かめなさい。

演習 5　次の回帰モデルを考えます：

$$\boldsymbol{y}=\boldsymbol{X}\boldsymbol{\beta}+\boldsymbol{e}. \tag{8.44}$$

ただし，$\boldsymbol{y}$ を被説明変数のベクトル，$\boldsymbol{X}$ を計画行列，$\boldsymbol{\beta}$ を未知パラメータのベクトル，$\boldsymbol{e}$ を実現誤差のベクトルとします。このとき，未知パラメータ $\boldsymbol{\beta}$ の最小 2 乗推定値は次で与えられます：

$$\hat{\boldsymbol{\beta}}=(\boldsymbol{X}^\top\boldsymbol{X})^{-1}\boldsymbol{X}^\top\boldsymbol{y}. \tag{8.45}$$

式(8.44)の右辺を式(8.44)の右辺の $\boldsymbol{y}$ に代入することで次を示しなさい：

$$\hat{\boldsymbol{\beta}}=\boldsymbol{\beta}+(\boldsymbol{X}^\top\boldsymbol{X})^{-1}\boldsymbol{X}^\top\boldsymbol{e}.$$

演習 6　B を，$k+1$ 行 N 列の実数行列とします。このとき，$BB^\top$ の i 行 i 列目の要素が非負になることを示しなさい。

演習 7　次の回帰モデルを考えます：

$$\boldsymbol{Y}=\boldsymbol{X}\boldsymbol{\beta}+\boldsymbol{\varepsilon}. \tag{8.46}$$

ただし，$\boldsymbol{Y}$ を確率変数としての被説明変数のベクトル，$\boldsymbol{X}$ を計画行列，$\boldsymbol{\beta}$ を未知パラメータのベクトル，$\boldsymbol{\varepsilon}$ を誤差のベクトルとし，$\boldsymbol{\varepsilon}\sim\mathrm{N}(\boldsymbol{0},\sigma^2I)$ とします。このとき，未知パラメータ $\boldsymbol{\beta}$ の最小 2 乗推定量は

$$\hat{\boldsymbol{\beta}}=(\boldsymbol{X}^\top\boldsymbol{X})^{-1}\boldsymbol{X}^\top\boldsymbol{Y}, \tag{8.47}$$

なので，確率変数としての残差は次で与えられます：

$$\hat{\boldsymbol{e}}=\boldsymbol{Y}-\boldsymbol{X}\hat{\boldsymbol{\beta}}. \tag{8.48}$$

(1)　式(8.46)と式(8.47)の右辺を式(8.48)に代入することで次を示しなさい：

$$\hat{\boldsymbol{e}}=(I-\boldsymbol{X}(\boldsymbol{X}^\top\boldsymbol{X})^{-1}\boldsymbol{X}^\top)\boldsymbol{\varepsilon}.$$

(2)　期待値ベクトルが $\mathrm{E}(\hat{\boldsymbol{e}})=\boldsymbol{0}$ であることを確かめて，分散共分散行列 $\mathrm{E}((\hat{\boldsymbol{e}}\hat{\boldsymbol{e}}^\top))$ を計算し，**命題［8.26］**を確認しなさい。

演習8　ベクトル $\hat{\boldsymbol{\beta}}, \hat{\boldsymbol{e}}$ が

$$\hat{\boldsymbol{\beta}}=\boldsymbol{\beta}+(\boldsymbol{X}^\top\boldsymbol{X})^{-1}\boldsymbol{X}^\top\boldsymbol{\varepsilon},\ \hat{\boldsymbol{e}}=(I-\boldsymbol{X}(\boldsymbol{X}^\top\boldsymbol{X})^{-1}\boldsymbol{X}^\top)\boldsymbol{\varepsilon},$$

で与えられているとします。ただし，$\boldsymbol{\beta}$ は大きさ $k+1$ の定数のベクトル，$\boldsymbol{X}$ は N 行 $k+1$ 列の定数の行列，$\boldsymbol{\varepsilon}$ は大きさ N の正規変数のベクトルで，$\boldsymbol{\varepsilon}\sim\mathrm{N}(\boldsymbol{0},\sigma^2 I)$ とします。このとき，次を確認しなさい：

$$\begin{aligned}\mathrm{E}((\hat{\boldsymbol{\beta}}-\boldsymbol{\beta})\hat{\boldsymbol{e}}^\top)&=\mathrm{E}\left((\boldsymbol{X}^\top\boldsymbol{X})^{-1}\boldsymbol{X}^\top\boldsymbol{\varepsilon}\{(I-\boldsymbol{X}(\boldsymbol{X}^\top\boldsymbol{X})^{-1}\boldsymbol{X}^\top)\boldsymbol{\varepsilon}\}^\top\right)\\&=\boldsymbol{O}.\end{aligned}$$

演習9　大きさ N の実ベクトルの集合 $\mathbb{R}^N$ を，基底 $\{\boldsymbol{h}_1,\ldots,\boldsymbol{h}_N\}$ のベクトル空間とみなすことができることを示しなさい。ただし，$\boldsymbol{h}_i$ は大きさ N のベクトルで，i 番目の要素が 1，それ以外の要素が 0 であるとします。またこのとき，ベクトル空間 $\mathbb{R}^N$ の次元が N であることを確認しなさい。

演習10　m 次元のベクトル空間 $\mathscr{M}$ の基底が $\{\boldsymbol{v}_1,\ldots,\boldsymbol{v}_m\}$ であったとします。また，$\mathscr{M}$ の要素を集めて作った n 個のベクトルの組 $\{\boldsymbol{u}_1,\ldots,\boldsymbol{u}_n\}$ が線形独立であるとします。このとき，$n\leq m$ を示します。

(1)　ベクトル $\boldsymbol{u}_1$ を実数係数 $c_1,\ldots,c_m$ と上の基底を使って

$$\boldsymbol{u}_1=c_1\boldsymbol{v}_1+\cdots+c_m\boldsymbol{v}_m,$$

のように表したとき，実数係数 $c_1,\ldots,c_m$ のうち少なくとも 1 つは 0 でないことを確認しなさい。

$c_1\neq0$ となるように基底 $\{\boldsymbol{v}_1,\ldots,\boldsymbol{v}_m\}$ を並び替えたとします。このとき，$\{\boldsymbol{u}_1,\boldsymbol{v}_2,\ldots,\boldsymbol{v}_m\}$ もベクトル空間 $\mathscr{M}$ の基底であることを示しなさい。

(2)　自然数 k が $1\leq k<n$ かつ $k<m$ を満たすとします。ベクトルの組 $\{\boldsymbol{u}_1,\ldots,\boldsymbol{u}_k,\boldsymbol{v}_{k+1},\ldots,\boldsymbol{v}_m\}$ がベクトル空間 $\mathscr{M}$ の基底であるとします。このとき，ベクトル $\boldsymbol{u}_{k+1}$ を実数係数 $c_1,\ldots,c_m$ を使って

$$\boldsymbol{u}_{k+1}=\sum_{i=1}^{k}c_i\boldsymbol{u}_i+\sum_{i=k+1}^{m}c_i\boldsymbol{v}_i,$$

のように表したとき，実数係数 $c_{k+1},\ldots,c_m$ うのうち少なくとも 1 つは 0 でないことを示しなさい。

$c_{k+1}\neq0$ となるように基底 $\{\boldsymbol{v}_{k+1},\ldots,\boldsymbol{v}_m\}$ を並び替えたとします。このとき，$\{\boldsymbol{u}_1,\ldots,\boldsymbol{u}_{k+1},\boldsymbol{v}_{k+2},\ldots,\boldsymbol{v}_m\}$ もベクトル空間 $\mathscr{M}$ の基底であることを示しなさい。

(3)　$n=m$ のとき，$\{\boldsymbol{u}_1,\ldots,\boldsymbol{u}_m\}$ もベクトル空間 $\mathscr{M}$ の基底であることを確認しなさい。また，$n\leq m$ でなければならないことを確認しなさい。

演習 11　ベクトル $\boldsymbol{x}^{(0)},\ldots,\boldsymbol{x}^{(k)}$ を基底とする線形部分空間 $\mathscr{M}_{\boldsymbol{X}}$ の正規直交基底 $\boldsymbol{u}_0,\ldots,\boldsymbol{u}_k$ を次のように作ることができることを確認しなさい。

(1)　ベクトル $\boldsymbol{u}_0$ を

$$\boldsymbol{u}_0=\frac{\boldsymbol{x}^{(0)}}{\sqrt{\boldsymbol{x}^{(0)\top}\boldsymbol{x}^{(0)}}},$$

で定めると，$\boldsymbol{u}_0\in\mathscr{M}_{\boldsymbol{X}}$ かつ $\boldsymbol{u}_0^\top\boldsymbol{u}_0=1$ であることを確認しなさい。

(2)　ベクトル $\boldsymbol{u}_1$ を

$$\boldsymbol{u}_1=\frac{\boldsymbol{x}^{(1)}-\left(\boldsymbol{u}_0^\top\boldsymbol{x}^{(1)}\right)\boldsymbol{u}_0}{\sqrt{\boldsymbol{x}^{(1)\top}\boldsymbol{x}^{(1)}-\left(\boldsymbol{u}_0^\top\boldsymbol{x}^{(1)}\right)^2}},$$

で定めると，$\boldsymbol{u}_1\in\mathscr{M}_{\boldsymbol{X}}$ かつ $\boldsymbol{u}_0^\top\boldsymbol{u}_1=0$ かつ $\boldsymbol{u}^\top{}_1\boldsymbol{u}_1=1$ を確認しなさい。

(3)　自然数 $2\leq j\leq k-1$ に対して，ベクトル $\boldsymbol{u}_0,\ldots,\boldsymbol{u}_j$ が式 (8.31) を満たし，かつベクトル $\boldsymbol{x}^{(j+1)}$ と線形独立であるとします。このとき，行列 U_j を

$$U_j=\left(\boldsymbol{u}_0\cdots\boldsymbol{u}_j\right),$$

で，ベクトル $\boldsymbol{u}_{j+1}$ を

$$\boldsymbol{u}_{j+1}=\frac{\left(I-U_jU_j^\top\right)\boldsymbol{x}^{(j+1)}}{\sqrt{\boldsymbol{x}^{(j+1)\top}\boldsymbol{x}^{(j+1)}-\boldsymbol{x}^{(j+1)\top}U_jU_j^\top\boldsymbol{x}^{(j+1)}}},$$

で定めると，$\boldsymbol{u}_0,\ldots,\boldsymbol{u}_{j+1}$ は式 (8.31) を満たし，かつ $j+2\leq k$ ならばベクトル $\boldsymbol{x}^{(j+2)}$ と線形独立であることを示しなさい。

演習 12　式 (8.32) を確認しなさい。

演習 13　$N>k+1$ に対して $\boldsymbol{X}$ を $N\times(k+1)$ 行列とし，その列ベクトル $\boldsymbol{X}=\left(\boldsymbol{x}^{(0)}\ \cdots\ \boldsymbol{x}^{(k)}\right)$ の組が線形独立であるとします。このとき，ある $(k+1)\times(k+1)$ 行列 C に対して $\boldsymbol{X}C=\boldsymbol{O}$ が成り立つとすると，$C=\boldsymbol{O}$ であることを次のように示しなさい：

(1)　行列 C の i 行 j 列目の要素を $c_{i,j}$ で表すと，行列 $\boldsymbol{X}C$ の j 番目の列ベクトルが次で表されることを確認しなさい：

$$c_{0,j}\boldsymbol{x}^{(0)}+\cdots+c_{k,j}\boldsymbol{x}^{(k)}.$$

(2)　列ベクトルの組 $\{\boldsymbol{x}^{(0)},\cdots,\boldsymbol{x}^{(k)}\}$ が線形独立であるとき，すべての i,j に対して $c_{i,j}=0$ であることを示しなさい。

演習 14　射影行列 $P_{\boldsymbol{X}}^{\perp}=I-\boldsymbol{X}(\boldsymbol{X}^\top\boldsymbol{X})^{-1}\boldsymbol{X}^\top$ の固有分解が，**注意 8.62** で定めた行列 V を使って $P_{\boldsymbol{X}}^{\perp}=VV^\top$ となることを次のように示しなさい。

(1)　**注意 8.58** で定めた行列 U に対して $P_{\boldsymbol{X}}^{\perp}U=\boldsymbol{O}$ であることを示しなさい。

(2) $P_X^{\perp}V=V$ であることを示しなさい。

(3) **注意 8.63** で定めた行列 Q に対して次を確認しなさい：

$$Q^{\top}P_X^{\perp}Q=\begin{pmatrix} \boldsymbol{O} & \boldsymbol{O} \\ \boldsymbol{O} & I_{N-k-1} \end{pmatrix}.$$

(4) $QQ^{\top}P_X^{\perp}QQ^{\top}$ を計算することで，$P_X^{\perp}=VV^{\top}$ を示しなさい。

演習 15 射影行列の固有分解を利用して，式 (8.39) を確認しなさい。

9 分割表を使った統計的仮説検定

ここまで，数値項目を持ったデータを扱いました。ここでは，数値項目を持たず，カテゴリカルな項目のみを持つものを考えます。

9.1 カテゴリカルなデータと分割表

9.1.1 分割表

例 9.1（教材の効果——カテゴリカルな項目からなるデータ） **第 1 章の例 1.3** では，教材 A の利用の有無と，資格試験の合否の間に関係があるかどうか，という仮説を考えました。この仮説を実証するために，同じ大学の受験経験者 20 人を標本として調べたところ（**例 1.5**），**表 9.1** のようなクロスセクショナルなデータが得られたとします。このデータは，教材 A 利用の有無と，試験の合否という 2 つの項目を持ちますが，どちらもカテゴリカルです。

標本に含まれるすべての人たちは，(利用あり, 合格), (利用あり, 不合格), (利用なし, 合格), (利用なし, 不合格) の 4 つの細分化されたカテゴリーのどれか 1 つに含まれます。この細分化されたカテゴリーごとに，含まれる事例の数を数えると，**表 9.2** のようになります。このような表を**分割表**といいます（**定義 [9.1]**）。

表 9.1　ある資格試験の受験経験者 20 人から聞き取った，教材 A 利用の有無（利用あり：Y, 利用なし：N）と，試験の合否（合格：P, 不合格：F）（架空の調査）。

№	Text A	Exam	№	Text A	Exam
1	Y	P	11	N	F
2	Y	P	12	Y	P
3	Y	P	13	Y	P
4	N	F	14	N	P
5	N	P	15	N	F
6	Y	F	16	N	P
7	N	F	17	N	P
8	N	P	18	Y	F
9	Y	P	19	N	F
10	N	F	20	Y	P

表 9.2　表 9.1 のデータを集計した分割表。

		Exam		
		P	F	Total
Text A	Y	7	2	9
	N	5	6	11
Total		12	8	20

定義：分割表　[9.1]

カテゴリーやその組合せに含まれる事例の数を数え，それを表の形に整理したものを**分割表** (contingency table) といいます。ただし，表は，標本に含まれるすべての事例がどこか 1 つのセルで数えられるように作られている必要があります。つまり，どのセルでも数えられない事例や，複数のセルで数えられる事例があってはいけません。

9.2　偶然の表現

前章までに確認したように，数値項目の場合，**誤差**を使って偶然を表現しました。ここでは，カテゴリカルな観測値がどのように偶然と結びつけられるのかを確認します。

9.2.1　カテゴリーと確率

個々の事例があるカテゴリーに含まれる経緯に偶然が作用する余地があったかどうかの判断は簡単ではありません（6.9.1 節と同様な検討が必要になります）。しかし，1つの割り切りとして次のような仮定がよく利用されます：

仮定：カテゴリーと確率　[9.2]

大きさ N の標本に含まれる個々の事例が，K 個あるカテゴリーのどれか1つに含まれるものとします。このとき，すべての事例 $i=1,\ldots,N$ とカテゴリー $k=1,\ldots,K$ の組合せに対して，

　　事例 i がカテゴリー k に含まれる

という事象に確率が割り当てられていると仮定します。ただし，その確率の値は未知であるとします。

仮定 [9.2] を表現するやり方にはいくつかのバリエーションがあります。ここまでで確認してきた方法を使って確率を推定するのであれば，次のような表現を使うことができます：

注意 9.2（カテゴリーの番号による表現）　事例 i が含まれるカテゴリーの番号を，確率変数 X_i で表します。事例 i を観察して，それがカテゴリー k に含まれていれば，確率変数 X_i の実現値が $X_i(\omega)=k$ であると考えます。

　確率変数 X_i の可能な実現値はカテゴリーに振った番号 $1,\ldots,K$ です。また，X_i の実現値は $1,\ldots,K$ のどれかであるので次が成り立ちます：

$$\sum_{k=1}^{K} P(X_i=k)=1. \tag{9.1}$$

標本に含まれる個々の事例が，それぞれのカテゴリーに含まれることになった経緯はそれぞれ異なると考えるのが自然です。しかし，データが**表 9.1** のような形で与えられている場合，個々の事例に関する情報は限られています。こうした場合，次の仮定も利用されます：

仮定：事例の均質性と独立性 [9.3]

注意 9.2 のように定めた確率変数 $X_1,\ldots,X_N$ は，以下の条件を満たしていると仮定します：

均質性 確率変数 $X_1,\ldots,X_N$ はすべて同じ分布に従っていると仮定します。つまり，すべてのカテゴリー $k=1,\ldots,K$ について次が成り立つとします：

$$P(X_1=k)=P(X_2=k)=\cdots=P(X_N=k).$$

独立性 確率変数 $X_1,\ldots,X_N$ は互いに独立であると仮定します。

注意 9.3（未知パラメータ） **仮定 [9.2]** と **[9.3]** のもとで，確率変数 $X_1,\ldots,X_N$ の分布の未知パラメータは次の確率の値です：

$$p_1=P(X_i=1), p_2=P(X_i=2),\ldots,p_K=P(X_i=K).$$

ただし，式 (9.1) より，これらのパラメータは

$$\sum_{k=1}^{K} p_k=1,$$

を満たす必要があるので，未知パラメータは実質的に $K-1$ 個あることになります。

例 9.4（教材の効果――偶然の表現） **例 9.1** では，20 人の受験経験者を事例として，教材 A 利用の有無 (Y / N) と，試験の合否 (P / F) の組合せで 4 つのカテゴリーを考えました。これら 4 つのカテゴリーに 1 ：(利用あり，合格), 2 ：(利用あり，不合格), 3 ：(利用なし，合格), 4 ：(利用なし，不合格)，のように番号を振ります。

仮定 [9.2] で考えたように，20 人の受験経験者に対して，カテゴリーの番号を表す確率変数 $X_1,\ldots,X_{20}$ を定めます。また，これらが**仮定 [9.3]** を満たすとします。

受験経験者 $i=1,\ldots,20$ が均質であることを仮定すると，教材 A を利用していて試験に合格する確率は共通なので

$$p^{(\mathrm{YP})}=P(X_1=1)=\cdots=P(X_{20}=1),$$

と置くことができます。他のカテゴリーについても同じように

$$p^{(YF)}=P(X_1=2)=\cdots=P(X_{20}=2),$$
$$p^{(NP)}=P(X_1=3)=\cdots=P(X_{20}=3),$$
$$p^{(NF)}=P(X_1=4)=\cdots=P(X_{20}=4),$$

と置くことができます。ただし，それぞれの確率 $p^{(YP)}, p^{(YF)}, p^{(NP)}, p^{(NF)}$ は未知パラメータです。また，式(9.1)より次が必要です：

$$p^{(YP)}+p^{(YF)}+p^{(NP)}+p^{(NF)}=1. \tag{9.2}$$

9.2.2 未知パラメータの推定

結論からいうと，9.2.1 節で考えた未知パラメータは次で推定されます：

命題：分割表の未知パラメータの最尤推定 [9.4]

大きさ N の標本と，K 個のカテゴリーを考えます。カテゴリー $1,\ldots,K$ に含まれる事例の数がそれぞれ $c_1,\ldots,c_K$ であったとします。ただし，$\sum_{k=1}^{K} c_k=N$ が成り立ちます。
未知パラメータ $p_1=P(X_i=1),\ldots,p_K=P(X_i=K)$ の**最尤推定値** $\tilde{p}_1(\omega),\ldots,\tilde{p}_K(\omega)$ はそれぞれ次のように与えられます：

$$\tilde{p}_1(\omega)=\frac{c_1}{N},\ldots,\tilde{p}_K(\omega)=\frac{c_K}{N}.$$

例 9.5（教材の効果――パラメータの推定） **命題 [9.4]** より，それぞれのカテゴリーに割り当てられる確率の推定値は，含まれる事例の割合に等しいので，カテゴリー 1 の（利用あり，合格）に割り当てられる確率の推定値は**表 9.2** より

$$\tilde{p}^{(YP)}(\omega)=\frac{7}{20}=0.35,$$

です。他のカテゴリーについても同様に次の通り推定されます：

$$\tilde{p}^{(YF)}(\omega)=0.10,\ \tilde{p}^{(NP)}(\omega)=0.25,\ \tilde{p}^{(NF)}(\omega)=0.30.$$

メモ 9.6（分割表の未知パラメータの最尤推定） **命題 [9.4]** は次のように確かめることができます：$k=1,\ldots,K$ とすると，

$$P(X_i=k)=p_k,$$

です。これは，引数を k とした確率変数 X_i の**確率関数**です。確率変数 $X_1,\ldots,X_N$ は互いに独立に同じ分布に従うので，この**同時確率関数**は，引数を $k_1,\ldots,k_N$ として，

$$P(X_1=k_1,\ldots,X_N=k_N)=\prod_{i=1}^{N}p_{k_i},$$

と表されます。

$x_1,\ldots,x_N$ を確率変数 $X_1,\ldots,X_N$ の実現値とします。**尤度**は，引数 $k_1,\ldots,k_N$ に実現値 $x_1,\ldots,x_N$ を代入して，

$$L=\prod_{i=1}^{N}p_{x_i}, \tag{9.3}$$

となります。**注意 9.2** の確率変数 X_i とその実現値の定められ方から，事例 i がカテゴリー k に含まれることと，$x_i=k$ は同値であることがわかります。したがって，カテゴリー k に含まれる事例の数を c_k とすると，実現値 $x_1,\ldots,x_N$ のうち値が k であるものは c_k 個あることになります。式 (9.3) の右辺の掛け算は，p_1 を c_1 個掛けて，p_2 を c_2 個掛けて，といった具合に計算できます。このことから，尤度は

$$L=\prod_{k=1}^{K}p_k^{c_k},$$

と書くこともできます。両辺の対数を取って，対数尤度は

$$\ell=\log L=\sum_{k=1}^{K}c_k\log p_k,$$

です。

未知パラメータ $p_1,\ldots,p_K$ には $p_1+\cdots+p_K=1$ という制約があります（**注意 9.3**）。尤度の最大化は，この制約のもとで行う必要があるので，$p_K=1-p_1-p_2-\cdots-p_{K-1}$ を代入した対数尤度

$$\ell=\sum_{k=1}^{K-1}c_k\log p_k+c_K\log\left(1-\sum_{k=1}^{K-1}p_k\right),$$

が最も大きくなるような未知パラメータ $p_1,\ldots,p_{K-1}$ の値を探します。未知パラメータ p_1 で対数尤度 ℓ を微分すると，

$$c_1\times\frac{1}{p_1}+c_K\times\frac{-1}{p_K},$$

が得られます。この値が 0 と等しくなるのは

$$p_1=\frac{c_1}{c_K}p_K,$$

が満たされるときです。同じように，未知パラメータ $p_2,\ldots,p_{K-1}$ で微分することで，

$$p_2=\frac{c_2}{c_K}p_K,\ldots,p_{K-1}=\frac{c_{K-1}}{c_K}p_K,$$

が得られます。これらを連立させて，$c_1+\cdots+c_K=N$ を使うと，**命題［9.4］**の最尤推定値が得られます。

9.3 分割表を使った検定

ここでは，例を中心にして話を進めていきます。

9.3.1 グループ間の合格率の差

例 9.7（教材の効果——効果の有無の検定） **例 1.3** の関心は，教材 A の利用と試験合格の見込みの間に関係があるか，という疑問にありました。「見込み」という（ややあいまいな）表現が確率を意味するものと考えると，この疑問を実証するためにデータから調べられるのは次の点です：

> 教材 A を利用したグループの合格確率と，教材 A を利用しないグループの合格確率が異なるか。

教材 A を利用したグループの合格確率を $p^{(\mathrm{Y})}$，利用しなかったグループの合格率を $p^{(\mathrm{N})}$ と置きます。もちろんこれらの値は未知です。**9.2.2 節**のように**最尤法**でパラメータを推定すると，

$$\tilde{p}^{(\mathrm{Y})}(\omega)=\frac{c^{(\mathrm{YP})}}{N^{(\mathrm{Y})}}=\frac{7}{9},\ \tilde{p}^{(\mathrm{N})}(\omega)=\frac{c^{(\mathrm{NP})}}{N^{(\mathrm{N})}}=\frac{5}{11}, \tag{9.4}$$

のように**最尤推定値**が得られます。ただし，$N^{(\mathrm{Y})}=9$ は教材 A を利用したグループの人数，$c^{(\mathrm{YP})}=7$ はその中で試験に合格した人の数，$N^{(\mathrm{N})}=11$ は教材 A を利用しなかったグループの人数，$c^{(\mathrm{NP})}=5$ はその中で試験に合格した人の数を表します（**表 9.2** 参照）。また当たり前ですが，$N^{(\mathrm{Y})}+N^{(\mathrm{N})}=N=20$ が成り立

ちます。

式(9.4)だけを見ると，$\tilde{p}^{(Y)}$ と $\tilde{p}^{(N)}$ の間には大きな差があるように思えます。この差が有意であるかどうかを調べるために，帰無仮説 H_0 と対立仮説 H_1 を次で定めます：

$$H_0 : p^{(Y)}=p^{(N)}, \quad H_1 : p^{(Y)}\neq p^{(N)}.$$

対立仮説を $H_1 : p^{(Y)}>p^{(N)}$ とする片側検定でも構わないのですが，ここでは両側検定を考えます。

このような場合によく使われる検定の手順をまとめておくと次の通りです：

手順：分割表を使った χ^2 検定 [9.5]

記号は**例 9.7** のように定められているとします。

(1) まず，自由度 1 の χ^2 分布の 1%,5%,10%の右側分位数を求めます。それぞれ有効数字 3 桁で，$r_{0.01}=6.63$, $r_{0.05}=3.84$, $r_{0.1}=2.71$ です。

(2) データから

$$z^2=\frac{\left(\frac{c^{(YP)}}{N^{(Y)}}-\frac{c^{(NP)}}{N^{(N)}}\right)^2}{\left(\frac{1}{N^{(Y)}}+\frac{1}{N^{(N)}}\right)\frac{c^{(YP)}+c^{(NP)}}{N}\,\frac{c^{(YF)}+c^{(NF)}}{N}}, \tag{9.5}$$

の値を計算します。ただし，$c^{(YF)}$ と $c^{(NF)}$ はそれぞれのグループの中で合格しなかった人の数とします。

(3) 上の(1)で求めた分位数と(2)で求めた z^2 の値を比べ，z^2 が r_α よりも大きければ，帰無仮説 H_0 は有意水準 α で棄却できます。

例 9.8（教材の効果──分割表を使った χ^2 検定） **表 9.2** より，$N=20$, $N^{(Y)}=9$, $N^{(N)}=11$, $c^{(YP)}=7$, $c^{(YF)}=2$, $c^{(NP)}=5$, $c^{(NF)}=6$ です。これらを式(9.5)に代入すると，

$$z^2=2.15,$$

が得られます。これは $r_{0.1}=2.71$ よりも小さいので，帰無仮説は 10% 有意でも棄却できません。つまり，**例 9.7** で観察した，合格確率の推定値の差は有意とはいえません。

もちろん，この検定は標本が十分に大きいときに精度が高くなる近似を使っているので，$N=20$ という標本の大きさが十分なのかどうかは検討する価値があります。標本の大きさが十分でなく，近似の精度が疑わしいとき，

フィッシャーの正確確率検定（Fisher's exact test）と呼ばれる検定が使われることもあります。ただし標本が小さい場合には，どのみち高い検出力は望めません。

上の手順の中で，検定統計量は次のように考えることができます：

注意 9.9（検定統計量） **手順［9.5］**の式 (9.5) の z^2 は，**検定統計量**の実現値を計算する式です。この検定統計量がどのように構成されているのかを考えましょう。**例 9.7** の仮説の検定には，

$$U = \tilde{p}^{(Y)} - \tilde{p}^{(N)},$$

を使うことが自然です。この確率変数 U は，確率の差 $p^{(Y)} - p^{(N)}$ の**最尤推定量**です（**6.8 節**参照）。ただし，$\tilde{p}^{(Y)}, \tilde{p}^{(N)}$ はそれぞれ未知パラメータ $p^{(Y)}, p^{(N)}$ の最尤推定量です。

6.8 節で確認したように，標本の大きさが十分に大きければ，最尤推定量 U の分布は正規分布で近似できます。帰無仮説 H_0 のもとで，確率変数 U の期待値と分散はそれぞれ

$$\mathrm{E}(U) = 0, \ \mathrm{V}(U) = \left(\frac{1}{N^{(Y)}} + \frac{1}{N^{(N)}}\right) p(1-p),$$

で与えられます（**メモ 9.10**）。ただし，分散の中の p は，帰無仮説 H_0 のもとでの両グループ共通の合格確率 $p^{(Y)} = p^{(N)} = p$ です。したがって確率変数 U を標準偏差で割った

$$\frac{\tilde{p}^{(Y)} - \tilde{p}^{(N)}}{\sqrt{\left(\frac{1}{N^{(Y)}} + \frac{1}{N^{(N)}}\right) p(1-p)}},$$

の分布は標準正規分布で近似できます。ただし，帰無仮説のもとでの合格確率 p は未知です。標本の大きさ N が十分に大きければ，最尤推定量の一致性（**命題［6.27］**）よりこれを**最尤推定値**で次のように近似できます：

$$p \simeq \tilde{p}(\omega) = \frac{c^{(YP)} + c^{(NP)}}{N}, \ 1-p \simeq 1-\tilde{p}(\omega) = \frac{c^{(YF)} + c^{(NF)}}{N}.$$

結局，標本の大きさ N が十分に大きいとき，確率変数

$$Z = \frac{\tilde{p}^{(Y)} - \tilde{p}^{(N)}}{\sqrt{\left(\frac{1}{N^{(Y)}} + \frac{1}{N^{(N)}}\right) \frac{c^{(YP)} + c^{(NP)}}{N} \frac{c^{(YF)} + c^{(NF)}}{N}}},$$

の分布は標準正規分布で近似できます。これを 2 乗した Z^2 の分布が自由度 1

の χ^2 分布で近似できるので，**手順［9.6］**のような検定を構成できます。最尤推定量 $\tilde{p}^{(Y)}-\tilde{p}^{(N)}$ の実現値が式(9.4)を使って計算されるので，式(9.5)の z^2 は確率変数 Z^2 の実現値です。

メモ 9.10（合格確率の推定量の分布）**注意 9.9** では，帰無仮説のもとでの最尤推定量 $U=\tilde{p}^{(Y)}-\tilde{p}^{(N)}$ の期待値と分散を使いました。この期待値と分散がどのように求められるのかを考えましょう。

例 9.7 で確認したように教材 A を利用したグループの合格率 $p^{(Y)}$ の**最尤推定値**は $\tilde{p}^{(Y)}(\omega)=c^{(YP)}/N^{(Y)}$ でした。これに対応する**最尤推定量** $\tilde{p}^{(Y)}$ を考えるには，帰結 ω が実現して，教材 A を利用したグループの中の合格者数 $c^{(YP)}$ の値が明らかになる前にさかのぼる必要があります。

帰結 ω が実現する前——たとえば試験が始まる前——までさかのぼると，教材 A を利用したグループのうち何人が合格するかはわかりません。これを確率変数 $C^{(YP)}$ で表しましょう。この確率変数の性質は，次のようにして調べることができます。まず，教材 A を利用した $N^{(Y)}$ 人の受験者一人ひとりの合否を確率変数 $D_1^{(Y)},\ldots,D_{N^{(Y)}}^{(Y)}$ を使って表します。つまり，確率変数 $D_i^{(Y)}$ の可能な値を 1 か 0 として次で定めます：

$$D_i^{(Y)}(\omega)=\begin{cases}1, & (\text{帰結 }\omega\text{ が実現したときに受験者 }i\text{ が合格する}),\\ 0, & (\text{帰結 }\omega\text{ が実現したときに受験者 }i\text{ が合格しない}).\end{cases}$$

帰無仮説 H_0 のもとでは，どの受験者も合格する確率は等しく p なので，$P(D_i^{(Y)}=1)=p$ です。また，独立性の仮定より，確率変数 $D_1^{(Y)},\ldots,D_{N^{(Y)}}^{(Y)}$ は互いに独立です。さらに，確率変数 $C^{(YP)}$ は

$$C^{(YP)}=\sum_{i=1}^{N^{(Y)}} D_i^{(Y)},$$

と表せます。これらを利用すると次が得られます（演習 1）：

$$\mathrm{E}(C^{(YP)})=N^{(Y)}p,\quad \mathrm{V}(C^{(YP)})=N^{(Y)}p(1-p).$$

教材 A を利用しなかったグループについても確率変数 $C^{(NP)}$ を同様に考えることによって，確率変数

$$U=\frac{C^{(YP)}}{N^{(Y)}}-\frac{C^{(NP)}}{N^{(N)}},$$

の期待値と分散が**注意 9.9** のように求められます。

9.3.2 独立性の検定

9.3.1 節で考えた検定には，他の考え方を当てはめることもあります。

例 9.11（教材の効果――カテゴリーの独立性） **例 9.7** の疑問は，

教材 A を利用するという事象と，試験に合格するという事象は独立であるか，

と言い換えることもできます。

これを数式を使って表してみましょう。時間を，受験生が試験対策を始める前まで戻して考えます。標本に含まれる受験生はまだ，どのように受験対策を進めるのかを決めていないとします。受験生が教材 A を利用する確率を $p^{(\mathrm{Y})}$ と置きます。受験生が（教材 A を利用していてもいなくても）合格する確率を $p^{(\mathrm{P})}$ と置きます。もし教材 A の利用と試験の合格が独立であれば，教材 A を利用し，かつ試験に合格する確率 $p^{(\mathrm{YP})}$ は次のように表されるはずです（**4.6 節**参照）：

$$p^{(\mathrm{YP})}=p^{(\mathrm{Y})}\times p^{(\mathrm{P})}.$$

他の場合についても同様に考えます。教材 A を利用し，かつ試験に合格しない確率を $p^{(\mathrm{YF})}$, 教材 A を利用せず，かつ試験に合格する確率を $p^{(\mathrm{NP})}$, 教材 A を利用せず，かつ試験に合格しない確率を $p^{(\mathrm{NF})}$ とすると帰無仮説は次で表されます：

$$\begin{aligned}H_0: p^{(\mathrm{YP})}&=p^{(\mathrm{Y})}p^{(\mathrm{P})},\ p^{(\mathrm{YF})}=p^{(\mathrm{Y})}(1-p^{(\mathrm{P})}),\\ p^{(\mathrm{NP})}&=(1-p^{(\mathrm{Y})})p^{(\mathrm{P})},\ p^{(\mathrm{NF})}=(1-p^{(\mathrm{Y})})(1-p^{(\mathrm{P})}).\end{aligned}$$

例 9.11 の帰無仮説 H_0 に対する検定の手順は次のようにまとめられます：

手順：2×2 分割表の独立性の検定 [9.6]

(1) （**手順 [9.5]** と同じように）自由度 1 の χ^2 分布の分位数を求めます。

(2) データから次の値を計算します：

$$\chi^2=\frac{\left(c^{(\mathrm{YP})}-\frac{N^{(\mathrm{Y})}N^{(\mathrm{P})}}{N}\right)^2}{\frac{N^{(\mathrm{Y})}N^{(\mathrm{P})}}{N}}+\frac{\left(c^{(\mathrm{YF})}-\frac{N^{(\mathrm{Y})}N^{(\mathrm{F})}}{N}\right)^2}{\frac{N^{(\mathrm{Y})}N^{(\mathrm{F})}}{N}}$$
$$\frac{\left(c^{(\mathrm{NP})}-\frac{N^{(\mathrm{N})}N^{(\mathrm{P})}}{N}\right)^2}{\frac{N^{(\mathrm{N})}N^{(\mathrm{P})}}{N}}+\frac{\left(c^{(\mathrm{NF})}-\frac{N^{(\mathrm{N})}N^{(\mathrm{F})}}{N}\right)^2}{\frac{N^{(\mathrm{N})}N^{(\mathrm{F})}}{N}}. \tag{9.6}$$

ただし，記号は **9.3.1 節**で定めたものの他，$N^{(\mathrm{P})}$ は標本の中で試験に合格した人の数，$N^{(\mathrm{F})}$ は試験に合格しなかった人の数を表します。

(3)（**手順［9.5］**と同じように）分位数の値と χ^2 の値を比べ，帰無仮説が棄却できるかどうかを判断します。

注意 9.12（2×2 分割表の独立性の検定） 式 (9.6) は，検定統計量の実現値を計算する式です。この検定統計量がどのように構成されているのかを考えましょう。**メモ 9.10** と同じように考えると，**例 9.11** の帰無仮説 H_0 のもとで，確率変数 $C^{(\mathrm{YP})}$ の期待値が $Np^{(\mathrm{Y})}p^{(\mathrm{P})}$ であることがわかります。したがって，帰無仮説 H_0 が正しければ，確率変数 $C^{(\mathrm{YP})}$ の実現値が $Np^{(\mathrm{Y})}p^{(\mathrm{P})}$ から大きく離れる確率は小さいことが考えられます。このことから，検定統計量に $(C^{(\mathrm{YP})}-Np^{(\mathrm{Y})}p^{(\mathrm{P})})^2$ を含めることは自然といえます。ただし，パラメータ $p^{(\mathrm{Y})}, p^{(\mathrm{P})}$ は未知なので，これらを最尤推定値で置き換えた

$$\left(C^{(\mathrm{YP})}-N\frac{N^{(\mathrm{Y})}}{N}\frac{N^{(\mathrm{P})}}{N}\right)^2,$$

を期待値で割ったものを使います。他の確率変数 $C^{(\mathrm{YF})}, C^{(\mathrm{NP})}, C^{(\mathrm{NF})}$ についても同様に考えて，それぞれの期待値で割って和を取ったものが式 (9.6) のもとになる検定統計量です。

このようにして作った検定統計量の分布は，標本の大きさ N が十分に大きいとき自由度 1 の χ^2 分布で近似できます。このことは，式 (9.6) の右辺を整理すると結局式 (9.5) と等しくなることからも確かめられます（演習 2）。

演習問題

演習 1　確率変数 $D_1^{(\mathrm{Y})}, \ldots, D_{N^{(\mathrm{Y})}}^{(\mathrm{Y})}$ と $C^{(\mathrm{YP})}$ を**メモ 9.10** のように定めます。このとき，

(1) $\mathrm{E}(D_i^{(\mathrm{Y})})=p$ を示しなさい。

(2) $\mathrm{V}(D_i^{(\mathrm{Y})})=p(1-p)$ を示しなさい。

(3) ここまでの結果を使って確率変数 $C^{(\mathrm{YP})}$ の期待値と分散を求めなさい。

演習２　(1)　式(9.6)の右辺が

$$\frac{N(c^{(\mathrm{YP})}c^{(\mathrm{NF})}-c^{(\mathrm{YF})}c^{(\mathrm{NP})})}{(c^{(\mathrm{YP})}+c^{(\mathrm{YF})})(c^{(\mathrm{NP})}+c^{(\mathrm{NF})})(c^{(\mathrm{YP})}+c^{(\mathrm{NP})})(c^{(\mathrm{YF})}+c^{(\mathrm{NF})})},$$

のように整理できることを確認しなさい。

(2)　式(9.5)の右辺も同じ形に変形できることを確認しなさい。

参考文献

[1] Chris Chatfield. *Problem Solving*. Chapman & Hall, 1995.

[2] Chris Chatfield. *The Analysis of Time Series*. Chapman & Hall, 2003.

[3] Norman Fenton and Martin Neil. *Risk Assessment and Decision Analysis with Bayesian Networks*. Chapman & Hall, 2013.

[4] Peter Godfrey-Smith. *Theory and Reality*. The University of Chicago Press, 2003.

[5] Henrik Jacobsen Kleven. Bunching. *Annual Review of Economics*, Vol. 8, pp. 435–464, 2016.

[6] Mila Lazarova, Hilla Peretz, and Yitzhak Fried. Locals know best? subsidiary HR autonomy and subsidiary performance. *Journal of World Business*, Vol. 52, No. 1, pp. 83–96, 2017.

[7] David S. Lee and Thomas Lemieux. Regression discontinuity designs in economics. *NBER Working Paper*, No. 14723, 2009.

[8] P. McCullagh and J. A. Nelder. *Generalized Linear Models*. Chapman and Hall, second edition edition, 1989.

[9] Kevin P Murphy. *Machine Learning*. The MIT Press, 2012.

[10] Judea Pearl. Causal inference in statistics: An overview. *Statistics Surveys*, Vol. 3, pp. 96–146, 2009.

[11] Sheldon Ross. *A first course in probability*. Prentice Hall, 8th edition, 2009.

[12] Ruey S. Tsay. *Analysis of Financial Time Series*. John Wiley & Sons, 2010.

[13] Andrea van Aubel and Wolfgang Gawronski. Analytic properties of noncentral distributions. *Applied Mathematics and Conputation*, Vol. 141, pp. 3–12, 2003.

[14] 伊藤公一朗『データ分析の力 因果関係に迫る思考法』光文社, 2017。

[15] 杉原厚吉『データ構造とアルゴリズム』共立出版, 2001。

[16] 齋藤正彦『線型代数入門』東京大学出版会, 1966。

[17] 広津千尋『実例で学ぶデータ科学推論の基礎』岩波書店, 2018。

[18] 中室牧子・津川友介『原因と結果の経済学』ダイヤモンド社, 2017。

[19] 高橋陽一郎『実関数とフーリエ解析』岩波書店, 2006。

索　引

さ 行

た　行

な　行

は　行

ま　行

や　行

著者紹介

丸茂　幸平（まるも こうへい）

埼玉大学人文社会科学研究科 准教授

1995 年東京大学工学部計数工学科卒，1997 年同大学院修士課程修了，2003 年英オックスフォード大学（ハートフォードカレッジ）応用統計学修士課程修了，2007 年豪クイーンズランド工科大学 Ph.D。1997 年日本銀行入行。金融研究所，金融市場局，金融機構局などを経て 2010 年より現職。

主要論文

Kohei Marumo, A Non–parametric Method for Calculating Conditional Stressed Value at Risk, *Statistics and Economics*, 14(5):42–48, 2017.

Kohei Marumo and Rodney C. Wolff, On optimal smoothing of density estimators obtained from orthogonal polynomial expansion methods, *Journal of Risk*, 18(3):47–76, 2016.

丸茂 幸平・相沢 幸悦，欧州債務危機と証券市場――MMLR と CDS を中心に　個人金融, Vol. 8(No. 2):63–72, 2013.

イラスト

逆柱　いみり（さかばしら いみり）

漫画家・ミュージシャン

漫画『はたらくカッパ』，CD『ぬばたまの世界』（漏電銀座）など多数。

経済学叢書 Introductory　別巻

基礎から学ぶ 実証分析

――計量経済学のための確率と統計――

2021年9月10日 ©　　初　版　発　行

著　者　丸茂幸平　　発行者　森平敏孝
印刷者　小宮山恒敏

【発行】　株式会社　新世社

〒151-0051　東京都渋谷区千駄ヶ谷1丁目3番25号
編集☎(03)5474-8818(代)　サイエンスビル

【発売】　株式会社　サイエンス社

〒151-0051　東京都渋谷区千駄ヶ谷1丁目3番25号
営業☎(03)5474-8500(代)　振替　00170-7-2387
FAX☎(03)5474-8900

印刷・製本　小宮山印刷工業(株)

《検印省略》

ISBN978-4-88384-333-6
PRINTED IN JAPAN

サイエンス社・新世社のホームページのご案内
https://www.saiensu.co.jp
ご意見・ご要望は
shin@saiensu.co.jp　まで.

図 9.17　流動性の罠の下での財政支出の増大

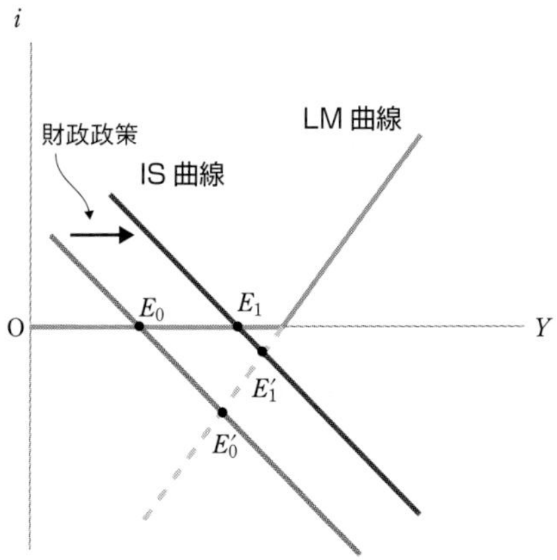

済の均衡は点 E_0 のまま動かない。

一方，流動性の罠があっても，財政支出は有効である。むしろ，財政支出の有効性は，流動性の罠の下で向上する。図 9.17 は流動性の罠の下での財政支出の効果を見たものである。当初，マクロ経済は点 E_0 で均衡していたとする。財政支出を増加すると，IS 曲線は右方向へシフトし，均衡が点 E_0 から点 E_1 へシフトする。次に，流動性の罠がなかったと仮定しよう。この場合，当初のマクロ経済の均衡は点 E_0 ではなく，点 E_0' で与えられることに注意しよう。ここで，財政支出を前と同じだけ増加すると，均衡は点 E_0' から点 E_1' へシフトする。流動性の罠の有無にかかわらず，財政支出は雇用を回復させることができる。しかし，点 E_0' から点 E_1' へのシフトよりも，点 E_0 から点 E_1 へのシフトの方が，所得の増加幅は大きい。このように，財政支出は流動性の罠の下での方が効果的である。

9.2 DD-AA モデル：財サービス・貨幣・外国為替市場の均衡

■純輸出関数

IS-LM モデルでは，為替レートが捨象され，純輸出が一定と仮定されていた。しかし，第 6 章で学んだとおり，金利の変化は為替レートの変化を引き起こす。為替レートの変化は，自国財と外国財の相対価格を変化させ，純輸出を変化させる。純輸出は総需要の大切なコンポーネントであり，マクロ経済に大きな影響を及ぼす。ここでは，為替レートの役割を組み込むことによって IS-LM モデルを拡張しよう。

DD-AA モデルでは，純輸出の変動が中心的な役割を果たす。そこで，純輸出がどのような要因で決まるのかを最初に検討しよう。第 1 に，輸出は海外景気の影響を受ける。海外が好況になれば輸出量が増加し，不況になれば輸出量は減少する。第 2 に，輸出は実質為替レート（S^R）からも影響を受ける。自国通貨の実質為替レートが増価すれば輸出量が減少し，減価すれば輸出量が増加する。

次に，輸入について考えてみよう。第 1 に，輸入は国内の可処分所得の影響を受ける。可処分所得が増えれば輸入量が増加し，減れば輸入量は減少する。第 2 に，輸入は実質為替レートの影響を受ける。自国通貨が実質増価すると輸入量が増加し，実質減価すると輸入量が減少する。

以上をまとめると，純輸出関数を次のように書くことができる。

$$NX = \overline{NX} + uS^R - v(Y - T) \tag{9.9}$$

u は正の係数である。v は限界輸入性向と呼ばれ，1 よりも小さい正の係数である。$\overline{NX}$は実質為替レートや可処分所得で説明できない要因を一つにまとめたもので，海外景気はここに含まれる。IS-LM モデルとは異なり，DD-AA モデルでは実質為替レートや所得の変化とともに純輸出が変化する。

● BOX9-1 マーシャル・ラーナーの条件とＪカーブ効果

英国の経済学者アルフレッド・マーシャルとロシア生まれの経済学者アバ・P・ラーナーは，自国通貨の実質減価によって純輸出が増加するためには，次の条件を満たさなければならないことを示した。

輸出量と輸入量の実質為替レート弾力性の和 ＞1

これをマーシャル・ラーナーの条件と呼ぶ。

現実には，自国通貨が実質減価してから，輸出量や輸入量が変化するまでには，ある程度の時間がかかる。したがって，ごく短期においては，実質為替レートが減価（輸入価格が上昇）する分，純輸出はマイナスになる。その後，時間が経過するにつれ，輸出量が増加し，輸入量が減少するため，純輸出はプラスになる。こうした純輸出の動きを時系列的に見ると，図のようにアルファベットのＪのような経路を辿るため，この現象はＪカーブ効果と呼ばれる。

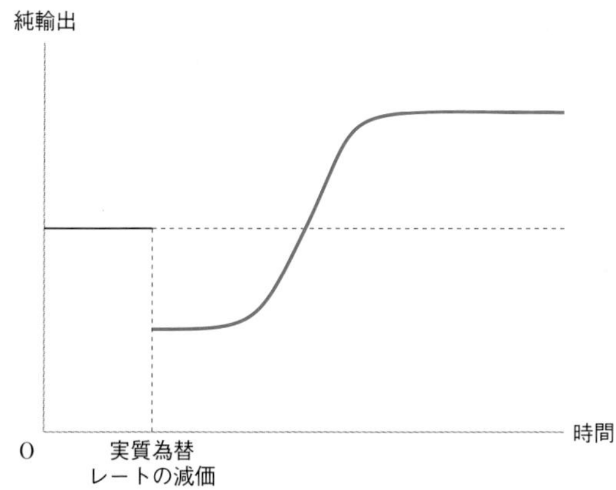

Ｊカーブ効果

■DD 曲線

DD 曲線は財サービス市場を均衡させる産出量と為替レートの組み合わせである。総需要は，家計の消費，企業の投資，海外向けの純輸出，政府の財政支出から構成される。純輸出（NX）については，たった今説明したところである。消費（C）は (9.1) 式で与えられる。投資（I）は簡単化のために定数（$\bar{I}$）であると仮定しよう。

図9.18 財サービス市場の均衡（DD曲線）

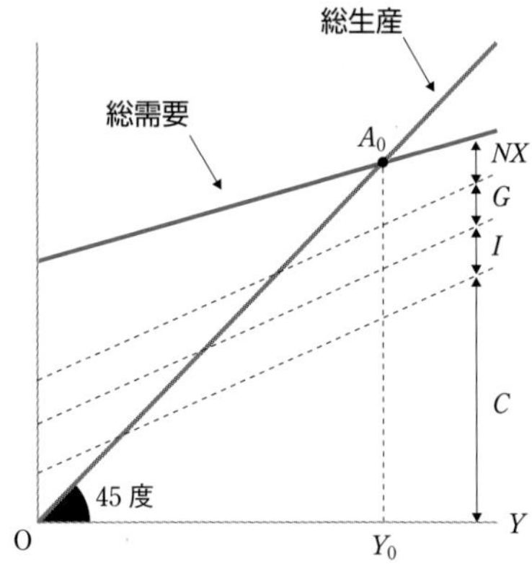

図9.19 DD曲線の導出

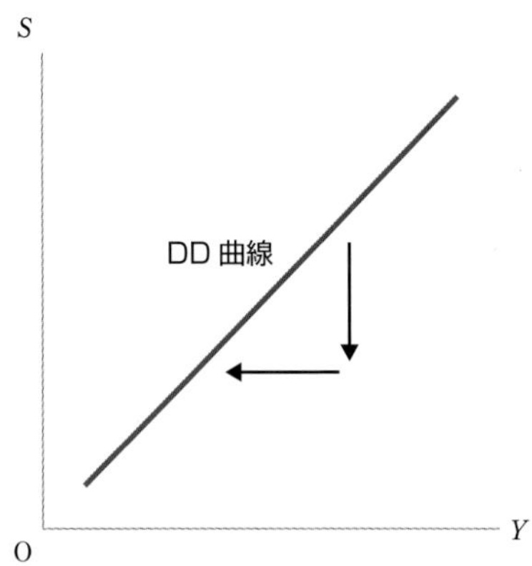

財サービス市場の均衡は，総需要を表す直線と総生産を表す45度線との交点で達成される（図9.18）。ここまではIS曲線の話と同じである。しかし，国際経済を分析する際には少し複雑な問題が加わる。Yが上昇すると，NXは下落するのだ。図では，このことを反映して，Yが上昇するにつれて，NXの幅が狭くなっている。このため，総需要を示す直線の傾きは，IS曲線を分析したときよりも緩やかになっている。

次に，DD 曲線を導出しよう。いま，自国通貨が増価（S が低下）したとする。自国の通貨が実質増価（S^R が低下）し，純輸出（NX）が減少する。このため，総需要を表す直線が下方へシフトし，産出量（Y）が減少する。このように，S が低下すると，Y も低下する。したがって，DD 曲線は右上がりとなる（図 9.19）。

■AA 曲線

AA 曲線は，貨幣市場と外国為替市場を同時均衡させる産出量と為替レートの組み合わせである。貨幣市場の均衡は，(9.7) 式で与えられ，外国為替市場における均衡は，第 6 章の (6.4) 式（金利平価式）で与えられる。

図 9.20 は，図 6.2 を左右反転して，図 9.4 と合体させたものである。貨幣市場と外国為替市場の同時均衡は次のように達成される。中央銀行が貨幣供給量を決める（M_0^s）と，貨幣市場の均衡条件（B_0）から，金利が決まる（i_0）。これを受けて，外国為替市場の均衡条件（C_0）から，為替レートが決まるのである（S_0）。

次に，AA 曲線を導出しよう。いま，Y が上昇したとする。実質貨幣需要関数が右方向へシフトし，金利（i）が上昇する。金利が上昇すると，S は

図 9.20　貨幣市場と外国為替市場の同時均衡

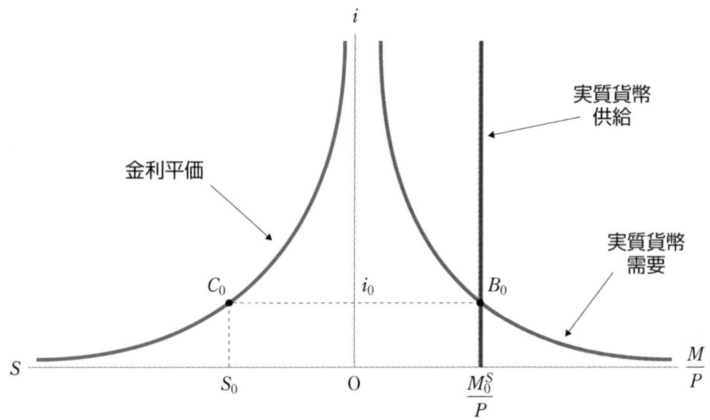

図 9.21　AA 曲線の導出

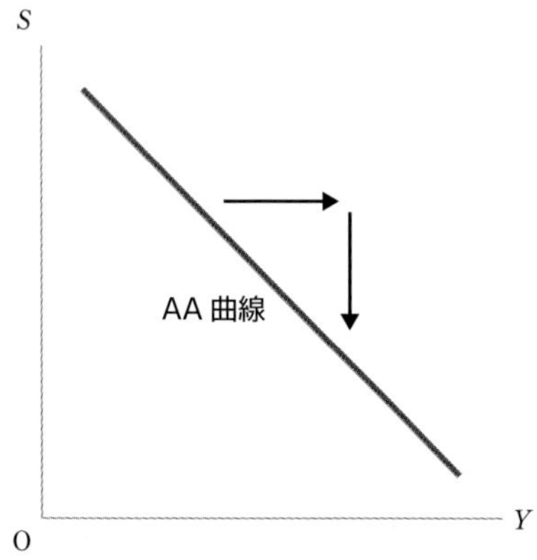

低下する。このように，Yが上昇すると，Sは低下する。したがって，AA 曲線は右下がりになる（図 9.21）。

■ マクロ経済ショック

マクロ経済の均衡は，DD 曲線と AA 曲線が交差する点Eで達成される（図 9.22）。そして，様々な経済ショックによって変動する。それらは，①財サービス市場におけるショック，②貨幣市場におけるショック，③外国為替市場におけるショックという三つに分類される。

財サービス市場における負のショックとしては，消費の自律的減少（$\bar{C}$の低下），企業投資の減少（$\bar{I}$の低下），世界景気の悪化（$\overline{NX}$の低下）などが挙げられる。こうしたショックによって，DD 曲線は左方向にシフトする（図 9.23）。マクロ経済の均衡は点E_0から点E_1へと変化し，自国通貨は減価，産出量は完全雇用水準（Y_F）を下回る。

貨幣市場における負のショックとしては，実質貨幣需要の自律的増加（$\bar{L}$の上昇），また，外国為替市場における負のショックとしては，海外金利の低下（i^*の低下）や自国通貨の期待為替レートの増価（S^eの低下）が挙げられる。こうしたショックによって，AA 曲線は下方へシフトする（図 9.24）。マクロ経済の均衡は点E_0から点E_2へと変化し，自国通貨は増価

図 9.22 マクロ経済の均衡

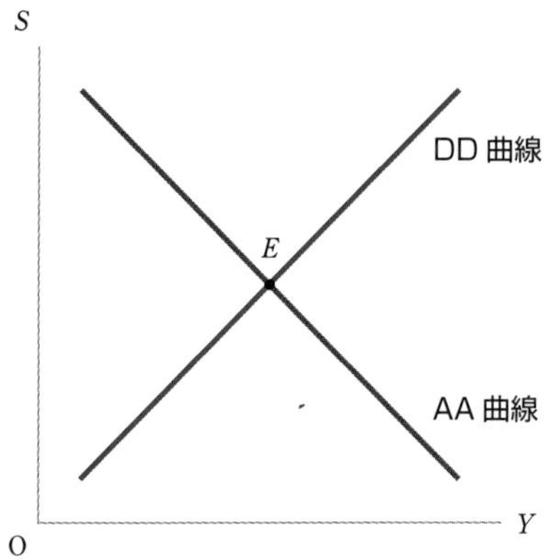

図 9.23 財サービス市場における負のショックと政策対応

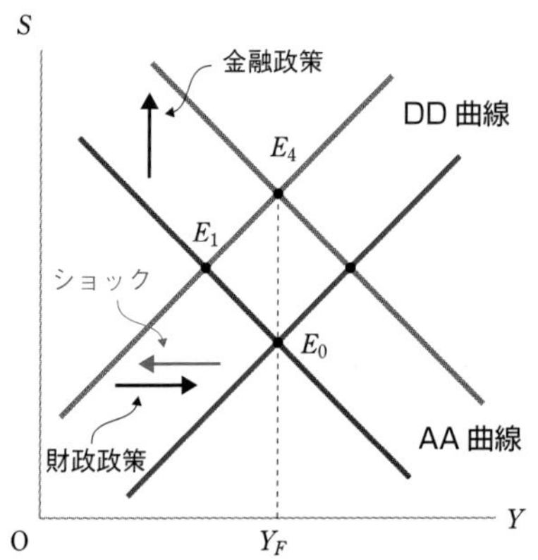

し，産出量は完全雇用水準を下回る。

■財政政策の効果

財サービス市場で負のショックが発生し，失業が発生したとしよう（図 9.23 の点 E_0 から点 E_1）。財政当局は，財政を拡張する（G を引き上げる，あるいは，T を引き下げる）ことによって，DD 曲線を右方向へシフトバ

図9.24 貨幣市場・外国為替市場における負のショックと政策対応

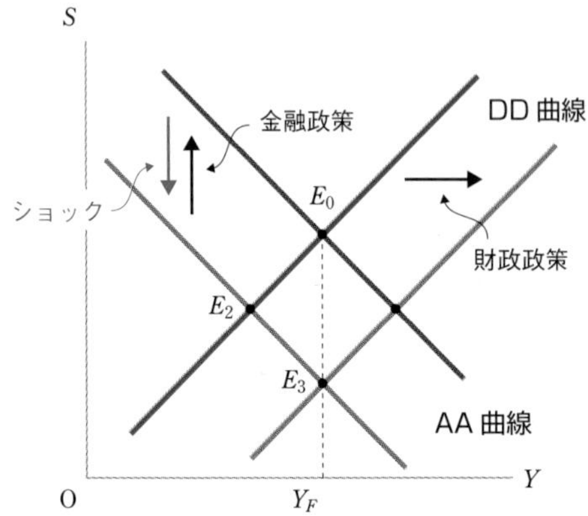

ックさせ，失業を解消する（点E_1から点E_0）。

貨幣市場や外国為替市場への負のショック（図9.24の点E_0から点E_2）に対しても財政政策は有効である。財政当局は，財政を拡張し，DD曲線を右方向へとシフトさせ，失業を解消することができる（点E_2から点E_3）。もっとも，この場合は，ショックによって増価した自国通貨が，財政政策によってさらに増価してしまう。自国通貨の増価は純輸出を減少させる。財政赤字と経常赤字の同時発生は「双子の赤字」と呼ばれ，1980年代米国のレーガン政権下で問題になった。

■金融政策の効果

貨幣市場や外国為替市場への負のショックによって，失業が発生したとしよう（図9.24の点E_0から点E_2）。中央銀行は，金融緩和（M^sの増加）によって，AA曲線を上方にシフトさせ，完全雇用を回復することができる（点E_2から点E_0）。

金融政策は，財サービス市場への負のショック（図9.23の点E_0から点E_1）に対しても発動することができる。中央銀行は，金融を緩和することによって，AA曲線を上方へとシフトさせ，完全雇用を回復することができる（点E_1から点E_4）。もっとも，これによって減価した自国通貨はさらに減価する。自国通貨の減価によって景気を回復させる政策は近隣窮乏化政策と呼ばれ，貿易摩擦を生じさせる。また，巨額の対外債務（外国通貨建て）を抱えている場合は，破綻に追い込まれる可能性もある。

第10章 物価の理論

物価は中央銀行にとって最も重要な経済変数である。日本銀行では，「お金は経済の血液，物価は経済の体温」という譬えがしばしば用いられる。この譬えには物価変動メカニズムに関する日本銀行員の理解が集約されている。物価が上昇しているのは経済活動が過熱しているからであり，物価が下落しているのは経済活動が停滞しているからである。

こうした理解の基礎となっているのがフィリップス曲線である。本章では，様々な形のフィリップス曲線を時系列的に紹介していく。しかし，複数のフィリップス曲線のうち，どれが真のフィリップス曲線なのか，経済学者の間にコンセンサスはない。それどころか，物価がどのように変動するのか，正確には分かっていない。現時点で実務家ができることは，特定の理論に囚われることなく，過去に有効性が認められた考え方を駆使して，物価の先行きを予想することに尽きる。

物価の理論は，物価の変動とともに，その硬直性をも説明する理論でなくてはならない。なぜなら，価格や賃金は，経済の活動水準が変化しても，すぐには反応しないからである。特に賃金には下方硬直性という性質がある。物価の硬直性がなぜ，どのようにして生ずるのかという問題は，経済政策を立案する上で重要な論点であり，多くの経済学者が精力的に取り組んでいる。本章でもこれまでに提示された有望な理論のいくつかを紹介する。

本章では，長期の物価理論として貨幣数量説を紹介する。貨幣量が物価水準を決定するという貨幣数量説の基本的な命題は，アダム・スミスの

『国富論』(1776年）によって経済学が誕生するずっと前から存在していた。貨幣数量説が短期的に成立しているか否かという点については経済学者の間で意見が分かれている。しかし，ほとんどの経済学者は，貨幣数量説が長期的に成立していることを陰に陽に認めている。もっとも，経済学者のいう長期とは，価格調整を含め，すべての調整が完了した状態を指しており，誰もそれを経験したことはないのだが。

10.1　フィリップス曲線

■賃金・物価と失業率のトレードオフ

ニュージーランド生まれの経済学者アルバン・W・フィリップスは，賃金上昇率と失業率の間に右下がりの関係があることを発見した（図 10.1)。この賃金上昇率と失業率の間に観察される負の相関関係は，後に彼の名を冠して，フィリップス曲線と命名された。数式にすると，次のように書くことができる（b_0 は正の係数)。

$$賃金上昇率 = a_0 - b_0 \times 失業率 \tag{10.1}$$

その後，フィリップス曲線は，分析の目的に応じて，様々なバージョンへと変化していく。そこで，(10.1) 式をオリジナルのフィリップス曲線と呼ぶことにしよう。

1950年代に入って，物価の安定が経済政策の重要課題となると，物価分析のための基礎的なツールとして，フィリップス曲線が利用されるようになった。米国のノーベル賞経済学者ポール・A・サムエルソンとロバート・M・ソローは，オリジナルのフィリップス曲線の左辺にある賃金上昇率を次のように物価上昇率（インフレ率）に置き換えることを提唱した（b_1 は正の係数)。

$$インフレ率 = a_1 - b_1 \times 失業率 \tag{10.2}$$

これをサムエルソン・ソローのフィリップス曲線と呼ぶことにしよう。

図10.1　オリジナルのフィリップス曲線

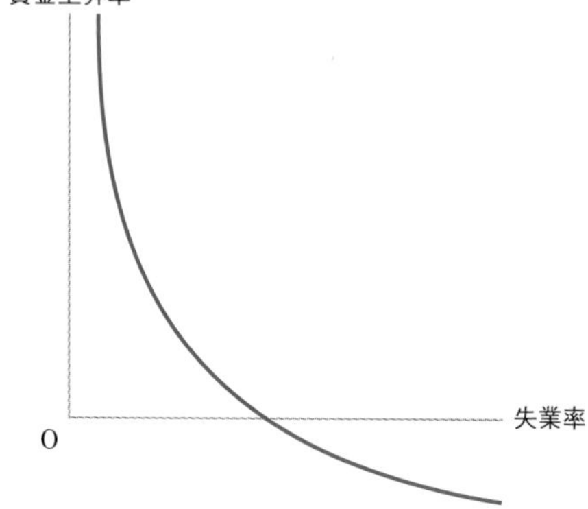

■ 自然失業率仮説

米国の失業率とインフレ率のデータを (10.2) 式に当てはめてみると，英国のデータを用いたフィリップスの研究と比較して，当てはまりがよい訳ではなかった。この難問に一つの答えを出したのが，米国のノーベル賞経済学者ミルトン・フリードマンであった。彼はサムエルソン・ソローのフィリップス曲線に，自然失業率と期待インフレ率という二つの重要な要素を加える（b_2 は正の係数）。

$$\text{インフレ率} = \text{今期の期待インフレ率} - b_2\,(\text{失業率} - \text{自然失業率}) \qquad (10.3)$$

これをフリードマンが率いていたマネタリズムという学派の名を冠して，マネタリスト版フィリップス曲線と呼ぼう。

経済が成長する過程で産業構造が変化すると，産業間の労働力移動が必要となる。また，景気循環など経済は常に様々なショックに見舞われており，それに応じて労働力が再配分される。労働者が転職するには，職探しを行うための時間が必要であり，その間，労働者は失業することになる。したがって，経済には常にある程度の失業が存在する。これを自然失業率と呼ぶ。(10.3) 式の右辺にあるように，インフレ率に影響するのは現実の失業率と自然失業率の差であり，これがプラスであればインフレ率に低下圧力がかかり，マイナスであればインフレ率に上昇圧力がかかる。

次に，今期の期待インフレ率とは，正確に述べると，今期初（あるいは前期末）に予想された今期のインフレ率である。もし，今期，物価が上昇すると予想されるならば，賃金も同じだけ上昇しないと，実質所得が減ってしまい，消費水準を下げざるを得なくなる。労働者はそうした事態を回避するために，賃上げを要求するであろう。そして，企業も賃金が上昇する分を商品価格に上乗せするであろう。その結果，実際にインフレ率が上昇する。(10.3) 式の右辺に期待インフレ率があるのはこのためである。

マネタリスト版フィリップス曲線は，スタグフレーションの発生を説明するのに都合がよかった。スタグフレーションとは，不況を意味するスタグネーションという言葉とインフレーションという言葉を合体させた造語である。1970 年代に発生した 2 度の石油危機（1973 年，1979 年）によって，米国をはじめとする先進工業国は激しいインフレーションに見舞われた。しかも，石油危機の原因が去った後も，長引く不況に悩まされることとなった。この現象は，サムエルソン・ソローのフィリップス曲線で説明することはできない。

図 10.2 を用いてこの点を説明しよう。当初，経済は点 E_0 で均衡していたとする。C_1C_1 をサムエルソン・ソローのフィリップス曲線とすると，インフレーションの発生とともに，この曲線に沿って，例えば点 E_1 へと均衡が移動し，失業率は低下するはずである。しかし，これは現実に起こったことと逆の現象である。これに対し，マネタリスト版フィリップス曲線では，今期の期待インフレ率の上昇とともにフィリップス曲線が例えば C_2C_2 へ上方シフトしたと考える。これによって，インフレ率の上昇と失業率の上昇が同時に発生することを説明できる（点 E_2）。

マネタリスト版フィリップス曲線には，「予想されたインフレ率は失業などの実質変数に影響を及ぼさない」というもう一つ重要な含意がある。この点は，(10.3) 式を次のように書き換えると理解しやすい。

$$\text{インフレ・サプライズ} = -b_2\,(\text{失業率} - \text{自然失業率}) \tag{10.4}$$

「インフレ・サプライズ」とは，予想外のインフレ率の変化という意味で，実現した今期のインフレ率と予想された今期のインフレ率の差である。こ

図10.2 マネタリスト版フィリップス曲線

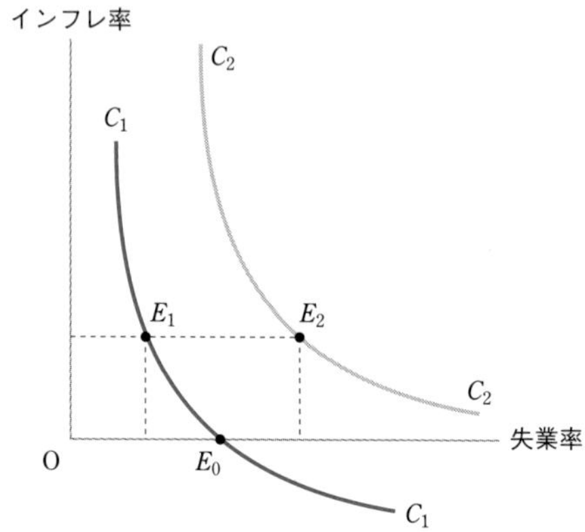

の式は，サプライズを伴うインフレ率の変動のみが失業率に影響を及ぼし得るということを意味している。

また，マネタリスト版フィリップス曲線とサムエルソン・ソローのフィリップス曲線とでは，因果関係が逆になっていることに注意しよう。サムエルソン・ソローのフィリップス曲線では，経済が活発になり，失業率が低下すると，インフレ率が上昇すると考えている。そこでは，失業が原因で，インフレーションは結果である。これに対し，マネタリスト版フィリップス曲線では，インフレ・サプライズが発生すると，失業率が低下すると考えている。つまり，インフレーションが原因で，失業は結果である。

しかも，マネタリスト版フィリップス曲線の支持者は，サプライズを引き起こすような金融政策は，失業率が自律的に自然失業率に回帰するのを阻害するので，望ましくないと主張する。これは「金融政策は予見可能であるべきだ」という考え方につながる。後述するk%ルールは，こうしたマネタリストの主張を金融政策として具体化したものである。

■NAIRU型フィリップス曲線

マネタリスト版フィリップス曲線は，概念的には明快であるが，期待インフレ率をどうやって計測するかなど，実用化するには工夫が必要である。

一つの方法は，アンケートを行って期待インフレ率を調査することである。もう一つの方法は，期待インフレ率をモデル化することである。モデル化の手段としてしばしば用いられるのは，前期に観察されたインフレ率を今期の期待インフレ率と見なすものである。これは，過去の延長として期待が形成されるという適応的期待の最も単純なケースである（b_3 は正の係数）。

$$\text{インフレ率} = \text{前期のインフレ率} - b_3\ (\text{失業率} - \text{NAIRU}) \quad (10.5)$$

(10.3) 式にあった自然失業率が NAIRU と書き換えられていることに注意されたい。NAIRU は，Non-Accelerating Inflation Rate of Unemployment の頭文字をとったものであり，インフレ率を加速させない失業率という意味である。

NAIRU の語源は，(10.5) 式を次のように変形すると理解しやすい。

$$\Delta\text{インフレ率} = -b_3\ (\text{失業率} - \text{NAIRU}) \quad (10.6)$$

Δ（デルタと読む）は今期の変数と前期の変数の差を表す。インフレ率は物価が変化する速度なので，その変化である「Δインフレ率」は加速度に当たる。失業率が NAIRU に一致すると，「Δインフレ率」はゼロになるので，インフレ率は加速しない。しかし，中央銀行が失業率を NAIRU よりも小さくしようとすると，インフレ率は加速度的に上昇する。

図 10.3 を用いて NAIRU 型フィリップス曲線の特徴を説明しよう。当初，経済が点 E_0 で均衡していたとしよう。このときのフィリップス曲線は C_1C_1 である。中央銀行はインフレ率を引き上げることによって，NAIRU よりも低い失業率を目標として達成することができる（点 E_1）。しかし，今期にインフレ率が高くなると，来期にフィリップス曲線が C_2C_2 へ上方シフトする。したがって，同じ目標失業率を達成するには，インフレ率をさらに引き上げる必要がある（点 E_2）。しかし，このことが再び次の期の期待インフレ率を引き上げるので，フィリップス曲線は C_3C_3 へさらに上方シフトする。このように，中央銀行が NAIRU よりも低い失業率を達成しようとすると，インフレ率の加速度的な上昇を招くことになる。

なお，中央銀行が失業率を NAIRU よりも低くすることを目標にするのを諦めれば，失業率は NAIRU 水準に一致し，インフレ率は青色の垂線上のどこかに決まる。基本的には，経済がすべての調整を完了すれば，この

図10.3　NAIRU型フィリップス曲線

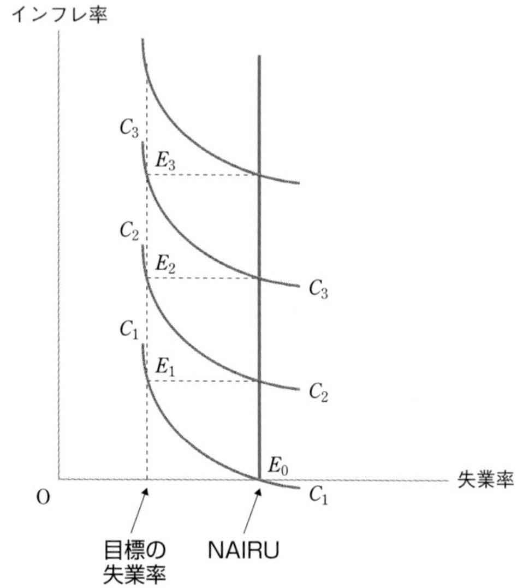

青色の垂線上のどこかで均衡が達成される。このため，この垂線を長期のフィリップス曲線と呼ぶ。

■物価と産出のトレードオフ

米国の経済学者アーサー・M・オークンは，失業率が1%上昇すると，実質GNPが3%減少するという関係を発見した。これはオークンの法則と呼ばれる。これを用いれば，自然失業率に対応する実質産出量を自然産出量として計算できる。現実の産出量の自然産出量からの乖離率を需給ギャップと呼ぼう。

$$\text{需給ギャップ} \equiv \frac{\text{現実の産出量} - \text{自然産出量}}{\text{自然産出量}} \tag{10.7}$$

これを使って，(10.2) 式を書き換えると次のようになる（b_4は正の係数）。

$$\text{インフレ率} = a_4 + b_4 \times \text{需給ギャップ} \tag{10.8}$$

最後の項の前にある符号がマイナスからプラスに変わったことに注意しよ

う。これは，失業率が低下するほど，実際の産出量が増えるからである。

IS–LM 分析によって産出量が決定されると，(10.7) 式によって需給ギャップが計算され，(10.8) 式によってインフレ率が決定される。もっとも，先進国では物価はゆっくりとしか変動しないし，インフレ率も比較的安定している。このため，需給ギャップが変化したとしても，インフレ率がすぐに反応する訳ではない。中央銀行は，政策効果が表れるまでのタイムラグを考慮しながら，政策を追加するか否かをリアルタイムに決定しなければならない。このことが，物価の安定を目指す金融政策にとって最も難しい点である。

なお，産出量を決めるのは労働力だけではない。現代の高度に発達した経済では，何らかの設備なしに生産を行うことは不可能である。そこで，そうした要素を加味して自然産出量を求めることも可能である。逆に，もっとシンプルに，現実の産出量のトレンドを計算し，それを自然産出量と見なすこともしばしば行われる。どのように自然産出量を求めるかによって，フィリップス曲線を推計したときの結果も異なる。中央銀行はフィリップス曲線の推計結果を参考に金融政策を決定するので，自然産出量を正確に推計することは中央銀行にとって重要な作業である。

■ミクロ経済学的な基礎を持ったフィリップス曲線

オリジナルのフィリップス曲線は，フィリップスがデータを解析する過程で発見した経験則であった。その後に登場した各種フィリップス曲線は，分析課題に応じて，少しずつ必要な理論を付け加えながら，変形を繰り返してきたものである。しかし，1990 年代に入って，マクロ経済学をミクロ経済学の理論から再構築する動きが盛んになった。これをマクロ経済学のミクロ経済学的基礎付けと呼んでいる。こうした動きを主導したのはニューケインジアンと呼ばれる学派である。彼らは，フィリップス曲線にもミクロ経済学的な基礎が必要であるとした。

ニューケインジアンは理論モデルから演繹して，次のような含意を引き出す。第 1 に，企業が産出量を増やすと，限界費用が上昇する。限界費用が上昇すると，商品価格も上昇する。したがって，需給ギャップが拡大するにつれ，インフレ率は上昇する。第2に，企業は今期の収益のみではなく，将来の収益も合わせた合計値を最大化しようとする。ただし，企業は何度も価格変更を行う訳ではないので，次回の価格変更時までの物価動向を予想しながら価格変更を行う。このため，今期のインフレ率は，将来のインフレ率，とりわけ，来期のインフレ率に影響される。これら二つの要素をフィリップス曲線に組み込むと，次のような形になる。

$$\text{インフレ率} = a_5\,\text{来期の期待インフレ率} + b_5\,\text{需給ギャップ} \quad (10.9)$$

これをニューケインジアン・フィリップス曲線と呼ぶ。

ニューケインジアン・フィリップス曲線で特徴的なのは，右辺第1項の「来期の期待インフレ率」である。これは，厳密にいうと，今期末に予想された来期のインフレ率であり，NAIRU型フィリップス曲線の右辺第1項が「前期のインフレ率」であったのと対照的である。ただし，どれほどミクロ経済学との整合性があるといっても，現実をうまく説明できなければ実用に耐えない。特に日本の消費者物価の動きは適応的期待の要素が強いと言われている。そこで，実務的にはニューケインジアン・フィリップス曲線とNAIRU型フィリップス曲線の折衷型を使うことも多い。

10.2　賃金・物価の硬直性

ニューケインジアン・フィリップス曲線を導出する際，企業は頻繁に価格の変更を行わないことを仮定していた。しかし，毎日スーパーに買い物に行く人なら分かるように，商品の値札は，毎日とは言わないまでも，かなり頻繁に差し替えられている。なかには，毎週決まった曜日に決まった商品（菓子，肉類など）の特売を行っているスーパーもある。また，デパートの地下食品売り場では，閉店間際になると一部商品にディスカウント・シールが貼られる。これも価格変更である。このように，現実には，企業は頻繁に価格を変更している。

しかし，こうした特売日やディスカウント・シールによる価格変更は，マーケティング戦略の一環として計画されているものであることが多い。実際，午前中にデパートの地下食料品売り場に行っても，当然，ディスカウント・シールは貼られていない。昨日特売日だった商品の価格も，今朝は元の価格に戻っている。つまり，企業は本来売りたい価格を維持しつつ，一時的な値引きを戦略的に用いて商品を売ろうとしているのである。マクロ経済学者が価格の硬直性について語る場合の「価格」は，特売価格や閉店間際のディスカウント価格ではなく，この本来価格を指している。本来価格を外部の第三者が直接観察することは不可能である。しかし，現実に観察される価格のトレンドは，必ずしも敏感に景気動向に反応するとは限らないようだ。

■メニューコスト

なぜ企業は頻繁に本来価格を変更しないのであろうか。これに関していくつかの理論が提示されている。第1の理論は，メニューを書き換えるには費用がかかるので，企業は滅多に価格を改定しないというもので，メニューコストと呼ばれる。しかし，メニューを書き換えるための印刷代がそれほど高いとは思えない。実際，スーパーの値札は頻繁に差し替えられており，値札の印刷代や差し替える人件費のみが問題なのではない。つまり，メニューコストとは，本来価格の決定を含めたマーケティング戦略を作り上げるすべての費用を指している。それには，自社の戦略のレビューはもとより，競争相手に関する情報を収集・解析したり，将来の景気動向を予想したりする必要がある。それには多額の費用が必要とされる。利益最大化を目標とする企業としては，そうした作業を頻繁に行うことはできない。

■情報の粘着性

企業が頻繁に価格を変更しないことを説明する第2の理論は，マクロ経済に関する情報がゆっくりとしか拡散しないというもので，情報の粘着性と呼ばれる。確かに，すべての経営者が最近の経済ニュースに通じている訳ではないだろう。しかし，そうした情報ラグのみで現実の価格変更頻度を説明しようとしても，それには自ずと限界がある。この理論を考案した米国の経済学者N・グレゴリー・マンキュー自身，情報の粘着性には最適な価格を計算するのに要する時間を含めて考えた方がよいとしている。どれほど頭のよい人でも，正しい答えを得るために考えを巡らすには時間を要する。情報の粘着性には，必要な情報を収集し，そこから最適な価格を導き出すのに要するすべての時間を含んでいると考えた方がよいだろう。

■屈折需要曲線の理論

財サービス価格が硬直的になる第3の説明は，日本の経済学者根岸隆がケインズ経済学のミクロ的基礎として提唱した屈折需要曲線の理論である。各企業は差別化された財サービスを販売しており，その意味で独占企業としての性格を持っている。このため，各企業は右下がりの需要曲線に直面している。しかし，もし超過利潤があると，次々と新規参入が起こり，最終的にはそうした超過利潤は消滅する。その意味で企業は競争状態におかれている。ミクロ経済学では，こうした市場形態を独占的競争と呼んでいる。

通常の独占的競争の理論では，限界収入曲線（MR_0）が限界費用（MC）と一致する点で生産量（Q_0）が決定され，それに対応する需要曲線（D_0）上の点で価格（P_0）が決定される（図10.4）。いま，ある企業の財サービスの需要が増加したとしよう（D_1）。限界収入曲線が右方向へシフトする

図10.4 独占的競争企業

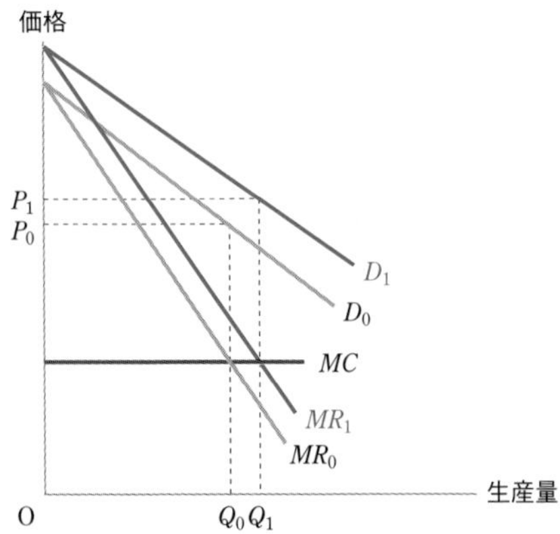

図 10.5　屈折需要曲線の理論

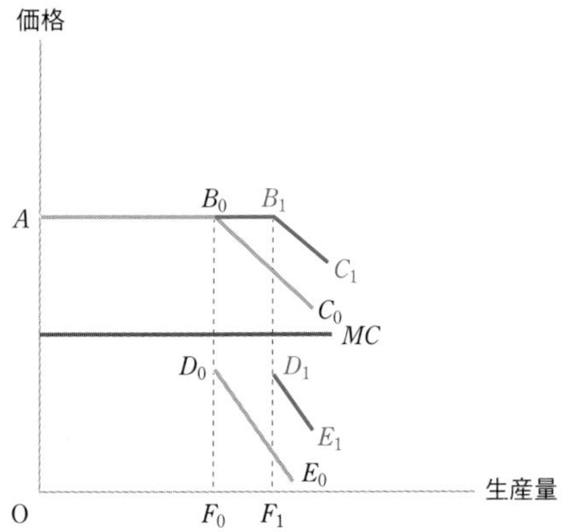

ため（MR_1），生産量（Q_1）が増加し，企業は価格（P_1）を引き上げる。

しかし，屈折需要曲線の理論は次の点を指摘する。各企業は，自分が価格を引き下げたところで，その情報はすぐには他の企業の顧客に伝わらないので，顧客はあまり増えないと考える。一方，自分が価格を引き上げると，その情報は自分の顧客にすぐに伝わるので，すべての顧客を失うと考える。このように，各企業は屈折した需要曲線（AB_0C_0）に直面している（図 10.5）。この場合，限界収入曲線は非連続になり（$AB_0D_0E_0$），各企業の生産量（F_0）はその非連続点で決まり，価格は A 円である。次に，財サービスの需要が増加したとしよう（AB_1C_1）。限界収入曲線は右方向にシフトするが（$AB_1D_1E_1$），生産量（F_1）が増加するだけで，価格は A 円のまま変化しない。

■相対賃金仮説・効率賃金仮説

財の価格に硬直性があるように，賃金にも硬直性がある。なぜ賃金に下方硬直性があるのかという問題は，ケインズの『一般理論』が出版された 1936 年以来，絶えることなく論争の的になっている。賃金の下方硬直性の原因に関するケインズ自身の説明は，相対賃金仮説と呼ばれている。これによると，業種別に公正と考えられる賃金の体系が存在しており，ある業種の賃金の引き下げは，そうした賃金体系を崩すものとして，労働者は激しく反対する。なお，物価の上昇は労働者全体の実質所得の低下を招くものの，賃金体系を崩すものではない。このため，労働者は，賃金の引き下げほど激しく物価の上昇に抵抗しない。

ケインズの相対賃金仮説は，効率賃金仮説という形でさらに洗練されることとなった。賃金の引き上げはコストを増加させる一方で，労働者の生産意欲を掻き立てる。逆に，賃金の引き下げはコストを低下させる一方で，労働者の生産意欲を挫く。雇用者は，コストと生産性のトレードオフの間で，最適な賃金を選択する。これを効率賃金と呼ぶ。効率賃金は，労働需要が変動しても変更されず，一定の水準に維持される。

■暗黙の契約理論

上記の諸理論とは全く異なる観点から賃金の硬直性を説明したのが暗黙の契約理論である。この理論は，労働者は企業よりもリスク回避的であるという仮定から出発する。企業はこのことを知っているので，優秀な労働者を集めるため，また，生産性の高い労働者が離職しないように，景気変動と無関係の固定賃金制を採用する。これは，企業が労働者に対して，賃金変動リスクを回避するための保険を提供しているのと同じである。他に所得変動を回避する手段を持たないリスク回避的な労働者は，固定賃金を支払う企業に集まってくる。その結果，賃金は景気変動に敏感に反応しなくなるのである。企業と労働者はそのために明示的な契約を締結している訳ではない。しかし，労働者が離職するのを避けるため，企業は固定賃金制を維持しようとするし，労働者も他の企業が余程の好条件を提示しない限り，転職しようとしない。これが暗黙の契約といわれる所以である。

10.3　長期の物価理論

■交換方程式

フィリップス曲線は比較的短い期間における物価変動を分析するためのツールであった。では，長期的な物価水準はどのようにして決定されるのであろうか。長期の物価理論の基礎になるのが交換方程式である。交換方程式は，19 世紀の終わり頃，米国の天文学者かつ数学者サイモン・ニューカムによって初めて数学的に定式化された。

$$MV = PT \tag{10.10}$$

$M \equiv$ 貨幣量，$V \equiv$ 貨幣の流通速度，$P \equiv$ 物価，$T \equiv$ 取引量

(10.10) 式の右辺の T は売買された財サービスの量である。これは実質 GDP とは違うものであることに注意しよう。実質 GDP は一定期間に新たに生み出された付加価値の合計である。このため，中間財や中古品は除外されている。しかし，貨幣が媒介するのは，新たに生み出された付加価値の部分だけではない。中間財や中古品を売買するにもお金が必要である。T はこうしたすべての商品の取引を含んだ変数である。

(10.10) 式の左辺の V は貨幣の流通速度と呼ばれ，一定期間に同じ貨幣が何回使われたかを示す変数である。あなたが米を買うために農家に手渡した貨幣は，農家がトラクターを買うために自動車ディーラーに手渡され，自動車ディーラーが食事をするためにレストラン経営者に手渡され，レストラン経営者がテナント代を支払うためにビル所有者に手渡される，という具合に複数の人の手を転々としていく。貨幣の流通速度とはその回数を示している。

(10.10) 式を正しく理解する上で重要なことは，それが恒等式であるという点である。右辺は一定期間に行われた売り上げの合計金額を表している。一方，左辺は貨幣が媒介した取引金額を表している。どちらも同じ取引を異なる角度から見たものである。

■貨幣数量説

上の (10.10) 式を基礎として生み出された最も有名な経済学の仮説は貨幣数量説である。この学説によると，物価は貨幣の量だけで決定される。つまり，インフレーションはもっぱら貨幣的な現象であり，実物とは無関係であると主張する。この仮説を理解するために，(10.10) 式を変動率を使って書き換えよう。

$$\text{貨幣の増加率} + \text{流通速度の変化率} = \text{インフレ率} + \text{実質成長率} \quad (10.11)$$

貨幣数量説を理解する上で最も重要なのは，Vは一定であるという仮定である。つまり，流通速度の変化率＝0である。この点を踏まえて (10.11) 式を書き換えると，

$$\text{インフレ率} = \text{貨幣の増加率} - \text{実質成長率} \quad (10.12)$$

もし実質成長率＝0なら，インフレ率＝貨幣の増加率となる。つまり，中央銀行が貨幣を毎年1％で増やしていけば，インフレ率も1％になる。貨幣が発行されれば，インフレーションが発生するという場合，この状況が想定されている。

もっとも，経済は時間とともに拡大していくことがほとんどである。したがって，実質成長率はプラスであることが多い。したがって，貨幣の増加率が実質成長率を超える分がインフレ率になる。かつての日本銀行は，実質的にゼロ・インフレを目指していた。そのために，実質成長率に見合うだけの貨幣を発行していた。つまり，貨幣の増加率＝実質成長率としていた。こうした目的で発行される通貨は成長通貨と呼ばれており，インフレーションを発生させない。

もし実質成長率が貨幣の増加率を超えていたら，何が起こるだろうか。(10.12) 式によると，この場合は，インフレ率がマイナスになる。つまり，デフレーションが発生するのだ。この章の冒頭で，日本銀行の物価変動に関する考え方を紹介した。それによると，経済活動が活発化すると，物価は上昇するはずだ。しかし，この考え方は常に正しい訳ではない。貨幣数量説によると，貨幣の供給が経済活動に追い付いていないと，物価はむしろ低下するのだ。

さらに，(10.12) 式は，実質成長率が安定しているなら，貨幣の増加率を

安定させることによって，インフレ率を安定化させることができることを意味している。米国の経済学者ミルトン・フリードマンは，経済を安定させるには，物価の安定が必要であり，物価を安定させるには，貨幣の増加率を一定率にする必要があると主張した。これはｋ％ルールと呼ばれ，フリードマンが主導するマネタリズムの考え方を端的に表すものである。

貨幣数量説は，貨幣ベール説や名目変数と実質変数の二分法という考え方と密接に結びついている。貨幣ベール説とは，貨幣量を2倍にしても，物価が2倍になるだけで，財の量は変化しないという形で表現されることが多い。もともと貨幣ベール説は，ミクロ経済学において，絶対価格を決定する理論として導入されたものである。貨幣を含まないミクロ経済学では，財と財の間の相対価格を決定することはできるが，一つひとつの財の絶対価格を決めることはできない。このため，相対価格を決めてから，最後に貨幣を持ち込んで，各財の絶対価格を決定するというステップが付け加えられた。貨幣はまさしくベールであり，その向こう側にある実質変数には何ら影響を及ぼさない。貨幣数量説は，貨幣ベール説のマクロ経済学版なのである。

■ケンブリッジ方程式

LM 曲線を導いた (9.7) 式の両辺に P を掛けて，$\bar{L}e^{-ci}=k$ とすると，次の式が得られる。

$$M^s = kPY \tag{10.13}$$

この式はケンブリッジ方程式と呼ばれる。k はマーシャルのｋと呼ばれる定数である。一方，(10.10) 式の T を Y で置き換え，両辺を V で割ると，次のようになる。

$$M = \frac{1}{V}PY \tag{10.14}$$

これら二つの方程式は全く違う発想から生まれたものである。ケンブリッジ方程式は，貨幣の需給均衡を表しているのに対し，交換方程式は恒等式である（(10.14) 式の M に s が付いていないことに注意)。もっとも，$1/V=k$ とすると，上の二つの方程式は，少なくとも見かけ上は同じものになる。したがって，長期的には，前章で説明したIS–LMモデルも，貨幣数量説と矛盾しない。また，実際，実証研究のためにデータを当てはめる際には，両者を区別したりしない。

第 II 部

実 践 編

第11章

金融政策の実際

私たちが毎日のように目にしているお札は，日本の中央銀行である日本銀行によって発行されたもので，正式には日本銀行券と呼ばれる。しばしば，新聞やテレビで「日本銀行がお札を刷れば…」という表現を目にする。しかし，日本銀行に印刷所はない。日本銀行券を印刷しているのは国立印刷局であり，しっかりとお札に印刷されている。日本銀行が何をしているのかを知らない人は意外に多い。

第9章で，中央銀行は貨幣供給，すなわちマネーストックの量を増減することを通じて，金利に影響を及ぼし，雇用やインフレ率を望ましい水準に導くということを学んだ。その際，中央銀行はあたかもマネーストックの量を自由にコントロールできるものと仮定していた。多くの経済学入門書も「マネーストックは，マネタリーベースから創り出され，中央銀行はマネタリーベースの量をコントロールすることによって，マネーストックの量を決定することができる」と教えている。

しかし，これは正しい表現ではない。通常，中央銀行は金利を操作目標として金融政策を運営している。そして，金利が下限に到達すると（ゼロ金利），やむなく，金利に代えて貨幣量を操作目標とするに過ぎない（量的緩和）。つまり，金利を操作する政策がオーソドックスな政策（伝統的金融政策）であり，貨幣量を操作する政策はあくまでアンオーソドックスな政策（非伝統的金融政策）なのである。一般企業にとって両者の違いがどのような違いをもたらすのかは判然としない。しかし，インターバンク市場で資金を融通し合っている金融機関にとっては大きな違いである。

本章の目的は，金融政策を実務的な観点から論じることにある。これによって，金融政策の効果と限界を正確に理解し，様々な政策論議を自ら評価することができるようになる。なお，本章では，金利の操作を主な政策手段とする伝統的金融政策を解説する。マネタリーベースの量を政策手段とする非伝統的金融政策については，章を改めて論ずる。

11.1　中央銀行の役割

■金融政策の目的

多くの先進国において，金融政策の第1の目的は物価の安定である。日本も例外ではなく，金融政策は物価の安定を図るものであると日本銀行法に記されている。もっとも，金融政策にどのような目的を割り当てるかは，それぞれの国が歩んできた歴史的経緯や世界経済における役割などに依存しており，決して一様ではない。米国では，物価の安定と最大雇用の実現が連邦準備制度の目的とされており，デュアル・マンデート（二重の使命）と呼ばれている。また，発展途上国の中には，海外から投資を呼び込むために，為替の安定を金融政策の事実上の目的として割り当てているものも多い。

なお，金融政策の目的と中央銀行の目的はその範囲が異なる。日本銀行の「目的」という場合，物価の安定と金融システムの安定の二つを指している。金融システムの安定は，金融政策の目的というよりは，プルーデンス政策の目的であり，日本銀行と金融庁がその担い手である。また，中央銀行の「役割」という場合は，さらに広範な業務を含んでいる。日本銀行の役割には，物価の安定と金融システムの安定に加えて，「発券銀行」（発券業務），「政府の銀行」（国庫業務），「銀行の銀行」（決済業務）としての役割の他，外国為替の取り扱い（国際業務）などが含まれる。

■物価安定の意味

一口に物価の安定といっても，その意味するところは，国によって，時代によって様々である。現在，日本銀行は，消費者物価の前年比上昇率 2 %を物価安定の目標として金融政策を運営しており，これが日本における現時点での物価安定の具体的な意味であると考えられる。しかし，物価安定の概念は，幾多の変遷を経て現在の形に落ち着いたものであり，今後も変遷を繰り返していくであろう。

1990 年代までの物価安定の概念は，現在のような具体的な数値で表されるようなものではなく，「家計や企業等の様々な経済主体が，物価の変動に煩わされることなく，消費や投資などの経済活動にかかる意思決定を行うことができる状況」といった漠然としたものであった。あえて数値的に表現すれば，インフレ率がゼロ％に近い状態と言ってよいだろう。しかし，どれほどゼロ％に近ければよいのかは人によって異なっていた。

1998 年 4 月に新日本銀行法が施行され，日本銀行は独立性を強化されると同時に，政策運営の透明性の向上が求められるようになった。物価安定の意味についても，それまでの漠然とした表現に代えて，具体的な数値で示すことが求められるようになった。しかし，当時の日本銀行は物価の安定を数値で表すことに必ずしも前向きではなかった。

とはいえ，少なくとも金融政策について最終的な決定を下す政策委員が何をもって物価安定と見なしているのか，ある程度具体的な数値を示すことなしに，日本銀行が説明責任を果たすことはできない。そこで，日本銀行は，2006 年 3 月，「新たな金融政策運営の枠組みの導入について」の中で「中長期的な物価安定の理解」を公表し，消費者物価指数の前年比上昇率が 0 ～ 2 %の範囲内にあれば，物価は安定しているとした。

1990 年にニュージーランド連邦準備銀行がインフレ目標政策（インフレーション・ターゲティング）を採用すると，多くの中央銀行がこれに続いた。日本でも物価安定の「理解」を「目標」に変えるべきであるという議論が高まった。そのような中，2012 年 1 月，米国連邦準備制度理事会が「長期的なインフレのゴール」を公表した。日本銀行も，同年 2 月，「中長期的な物価安定の目途」を消費者物価の前年比上昇率 2 %以下のプラスの領域とし，当面は1％を目途とするとした。ただし，この目途（goal）は，目標（target）とは異なり，達成義務はないとされた。

インフレ目標政策では，目標が達成できなかった場合，なぜ達成できなかったのか，その理由について説明責任を負う。この説明責任が重ければ重いほど，インフレ目標政策は強力になる。2013年1月，日本銀行は長引くデフレからの脱却を目指して，「物価安定の目標」を公表した。2年を目途に消費者物価の前年比上昇率を2％にすると宣言したのだ。これによって市場参加者の期待インフレ率が上昇すれば，名目金利がゼロ％の下でも実質金利が低下し，金融が緩和されるはずであった。しかし，目標を達成するための信頼するに足る手段を持っていなければ，いくら日本銀行に説明責任を負わせたところで，市場参加者の期待を変えることはできない。事実，日本銀行は2年を目途とする公約を果たすことができなかった。

●BOX11-1　物価とは何か

1990年代以前の日本銀行は，漠然とした表現で物価の安定を定義していた。これに関連して二つの点を指摘しておこう。第1に，本来，中央銀行が目指しているのは貨幣価値（貨幣の購買力）の安定であり，お金を介して取引されるすべての財サービスを対象とする「一般物価」の安定である。しかし，一般物価そのものを計測する指数は存在しない。このため，日本銀行は，消費者物価指数，卸売物価指数（現 企業物価指数），企業向けサービス価格指数など，複数の物価指数の動きから一般物価の動きを把握しようとしていた。家計が消費する財サービスのみを対象とする消費者物価指数だけでは，貨幣価値の変動を把握するのに不十分であると考えていたのである。

第2に，仮に物価の安定を消費者物価で計測するとしても，現行の消費者物価指数は真の消費者物価の動きを正確に捉えていない。消費者物価指数は，基準時点の消費量を固定するラスパイレス算式で作られている。この算式では，価格が上がった財も消費量はこれまでと変わらないと仮定されている。しかし，ある財の価格が上昇すると，消費者は別の財に需要をシフトさせるはずである。このため，消費者物価指数は，真の消費者物価よりも上昇率が高くなる傾向がある。これはラスパイレス・バイアスと呼ばれ，1990年基準の消費者物価指数には 0.9％もの上方バイアスがあるとされている[1]。しかも，上方バイアスは時とともに変化するため，真の消費者物価の動きを計測するのはさらに困難である。

11.2　金融政策の手段

■規制金利時代の金融政策

中央銀行の政策手段としてしばしば挙げられるのは，公定歩合操作，公開市場操作，預金準備率操作の三つである。公定歩合とは，中央銀行が民間銀行に資金を貸し出す際の金利であり，1980 年代までの日本銀行の主要な金融政策手段であった。当時の日本では，護送船団方式と呼ばれる金融行政の下，あらゆる競争が排除されていた。このため，預金金利はすべての銀行で横並び（同じ水準）になっており，公定歩合と連動するようになっていた。日本銀行は，公定歩合の操作を通じて，預金金利はもとより，すべての金融商品の利回りを直接間接に操作し，景気と物価に影響を及ぼすことができた。

しかし，1980 年代後半，金融自由化の流れが日本に押し寄せてきた。金融の自由化には，貸出の自由化と預金の自由化がある。このうち，預金については護送船団方式によって横並びとなっており，1979 年の CD（譲渡性預金）の認可からしばらくの間，金融の自由化に大きな進展は見られなかった。しかし，その後，1985 年の大口定期預金金利の自由化を皮切りに規制緩和が急速に進められた。そして，1994 年には当座預金を除くすべての預金金利の自由化が完了した。

金利自由化の進展に合わせて，日本銀行による金融政策も公定歩合操作から，短期金融市場での公開市場操作へと舵を切ることとなった。公定歩

[1] 白塚重典，「わが国の消費者物価指数の計測誤差：いわゆる上方バイアスの現状」，日銀レビュー，2005-J-14 を参照。

合は，「基準割引率および基準貸出利率」と名称を変えて，現在も存続している。しかし，後述するように，コールレートと呼ばれる新たな政策金利の上限を規定するものへと役割が変化した。

なお，1980年代まで，公定歩合操作と並んで，日本銀行の政策手段となっていたのが窓口指導と呼ばれるものである。これによって，日本銀行は，民間銀行の貸出増加額を直接コントロールしていた。しかし，社債の発行など，企業の資金調達手段が多様化する中，銀行離れ（ディスインターミディエーション）が進行し，窓口指導の効力も徐々に失われていった。

最後に，預金準備率操作とは，民間銀行がその預金量に応じて中央銀行に積み立てなければならない法定準備の比率を操作することによって，預金量を操作しようとする政策である。現在，日本銀行は預金準備率を金融政策の手段とは見なしていない。しかし，後述するように，準備預金制度自体は，日本銀行当座預金に対する需要の予測可能性を増すことで，短期金融市場における市場金利を安定させるという重要な役割を担っている。

■短期金融市場を通じた金利政策

金融自由化とともに，先進国の中央銀行は，短期金融市場で成立する市場金利を誘導し，それを起点として，中期金利，長期金利を誘導する形の金融政策へと転換した。中央銀行が誘導する短期金利は政策金利と呼ばれる。日本の場合は，コール市場で成立するコールレートが政策金利である。コールとは「呼べば直ちに戻ってくる資金」といった意味である。コール市場では，様々な満期の商品が取引される。そのうち，無担保コールレート（オーバーナイト物）金利が政策金利として利用されている。オーバーナイトとは一晩だけの貸し借りという意味で，「O/N」と略記される。米国では，フェデラル・ファンド（FF）市場で成立するFFレートが政策金利となっている。

コール市場では，日本銀行当座預金が取引される。第2章で説明したとおり，日本銀行当座預金はマネタリーベースの大部分を占める「マネーの素」である。このため，コール市場はマネー・マーケットと呼ばれている。民間銀行は，家計や企業の現金の引き出しや預け入れに応じたり，他行や政府との資金決済を行ったりしている。決済資金を多く受け取った銀行は資金に余裕が生じ，決済資金を多く支払った銀行は資金が不足する。コール市場は，資金余剰を生じた銀行と資金不足を生じた銀行が資金の貸し借りを行う場であり，そこで成立する金利がコールレートである。

民間銀行は，利回り，リスク，流動性を他の金融市場と比較しながら，コール市場で資金の運用・調達を行う。中央銀行の金利操作は，コール市場という特殊な市場で行われるが，こうした民間金融機関の裁定行動を通じて，資産一般の収益率に影響を及ぼし得るのである。第3章で説明した金利の期間構造はその一例である。中長期債の利回りは将来の短期金利（フォワードレート）の平均値にタームプレミアムを加えたものと等しい。日本銀行は，コールレートの誘導目標を公表することによって，コールレートの先行き予想に影響を及ぼし，イールドカーブの水準や形状に影響を及ぼすことができるのである。

■ゼロ金利政策

1990年代初の平成バブルの崩壊とその後の金融システム不安に対処するため，日本銀行はコールレートの誘導目標を何度も引き下げていった。そして，1999年2月には，誘導目標が0.15％という歴史的低水準にまで下落した。正確にはゼロ％ではないが，当時の日本銀行総裁速水優が「ゼロでもよい」と言ったことから，ゼロ金利政策と呼ばれ，2000年8月まで続けられた。

ゼロ金利政策はこれまでに2度実施されている。1度目は1999年2月～2000年8月で，解除直後に米国でITバブルが崩壊したこともあって，日本銀行は痛烈な批判を浴びた。2度目のゼロ金利政策は2006年3月～2006年の7月である。これは，量的緩和政策（2001年3月～2006年3月）の終了を受けた過渡的なものであった。ゼロ金利政策が解除されたのは2006年7月であるが，その後の2006年8月に消費者物価指数が改定され，2006年4月の消費者物価（前年比）がマイナスとなったため，日本銀行は再び「解除は時期尚早であった」との批判を浴びることとなった。

■時間軸効果

1度目のゼロ金利政策を開始して間もなく，日本銀行はデフレ懸念の払拭が展望できるような情勢になるまで同政策を継続することを約束した(1999年4月)。このコミットメントによって，市場参加者の期待をコントロールし，無担保コールレート（オーバーナイト物）のみではなく，満期の比較的長い資産の利回りも低位安定化することが試みられた。これを時間軸効果と呼ぶ。

後に，このときの約束は十分でなかったと評価されている。なぜなら，デフレ懸念の払拭が予想されれば，実際にデフレ懸念が払拭されていなくとも，ゼロ金利が解除できるとしているからである。時間軸効果を高めるためには，デフレ懸念が完全に払拭された後もしばらくの間はゼロ金利政策を継続すると約束すべきであった。このゼロ金利政策の延長部分が，将来好況が持続することを予想させ，現在の経済活動にプラスの影響を及ぼす。中央銀行員の間では，これを「将来の緩和を借りる」と表現している。

ただし，インフレ率は粘着的にしか動かないという性質がある。粘着性が大きいと，ゼロ金利政策の継続がインフレ率のオーバーシュートを招き，今度はそれを抑制するために，強くブレーキを踏まなければならなくなる。したがって，粘着性が大きい場合は，むしろ早めにゼロ金利政策を解除した方がよい。このように，物価変動の性質によって，どのような約束をすべきかが変わることに注意が必要である。

2013年に量的・質的金融緩和が導入されると，日本銀行の政策手段の主役はコールレートから日本銀行当座預金に移った。しかし，その数年後には政策スタンスを変更し，金利と貨幣量の両方を操作する新しい政策を導入することになる。量的・質的金融緩和はその後も変遷を繰り返し，名称こそ変わっていないが，内容は大きく変化している。したがって，もはや別の政策と考えた方がよいだろう。量的・質的金融緩和については後の章で非伝統的金融手段として詳述する。

11.3 金融市場調節

11.3.1 コール市場における資金需要

コールレートはコール市場における日本銀行当座預金の需要と供給が一致する点で決まる。ここでは，日本銀行当座預金の需要に影響する所要準備と決済需要という二つの要因について説明しよう。

■所要準備

銀行は，準備預金制度によって，預金量に応じたある一定の金額を日本銀行当座預金として保有することを求められている。これを所要準備という。所要準備の額は，毎月の準備預金対象債務の平均残高（平残）に，債務の種類や規模ごとに定められた準備率を乗ずることによって決定される。日本の場合，民間銀行はこの所要準備額を積み期間（当月16日から翌月15日）に，日本銀行当座預金（平残）として保有することが義務付けられている。同じことであるが，実務的には，「所要準備額×積み日数」を積数といって，これによって準備預金の進捗を日々管理している。

所要準備の積み期間が算出期間と一致しているものを同時積み方式，算出期間の後になっているものを後積み方式と呼んでいる。日本の場合はその中間で，16日から月末まで部分的に算出期間と積み期間が重なっており，部分的後積み方式と呼ばれる。その結果，積み期間の途中（月末）で，積み最終日（翌月15日）までに必要な積数が確定することとなる。

■決済需要

銀行は家計や企業に送金サービスを提供している。その過程で，振り込み人の銀行は，受け取り人の銀行に対して債務を負うことになる。その決済は日本銀行当座預金の振り替えを通じて行われる。また，銀行は，現金の引き出しにも応じなければならず，その原資は日本銀行当座預金である。

決済需要とは，銀行がこれらの業務を遂行するための資金需要である。

先に説明した準備預金制度は，銀行が決済需要にしっかりと応じることができるように創設されたものである。このため，所要準備は決済需要よりも大きくなるように設定されている。したがって，通常は所要準備がコール市場における需要となる。しかし，決済需要が所要準備を上回る日もある。5日や10日（ごとうび）は決済が集中することで知られている。この場合には，決済需要がコール市場における需要を決める。

また，日本銀行当座預金は，証券会社など，銀行以外の金融機関にも利用されている。これらの金融機関は準備預金制度の対象外（非準備預金適用先）であり，準備預金を日本銀行当座預金口座に保有する義務はない。しかし，他の金融機関との資金決済を行うために，日本銀行当座預金を必要としている。このため，非準備預金適用先については，決済需要がコール市場における需要となる。

11.3.2　コール市場における資金供給

日本銀行当座預金の残高は日々変動している。その要因は銀行券要因，財政等要因，金融市場調節の三つに分かれる。特に，銀行券要因と財政等要因で変動した部分は資金過不足と呼ばれる。ここで，資金過不足とは，民間銀行の観点から日本銀行当座預金の増減を捉えたものであることに注意しよう。つまり，資金余剰とは民間銀行の日本銀行当座預金が増えることを指し，資金不足とは民間銀行の日本銀行当座預金が減ることを意味している。日本銀行による金融市場調節はこの部分を対象に行われる。

■銀行券要因

銀行券要因とは，家計や企業が銀行で現金を引き出したり，逆に現金を預けたりしたときに生じる。現金の引き出し額が預け入れ額よりも大きいとき，その差額が日本銀行当座預金口座から引き出される。これを「発行超」といって，日本銀行当座預金のマイナス要因になる（資金不足）。逆に，現金の預け入れ額が引き出し額よりも大きいとき，その差額が日本銀行当座預金口座に預けられる。これを「還収超」といって，日本銀行当座預金のプラス要因になる（資金余剰）。

■財政等要因

財政等要因とは，政府が家計や企業に支払いを行ったり，逆に受け取ったりするときに生じる。例えば，政府が民間銀行に委託して家計に年金を支払うとき，政府は民間銀行が保有する日本銀行当座預金口座にその資金を振り込む。逆に，家計が税金を銀行で支払うと，民間銀行は日本銀行当座預金口座から政府預金口座に資金を振り込む。政府の支払いが受け取りよりも多いとき，これを「払い超」といって，日本銀行当座預金のプラス要因になる（資金余剰）。逆に，政府の受け取りが支払いよりも多いとき，これを「受け超」といって，日本銀行当座預金のマイナス要因になる（資金不足）。

■金融市場調節

銀行券要因と財政等要因を併せたものを資金過不足と呼ぶ。資金過不足をそのまま放置すると，民間銀行の日銀当座預金残高は日々変化する。その結果，コール市場で成立する金利が乱高下し，誘導目標から乖離してしまう。市場参加者は金利の先行きを予想することが難しくなり，中長期の金利が不安定になる。これは，投資の意思決定を難しくし，投資を思い止まらせるかもしれない。

日本銀行は，公開市場操作（オペレーション）を行って，資金過不足を埋め合わせ，かつ，コールレートが誘導目標から乖離しないように，全体としての日本銀行当座預金残高を安定させている。これを金融市場調節（あるいは金融調節）と呼ぶ。金融市場調節は，日本銀行による資金の貸付や手形，国債などの債券の売買を通じて実施される。どの手段を用いるのかは，不足資金の供給なのか，余剰資金の吸収なのか，また，短期なのか，長期なのかに応じて決まる（表 11.1）。

日本銀行の金融市場調節は先進国の中でも屈指の精度を誇っている。その精度を支えているのは，日本銀行の情報収集力である。日本銀行は，

表 11.1 金融市場調節のための手段

種類	概要	長期／短期
資金供給		
共通担保資金供給	適格資産を担保とする貸し付け	短
国債買入	長期国債の買い切り	長
国庫短期証券買入	短期国債の買い切り	短
国債買現先	国債の売り戻し条件付き買い入れ	短
CP 等買現先	CP 等の売り戻し条件付き買い入れ	短
資金吸収		
手形売出	日本銀行手形の売り出し	短
国債売現先	国債の買い戻し条件付き売り出し	短
国庫短期証券売出	短期国債の売り切り	短

（注）資金供給の手段として，上記の他，CP・社債買い入れと ETF・J-REIT 買い入れがあるが，これらは量的・質的金融緩和という非伝統的金融政策の実施に伴うものであり，伝統的金融政策を扱う本章では除外した。
（出所）日本銀行金融市場局，「日本銀行の金融市場調節」，2008 年を基に作成。

日々の資金過不足を正確に予測するために，緻密な情報網を構築している。また，その情報を共有することによって，資金需要を安定化させつつ，コールレートが誘導目標から大きく乖離するのを防いでいるのである。

11.3.3 コール市場における需給均衡

コールレートは，コール市場で需要と供給が一致するところで決まる。これを簡単なモデルを使って説明しよう[2]。積みの最終日とそれ以外の日

[2] 本章のモデルは Huberto M. Ennis and Todd Keister, “Understanding Monetary Policy Implementation,” *Federal Reserve Bank of Richmond Economic Quarterly*, Volume 94, Number 3, summer 2008, pp. 235–263 を日本向けに修正したものである。

では市場の状態が異なるため，以下の説明では，それらを分けて論じることとする。なお，日本銀行当座預金に金利は付かないと仮定する。金利が付くケースは後述する。

■積み最終日

コール市場における需要曲線から始めよう。図 11.1 は，横軸が資金量，縦軸がコールレートを表している。図の残り所要積数とは，法定準備率を満たすために銀行が積み最終日に積まなければならない所要準備額である。銀行は，もし法定準備率を下回れば，未達分を過怠金金利（基準貸付利率＋3.75％）と呼ばれるペナルティー金利を支払って日本銀行から資金を借りなければならない。銀行はこの事態を避けるため，金利が著しく高くない限り，残り所要積数は必ず需要する。コール市場における需要の大部分はこのための需要である。

これに非準備預金制度適用先の金融機関の決済需要が上乗せされる。決済需要は不確実性が高いため，日本銀行当座預金に利息が付かないとすると，金利が高いときには需要を控え目に，金利が低いときには需要を多めにするであろう。その結果，需要曲線は右下がりになる（図の中央の傾斜部分）。

図 11.1 積み最終日のコール市場の均衡

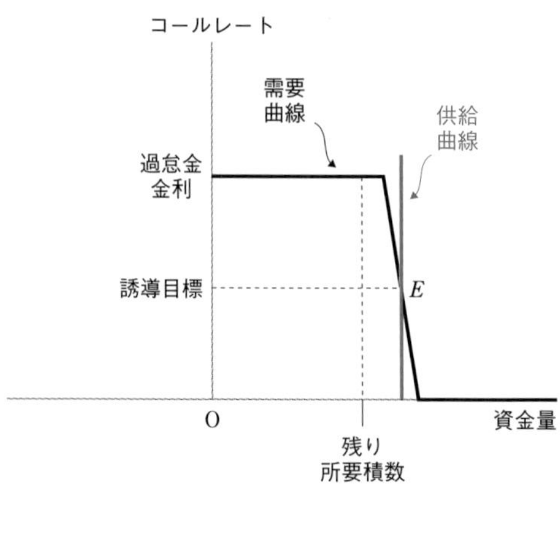

コールレートが過怠金金利よりも高い場合，民間銀行は日本銀行に過怠金金利を支払った方がましなので，コール市場で資金調達を行わない。このため，過怠金金利が需要曲線の上限になる（図の左上の水平部分）。

コールレートがゼロ％になったとしよう。この場合，コール市場で調達してもコストはゼロなので，日本銀行当座預金に利息が付かなくとも損失にはならない。むしろ，流動性の観点からすると，日本銀行当座預金はいくら保有していてもよい。したがって，ゼロ％が需要曲線の下限になる（図の右下の水平部分）。

コールレートは，こうして求められた需要曲線に供給曲線を重ね合わせ，需給が一致する点で決まる（図の点E）。この点は，通常の金融市場と同じである。しかし，政策を実施する場としてのコール市場には通常の金融市場とは異なる側面がある。それは，最初に日本銀行がコールレートの誘導目標を決めて，これが市場で成立するように，日本銀行が資金供給量を決めるという点である。需給によって金利が決まることに変わりはないが，政策的には，金利水準を外生変数として，資金供給量を内生的に決めているのである。実務ではこれを，金利水準を操作変数としている，と表現する。これに対し，後の章で説明する量的緩和政策では，日本銀行当座預金残高を操作変数としている。

■積み最終日以外

図 11.2 は積み最終日以外の需給均衡を図示したものである。この場合，二つの要素が新たに加わる。第1に，日本銀行当座預金の残高がマイナスになっても，過怠金金利のようなペナルティー金利を支払う必要はない。補完貸付制度（ロンバート型貸出とも呼ばれる）を利用して，補完貸付金利（基準貸付利率に等しい）で日本銀行から資金を借りることができる。この制度は，民間銀行が望めばいつでも利用することができる（常設ファシリティという）。コールレートが基準貸付利率を超えると，必要な額だけ日本銀行から借りればよいので，コール市場から資金調達しようという銀行はない。このため，過怠金金利よりも低い補完貸付金利が需要曲線の上限となる（図の左上の水平部分）。しかし，コールレートが低下するにつれ

図11.2 積み最終日以外のコール市場の均衡

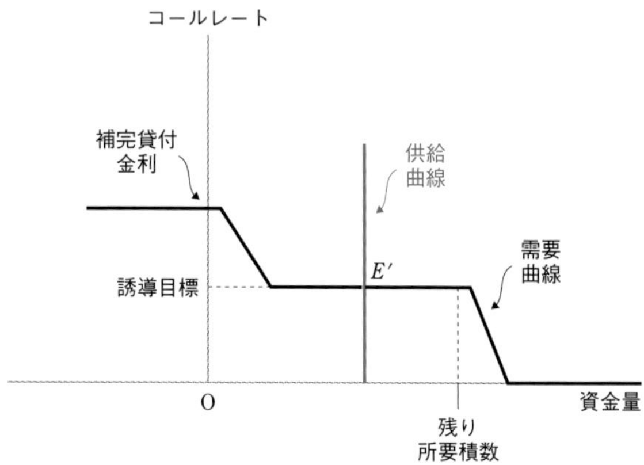

て，補完貸付制度よりもコール市場から資金調達するインセンティブが大きくなっていく。このため，需要曲線が右下がりとなる（図の左上の傾斜部分）。

第2に，コールレートが誘導目標に達すると，需要曲線は水平になる。銀行は，積み期間であればいつ所要準備を積んでもよい。したがって，少しでも金利が安いときに準備預金を積もうとする。日本銀行は，積み最終日にはコールレートが誘導目標から乖離しないように金融調節を行う。したがって，コールレートが誘導目標を下回れば，今のうちに準備預金を積んでおこうと資金需要が一気に増える。逆に，コールレートが誘導目標を上回れば，資金需要が一気に減少する。経済学用語を用いると，資金需要の金利弾力性が無限になっている（図の中央の水平部分）。なお，積み最終日が近づくにつれて残り所要積数は減少するので，この水平部分は徐々に短くなっていく。

図の中央の水平部分が残り所要積数を超えたところで，再び右下がりになっているのに注意されたい。銀行は，コールレートが誘導目標を下回るならば，積みの最終日を待たずに今日残り所要積数をすべて積み終えた方が有利である。しかし，それ以上に日本銀行当座預金を保有するのは無駄である。したがって，残り所要積数に非準備預金制度適用先の決済需要を加えたものが需要量になる（図の右下の傾斜部分）。ゼロ％が需要曲線の下限になるのは先述のとおりである（図の右下の水平部分）。

積みの最終日と同様，コールレートは，こうして求められた需要曲線に供給曲線を重ね合わせ，需給が一致する点で決まる。例えば，中央銀行が供給曲線を図のような位置に置いたとしよう。この場合の均衡点は図の点 E' になり，金利は誘導目標に一致する。誘導目標で金利を安定させるためには，図の中央の水平部分であればどこでもよいが，日本銀行はできるだけ日々の準備預金の積みを平準化するように資金供給を行っている。

11.4　補完当座預金制度

■コリドー

中央銀行の中には，中央銀行当座預金残高に金利を支払っているものもある。日本銀行も 2008 年 10 月に補完当座預金制度を導入し，日本銀行当座預金残高のうち所要準備を超える部分（超過準備）に利子を支払うこととした。2008 年 9 月のリーマン・ショックによってマネー・マーケットの流動性が「蒸発」することが懸念される中，銀行が流動性不足を招かないように，日本銀行が予め資金を供給しようというものである。特に，資金需要が高まる年末，年度末に向けて，一時的な措置として導入されたが，常設ファシリティの一つとして現在も存続している。

日本銀行が当座預金残高に利子を支払うと，その際の金利水準（付利水準）がコール市場の下限として機能する（図 11.3）。コールレートが付利水準を下回れば，コール市場から資金を調達して，日本銀行に預けるだけで，確実に利ザヤを稼げるからである。また，先に説明したとおり，過怠金金利（ないし補完貸付金利）はコールレートの上限として機能している。付利水準と過怠金金利（ないし補完貸付金利）の間のゾーンはコリドーと呼ばれ，コールレートはこのゾーンの中で安定的に推移することとなる。

図 11.3 日本銀行当座預金への付利とコリドー（積み最終日）

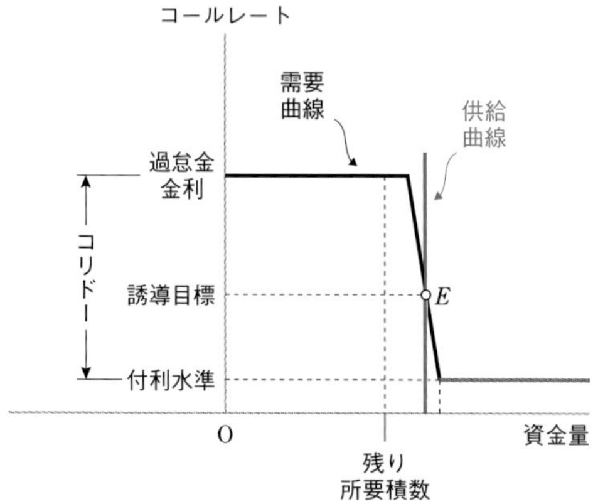

図 11.4 付利水準を誘導目標と一致させた場合（積み最終日）

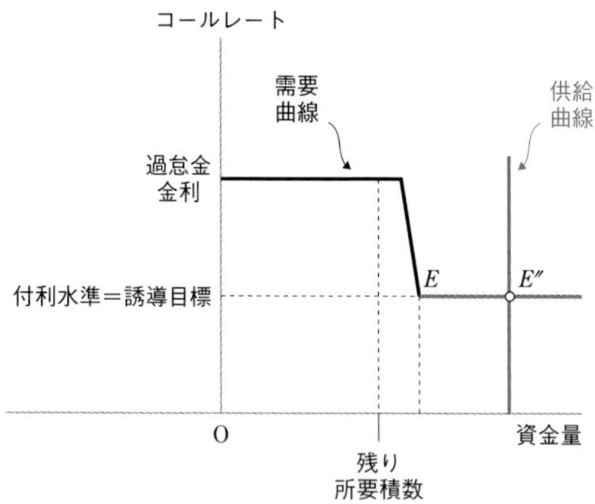

■金利水準と資金供給量の操作

これまでコリドーは誘導目標を挟んで設定されるのが通例であった。しかし，最近は付利水準をコールレートの誘導目標に一致させるという別の形でコリドーを運営する例が見られる（図 11.4）。コール市場での需給均衡によって金利を誘導目標にピタリと一致させるのは，需要と供給を正確に見通す必要があり，まさに「神業」であった。これとは対照的に，付利水準を誘導目標に一致させ，十分に資金供給を行えば，容易にコールレートを誘導目標に一致させることができる。米国ではこれを「より直接的で効率的な金利管理手法」と呼んでいる。

さらに，需給均衡によって金利を決定する方法では，金利水準と資金供給量は表裏一体となっており，いずれか一方を決めると，自動的に他方が決まってしまう。したがって，金利水準を変えずに資金供給量だけ増やすということはできない。これに対し，付利水準を誘導目標に一致させる方法を用いれば，金利水準と資金供給量の二つを切り離して，自由に操作することができる。

第12章
自然利子率と政策ルール

伝統的金融政策では，政策金利を誘導目標の近傍で安定させることによって，政策目標を達成しようとする。その誘導目標を決めるために中心的な役割を果たすのが自然利子率である。自然利子率は，景気に対して中立的な金利水準である。中央銀行は，自然利子率を基準として，政策金利を上げたり，下げたりすることによって，景気と物価をコントロールする。本章の第1の目的は，この自然利子率について，その理論的背景や実務的な問題点について説明することにある。

自然利子率は，スウェーデンの経済学者J・G・クヌート・ヴィクセルによって100年以上も前に提示されたものである。その自然利子率が再び脚光を浴びることとなったのは，テイラー・ルールの構成要素として採用されたことが大きい。テイラー・ルールとは，中央銀行がどのように政策金利を設定しているのかを記述する政策ルール（政策反応関数）の一種である。本章の第2の目的は，自然利子率がテイラー・ルールの中でどのような役割を果たしているかを解説することにある。

なぜ政策ルールを設定することが望ましいのだろうか。その時々の状況に応じて裁量的に政策を実行してはいけないのだろうか。実際，政策ルールを使って金融政策を実施していると明言している中央銀行は存在しない。この「ルールか，裁量か」という問題を巡っては，理論的可能性を信じる経済学者と経験を重視する実務家の間で静かで激しい議論が繰り広げられてきた。本章では，ルールに基づく金融政策の長所と短所を明らかにすることによって，金融政策の現場でルールがどのように活用され得るのか，その可能性を探っていく。

最後に，2007 年に勃発した世界金融危機の後遺症についての議論を紹介する。世界金融危機が去った後も，世界経済が正常化するまでに長い時間を要した。その原因として提示されたのが長期停滞論である。学界ではこの仮説の妥当性を巡って論争が繰り広げられた。本章では，この議論を通じて，自然利子率に対する理解を深めることとしよう。

12.1 自然利子率[1]

12.1.1 潜在成長率

■潜在産出量と需給ギャップ

生産活動は，資本と労働という二つの生産要素を用いて行われる。しかし，すべての生産要素が常に適正水準で利用されている訳ではない。不況になると，設備は遊休化し，失業が発生する。好況になると，設備は酷使され，労働者は超過労働を強いられる。

すべての生産要素が適正水準で稼働したときに得られる産出量を潜在産出量（potential output）と呼ぶ。潜在産出量は，持続的に再生産可能な産出量と言い換えてもよい。GDP ベースで測った潜在産出量は，潜在 GDP（potential GDP）と呼ばれる。そして，潜在産出量の増加率を潜在成長率と呼ぶ。

現実の産出量は，景気循環の影響を受け，潜在産出量から乖離するのが一般的である。現実の産出量と潜在産出量の差は需給ギャップとか，産出ギャップ（output gap）と呼ばれる。また，GDP ベースで計測した場合は，GDP ギャップと呼ばれる。好況のときは需給ギャップがプラスになり，不

---

[1] 自然利子率についての数学的に厳密な説明は，小田信之・村永淳，「自然利子率について：理論整理と計測」，日本銀行ワーキングペーパーシリーズ，No.03-J-5，2003 年を参照されたい。

況のときは需給ギャップがマイナスになる。

■均斉成長モデル

少し専門的になるが，本章では，規模に関する収穫一定のマクロ生産関数を仮定する。これは，資本と労働が2倍になると生産量も2倍になるという仮定である。この関数を使うと，マクロの労働人口が何人になろうと，従業員1人の企業のケースに還元して考えることができる。例えば，労働人口2,000万人のマクロ経済も，従業員1人の企業2,000万社の集まりと見なすことができるのだ。

いま，従業員1人の企業が設備をどれだけ保有すべきか考えているとしよう。設備を増やすとそれによって生産量が増えるが，そのためには資金を調達し，金利を支払わなければならない。合理的な企業は，実質金利が与えられると，設備の限界生産物がそれに等しくなるように設備の量を決めるはずである（実質ベースで考えているので，ここでの金利は実質金利である）。労働人口2,000万人のマクロ経済では，設備量はその2,000万倍となる。

このことは，労働人口が増加すると，これに比例してマクロの設備量も増加することを意味している。すなわち，労働人口が1％で成長していれば，マクロの設備量も1％で成長していく。もちろん，生産量も1％で成長していく。このように，資本，労働，生産がすべて同じペースで成長するモデルを均斉成長モデルと呼ぶ。

なお，均斉成長モデルでは，消費量も生産量と同じペースで成長する。もし消費の成長速度が生産よりも速ければ，いずれ消費が生産を上回ってしまう。これは不可能である。また，もし消費の成長速度が生産よりも遅ければ，生産物のほとんどが消費されなくなってしまう。これも異常である。したがって，消費の成長率は経済全体の成長率と同じになるはずである。

■技術進歩

生産技術の進歩は人口の増加と同じ効果を持つ。いま，生産技術を勘案した労働力を実効労働力と呼ぶことにしよう。実効労働力の増加率は，人口成長率のみならず，技術進歩率によっても規定される。均斉成長モデルでは，生産量の増加ペースは労働量の増加ペースと同じであった。したがって，潜在成長率は次の式で与えられる。

$$\text{潜在成長率} = \text{人口成長率} + \text{技術進歩率} \tag{12.1}$$

また，一人当たりで見た潜在産出量の成長率を一人当たり潜在成長率と呼ぶことにすると，これは潜在成長率から人口成長率を差し引いたものであるから，

$$\text{一人当たり潜在成長率} = \text{技術進歩率} \tag{12.2}$$

このように，一人当たり潜在成長率は生産技術のみによって決定される。

12.1.2 オイラー方程式

上記の議論を踏まえて，自然利子率がどのように決定されるのか，その理論的背景を解説しよう。自然利子率を決める第1の要素は，異時点間の消費の最適化である。もしあなたが今期と来期の消費を最適化しているのなら，次の等式が成立していなければならない。

$$\text{今期の限界効用} = \frac{1+\text{実質金利}}{1+\text{時間選好率}} \times \text{来期の限界効用} \tag{12.3}$$

この式を経済学ではオイラー方程式と呼んでいる。

なぜ (12.3) 式が成立するのだろうか。あなたが今期1単位の消費を我慢したとする。あなたの効用は「今期の限界効用」だけ減少する。その代わり，あなたは余った資金を銀行に預けて利子を稼ぐことができる。ただし，もし物価が上昇していたら，その分消費量は減少するので，インフレ分を差し引かないといけない。したがって，この場合の金利は実質金利で，あなたの来期の消費量は「1＋実質金利」だけ増加する。

また，消費量が同じなら，あなたは来期に消費するよりも，今期に消費する方を選ぶであろう。経済学ではこれを時間選好率と呼んでいる。この点を考慮して，あなたは来期の限界効用を「1＋時間選好率」で割り引くはずである。あなたが異時点間の消費を最適化しているなら，これらの調

図12.1　一人当たり消費の成長率と実質金利

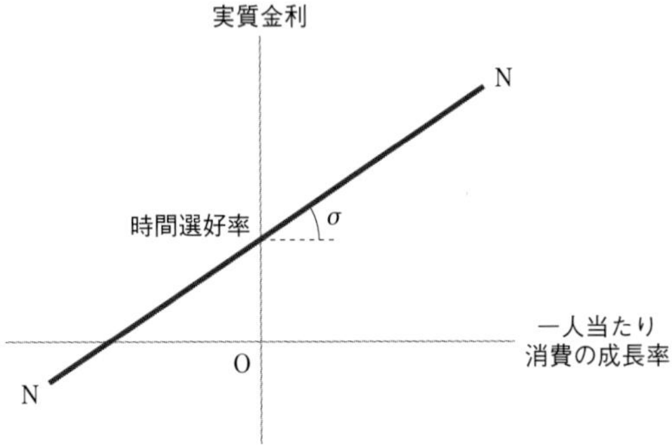

整をすべて行った上で，今期の効用の減少が来期の効用の増加と等しくならなければならない。これがオイラー方程式の意味するところである。

オイラー方程式を用いれば，一人当たりの消費の増加率と実質金利の関係を調べることができる。説明のために，(12.3) 式を次のように変形しておこう。

$$\frac{1+\text{時間選好率}}{1+\text{実質金利}}=\frac{\text{来期の限界効用}}{\text{今期の限界効用}} \tag{12.4}$$

いま，一人当たり消費の成長率が上昇したとしよう。限界効用は消費の増加とともに逓減するので，来期の限界効用は今期の限界効用よりも相対的に減少する（右辺が減少する）。時間選好率は変わらないので，(12.4) 式の等号が成立するためには，実質金利が上昇しなければならない。したがって，図12.1のNN線のように，一人当たり消費の成長率が上昇すると，実質金利は上昇しなければならない。

NN線の傾き（図12.1のσ）はリスク回避度と関係している。リスク回避度の高い消費者は，消費水準が時間とともに増えたり減ったりすることを避けたいと思っている。これを消費の平準化という。将来所得が増加するなら，将来の所得を元手に借り入れを行い，現在の消費を増やして消費を平準化しようとする。このため，消費者の借り入れ需要が増大して金利が上昇する。

図 12.2 一人当たり潜在成長率と自然利子率

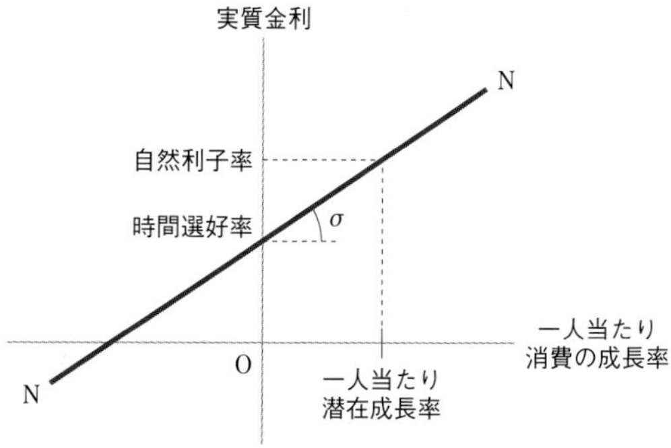

NN 線の切片は時間選好率を表している。切片では一人当たり消費成長率がゼロである。このため，来期の消費量と今期の消費量は同じであり，来期の限界効用と今期の限界効用も同じになる。したがって，(12.4) 式から実質金利は時間選好率と等しくなる。

12.1.3 自然利子率の決定要因

■一人当たり潜在成長率

均斉成長モデルでは消費量の成長率と生産量の成長率が同じになる。このことに注意しながら，オイラー方程式の文脈の中で自然利子率を定義し直すと次のようになる。すなわち，自然利子率は一人当たりの消費の成長率が一人当たり潜在成長率と一致するときに成立する実質金利である。図 12.2 はこれを図示したものである。

図 12.2 を見て分かるとおり，一人当たり潜在成長率が大きく低下すると，自然利子率はマイナスになり得る。このような場合，実質金利を自然利子率よりもさらにマイナスにしなければ，景気を刺激することができない。しかし，名目金利がゼロ％に達すると，流動性の罠によって，名目金利をそれ以上引き下げることができなくなる。この場合，実質金利を引き下げるためには，期待インフレ率を引き上げるしか方法はない。米国のノ

図 12.3 リスク回避度と自然利子率

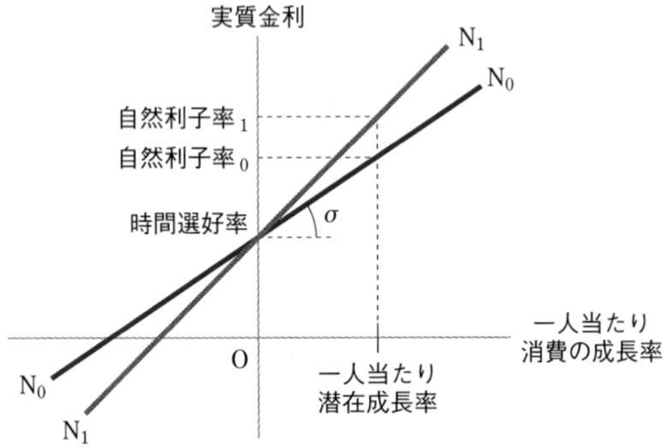

図 12.4 時間選好率と自然利子率

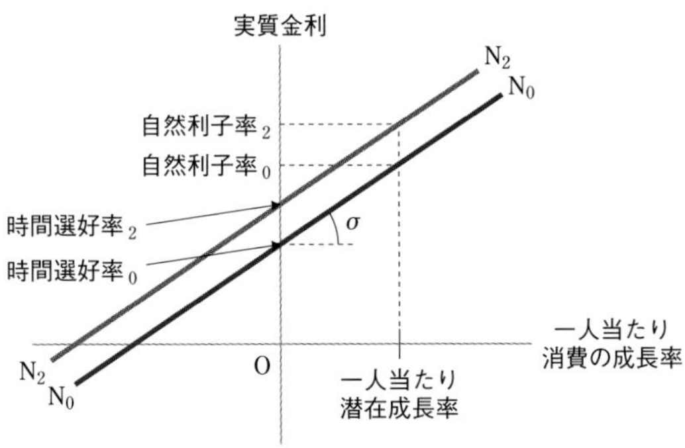

ーベル賞経済学者ポール・R・クルーグマンは，1990年代以降の日本はまさにこの状況にあるとして，大胆な金融緩和による期待インフレ率の引き上げを提唱していた。

■リスク回避度

先に説明したとおり，リスク回避度はNN線の傾きに表れる。図12.3のように，リスク回避度が上昇すると，NN線がN_0N_0線からN_1N_1線へと反時計回りに回転する。例えば，一人当たり潜在成長率がプラスのとき，自然利子率は，「自然利子率$_0$」から「自然利子率$_1$」へと上昇する。

■時間選好率

時間選好率が上昇すると，図 12.4 にあるように，NN 線が N_0N_0 線から N_2N_2 線へと上方へシフトする。このとき，自然利子率も，「自然利子率 $_0$」から「自然利子率 $_2$」へと上昇する。時間選好率が高まるほど，現在の消費を増やそうとする傾向も強くなる。そこで，消費者は将来の所得を元手に借り入れを行い，現在の消費を増やそうとする。このため，金利は上昇する。これが，時間選好率が高まるほど，自然利子率が高まる理由である。

12.1.4　自然利子率の実証研究

自然利子率を直接観測することはできない。自然利子率の生みの親であるヴィクセルも，『利子と物価』の中で，自然利子率はその水準を正確に推定できないことが欠点の一つであると述べている。これまで，自然利子率の水準を類推するために，いくつもの手法が考案されてきた。そして，計量経済学の手法は当時と比べて格段に進歩している。しかし，自然利子率の推定精度は依然として低い。金融政策運営上，非常に有用な概念であるにもかかわらず，自然利子率が現実の金融政策運営の現場に浸透しない背景には，その推計精度の低さが影響している。

■潜在成長率による近似

潜在成長率を自然利子率と同じものと見なし，それとの比較で現実の実質金利が高過ぎるのではないかといった議論をニュースなどでしばしば耳にする。自然利子率を直接観測することができるデータが存在しないため，自然利子率に密接に関連している潜在成長率をその代理変数として利用しようという訳である。

しかし，図 12.2 によると，こうした議論は多くの仮定の下でしか成立しない。すなわち，

【仮定 1】$\sigma = 1$ である。

この σ は相対的リスク回避度と呼ばれるパラメータで，1 ～ 2 程度だと考えられている（その逆数は異時点間代替率と呼ばれる）。

【仮定2】時間選好率がゼロである。

【仮定3】人口成長率がゼロである。

仮定1と仮定2は，NN線が45度線に一致するための条件であり，仮定3は，潜在成長率と一人当たり潜在成長率が等しくなる条件である。日本ではこれらの条件が比較的当てはまりやすいようだ。しかし，どこの国でも潜在成長率を自然利子率の代理変数として利用できる訳ではない。

■計量経済学的な推計

ヴィクセルは，『利子と物価』の中で自然利子率を次のように定義していた。つまり，物価が上昇しているときには，現実の利子率は自然利子率よりも低く，物価が下落しているときには，現実の利子率は自然利子率よりも高い。この関係を用いれば，計量経済学の手法を用いて，自然利子率を推計することができる。

現代のマクロ経済学では，第1段階として，利子が消費や投資を通じて産出量に影響を及ぼし，第2段階として，産出量が物価に影響を及ぼすと考えられている。このため，利子と物価ではなく，利子と産出量の関係から自然利子率を推計する方が直接的である。具体的には，現実の利子率が自然利子率より低くなると需給ギャップがプラスになり，現実の利子率が自然利子率より高くなると需給ギャップがマイナスになるという関係を用いて計量経済学の手法を適用する。

他にも自然利子率を推計する方法はいくつも提案されている。しかし，いずれの方法も，複雑なプロセスを踏まなければならなかったり，推計できたとしても精度が低かったりする。自然利子率を現実の政策運営で活用するには一層の改善が必要である[2]。

---

[2] 代表的な推計例として，Thomas Laubach and John C. Williams, “Measuring the Natural Rate of Interest,” *Review of Economics and Statistics*, Volume 85, Number 4, pp. 1063–1070, 2003がある。複数の方法を使って日本の自然利子率を推計したものとして，鎌田康一郎，「わが国の均衡実質金利」，深尾京司編『マクロ経済と産業構造』12章，慶應義塾大学出版会，2008年を参照されたい。

12.2　金融政策ルール

12.2.1　テイラー・ルール

■基本構造

テイラー・ルールとは，米国の経済学者ジョン・B・テイラーが，米国における政策金利の挙動を描写するものとして考案したものである。具体的には以下のように定式化される。

$$\begin{aligned}\text{政策金利} &= \text{自然利子率} + \text{目標インフレ率} \\ &\quad + a \times (\text{現実のインフレ率} - \text{目標インフレ率}) \\ &\quad + b \times \text{需給ギャップ} \qquad (12.5)\end{aligned}$$

a と b はいずれもプラスの数値である。

(12.5) 式は，中央銀行の行動を描写するものとして極めて直感的である。目標インフレ率とは中央銀行がそこで安定させたいと考えているインフレ率の水準であり，先進国では概ね2％である。中央銀行は，現実のインフレ率がこの目標インフレ率を上回ると，金融を引き締めて，経済をスローダウンさせ，インフレ率を低下させようとする。逆に，現実のインフレ率が目標インフレ率を下回ると，金融を緩和して，経済を活性化し，インフレ率を上昇させようとする。

(12.5) 式では，政策金利は需給ギャップによっても変化する。需給ギャップがプラスのとき，現実の産出量は潜在産出量を上回っている。中央銀行は，金融を引き締めて，現実の産出量を潜在産出量まで引き下げようとする。逆に，需給ギャップがマイナスのとき，現実の産出量は潜在産出量を下回っている。中央銀行は，金融を緩和して，現実の産出量を潜在産出量まで引き上げようとする。

さらに，(12.5) 式では，現実のインフレ率が目標インフレ率に等しく，需給ギャップがゼロならば，「実質政策金利」は自然利子率に等しくなる。この結論も極めて直感的であろう。産出量が潜在水準に等しく，インフレ率も目標水準に合致しているなら，中央銀行は金利をニュートラル（中立的）な水準に設定すべきである。(12.5) 式の両辺から現実のインフレ率を差し引いて変形すると，次の式のようになる。

$$\text{実質政策金利} = \text{自然利子率} + (a-1) \times (\text{現実のインフレ率} - \text{目標インフレ率}) + b \times \text{需給ギャップ} \tag{12.6}$$

なお，ここでの「実質政策金利」は，「(名目) 政策金利－現実のインフレ率」のことであり，正確な用語法ではない。しかし，現実のインフレ率を期待インフレ率の代理変数であると解釈すれば正しくなる。

(12.6) 式は，政策ルールが満たすべき重要な点を明らかにしている。それは，a は1よりも大きな値でなければならないという点である。これはテイラー原則と呼ばれており，現実のインフレ率が目標インフレ率を1％上回れば，名目金利は1％以上引き上げられなければならないことを意味している。

テイラーが1993年に提示したルールは次のようなものであった。これをオリジナルのテイラー・ルールと呼ぼう。

$$\text{政策金利} = 2 + \text{現実のインフレ率} + 0.5 \times (\text{現実のインフレ率} - 2) + 0.5 \times \text{需給ギャップ} \tag{12.7}$$

この式は，(12.5) で自然利子率が2％，目標インフレ率が2％，$a = 1.5$，$b = 0.5$ としたものである。a が1より大きく，テイラー原則が満たされている。図12.5は (12.7) 式に現実のデータを当てはめて，オリジナルのテイラー・ルールを算出し，現実の政策金利（FFレート）と比較したものである。テイラー・ルールは，現実のFFレートを近似できていることもあれば，大きく乖離していることもある。

■規範的側面

図12.5を見ると，1980年代の終わり頃から1990年代初めにかけて，FFレートがオリジナルのテイラー・ルールに沿って動いていることが分かる。この時期，米国経済は比較的安定して推移していた。このため，テ

図 12.5 オリジナルのテイラー・ルールと FF 金利

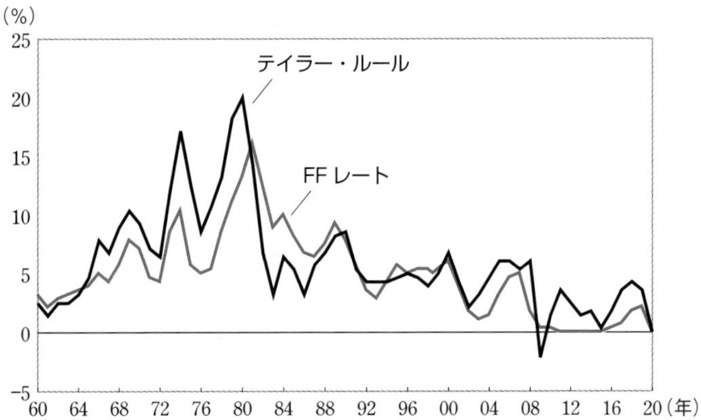

(注) 需給ギャップは現実の GDP と CBO の潜在 GDP の乖離で著者が算出した。
(出所) U.S. Congressional Budget Office (CBO), U.S. Bureau of Economic Analysis

イラー・ルールは，現実の政策金利の動きを描写しているという実証的な側面に加えて，中央銀行がしたがうべきルールという規範的側面を合わせ持っていると考えられている。この考えをさらに推し進め，経済学者の間では，社会厚生を最大化するためのテイラー・ルールを小数点以下の単位まで推計する試みも盛んに行われている。

しかし，1990 年代初の日本におけるバブルの崩壊，2000 年代後半の世界金融危機を経て，テイラー・ルールを規範的なものと考えるには，問題があることも分かってきた。一つの問題は，テイラー・ルールには，物価と産出の二つの情報しか含まれていないという点である。テイラー・ルールにしたがえば，現実のインフレ率が目標インフレ率の近傍で安定しており，現実の産出量が潜在水準に一致している限り，中央銀行は政策金利を変更しなくともよい。しかし，資産バブルが形成される過程では，インフレ率や産出量は相対的に安定していることも多い。なぜなら，バブル経済では，膨張した貨幣が，財サービス市場ではなく，資産市場に流れ込むからである。

そこで，インフレ率と産出量に，資産価格などを加えて，テイラー・ルールを修正することが試みられている。これまでの経験を踏まえると，テイラー・ルールに欠けているのは，日本の場合は株価・地価，米国の場合は住宅価格である。しかし，こうした形のルールの修正は後付けでしかないとの批判もある。第1に，バブルがどの資産に発生するのかはその時々で異なり，どの資産価格をルールに加えればよいのか，事前に判断するのは困難である。バブルが崩壊してから，事後的に問題となった資産価格を逐次加えて行くことも可能である。しかし，それではルールが複雑になる一方であり，そもそもそうすることで将来のバブルが防げるとは限らない。

ルールに資産価格を取り入れることが難しい第2の理由は，資産価格の潜在水準を推計するのは非常に難しいということである。これに関して有名な論争がある。米国連邦準備制度のエコノミストは，バブルをリアルタイムに察知するのは不可能であるとする。これに対し，国際決済銀行のエコノミストはそれが可能であるとする。ただし，バブルの発生を察知するには，あらゆる資産価格・取引量を対象に，それらが異常な動きを示していないか常にモニターしていなければならない。さらに，政策を実行に移す際には，高い政治の壁を乗り越えなければならない。「今度こそバブルではない」と主張する人々に冷静になれと説得しても無駄である。

12.2.2 「ルール」か「裁量」か？

上述のように，ルールを現実の金融政策に取り込むのは容易ではない。それにも関わらず，ルールによる金融政策を支持する人々は多い。それは，ルールを採用することによって初めて得られる便益があるからである。一般に，経済学者はルールによる政策を支持する傾向があるが，現実に金融政策を運営している実務家の間では裁量による政策が前提である。したがって，ルールか裁量かという問題は，ルールのよい部分をいかにして実務に導入するのかという形で提起される。

■時間非整合性

不況下で政策金利を下げ続けた結果，貨幣需要が無限に大きくなり，いくら貨幣を供給してもすべて吸収される状況に陥ったとしよう。これを流動性の罠と呼ぶ。この罠に陥ると，中央銀行は金利を引き下げて，景気を回復させることができない。

そこで，中央銀行は，景気が回復しても，すぐには金利を引き上げることはせず，しばらくの間は低金利を続けると公約する。これを受けて，企業は次のように考えるかもしれない。将来，好況が長く続くのなら，需要増に応ずるために，今から設備を拡充しておいた方がよい。もし企業が実際に設備投資を行えば，金利はそのままに，総需要が増加し，経済は不況から脱出できるだろう。

いま，企業が実際に設備投資を行ったおかげで，経済が不況から脱出できたとしよう。このとき，中央銀行にとって最善の政策は，公約とは異なり，金利を正常な水準に引き上げ，景気が過熱するのを防ぐことである。このように，ある目的を達成するために将来について公約しても，目標が達成されたとたんに公約を反故（ほご）にするインセンティブが働くことがある。これを時間非整合性と呼ぶ。

しかし，中央銀行が金利を引き上げれば，好況の持続を前提に設備投資を行った企業の当てが外れてしまう。もし中央銀行が公約を破る可能性が高いのであれば，企業は設備投資を行わない方がよい。このように，時間非整合性がある場合には，何らかの対策を講じない限り，中央銀行の公約は効果を持ち得ない。

■コミットメント

時間非整合性がある場合に，中央銀行の公約に効果を持たせるには，公約に強い強制力を持たせる必要がある。これを経済学ではコミットメントと呼ぶ。先の例では，中央銀行が，景気回復後もしばらくは低金利を維持するという公約に強くコミットし，企業がそれを信用すれば，中央銀行の約束は効果を持ち得る。

コミットメントを強めるには色々な手段がある。中央銀行が公約を破った場合の罰則を定めるのは，そうした手段の一つである。また，公約をルール化し，グッド・プラクティスとして金融政策の実務に組み込むこともあり得る。さらには，政治的圧力に屈することなく，公約は必ず実行するという信任を得ている人を中央銀行総裁に任命することも考え得る。

しかし，経済が想定外のショックに見舞われる可能性は常に存在し，中央銀行が公約を棚上げすることが是認される場合があり得る。そうした場合に備えて，免責条項を設けておくことも必要であろう。実務にルールを組み込む場合，それを厳密なものと捉えるのではなく，緩やかなルールとして運用することが適切な場合もある。ただし，免責条項を増やしたり，ルールを緩やかにし過ぎたりすれば，コミットメントの効果が薄まってしまうことに注意が必要である。

12.3 長期停滞論

■長期停滞論とは

2013年，米国の経済学者ローレンス・H・サマーズが長期停滞論と呼ばれる興味深い仮説を提示した。2007年に勃発した世界金融危機は，各国政府と中央銀行の果敢な政策によって2000年代の終わり頃にはほぼ終息した。ただ，その後の主要先進国の経済回復は必ずしも芳しくなかった。長期停滞論は，世界金融危機によって潜在GDP自体が押し下げられたのが原因だと主張した。これに対し，長期停滞論に反対する経済学者は，世界金融危機の傷があまりに深く，経済の立て直しに時間がかかっているだけで，ほどなく元の成長経路に復すると主張した。どちらの主張が正しかったのであろうか。

そもそも長期停滞論は，米国の経済学者アルヴィン・H・ハンセンが，1930年代に大恐慌からの回復が遅々として進まなかったことに対して提起した仮説である。彼は，人口成長率や技術進歩率の低下によって投資需要が減退し，慢性的な需要不足に陥る結果，長期にわたって経済停滞が持続すると考えた。ハンセンの予想は，ニューディール政策や第2次世界大戦によって外れることとなった。その約80年後，大恐慌以来の経済危機と言われる世界金融危機が勃発する。そして，危機が去った後も，経済回復は遅々として進まない。長期停滞論が再び息を吹き返したのかもしれないという疑念が再び経済学者の頭をよぎった。

■長期停滞論 vs 反長期停滞論

反長期停滞論の論拠は次のようなものである。世界金融危機でGDPが落ち込んだのは，需要が一時的に減少したからである。労働人口はそのままであり，生産設備も破壊された訳ではない，生産技術も変わらない。したがって，供給力は失われておらず，生産活動が再開されれば，以前と同じ水準のGDPが達成されるはずである。これは現代マクロ経済学の標準的な考え方である。現実のGDPは需要の変化によって影響を受けるが，潜在GDPは労働人口や生産技術といった供給要因によって決定され，需要の変化から影響を受けることはない。したがって，今回も，潜在GDPは減少しておらず，現実のGDPも時間とともに元の水準に戻るはずである。

これに対し，長期停滞論者は次のように主張する。現実のGDP成長率が潜在GDP成長率に影響し，この潜在GDP成長率が現実のGDP成長率に影響する。これは，一度受けた需要ショックが供給ショックに転じて，長期にわたって持続することを意味しており，履歴効果（ヒステリシス）と呼ばれる。例えば，景気が後退すると失業者が増加する。一旦失業すると，景気が回復しても，前職に戻れることは稀である。新しい職場では前職で修得した技術は使えないことが多い。その人の人的資本は失われ，低い生産性からスタートしなければならない。

サマーズの長期停滞論は，自然利子率というハンセンの長期停滞論にはなかった要素を巡って行われたところに新しさがある。そのため，サマーズは自分の長期停滞論を「新」長期停滞論と呼んでいる。図12.2から分かるように，潜在成長率が低下すると，自然利子率も低下する。もし自然利子率が現実の実質利子率を下回ってしまうと，金融引き締めになってしまい，経済は不況から脱出できない。世界金融危機に対処する中で，政策金利は何度も引き下げられ，ついにはゼロ％近くにまで下落している。流動性の罠に陥った中央銀行は，名目金利をさらに引き下げることはできな

図12.6　日米の国内総生産

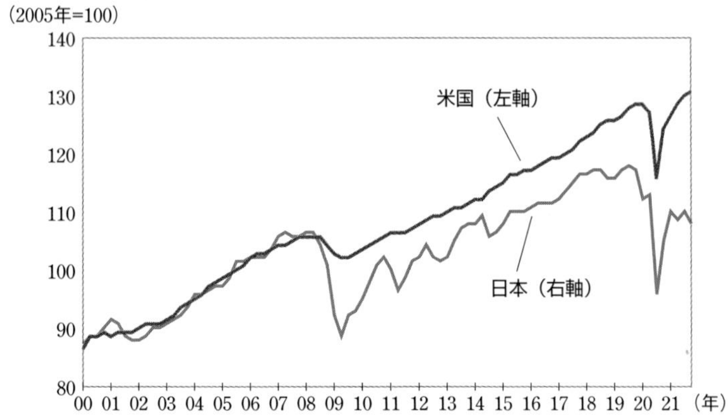

（出所）内閣府，U.S. Bureau of Economic Analysis

い。残された不況脱出の手段は，サマーズが主張する財政支出の拡大や，後述される非伝統的な金融政策以外にない。

ハンセンの長期停滞論も，サマーズの新長期停滞論も，主に米国経済を念頭に提起された仮説であった。しかし，いずれの場合も，米国は比較的早く不況から脱することに成功した。むしろ，長期停滞論は日本にこそ当てはまる仮説であるように思われる（図12.6)。長期停滞論に登場する人口成長率や技術進歩率の低下，自然利子率の大幅低下，流動性の罠による金利政策の限界といった概念は，米国の経済学者ポール・R・クルーグマンが1990年代初のバブル崩壊後の日本を分析した際にすでに論じられていたものである。そのため，長期停滞論は，日本の学者や実務家の間では，ほぼ議論が尽くされており，特に目新しいものとは映らなかった。一つ成果を挙げるとすれば，長期にわたる経済停滞が，日本に特有な現象ではなく，欧米先進国でも起こり得るものとして，多くの経済学者の注目を浴びたことであろう。

■世界的な過剰貯蓄

長期停滞論論争でもう一つ論点となったのは金利の低下傾向である。長期停滞論者は，潜在成長率の低下がベースとなる自然利子率を引き下げたことで，すべての金利の低下を招いたと考える。一方，反長期停滞論者は，潜在成長率は変化していないと主張する。では，なぜ金利は世界的に低下傾向を辿っているのであろうか。

これに答えようとしたのが，米国の経済学者で，当時連邦準備制度理事会のメンバーであったベンジャミン・S・バーナンキである（後に議長に就任，退任後，ノーベル経済学賞を受賞，通常はベン・バーナンキと略される）。彼は，中国を中心とする新興国や中東の石油産油国による巨額の外貨準備需要やドイツによる過剰輸出が，世界的な過剰貯蓄となって（セイビング・グラット），金利を押し下げている。したがって，これらの国々が内需を増やしていけば，金利は上昇し，正常な水準に戻ると論じている。

また，金利の低下傾向は，世界金融危機が勃発する前から進行していた。したがって，潜在成長率の低下が金利の低下を招いているのなら，潜在成長率の低下は世界金融危機よりも前に始まっており，世界金融危機はそれを顕現化させたに過ぎないということとなる。長期停滞論者の履歴効果では，それを説明することはできない。長期停滞論を巡る論争を通じて，世界的な低金利を説明するという新たな問題が提起されているのである。

第12章　補論

AD-AS モデル：ニューケインジアン・エコノミクス入門

第9章では，一国のマクロ経済を理解するために今も重要な役割を担っている IS-LM モデルを紹介した。このモデルでは，金融緩和を行う場合，中央銀行はマネーストックを増加させる。これによって，LM 曲線は下方向へシフトし，IS 曲線との交点が右下に移動する。こうして，産出量が増大し，名目金利が低下する。産出量が増大すると，フィリップス曲線に沿ってインフレ率が上昇する。

しかし，第11章では，現代の中央銀行は，マネーストックではなく，コールレートを操作変数として金融政策を実行することを学んだ。確かに，中央銀行は，コールレートの誘導目標を達成するために，マネタリーベースを増減する。しかし，中央銀行が操作変数としているのはコールレートである。ここで紹介する AD-AS モデルは，LM 曲線の代わりにテイラー・ルールを用いることによって，中央銀行の実務との乖離を減らすことを目的としている。

AD-AS モデルは，第9章で紹介した IS 曲線，第10章で議論されたフィリップス曲線，そして，本章の本論で紹介したテイラー・ルールの三つから構成される。これらの曲線に様々な要素を加味することによって，経済環境の変化に柔軟に対応できる。例えば，第10章で紹介したニューケインジアン・フィリップス曲線を組み込むことも可能で，その含意を複雑な数学を使わずに理解することができる。その意味で，この補論は，現代マクロ経済学の主流となっているニューケインジアン・エコノミクスの入門ともなっている[3]。

12A.1 総需要曲線と総供給曲線

総需要曲線（AD曲線）は，IS曲線とテイラー・ルールを組み合わせることで得られる。最初に，IS曲線について説明しよう。本章の本論で説明したとおり，自然利子率の定義は，景気に対して中立的な金利水準である。景気は需給ギャップ（x）で表現することができるので，自然利子率の定義を数式で表すと次のようになる。

$$x = x^e - \alpha(r - r^N) + \epsilon^x \qquad (12A.1)$$

x^e ≡ 期待需給ギャップ，r ≡ 実質金利，r^N ≡ 自然利子率，ϵ^x ≡ 総需要ショック

最後の行にある ϵ^x は総需要ショックと呼ばれ，他の変数で表せないすべての総需要の変動要因をまとめたものである。α は正の値をとる係数である。

実質金利が自然利子率に等しいなら（$r = r^N$），需給ギャップには何の影響もない。このように，(12A.1) 式は，自然利子率の定義を数式にしたものであることが分かる。また，実質金利が上昇すると需給ギャップが小さくなり，実質金利が低下すると需給ギャップが大きくなる。このように，(12A.1) 式は，金利と総需要の関係を表したものであり，第9章で議論したIS曲線に相当する。

(12A.1) 式右辺の x^e は期待需給ギャップである。家計は，現在の所得が多ければ，貯蓄して将来の消費に回す。逆に，将来の所得が多ければ，借り入れをして現在の消費を増やす。これを消費の平準化という。今期の需給ギャップは，こうした消費の平準化を映じて，来期の需給ギャップと強く結びついているのである。このように，期待が現在の行動に影響を及ぼすのが，ニューケインジアン・エコノミクスの特徴である。

政策ルールは，簡略化された実質金利版テイラー・ルールで与えられるとする。ここでの中央銀行は，インフレ率のみに反応し，需給ギャップには反応しないと仮定する。

---

[3] 鵜飼博史・鎌田康一郎，「マネタリー・エコノミクスの新しい展開：金融政策分析の入門的解説」，日銀レビュー，2004-J-8，2004年で展開されているIS-MP分析は，説明の仕方は多少異なるが，結論は同じである。

図 12A.1 AD 曲線

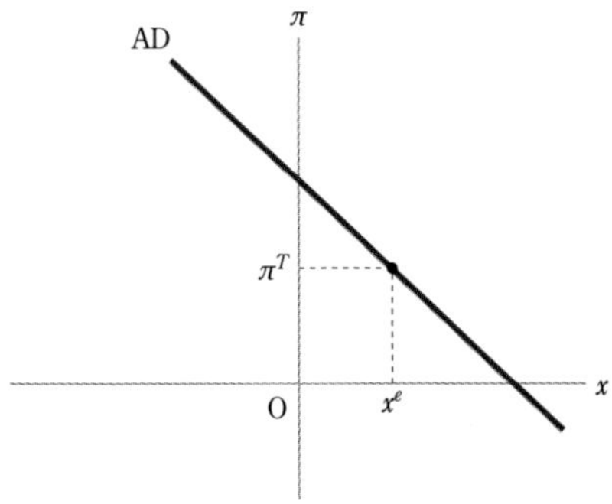

$$r = r^N + \beta(\pi - \pi^T) + \epsilon^r \qquad (12A.2)$$

$\pi^T \equiv$ 目標インフレ率，$\epsilon^r \equiv$ 金融政策ショック

最後の行にある ϵ^r は政策ショックと呼ばれ，他の変数によって表せないすべての金融政策の変動要因をまとめたものである。β は正の値をとる係数である。

(12A.2) 式を (12A.1) 式に代入し，r を消去すると，AD 曲線が得られる。

$$x = x^e - \alpha\beta(\pi - \pi^T) + \epsilon^r - \alpha\epsilon^r \qquad (12A.3)$$

図 12A.1 は，$\epsilon^x = \varepsilon^r = 0$ として，(12A.3) 式をグラフにしたものである。横軸を x，縦軸を π とすると，AD 曲線は，(x^e, π^T) を通る右下がりの直線となる。

総供給曲線（AS 曲線）はフィリップス曲線で与えられる。第10章で，フィリップス曲線には複数のバージョンがあることを説明した。そのうちニューケインジアン・フィリップス曲線は次の形で与えられる。

$$\pi = \pi^e + \gamma x + \epsilon^\pi \qquad (12A.4)$$

$\epsilon^\pi \equiv$ 総供給ショック

最後の行の ϵ^π は他の変数で表せないすべてのインフレ率の変動要因をまとめたものであり，総供給ショックと呼ばれる。また，γ は正の値をとる係数である。図 12A.2 は，$\epsilon^\pi = 0$ として，(12A.4) 式をグラフにしたものである。AS 曲線は，$(0, \pi^e)$ を通る右上がりの直線として表される。

図 12A.2 AS 曲線

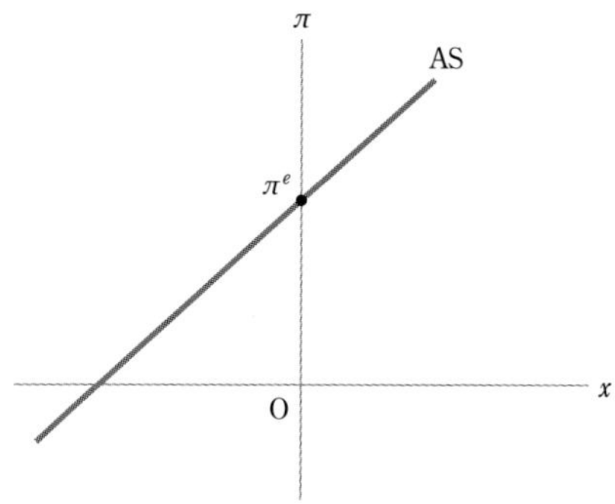

(12A.4) 式右辺の π^e は期待インフレ率である。将来，製造コストが上昇すると予想されると，期待インフレ率が上昇する。企業は価格をすぐに変更することができないという状況下では，製造コストの上昇が予想されるなら，今期の利益を多少犠牲にしても，来期以降の利益を確保するために，今のうちに価格を上げておく方が合理的である。逆に，将来，製造コストの低下と期待インフレ率の低下が予想されるなら，今のうちに価格を下げておく方が合理的である。したがって，期待インフレ率が上昇すると，今期のインフレ率も上昇し，期待インフレ率が下落すると，今期のインフレ率も下落する。これが，(12A.4) 式の右辺に期待インフレ率が登場する理由である。なお，(10.9) 式では π^e に係数が付いていたが，ここでは簡単化のため係数を 1 とする。

マクロ経済の均衡は AD 曲線と AS 曲線の交点で与えられる。例として，長期的な均衡を求めてみよう。長期ではあらゆるショックに対する調整が完了している。そこでは，現実の産出量が潜在産出量に一致しており，需給ギャップはゼロである。また，政府はインフレ率の目標を達成しており，経済主体もその状態が続くと期待している。したがって，長期均衡では，$x^e = 0$，$\pi^e = \pi^T$ が成立している。これを図示すると，図 12A.3 のようになる。もちろん均衡では，$x = 0$，$\pi = \pi^T$ である。

図 12A.3　長期的な均衡状態

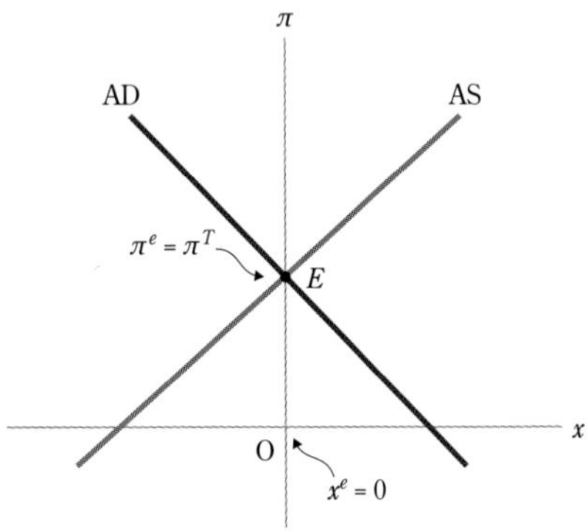

図 12A.4　総需要ショック

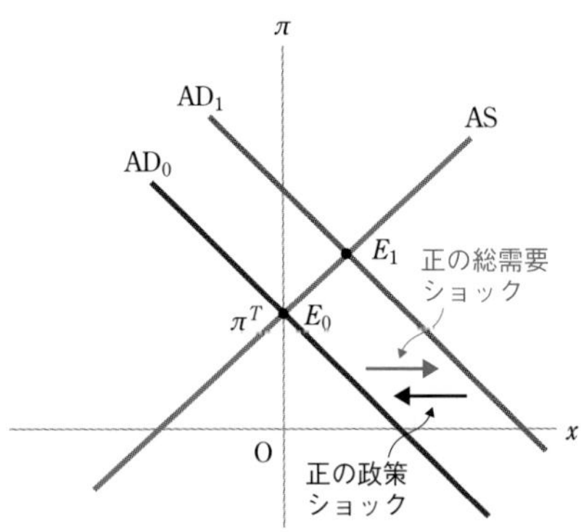

12A.2　比較静学

■総需要ショック

図 12A.4 のように，当初，マクロ経済が点 E_0 で均衡していたとする。いま，海外の日本製品に対する需要が増大したとしよう。これは，正の総需要ショックであり，ϵ^x は正の値をとる。これによって，AD 曲線は右方向へシフトする。なお，簡単化のために，期待は変化しないとする。これに伴って，均衡は点 E_1 にシフトする。新たな均衡では，需給ギャップは正

の値になり，景気が過熱した状態になる。また，インフレ率は目標値を超える。需給ギャップとインフレ率，いずれも中央銀行にとって望ましい状態から乖離してしまう。

これに対し，中央銀行は，正の政策ショック（ϵ^r）を加えることによって，経済を元の望ましい状態に戻すことができる（追加引き締め）。これによって，総需要が減少し，インフレ率も低下する。(12A.3) 式から分かるように，$\epsilon^r = \epsilon^x/\alpha$ となるように政策ショックを加えることによって，ϵ^x の効果が相殺される。AD 曲線は元の位置に戻り，均衡は元の点 E_0 に戻る。

（参考）**短期自然利子率**

総需要ショックが発生した場合，中央銀行は政策ショックを加えることによって，総需要ショックを打ち消すことができる。そこで，総需要ショックが発生すると，それを打ち消すように政策ショックを加える自動安定化装置を予めテイラー・ルールに組み込んでおけばよいと考えられる。それが短期自然利子率の考え方である。

短期自然利子率（r^S）を次のように定義しよう。

$$r^S \equiv r^N + \frac{\epsilon^x}{\alpha} \tag{12A.5}$$

つまり，短期自然利子率は，自然利子率に総需要ショックを加味したものである。なお，短期自然利子率との区別を明確にするため，本章本論で定義された自然利子率を長期自然利子率と呼ぶことがある。

短期自然利子率に基づいてテイラー・ルールを次のように変更する。

$$r = r^S + \beta(\pi - \pi^T) + \epsilon^r \tag{12A.6}$$

これを (12A.1) 式に代入して整理すると AD 曲線は次のように変わる。

$$\mathrm{x} = x^e - \alpha\beta(\pi - \pi^T) - \alpha\epsilon^r \tag{12A.7}$$

AD 曲線から総需要ショックが消えたことに注意しよう。したがって，総需要ショックが発生しても AD 曲線は変化しない。ただし，このことは総需要ショックがなくなったことを意味しない。総需要ショックを打ち消すように，金融政策が自動安定化装置として発動されているのである。

なお，短期自然利子率を使用しても AS 曲線は変化しない。マクロ経済の均衡は，(12A.7) 式で表される新しい AD 曲線と (12A.4) 式で与えられる AS 曲線の交点で決まる。

図 12A.5 総供給ショック

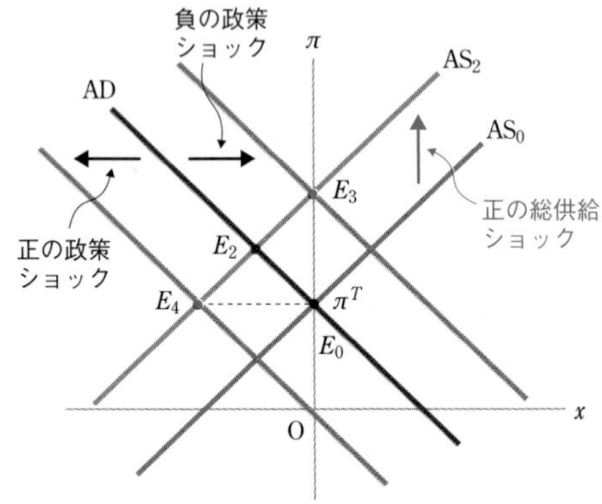

■総供給ショック

いま，原油価格が上昇し，製造費用に上昇圧力がかかったとしよう。これは，正の総供給ショックであり，ϵ^{π} は正の値をとる。図 12A.5 のように，AS 曲線は上方へシフトする。簡単化のために，期待は変化しないとする。これに伴い，均衡は点 E_2 へシフトする。新たな均衡では，需給ギャップは負の値になり，失業が発生する一方，インフレ率は目標値を超えている。いわゆるスタグフレーションが発生しており，需給ギャップとインフレ率，いずれも中央銀行にとっては望ましい状態から乖離してしまっている。

総供給ショックが発生すると，中央銀行は次のようなジレンマに直面する。もし中央銀行が金融を緩和すれば（負の政策ショック），AD 曲線は右方向へシフトする。これによって，中央銀行は需給ギャップを負の値からゼロに戻すことができる（点 E_3）。しかし，インフレ率はさらに上昇してしまう。逆に，もし中央銀行が金融を引き締めれば（正の政策ショック），AD 曲線は左方向へシフトする。これによって，インフレ率を引き下げ，目標インフレ率に戻すことができる（点 E_4）。しかし，需給ギャップはさらに低下し，失業者が増加する。なお，総需要ショックの場合には，中央銀行はこうしたジレンマに直面しなかったことに注意しよう。

第13章
非伝統的金融政策

金融政策の手段は伝統的金融政策と非伝統的金融政策に大別される。第2次世界大戦の後，1990年代まで，中央銀行は金利を操作することによって金融政策を運営してきた。このため，伝統的金融政策という言葉は，もっぱら金利政策を指すものとして用いられている。

2000年代に入ると，ITバブルの崩壊，世界金融危機などを経て，多くの先進国では，経済成長率の低下とインフレ率の低下によって金利水準が低下することとなった。特に日本では，1990年代初の平成バブルの崩壊以来，低金利環境が常態化し，政策金利を引き下げる余地がなくなっていた。このため，日本では早くから金利操作以外の金融政策が模索されてきた。そうして生み出された政策が，非伝統的金融政策として進化を遂げ，海外中央銀行でも採用されるようになった。

伝統的金融政策と非伝統的金融政策は必ずしも排他的な関係にある訳ではない。各国が置かれている経済環境と金融政策の目標に応じて，複数の金融政策の手段を効果的に組み合わせることができる。例えば，政策金利の先行きを市場参加者と共有するフォワード・ガイダンスは非伝統的金融政策の一つである。短期金利を操作する伝統的金融政策とフォワード・ガイダンスを組み合わせれば，長期金利の操作が可能になる。

非伝統的金融政策についての検証はこれからである。特に，量的緩和政策については，効果があるのか否か，効果があるとすればどのような波及経路を通じてなのか，経済学者の間でもコンセンサスがない。量的・質的金融緩和（2013年）の実施で分かったことは，非伝統的金融政策は経済活動を活発化することができるが，規模に比べて効果が小さいということである。また，政策のどの部分がどのような経路を通じて効果を発揮したのかについては，評価が分かれている。本章では，2000年代以降に日本銀行によって実施されるようになった新たな金融政策を中心に解説する。

13.1　量的緩和（第1弾）

1999年2月に開始された1度目のゼロ金利政策が2000年8月に解除された直後，米国でITバブルが崩壊し，日本銀行の判断に痛烈な批判が浴びせられた。日本銀行は，2001年2月に再び政策金利を引き下げたが，さらに強力な政策が求められることとなった。そこで，日本銀行は，政策金利をゼロ％にするだけではなく，操作変数を日本銀行当座預金に変更し，所要準備額を超えてマネタリーベースを供給する政策に移行した。この政策は量的緩和政策（QE: Quantitative Easing）と呼ばれ，2001年3月から2006年3月まで続けられた。

量的緩和政策の要は期待インフレ率の引き上げである。インフレ率は経済活動が活発化すると上昇する。経済活動は実質金利が低下すると活発化する。実質金利は，名目金利から期待インフレ率を差し引いたものである（フィッシャー方程式）。したがって，名目金利がゼロ％になってそれ以上引き下げられないとしても，期待インフレ率を高めることができれば，実質金利を引き下げることができる。つまり，期待インフレ率が上昇すれば，インフレ率は上昇する。

どのようにすれば期待インフレ率を上昇させることができるのであろうか。後の章で詳しく説明するとおり，マネタリーベースが増加しても，自動的にマネーストックが増加する訳ではなく，物価も上昇するとは限らない。かつて，2008年のノーベル経済学賞受賞者であるポール・R・クルーグマンは，中央銀行が「無責任になるという約束を信じてもらえれば」（credibly promise to be irresponsible），インフレ期待が醸成されると主張した。この言葉からも，マネタリーベースと期待インフレ率との間に直接的な連関がないことが窺われるであろう。

量的緩和（第1弾）の効果に関する実証研究によると，ゼロ金利が継続されるという予想が醸成され，短中期の金利が低く抑えられた他，企業金融が緩和され，資金繰り不安が緩和される等の効果が見られたようだ。しかし同時に，総需要や物価への影響は小さかったとしている。こうした研究結果に対し，量的緩和を支持する人たちは，もっと思い切って貨幣量を増やしていれば十分な効果が得られたはずであると反論した。

次に紹介する量的・質的金融緩和と量的緩和政策とは壮大な実験であると評されてきた。日本銀行当座預金と期待インフレ率との関係が既存の経済学の方法論で解明されていないとしても，頑健な経験則として利用可能なものであれば，政策の場で利用することは必ずしも排除されるべきではない。それは経験則としてのフィリップス曲線が現実の政策の場で利用されてきたことを想起すれば理解できるであろう。ただ，その場合も，政策の副作用についての考察は必要である。そこで得られたデータと分析結果は，是非，今後の政策で生かされるべきだ。

13.2　量的・質的金融緩和

■量的緩和（第2弾）

2013年4月，日本銀行は量的・質的金融緩和（QQE: Quantitative and Qualitative Monetary Easing）を開始し，2年を目途に2%のインフレ目標を達成すると宣言した。この目標を達成するために，様々な政策が複合的に実施された。その一つが，長期国債の大規模な買い入れである（図13.1）。先に説明した量的緩和（第1弾）が短期国債を主たる買い入れ対象としていたのに比べ，量的・質的金融緩和はより踏み込んだ政策となっている。また，量的緩和（第1弾）が企図した結果を残せなかったのは規模が小さかったからだという批判に対し，量的・質的金融緩和は異次元緩

図13.1　日本銀行が保有する長期国債

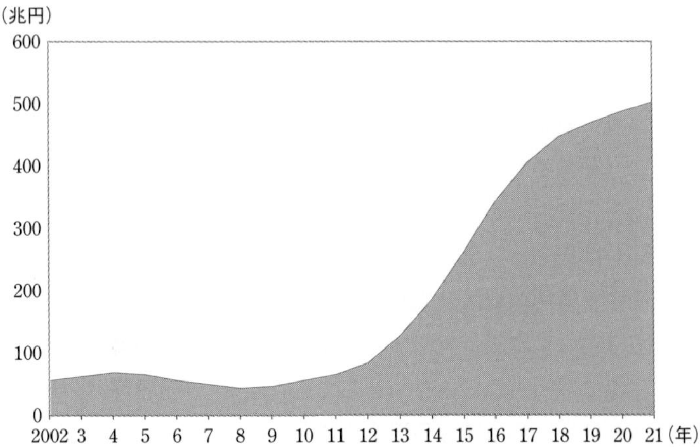

(出所)　日本銀行

和と呼ばれるほど巨大な規模で実施されることとなった。

長期国債を主たる買い入れ対象としたのには二つの理由がある。第1に，国債はリスクフリーな資産であり，それを買い入れることによって，日本銀行のバランスシートが棄損するリスクがない。第2に，短期金利がすでに実質ゼロ%にまで低下している中，引き下げられるのは中長期金利しか残っておらず，長期国債の金利はその基準金利となっているからである（図13.2）。

長期金利の引き下げを目標とする際，一つ問題があった。それは，中央銀行は長期金利を操作できるのかという問題である。理由はよく分からないが，それまで日本銀行内では中央銀行が操作できるのは短期金利のみであると考えられていた。しかし，二つの意味で日本銀行は長期金利に影響を及ぼすことができる。第1に，第3章で説明したとおり，現在の長期金利は将来の短期金利の平均値にタームプレミアムを加えたものである。したがって，何らかのショックによって攪乱されることがあっても，日本銀行は短期金利の先行き予想に影響を与えることによって，長期金利をコントロールすることができる。第2に，日本銀行は国債の大口の買い手とな

図 13.2 10 年物国債利回り

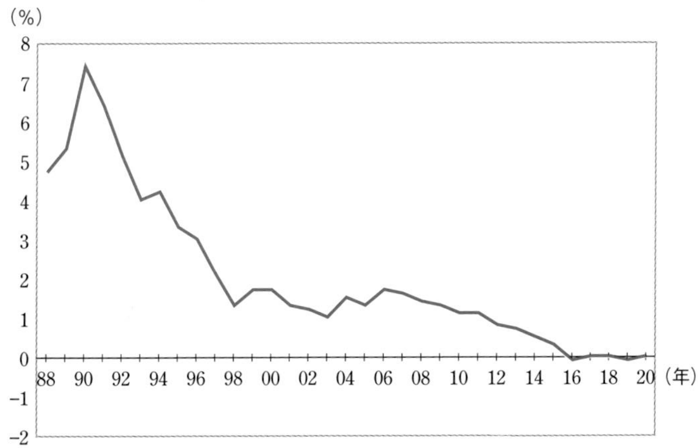

（出所） 日経 NEEDS

った結果，国債市場で価格支配力を持つようになった。

■質的緩和

量的・質的金融緩和には，名前からも分かるとおり，量的側面と質的側面がある。さらに，質的緩和としては，①買い入れ資産の満期長期化と②買い入れ資産の多様化という二つの側面がある。買い入れ資産の満期長期化については，買い入れ資産の平均残存期間を現状の 3 年弱から，2 倍以上の 7 年程度にすることを目指した。買い入れ資産の多様化については，国債に加えて，J-REIT，ETF などを買い入れ対象に加え，それぞれについて買い入れ額の目標を設定した。

●BOX13-1 量的緩和 vs 信用緩和

2007 年，米国のサブプライムローンの破綻が契機となって，世界金融危機が勃発した。そして，2008 年のリーマン・ショックを経て，米国でも政策金利である FF レートがゼロ％に近づき，量的緩和政策が視野に入るようになった。特に証券化市場の崩壊の影響は大きく，その震源となった住宅ローン市場の立

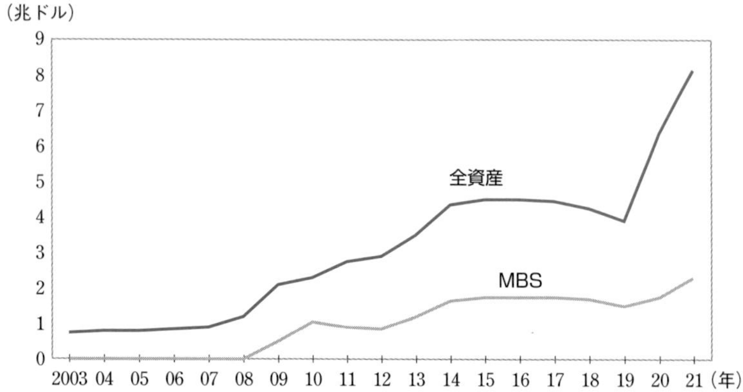

(出所) Board of Governers of the Federal Reserve System (US)

米国連邦準備銀行の資産

て直しが急務となった。その対策として，米国連邦準備制度は，大量の証券化商品，とりわけ，MBS（不動産担保証券，モーゲージ証券）を購入した。

当時米国連邦準備制度理事会議長であったベンジャミン・S・バーナンキは，これを信用緩和と呼んで，量的緩和とは別物であることを強調した。量的緩和も信用緩和も，中央銀行のバランスシートを拡大するという点は同じである。両者の違いは，中央銀行が市中のリスクを吸収し，新たな信用を供給するか否かにある。量的緩和では，国債という無リスク資産を中央銀行預金という別の無リスク資産に交換しているだけで，市中のリスクを吸収している訳ではない。これに対し，信用緩和ではMBSというリスク資産を買い取ることによって市中のリスクを吸収している。

■フォワード・ガイダンス

かつての中央銀行は「黙して語らず」,「不言実行」が慣習であった。しかし，透明性を旨とする新日本銀行法が1998年4月に施行されると，逆に，政策意図の明確な説明こそが市場参加者の期待形成を通じて効果を発揮するという見方が支配的になった。特に，金利の先行き等について中央銀行が情報発信することをフォワード・ガイダンスという。

日本銀行がフォワード・ガイダンスを採用したのは，1999年2月から2000年8月にかけて，ゼロ金利政策を実施したときが最初である。1999

年4月，日本銀行は，デフレ懸念の払拭が展望できるような情勢になるまで同政策を継続することを公表した。これによって，無担保コールレート（オーバーナイト物）のみではなく，比較的満期が長い資産についても，利回りを低位安定させることを狙った。日本ではこれを時間軸効果と呼んでいたが，これこそがフォワード・ガイダンスのはじまりである。

もっとも，日本銀行が政策運営においてフォワード・ガイダンスという言葉を初めて用いたのは2018年7月の「強力な金融緩和継続のための枠組み強化」においてである。金利の先行きについて，「2019年10月に予定されている消費税率引き上げの影響を含めた経済・物価の不確実性を踏まえ，当分の間，現在のきわめて低い長短金利の水準を維持する」と説明した。

フォワード・ガイダンスは二つの形態に分かれる。一つは状態依存型と呼ばれ，「○○な情勢となるまで政策を継続する」という形を採る。時間軸効果を狙ったゼロ金利政策（1999年4月）では，「デフレ懸念の払拭が展望できるような情勢」という具合に状態を定義しており，状態依存型の典型である。

フォワード・ガイダンスのもう一つの形態はカレンダー型と呼ばれ，「△年△月まで政策を継続する」という形を採る。2018年7月のフォワード・ガイダンスはカレンダー型としては漠然としており，市場に安心感を与えるものではなかった。そこで，2019年4月25日の定例記者会見で，黒田東彦総裁は「当分の間，少なくとも2020年春頃まで，現在の極めて低い長短金利の水準を維持することを想定している」と述べ，カレンダー型のフォワード・ガイダンスであることを明言した。

■コミュニケーション戦略

新しい政策が導入される際には，政策の意図が正しく理解されることが何よりも重要である。市場参加者が政策意図を誤って理解すると，政策効果が弱まるどころか，逆効果になってしまうこともある。量的・質的金融緩和は複数の政策をパッケージしたものであったため，個々の政策がどのように組み合わさって，どのような効果を発揮するのか，市場参加者に正しく理解されない可能性があった。

例えば，フィッシャー方程式によれば，インフレ率が上昇する分だけ名目金利は上昇するはずである。したがって，2%のインフレ目標によって，「日本銀行は長期金利の上昇を容認した」という解釈も成り立つ。実際，量的・質的金融緩和が実施されてからしばらくの間，長期金利は不安定な状態が続いた。こうした中，2013年5月，市場参加者との対話強化を企図して，日本銀行は市場参加者との意見交換会を開催した。この会合の意図は，金融市場調節時の取引先や機関投資家などの実務担当者を招き，政策運営方針について説明することにあった。

政策を成功させるためには，金融市場参加者の理解を得るだけでは不十分である。量的・質的金融緩和以前にも，日本銀行では，金融政策決定会合の後，総裁が記者会見を行っていた。しかし，情報発信を広範かつ迅速に行うため，2014年4月8日から，定例記者会見の模様がリアルタイムに動画配信されるようになった。

13.3 マイナス金利政策

■背 景

2016年1月，日本銀行はマイナス金利政策を導入した。これは，日本銀行当座預金残高の一部にマイナスの金利を付利するものである。通常，金利はプラスの数値である。つまり，お金を借りた人が，貸してくれた人に，金利を支払う。しかし，マイナス金利ではこの常識が逆転する。つまり，お金を貸した人が，お金を借りた人に，金利を支払うのである。日本銀行当座預金は，民間銀行が日本銀行にお金を貸している状態である。日本銀行がマイナス金利を付利するとは，この日本銀行当座預金残高から金利を徴求するということである。

日本銀行は，2013年4月以来，量的・質的金融緩和によって，巨額のマネタリーベースを供給してきた。しかし，消費者物価で見たインフレ率は目標の2%に達する気配はなく，いたずらに日本銀行当座預金が積み上がる状態が続いた。大量の長期国債を購入することによって，長期金利の引き下げを図ってきたが，それも限界に近づいてきた。このため，イールドカーブ全体のさらなる引き下げを図るために，その起点となる短期金利のさらなる引き下げを目指したのである。

欧州にはマイナス金利政策をすでに実施している中央銀行がいくつかあった。デンマーク，スイス，スウェーデンの中央銀行と欧州中央銀行（ECB: European Central Bank）は，日本銀行よりも先にマイナス金利政策を導入していた。日本銀行はマイナス金利政策よりも量的緩和政策を優先したが，欧州では逆に量的緩和政策よりもマイナス金利の導入が先であった。

■日本銀行の 3 階層スキーム

日本銀行では，日本銀行当座預金残高を，基礎平均残高，マクロ加算残高，政策金利残高という三つの階層に分け，それぞれの残高にプラス金利，ゼロ金利，マイナス金利を適用することとした（図 13.3）。

基礎平均残高とは，2015 年 11 月から 12 月積み期間中の日本銀行当座預金平均残高から所要準備を指し引いた超過準備に相当する額である。この部分には，それまで補完当座預金制度によって + 0.1%（本書執筆時点）の金利が支払われていた。民間銀行に十分な流動性を保有させるという補完当座預金制度の本来の目的との整合性をとるためには，引き続きプラスの金利が支払われて当然であろう。

日本銀行が民間銀行から国債を買い進めると，それに伴って当然に民間銀行の日本銀行当座預金残高が増加していく。もしその分にマイナス金利を適用すると，全体として政策が整合的でなくなる。日本銀行は，こうした事態を避けるため，マクロ加算残高という部分を設けて，ゼロ金利適用部分としている。マクロ加算残高は 3 積み期間ごとに見直される。

また，貸出増加支援，成長基盤強化支援，被災地金融機関支援，熊本地震被災地金融機関支援なども，民間銀行の貸し出しを促進するための施策であり，それに見合う残高もゼロ金利が適用される。さらに，これらの支援が 2016 年 3 月を超える部分については，ダブルカウントする扱いとなっ

図 13.3　日本銀行の 3 階層スキーム

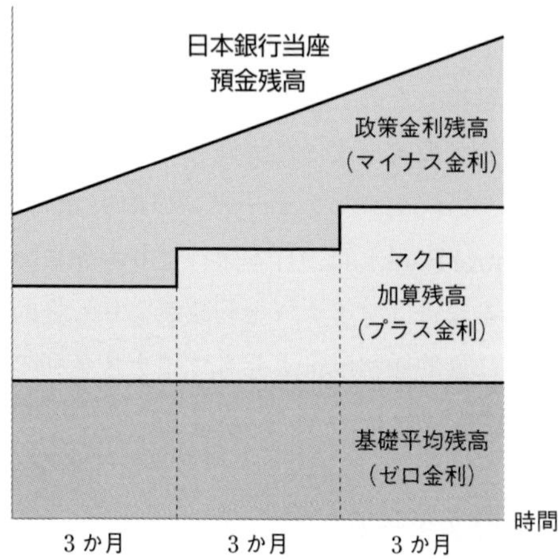

（注）　日本銀行「（参考）本日の決定のポイント」（2016）に著者加筆。

ている。

この他，ゼロ金利部分には，先ほど基礎平均残高を算出する際に差し引いた所要準備が含まれる。所要準備は支払いに備えて民間銀行が当然に積み立てる必要があるものであり，これについては従来どおりゼロ金利が適用される。また，MRF（マネー・リザーブ・ファンド）と呼ばれる投資信託は証券取引の決済資金としての役割を果たしているため，それを受託する金融機関については，対応する日銀当座預金残高についてゼロ金利が適用されることとなった。

マイナス金利が適用されるのは，日本銀行当座預金残高からプラス金利部分とゼロ金利部分を差し引いた残額であり，政策金利残高と呼ばれる。これは，日本銀行による他の政策実施に伴って増加した部分を超えて，日本銀行当座預金残高が増加した部分であり，この残高にマイナス金利が課される。

このように，マイナス金利が適用されるのは，日本銀行当座預金残高の限界的な部分である。この程度でマイナス金利の効果は得られるのであろうかと疑問に思われる読者も多いだろう。しかし，民間銀行の資産選択にとって重要なのは，まさにこの限界的部分なのである。なぜなら，投資家が資産の入れ替えを行うとき，この限界的な部分を増やしたり，減らしたりするからである。

■金利水準と資金供給量の操作：再論

第11章の最後に，政策金利の誘導目標に日本銀行当座預金の付利水準を一致させ，所要準備額を超えて十分な資金を供給すれば，金利水準と資金供給量の両方を操作できることを示した。日本銀行のマイナス金利政策は，これを応用したものとして理解することができる。つまり，付利水準をマイナスに設定し，十分な資金供給を行うことにより，低金利と高流動性の両方を実現しようとしているのである。

ただし，付利水準がマイナスである場合，このメカニズムが上手く働くのか疑問である。民間銀行は，マイナス金利で大量の日本銀行当座預金を保有するインセンティブはない。したがって，超過準備全体にマイナス金利をかけると，超過準備を持たなくなり，民間銀行は日本銀行に国債を売却しなくなる可能性がある。先にも説明したとおり，マイナス金利は日本銀行当座預金のマージナルな部分にかかれば十分である。それを解決するのがマクロ加算残高である。マクロ加算残高にはゼロ金利が適用されるため，低金利環境下では機会費用は限られる。この部分を国債買い入れに合わせて拡大していけば，マイナス金利と十分な資金供給量という二つの目標を達成することができる。

13.4 イールドカーブ・コントロール

■イールドカーブのフラット化と銀行収益の悪化

銀行は満期変換によって収益を得ている。銀行のバランスシートの負債側には預金という短期の金融商品があり，資産側には貸し出しという長期の金融商品がある。これによって収益が得られるのは，イールドカーブが順イールド（右上がり）になっており，長期金利が短期金利よりも高くなっている場合である。

しかし，日本銀行の長期国債の大量購入によって長期金利が低下し，イールドカーブがフラット化した結果，銀行は利鞘を得られなくなった。物価の安定を追求し続けた結果として，金融システムの安定というもう一つの目標が危うくなったのである。また，銀行は金融政策を経済全体に浸透させるために不可欠であり，銀行経営の悪化は日本銀行の政策継続を危うくしてしまう。

■日本銀行のイールドカーブ・コントロール

日本銀行は2016年2月，長短金利操作付き量的・質的金融緩和を開始した。この政策は別名イールドカーブ・コントロールと呼ばれ，中央銀行の伝統的な操作変数である短期金利に加え，長期金利をも操作目標に加えることによって，イールドカーブ全体をコントロールしようとするものである。これによって，イールドカーブの過度なフラット化を防ぎ，順イールドを維持することによって，銀行経営を安定化し，金融システムが不安定化するのを防ごうという訳だ。

長短金利操作付き量的・質的金融緩和は，この半年前に日本銀行が導入したマイナス金利政策とセットで考えると理解しやすい。この政策は，「短期金利は日本銀行当座預金のうち政策金利残高に▲0.1％のマイナス金利を適用し，長期金利は10年物国債金利がゼロ％で推移するよう，上限を設けず必要な額の長期国債の買入れを行う」といった形で運営される。日本銀行当座預金は，代表的な短期金融商品であり，その金利はイールドカーブの起点となるものである。それがゼロ％のままでは，金利全体をさらに押し下げていくことはできず，イールドカーブもフラット化してしまう。マイナス金利政策によって，そうした障害を取り除くことができる。

13.5　インフレ目標

■物価の安定との整合性

日本銀行は，インフレ目標を2％に設定する際，①消費者物価指数のインフレ・バイアス，②金利操作の糊代（のりしろ），③国民の物価観という三つの観点から検討したと説明している。このうち，①の消費者物価指数のインフレ・バイアスは物価の安定を実務的に追及する際に重要である。しかし，日本銀行は，現在消費者物価にはインフレ・バイアスとデフレ・バイアス両方の可能性があるため，確定的なことが言えないとしている。②の金利操作の糊代は，政策の便宜上の問題であり，物価の安定の定義とは関係ない。

③の国民の物価観は，物価の安定を定義するための核である。第11章で紹介したように，日本銀行による物価安定の定義は「家計や企業等の様々な経済主体が，物価の変動に煩わされることなく，消費や投資などの経済活動にかかる意思決定を行うことができる状況」であった。この定義に照らすと，日本人が安定していると感じるインフレ率は，平常時のインフレ率が2～3％である欧米よりも低い可能性が高い。したがって，インフレ目標を2％とすると，日本銀行は物価の安定とは違うものを追求することになってしまう。このため，日本銀行は，「成長率が高まれば2％のインフレ率も安定水準となり得る」という苦しい説明をしなければならなかった。その後の総裁講演などでは，③の国民の物価観という文言はグローバル・スタンダードという言葉に置き換えられている。

2％のインフレ目標は，別の目的を達成するための手段のように考えられていた節（ふし）がある。例えば，円高対策はそうした目的の一つであった。2012年は円高の弊害が取り沙汰され，その原因の一端がデフレーションにあり，インフレ率をグローバル・スタンダードである2％に合わせなければならないという議論が行われていた。第6章で学んだ国際金融のトリレンマによると，自由な国際資本移動の下では，金融政策の自律と為替相場の安定のいずれかを選択しなければならない。ただし，量的・質的金融緩和はデフレ脱却と円高修正のいずれの目的にも合致しているため，当時は争点とならなかった。

以下，2％のインフレ率が物価安定と整合的か否かという問題についてはこれ以上立ち入らず，もっぱら特定のインフレ率を目標として掲げることに，どのような政策効果を期待できるのかという点を議論しよう。

■ノミナル・アンカー

新古典派の経済学では，生産物の量などの実物変数の水準は，労働力の量や生産技術などによって決定され，価格や賃金などの名目変数の水準は，貨幣量によって決定されることになっている。こうした二分法は，短期的に成立するものなのか，長期的にしか成立しないものなのか，といった点で意見が分かれることはあっても，多くの経済学者の受け入れるものとなっている。

この二分法の重要な含意は，名目変数を安定的に推移させるためには，標準となる名目変数を選んで，これを一定の制約の下に置かなければならないということである。この標準となる名目変数をノミナル・アンカーと呼ぶ。フリードマンのk％ルールは代表的な例で，貨幣増加率がノミナル・アンカーとなっている。すなわち，物価や賃金の伸び率が一時的に高まっても，貨幣増加率がノミナル・アンカーとなって，k％から大きく乖離することはなく，時間の経過とともにk％に戻ってくると考えられている。

インフレ目標をノミナル・アンカーと解釈する人々もいる。2013年1月，日本銀行は消費者物価の前年比上昇率2％を目標として採用した。当時の消費者物価上昇率はゼロ％あるいは若干のマイナスであったが，新たな執行部の下で，2％のインフレ目標を2年を目途に達成すべく，量的・質的金融緩和政策を開始した。政策開始後，しばらくしてインフレ率は1％近傍のプラス圏で推移するようになった。しかし，2年を過ぎてもインフレ率は目標の2％に達することはなかった。

伝統的に日本銀行はインフレ目標政策に懐疑的である。このことは，第11章で物価の安定を数値として定義することに時間を要したことからも窺われる。インフレ目標は日本でもノミナル・アンカーとして機能するのだろうか。海外では，インフレ目標をインフレ率の引き下げのために使ってきた。対照的に，日本では，インフレ率の引き上げのために使おうとしている。これは世界の中央銀行にとって未知の領域であり，成功するとは限らない。特に，金融引き締めに比べて，金融緩和は難しい。「紐は引っ張ることはできるが，押すことはできない」という譬えは金融緩和の難しさを上手く捉えている。しかも，日本は流動性の罠に陥っており，日本銀行は金融緩和の有効な武器を欠いている。そのような状態では，日本銀行が高い目標を掲げたところで，それは絵に描いた餅に過ぎない。

13.6　最適インフレ率

■物価変動のデッドウェイト・ロス

社会厚生を最大化するインフレ率を最適インフレ率と呼ぶ，経済学者の中には，この最適インフレ率という概念を用いて，2％のインフレ目標を正当化しようとしている人たちがいる。しかし，日本銀行の物価安定の定義は，物価変動が効率的な意思決定を阻害し，社会が莫大なデッドウェイト・ロスを被ることを踏まえたものである。この目には見えないロスは，最適インフレ率から得られる便益を遥かに超えるものと理解されている。したがって，当面，最適インフレ率に実際的意味はないと考えられている。しかし，インフレーションによって社会厚生を高められる可能性は知的に興味深い。

■フリードマン・ルール

最適インフレ率に関する古典的な議論はフリードマン・ルールと呼ばれる。貨幣には交換を円滑にするという便益がある。しかし，貨幣には金利が付かないので，機会費用が生じる。貨幣需要は貨幣を保有することによる限界費用（名目金利）と限界便益が等しくなるところで決まる。名目金利は貨幣供給量を増やすことによって引き下げることができる。そのコストはほぼゼロである。したがって，貨幣保有の便益を最大化するには，名目金利をゼロ％にすればよい。名目金利は実質金利とインフレ率の和なので，実質金利がプラスならば，最適なインフレ率はマイナスである。フリードマン・ルールからは，プラスのインフレ目標は正当化できない。

■プラスの最適インフレ率

フリードマンの議論は強力であるが，それでも多くの経済学者は，どのような場合に最適インフレ率がプラスになるのかを研究し続けてきた。第1に，徴税が困難なケースが挙げられる。インフレーションを引き起こすことによって，民間から政府に資源が移動することをインフレ課税と呼ぶ。租税回避や脱税などによって課税が困難な場合，インフレ課税によって徴税を補完することができるという議論である。しかし，2％ものインフレ率が正当化されるには，課税に相当大きな欠陥がある場合に限られる。

第2に，自国の貨幣が外国で保有されているケースが考えられる。例えば，米ドルの相当な部分が外国で所有されている。インフレーションを引き起こしてその価値を減少させることによって，外国から米国に資源を移転することができる。これによる便益は非常に大きく，最適インフレ率は2％を超えるという推計もある。しかし，これは米国などごく一部の国にのみ当てはまる議論であって，その他の国には当てはまらない。

この他にも，先に議論した政策金利の糊代論，消費者物価指数のバイアス論，名目賃金の下方硬直性など，プラスのインフレ率を正当化する議論は枚挙に暇がない。ただし，いずれも2％ものインフレ率を正当化できるのか疑問である。

最後に，世代間格差の是正，過少投資対策など，それぞれの国が抱えている経済社会問題を解決する手段として高めのインフレ率を利用するという議論が存在している。しかし，これはあくまで個々の国に特有のものであり，グローバル・スタンダードとして2％のインフレ率が採用される理由にはならない。そもそも，インフレーション以外の直接的な方法でそうした経済社会問題を解決できるのならば，それを採用すべきである。

第14章

平成バブルとその教訓

本章では，1990年代以降の日本経済の低迷を決定づけた平成バブルを解説する。バブルが発生するときには，バランスを欠いた経済活動や経済政策など，必ず何らかの経済的歪みが存在する。この歪みから生じた資産価格の上昇を経済力の正当な評価であると錯覚することによって，バブルは拡大する。確かに，ジャスト・イン・タイムで在庫を持たない経営や終身雇用をベースにした人材育成などは，特筆すべきビジネスモデルだったのであろう。これらは「日本的経営」として欧米でも盛んに研究された。「今や欧米に学ぶことはない。ジャパン・アズ・ナンバー・ワン」という言葉に忘れかけていた日本人としての誇りを取り戻した人も多かったに違いない。

特に，世界の金融機関トップ10にいくつもの邦銀がランクインすると，「日本は遂に世界経済を席巻したのか」と逆に驚きを覚えたほどであった。しかし，それは日本の金融機関が護送船団方式という金融行政に守られる中で海外の金融機関と競争していたからに過ぎない。欧米金融機関と同じ土俵に立ったとき，同じ国際競争力を維持し得たかは別の問題である。日本の金融自由化はバブル期とその後の金融システム不安の中で進められたため評価は難しい。しかし，バブルの崩壊が過去のものになった今でも，邦銀はバブル期のような勢いを取り戻せていない。

金融の出来事は，20年あるいは10年も経てば，歴史となり，忘れ去られる。そして，バブルは忘れた頃にやってくる。そのバブルは違う顔をしているかもしれない。しかし，本質は変わらない。したがって，過去のバブルの顛末を知っているといないとでは，対処の仕方が違ってくる。平成バブルの発生から30年以上の月日が流れた。学生や多くの若い社会人にとっては，当時の自信に満ちた日本と経済の賑わいは，古い映画の中のワンシーンでしかないだろう。本章では，1980年代から90年代にかけて，日本で何が起こったのか，平成バブルの発生と崩壊，その後に発生した金融システム不安を時系列的に紹介していく。

14.1 平成バブル

■バブルの背景

平成バブルは1980年代半ばから末にかけて発生し，1990年代の初めに崩壊した。当時の日本ではまだバブルという言葉が普及しておらず，ほとんどの人は自分がバブルに巻き込まれていることを認識していなかった。政府・日本銀行を含めて，バブルの崩壊がもたらす経済損失の大きさや後遺症を自らの体験として語ることができる者はいなかった。ましてや，バブルへの対処法を理解している者などいなかった。日本はバブルという病魔に丸腰で挑まなければならなかったのである。

平成バブルを語るには，1980年代の世界経済の状況から始めなければならない。第2次世界大戦後，絶対的な経済力を誇っていた米国は，日本やドイツなど敗戦国が復興を果たす中で，相対的にその経済的地位を低下させていた。1971年のニクソン米大統領による金とドルの交換停止，1973年のブレトンウッズ体制の崩壊は，米国経済の凋落を象徴する出来事であった。それに追い打ちをかけるように勃発した中東戦争，それに伴うオイルショック（第1次1973年，第2次1979年）によって，1980年代の米国経済は，インフレと低成長が同時進行するスタグフレーションに悩まされていた。

1981年，米国でレーガン政権が発足し，大規模減税（サプライサイド・エコノミクス）を中心とするレーガノミクスがスタートした。この政策は米国に財政赤字と貿易赤字（双子の赤字）をもたらすこととなる。このうち貿易赤字は極端なドル高によるものだとして，1985年，米国の呼びかけで先進5か国（G5：日，米，英，独，仏）がニューヨークのプラザホテルに集まり，ドル高の是正へ向けた政策協調が合意された。世にいうプラザ合意である。合意の翌日には，為替レートは急激に円高ドル安となった。その後もこの傾向は持続し，ドルの価値は対円でプラザ合意前の半分にまで下落した。その結果，米国内にインフレ懸念が台頭した。このため，1987年，ルーブル合意によって今度はドル安の行き過ぎを防ぎ，ドルの価値の安定が図られることとなった。

プラザ合意による急激な円高は日本を円高不況に陥れた。日本銀行はショックを緩和するため政策金利（当時は公定歩合）を数回にわたって引き下げた。ルーブル合意の後，為替レートはしばらく安定的に推移していたが，景気の回復とともに再び円高が進行するようになった。本来なら，このタイミングで政策金利を引き上げるべきだった。しかし，①プラザ合意後の円高不況の記憶が鮮明だったこと，②プラザ合意で経常黒字国の日本とドイツには，内需拡大が要請されていたこと，③1987年に米国で株価の大暴落が発生し（ブラックマンデー），日本でも株の連鎖安が懸念されたことなどから，日本銀行は政策金利を引き上げるタイミングを逸してしまった（プラザ合意で日本と同様内需拡大を要請されていたドイツではすでに利上げを実施していた）。マネーストックも高い伸びを続け，「乾いた薪」は積み上がっていた。バブルの準備は整っていた。

■バブルの発生

1980年代は，英国のサッチャー首相，米国のレーガン大統領など，新保守主義を標榜する政権が台頭し，民営化，規制緩和が世界的な潮流となっていた。特に金融の自由化は，戦後停滞していた金融都市ロンドンを蘇らせ，世界から注目を浴びた。遅々として進まなかった日本の金融自由化は，米国からの圧力もあり，ようやく前進することとなった。銀行借り入れ（間接金融）が中心であった日本でも，証券での資金調達が可能となったのだ。大企業は，増資，社債，ワラント債（株式を買う権利が付いた社債），コマーシャルペーパー（CP）を発行して資金調達（直接金融）を行うようになり，銀行離れ（ディスインターミディエーション）が進んだ。

もともと，2度のオイルショックを経験して，高度成長期が終わりを告げると，日本企業は減量経営へと方針転換を図り，資金調達方法も内部資金を中心とするようになっていた。大企業はむしろカネ余りの状態で，国内での運用に苦心するようになっていた。ソニーによるコロンビアピクチャーズの買収や，三菱地所によるロックフェラー・センター・ビルの買い取りは，当時，日本が米国に追い付き経済大国になった証（あかし）であるように受け取られたが，実のところ，膨張したジャパン・マネーが行き場を探して米国に流れ込んだに過ぎない。

膨張したマネーが最初に流入したのは国内株式市場であった。その勢いはすさまじく，1985年末に1万3千円程度であった日経平均株価が，1989年末のピーク時には38,915円と4万円近くにまで上昇した（図14.1）。マスコミやマーケット・アナリスト達は，株価は企業の好調な業績を反映したもので，日本の強いファンダメンタルズから説明可能な範囲内であると解説した。しかし，株式市場に投入された資金の大半は企業，銀行からであった。この点を踏まえると，株式市場におけるブームはカネ余りを反映したもので，ファンダメンタルズから乖離した動きだったと考えられる。

膨張したマネーが流入したのは株式市場だけではなかった。なかでも，土地への投機資金はすでに高額であった日本の地価をさらに押し上げることとなった。三大都市圏（東京，大阪，名古屋）の地価は，1990年のピーク時には1985年の4倍にまで上昇した（図14.2）。特に，東京の地価上昇は目を見張るものがあり，皇居の土地を売れば，カリフォルニア州を買えるとまで言われた。このことが，高度成長期を通じて地価が上昇し続けてきた事実と相まって，「地価は絶対に下がらない」という土地神話を生み出した。

円高も土地神話の形成に寄与した。プラザ合意によって大幅な円高ドル安となったため，ドル建てで見た日本の地価は異常な値上がりを示した。これは為替レートのなせる幻惑に過ぎない。しかし，いつの間にかこれが「日本的経営が評価された結果」だとか，「ジャパン・アズ・ナンバー・ワ

図 14.1　日経平均株価

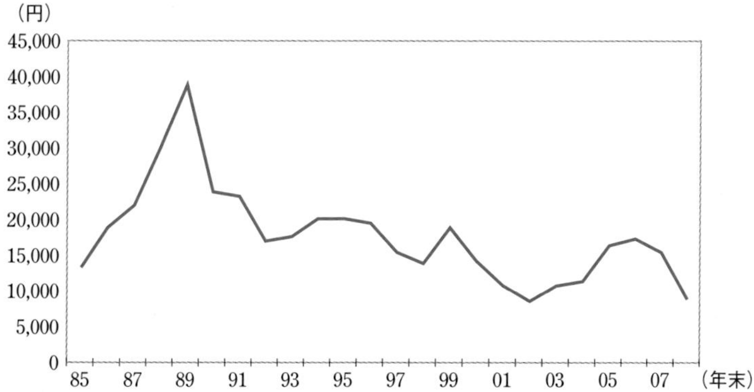

(出所)　日経 NEEDS

図 14.2　三大都市圏の地価

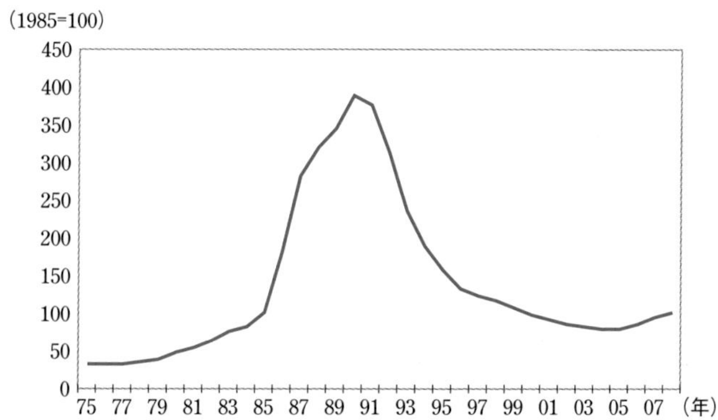

(出所)　国土交通省

ン」などと，強気に解釈されるようになった。そして，「国際都市東京では将来オフィス不足が発生するので，東京の地価は上がって当然だ」という理屈が出来上がった。

この東京と地方の大都市を中心とする土地バブルは，金融自由化と相まって，その後の銀行危機の原因となった。この頃，預金金利の自由化が大きく前進し，銀行収益を圧迫しつつあった。なかでも，大口定期預金の金利自由化が銀行経営に与えた影響は深刻であった。これによって，銀行の資金調達コストは一気に上昇することとなった。利鞘の確保に困った銀行は，利鞘の薄い短期貸し付けから，利鞘の比較的厚い長期貸し付けへと運用対象をシフトせざるを得なくなった。なかでも，不動産関連融資はリスクが少なく，収益の高い運用手段であると考えられていた。土地神話が続く限り，地価は上昇し，不動産業者は土地のキャピタルゲインを得られる。たとえ事業が失敗しても，土地を担保に取っている限り，安全である。不動産業に資金を流していたのは銀行だけではない。銀行はノンバンク（貸金業など，預金を取り扱わない金融機関）に資金を融通し，ノンバンクはその資金を不動産業者に融通していた。ノンバンクは銀行よりも規制が緩やかであり，事業を拡張するのが容易であった。

当時は財テク（投機を罪悪感のない言葉で言い換えたもの）がブームとなり，機関投資家（生損保，信託銀行，投資信託など）の資金を含め，あたかも国民全体が投資家となっていたようにイメージする人も多い。民営化に伴って，政府が所有するNTT株が放出され，それを買った個人投資家がその後の価格上昇によって大きなキャピタルゲインを手にしたことが話題となった。しかし，財テクに最も深く手を染めていたのは，個人投資家というよりは，製造業を含めた企業であり，その資金を融通していた銀行であった。

●BOX14-1　レーガノミクスとサプライサイド・エコノミクス

1981年，ロナルド・W・レーガンが米国第40代大統領に就任すると，強いアメリカの再興を目指して，経済の改革に乗り出した。規制緩和に加えて，財政支出の削減と大規模減税によって民間活力を引き出すことを試みたことは有名である。この一連の経済改革をレーガノミクスと呼ぶ。

その理論根拠となったラッファー・カーブは，米国の経済学者アーサー・B・ラッファーがそのアイデアをレストランの紙ナプキンに書いて説明したことで話題となった。税率と税収の間には逆U字型の関係があり，税率を上げると初めは税収も上がる。しかし，あるところから，税率を上げるとかえって税

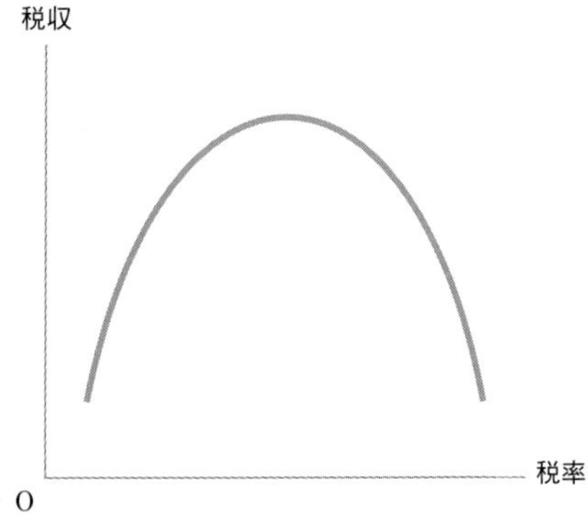

ラッファー・カーブ

収は減少するようになる（図）。例えば，税率が高過ぎて労働者の労働意欲が減退しているのなら，税率を下げることによって労働意欲を高めれば，税収は増加するはずである。

しかし，実際には軍事費の拡大（強いアメリカの別の側面）を主因に財政支出は拡大し，それが同時に経常赤字を生み出すこととなった。この財政赤字と経常赤字の同時発生は双子の赤字と呼ばれている。

■バブルの崩壊

1989 年頃には，地価の高騰は全国に広がり，多くの土地成金が生まれた。一方で，都市に住む一般市民にとってマイホームの夢は遠のくばかりだった（この頃マンションならぬ億ションという言葉が流行した）。こうした持つ者と持たざる者の間に生じた不公平はバブルという聞き慣れないものが原因であり，バブル潰しこそが正義であるとの世論を作り出した。ちなみに，当時の日本では，バブルという言葉を初めて聞いたという人がほとんどであった。こうした世論を味方に，1989 年，日本銀行は政策金利（公定歩合）を引き上げた。三重野康日銀総裁は，バブル退治をやってのけた「平成の鬼平」ともてはやされた。1990 年には，大蔵省（現財務省）によって，不動産融資総量規制が開始され，不動産向け融資の前年比伸び率が総貸出の前年比伸び率以下に抑えられることになった。

その結果，1990 年に株は 3 万円を割り込み，1991 年に三大都市圏（東京，大阪，名古屋）の地価が下落し始めた。特に大蔵省による不動産融資総量規制の効果は絶大であった。突然，資金の流れが滞り，不動産業界からは規制緩和を求める声が高まった。そこで，大蔵省は1年余りで不動産融資総量規制を解除することとなった。日本銀行も，1989年5月以来約2年にわたって続けてきた金融引き締めを終了し，1991年7月金融緩和に転じた。しかし，当時の世論ではバブルを完全に潰しておくことが何より重要とされ，マスコミでは規制解除は時期尚早との論調が優勢だった。1992年に地価税を導入するなど，政府の対応にもちぐはぐさが目立った。

その後も株価と地価は下落し続けた。株価は，1992年末には1989年末のピーク時の半分にまで落ち込んだ。日本は1988年にバーゼル合意に参加していたが，株価の含み益によって支えられていた銀行の自己資本比率が一気に低下した。このため，既存の融資を回収する貸し剥がしを余儀なくされる銀行も現れた。1991年に景気が後退局面に入っていたこともあり，日本銀行は1995年にかけて公定歩合を0.5％という当時としては限界まで引き下げて対応した。その結果，株価は1995年末に19,868円と少し持ち直した。ただ，その代償は大きく，この時点で日本銀行は金利操作という武器をほとんど使い果たしてしまった。

地価（三大都市圏）に至っては，1995年には1990年のピーク時と比べて約6割減となっていた。地価下落によって，金融機関の不動産融資は次々と不良債権化していった。信用組合など，経営基盤の弱い金融機関の中には破綻に追い込まれるものも現れた。大手銀行も，自らの不良債権処理に追われ，これまでのように破綻した金融機関を救済合併する余裕はなくなっていた。公的資金の投入はもはや避けられなくなっていた。その後も地価は下落し続け，2005年にはついに1985年水準を下回った。地価の下落は不良債権の増加をもたらし，金融仲介機能は機能不全に陥った。その結果，日本経済は失われた10年あるいは失われた20年と呼ばれた低成長経済に苦悩することとなる。

不良債権処理は，バブル崩壊後の日本経済が最優先で取り組まなければならない問題となった。なかでも，住専問題は最も象徴的な出来事の一つである。住専とは住宅金融専門会社の略称で，個人向け住宅ローンを専門に取り扱うノンバンクであった。しかし，バブル拡大の過程で，銀行からの融資を元手に，個人向け住宅ローンという範疇を超えて，不動産業者向け融資を拡大していた。このため，バブル崩壊による地価の下落は住専を直撃した。住専は債務超過に陥り，破綻処理は免れなかった。出資者（銀行）が損失を負担するのは当然だった。しかし，債務超過分を誰がどれだけ負担するのか，債権者間で合意に至るまでにかなりの時間を要した。

■金融システム不安

1996 年に住専問題が決着し，景気は 1997 年 5 月のピークに向かって回復していた。政府は景気にそれなりの自信を持っていたのだろう。バブルの崩壊によって中断していた様々な改革に早くも着手した。1997 年 4 月には財政改革の一環として，1988 年に導入された消費税の税率を 3％から 5％へと引き上げた。金融改革でも，宙に浮いていた改革が再開された。日本経済はすでに高度成長期を終え，成熟段階に入っていた。このため，戦後の高度成長に合わせて作られた銀証分離（銀行業務と証券業務の分離）や長短分離（長期金融と短期金融の分離）などの専門分野別業態システムは，安定成長に合わせて作り変える必要があった。そこで，子会社の設立による業態間の相互乗り入れを軸とする日本版ビッグバンが開始された。しかし，またもや東京をニューヨーク，ロンドンと並ぶ世界の 3 大国際金融市場にするという大きな目標が掲げられた。政府は「バブルの夢」からまだ覚めていなかったのである。

こうした折，1997 年 11 月，三洋証券がコール市場でデフォルト（債務不履行）を起こし，会社更生法の適用を申請した。コール市場はインターバンク市場であり，そこでのデフォルトの発生は一般国民には少し距離がある出来事であった。しかし，これが本格的な金融システム不安の幕開けであった。同月，都市銀行の一角を占める北海道拓殖銀行が破綻し，4 大証券の一角を占める山一證券が自主廃業を公表した（山一ショック）。山一は 1965 年にも日銀特融（いわゆる最後の貸し手機能を証券会社に適用した例）によって救済された過去がある。しかし，今回は自ら廃業を選ばざるを得ないほど，抜き差しならない状況に陥っていた。山一の廃業は，「社員は悪くありません」と号泣しながら訴える社長の姿がテレビで放映され，国民の間に日本経済に対する漠然とした不安が広がっていった。1998年には，日本の高度成長を長期金融という面で支えてきた日本長期信用銀行と日本債券信用銀行が破綻し，一時国有化（特別公的管理）されることになった。これら長期金融を専門に扱う銀行は，業態としてすでに役割を終えていたとはいえ，日本を代表するエリート銀行であり，その破綻は日本経済に大きな衝撃を与えた。

1998年6月に金融監督庁（現金融庁）が発足した。大蔵省は，財政と金融という二つの機能を併せ持つ強大な組織であったが，そこから民間金融機関の監督・検査機能を分離することにしたのだ。この組織改編によって，不良債権問題の解明が進み，その深刻さが詳らかにされた。その際に用いられた金融検査マニュアルは，検査官が金融機関検査を行う際のマニュアルとして作成されたものだが，金融機関のリスク管理を厳格化するのに役立った。ちなみに，20年後の2019年，金融庁の規制方針の変更に伴い，金融検査マニュアルはその役割を終えて廃止されるに至った。

ただ，すでに目の前で起きている金融システム不安は，組織改編を行ったところで容易には解消できない。日本ではバブルの崩壊から10年を経過しようとしていたが，いまだに地価は下落を続けていた。地価は日本の金融システムの要と言ってもよく，地価が下落を続ける限り，新たな不良債権の発生は止まることがなかった。また，金融システム不安をきっかけに広がった漠然とした不安は消費を減退させ，景気を冷やし，そのことがまた不良債権を増やす方向に作用した。銀行の中には，融資が不良債権化しないように，追い貸しを行って時間稼ぎをしたものの，結局は不良債権化し，傷口を広げてしまうものもあった。

●BOX14-2　アジア通貨危機

1997年，東アジアでアジア通貨危機が勃発した。平成バブルの崩壊とアジア通貨危機との間に因果関係があるかどうかは明らかではない。しかし，この二つの危機が同じタイミングで発生したことは興味深い。

1960年代後半から90年代半ばにかけて，東アジアの国々・地域は稀に見る高成長を遂げ，東アジアの奇跡と呼ばれた。当初，経済学者の間では，この成長の原因は生産要素の投入量が増えただけで，特に興味深い論点はないとする意見が強かった。しかし，1997年，タイの通貨バーツの暴落をきっかけにアジア通貨危機が勃発すると，奇跡の源泉と危機の原因について，より深い考察が行われるようになった。

いくつかの研究によると，東アジアの奇跡は，東アジアで形成された国際分業と生産ネットワークの深化によって支えられていた。東アジアの国々・地域は規模が小さいため，規模の経済が働く製造業で世界を相手に競争するのは難しい。しかし，東アジアで分業を行い，それをネットワークで繋ぐことによって，一国の産業の集積が不十分でも，十分に世界と戦える生産体制を築くことができたのである。現代風にいうと，東アジアの中でサプライチェーンが構築され，それが奇跡を起こしたのだ。

しかし，東アジアのサプライチェーンは，アジア通貨危機の原因ともなった。通貨危機の発生によってサプライチェーンの一角が生産停止に追い込まれれば，当然，別の部分でも生産が滞る。それを見越した投資家は直ちに資金を逃避させる。これが，タイ・バーツの暴落が東アジア諸国に次々と伝染（contagion）し，アジア通貨危機に発展した理由である。

14.2　平成バブルの教訓

平成バブルの発生と崩壊，それに続く金融システム不安，それに対する政府・日本銀行の対応には，欧米の財政・金融当局も強い関心を寄せていた。各国で詳細な分析が行われ，その分析結果は後に発生する世界金融危機で活かされた。平成バブルを通じて得られた教訓は数知れないが，それらをここで議論し尽くすことは適当ではない。ここでは，政策実務を遂行する上で特に重要であると感じたものをいくつかピックアップし，その内容を紹介するに止めたい。

第1に，中央銀行は物価だけを注視していればよい訳ではない。バブルの膨張が危険水域に接近するにつれ，その進行を阻止しなければならないという議論はあった。しかし，当時は，中央銀行が資産価格の上昇に対して金融政策を発動するのは越権行為であるという意見が強かった。日本銀行の目的は物価の安定であり，物価が上昇しない限り，じっとしているべきだという考え方だ。理論面からこうした議論を支持する学者もいた。

そこで，日本銀行は，景気の拡大とともに騰勢を強めつつあった賃金からインフレの予兆を捉えようとした。企業向けサービス価格指数の開発がこの時期に重なっているのは偶然ではない。しかし，同指数の公表は1991年にずれ込み，バブルの膨張を阻止するという目的には間に合わなかった。いずれにせよ，現に物価が上昇していなければ金融政策は発動できないとなると，物価の安定は維持できない。実際，バブルの崩壊と金融システム不安を経て，日本は長期にわたってデフレーションから脱却することができなかった。物価の安定を維持したいのなら，物価に影響を及ぼす様々なショックを広く認識し，それを相殺するように手を尽くすべきである。

第2に，バブルの膨張を抑えるためには，融資量の規制ではなく，金利を使うべきである。平成バブルは政策的意図をもって潰された歴史上稀な事例である。バブル潰しのために，最初に公定歩合の引き上げ，続いて不動産融資総量規制という順番で，二つの政策が実施された。その後の経過を見る限り，不動産融資総量規制といった融資量に対する規制は，その効果があまりに激烈で，バブル潰しの政策としては適切ではなかったとの印象を持たざるを得ない。融資量の規制は直接的に借り手の息の根を止め，ハードランディングになりがちである。これに対し，金利の引き上げはコスト面から借り手の行動を抑制しようとするもので，借り手に判断の余地が残されている分，ソフトランディングが可能である。

バブル潰しの方法に関連して，もう一つ重要な論点がある。バブルの芽は早めに摘むべきだということだ。バブルは大きくなってから潰すと，長く後遺症に苦しむことになる。この点に関して，「バブルは早めに発見して潰しておくべきだ」というBISビューと「バブルは事前に捕捉できないので潰れてから迅速に後始末すべきだ」というFedビューがある。Fedビューが極めて悲惨な結果を招くことは，後に紹介する世界金融危機の顛末を見ても明らかであるように思われる。

第 3 に，金融危機の最中に危機後の対策を始めてはならない。バブル対策には，事前的な対策と事後的な対策がある。事前的な対策とは，バブルが発生する前に実施する金融危機の予防を目的とする対策である。これに対し，事後的な対策とは，バブルが崩壊してから実施するパニックの沈静化を目的とする対策である。これらの対策は発動のタイミングを間違えると，意図する方向とは逆に作用する。例えば，自己資本比率の引き上げは，銀行の損失吸収力を高め，金融危機の発生を予防する。しかし，バブルが崩壊している最中にこれを実施すると，金融危機が一層深刻になる。銀行は自己資本比率を上げるために，有価証券の売却や貸し剝がしに追い込まれ，資産内容が益々劣化するからだ。金融危機が収束の兆しを見せると，再び危機が発生しないように，事前的対策を強化しようという流れになりがちである。そうした国民感情は十分理解できる。しかし，金融危機は，起こってしまったら，収束させることが何よりも重要である。危機の防止策はその後に実施すればよい。この順番を間違うといつまで経っても危機を止められず，被害が拡大する。

第 4 に，金融自由化は規制監督制度を整備してから行うべきである。多くの発展途上国で，欧米先進国から資金を呼び込むために金融の自由化を先行させ，規制監督制度の整備を後回しにした結果，銀行危機が発生した。1997 年に東アジアを襲ったアジア通貨危機はその典型的な例である。日本の金融自由化も，米国の圧力をきっかけとして進められた点では，発展途上国と同じである。そして，金融自由化は，金融監督庁の設立に先行して行われ，バブルの原因の一つになった。歴史に「もし」という言葉は禁物である。しかし，もし金融自由化前に金融監督庁が設立されていれば，平成バブルは発生しなかったかもしれない。

第15章

世界金融危機と欧州政府債務危機

2008年，米国におけるサブプライムローン破綻が，大手投資銀行リーマンブラザーズの破綻へとつながり，ついには世界金融危機という大恐慌以来の惨事へと発展した。サブプライムローンの市場規模は小さく，破綻が頻発するようになってからも，米国連邦準備制度，財務省，その他の金融監督当局は，特に問題視することはなく，時間が経てば収束するものと考えていた節(ふし)がある。

米国金融当局は何を読み違えたのだろうか。これは，金融危機の再来を招かないためにも重要な問いである。本章では，米国のサブプライムローン破綻というローカルな問題がどのようにして世界金融危機という広範な問題を引き起こすこととなったのか，そのメカニズムを明らかにしよう。また，米国の金融当局がどのようにして金融危機を収束させたのかを解説する。

本章では，2010年，世界金融危機に続いて発生した欧州政府債務危機についても解説する。欧州政府債務危機は，ユーロ危機とも呼ばれることから分かるように，欧州通貨同盟に内在する矛盾から発生した。通貨同盟によって，メンバー国は自国通貨を廃止し，ユーロという単一共通通貨を受け入れた。これによって，金融政策をはじめ中央銀行が担ってきた役割は欧州中央銀行（ECB）に移譲された。一方，財政については，依然として各国が主権を維持しており，自国の判断で支出が可能なのだ。

金融危機との関連で重要なのは，各国の中央銀行が最後の貸し手（LLR）の機能を手放したことである。これによって，各国中央銀行は金融危機を自力で解決する最終手段を失った。一方，ECB は物価の安定を維持することに専念させられていたので，政府の救済には消極的であった。これは明らかな制度的欠陥である。本章では，欧州がこの問題に対してどのように対処しようとしているのかという点についても言及する。

15.1 世界金融危機の背景

■大いなる安定

世界金融危機を招いた原因がそれ以前の大いなる安定（Great Moderation）の時期に醸成されたことは間違いない。大いなる安定期とは，実質 GDP やインフレ率などのマクロ経済変数が比較的安定し，それを受けて資産価格のボラティリティが低レベルで安定していた時期を指す。

大いなる安定の具体的な期間は論者によって異なるようだ。例えば，この言葉を有名にした米国連邦準備制度理事会のベンジャミン・S・バーナンキ元議長は，1980 年代からリーマン・ショックまでの約 20 年間を大いなる安定期としている。しかし，その間に，アジアでは日本のバブル崩壊やアジア通貨危機，米国でも IT バブルがはじけるなど，世界経済はいくつもの金融・経済危機を経験している。こうした点を踏まえると，1980 年代からの 20 年間を大いなる安定期と呼ぶのには違和感がある。このため，2000 年代からリーマン・ショック発生直前までの期間を指して，狭義の大いなる安定期と呼ぶことも多い。

いずれにせよ，この経済的安定がいつまでも続くという幻想によって，過度のリスクテイクが米国のみならず，世界的な規模で広がっていたことが危機の原因である。

■サブプライムローン

日本で平成バブルが発生した背景の一つは，地価は決して下がらないという土地神話であった。米国にも同様の不動産神話があった。戦後の米国は，全国規模で不動産価格の下落を経験したことがなく，住宅価格は上がるのが当たり前と思われていた。このため，米国の一般家庭にとって，持ち家はリスクの少ない資産形成の一つと考えられていた。

サブプライムローンとは，米国の住宅ローンの一種で，低所得層など信用が低い人向けの住宅ローンである。サブプライムローンは，信用の低さを補うため，信用の高いプライム向けの貸出よりも金利が高く設定されるのが普通である。しかし，それでは貸出額は伸びない。そこで，金融機関は，当初の利率を低く設定したり，元金の返済を遅らせたりして，貸出額を増やそうとした。

住宅価格が上昇する限り，こうした寛容な返済スケジュールは極めて魅力的である。住宅ローンの借り手は，金利が上がる前に，値上がりした住宅を担保にしてさらに金利の低いローンに借り換えたり，売却してローンを返済した上にキャピタルゲインを得たりすることも可能であった。また，担保価値の上昇を利用してさらに借り入れを増額することも可能であり（ホームエクイティーローンと呼ぶ），これが消費活動を後押しした。なかには，そうして得た資金を学費に充てている家庭も少なくなかった。こうして，サブプライムローンはちょっとしたブームになり，それが住宅価格の上昇を助長した。

■証券化商品

貸し出し債権は貸し出しを行った金融機関が保持し続けるのが一般的である。貸し出しは，貸し手と借り手の間の信頼関係が基礎となっており，しかも，債権ごとにその内容は区々である。このため，貸し手はその債権を転売したりしないし，そもそも，割引率を大きくしない限り，転売するのは難しい。この点，住宅ローンは特殊な債権である。住宅ローンは審査が定型化されていることが多く，流動化が比較的容易なので，譲渡されることも稀ではない。

住宅ローンの証券化はいくつかのプロセスを経て行われる。住宅ローンを貸し出した金融機関は，自らが出資している SPV（Special Purpose Vehicle）と呼ばれる金融機関に住宅ローンを売却する。SPV は，住宅を

図 15.1　CDO の組成

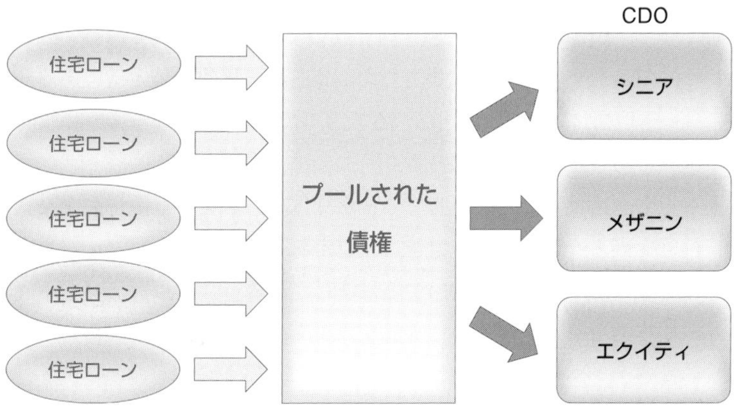

担保とし，住宅ローンからの返済金を支払い原資とする「証券化商品」を組成し，販売する。これを不動産担保証券と呼ぶ（MBS: Mortgage-Backed Security）。

世界金融危機の前夜には，CDO（Collateralized Debt Obligation）と呼ばれるさらに複雑な証券化商品が発行されていた（図 15.1）。CDO は，数多くの住宅ローン債権を買い取ってプールし，そこからの返済金を原資として支払い順位の異なる複数の証券を発行するものである。支払い順位の高い証券をシニア，中程度の証券をメザニン（中二階のこと），低い証券をエクイティと呼ぶ。シニアはデフォルトのリスクが低く，AAA（トリプルエー）という最高の格付けを与えられて発行された。これに対し，エクイティは発行体が保持することが多かった。そうすることによって，シニアとメザニンが低リスクであることをアピールしたのだ。

■信用格付け機関

CDO が普及するのに AAA の格付けは重要であった。例えば，MMF（マネー・マーケット・ミューチュアル・ファンド）は，リスクがほとんどない資産で運用することが義務付けられている。このため，AAA 格以外の債券で運用することが禁じられている。その他にも，年金基金など，AAA 格以外の証券を購入しないという機関投資家は少なくない。

この課題をクリアするために金融工学が活用された。最先端の金融技術を駆使して，BBB 格の証券から，時にはいくつもの CDO を何重にも組み合わせ，AAA 格の証券が創り出された。まさに，現代の錬金術である。なかには，信用格付け機関と通じて，ぎりぎりで AAA 格になるように仕組まれた証券もあったと言われている。

そもそも，格付けを必要としている発行体が，格付け機関にお金を払って格付けをもらうという構造自体に問題があったことは否めない。世界金融危機を機に，そうした構造的欠陥に注目が集まったのは評価できる。しかし，抜本的な改善策が見つけられないまま，改革の機運が失われてしまったのは残念である。

■CDS の普及

CDS（Credit Default Swap）の普及も，CDO の人気が高まった要因の一つである。CDS は，手数料を支払う代わりに，債券がデフォルトした場合に，損失を補償してくれる金融商品である。保険のようなものであるが，実際に保険対象を所有していなくとも設定することができる。CDO と一緒に CDS を買っておけば，CDO がデフォルトしても CDS が損害を補填してくれるので，CDO のリスクをさらに削減することができる。こうして CDO は，ローリスクでハイリターンが得られる夢の資産に変貌していった。しかし，夢が永遠に続くことはなかった。

■投資銀行

投資銀行は，証券を担保に短期資金を借り入れ，それを元手に資金運用を行い，利鞘を稼ぐ投資会社である。投資銀行は商業銀行と異なり，預金を受け入れない。投資銀行は短期金融市場を通じて他の金融機関から資金を調達する。例えば，保有する資産を担保にして資金を調達する資産担保コマーシャルペーパーや買い戻し条件付きで証券を売って資金を融通してもらうレポ取引などが主な資金調達手段となっていた。後者は，資産を売買するという形を採っているが，実際には資産を担保とした金銭の貸借である。

なかでも，翌日に買い戻す約束で資産を売り渡し，その代わり金として資金を融通してもらうオーバーナイト・レポが多用された。オーバーナイト・レポは満期が一日なので，毎日ロールオーバー（借り換え）が必要になる。このため，投資銀行は資金調達流動性リスク（funding liquidity risk）に晒されることになる。資金調達流動性は市場流動性とは異なる概念である。市場流動性とは，どれほど容易に資産を売却できるかを示す概念である。これに対し，資金調達流動性とは，どれほど容易に資金を調達できるかを示す概念である。

金融・経済が順調であれば問題にならないが，一旦金融市場にストレスがかかると，短期資金に依存している金融機関は一気に資金調達流動性が不足する。担保となっている資産の市場価格が低下すると，借り入れをロールオーバーするために，担保を追加しなければならなくなる。借り入れをロールオーバーできなければ，資産を売却しなればならない。最初は，市場流動性の高い資産を売却して凌ぐこともできる。しかし，それでも間に合わなくなると，本来の価値を下回る価格で資産を投げ売りしなければならなくなる。そうなると，会社の価値自体が失われる。世界金融危機では，このシナリオが現実のものとなった。

15.2　世界金融危機の勃発

■住宅価格の崩壊

上記のようなプロセスを経て，住宅価格は上昇トレンドを強めた。もともとサブプライムローンは，本来なら住宅ローンを借りられない人々が不動産神話を前提に住宅ローンを借りているので，それはバブルに他ならない。バブルはいつかはじける。そして，実際それははじけた。住宅価格の上昇が止まると，借り手は借り換えや売却が困難になり，返済期限が到来すると住宅ローンは不良債権化していった。

不良債権比率が大いなる安定期と変わらなければ，不動産担保証券はそれを織り込み済みである。しかし，今回は違った。予想以上に不良債権比率が高まると問題が生ずる。現実を反映して不動産担保証券の価格はみるみる下落していった。ファニーメイやフレディマックは，住宅ローンを買い取って不動産担保証券を発行したり，保証したりする政府支援機関である。これらの機関は，多くの国民がマイホームを取得するのを支援してきた。しかし，バブルの崩壊とともに住宅ローンの返済が滞ると，自己資本が大きく棄損され，最終的には公的資本の注入を受け入れ，救済されざるを得なかった。

■CDO市場の崩壊

CDOは何度も合成と分割を繰り返して複雑化していたため，一体どのようなリスクがどのくらい含まれているのか誰も分からなくなっていた。果ては，サブプライムローンに関連するリスクが含まれているのかさえ分からなくなっていた。その結果，サブプライムローン関連の証券化商品に対する不信感は，証券化商品全般に対する不信感へとつながって行った。

危機が訪れる前まで，AAA格を取得して優良と見なされていたCDOもあった。これらは資金調達の際，優良担保として使用されていた。しかし，市場の崩壊とともにCDOの価値が失われると，CDOを担保として資金調達を行っていた金融機関は，担保を積み増すか，借り入れを返済する必要に迫られた。実際，担保不足に陥った金融機関は市場流動性の高い資産を売却して返済資金を捻出した。しかし，危機が長引くにつれ，優良資産の在庫も底を突き始める。何とかして資金を調達したい金融機関は資産の投げ売りに走り，自己資本は急激に棄損されていった。

■パリバ・ショック

CDOは世界的なヒット商品であったため，その被害も世界的なものとならざるを得なかった。2007年8月，フランス最大の銀行BNPパリバが，傘下の投資信託の解約を凍結した。パリバ・ショックの発生である。投資信託が保有していたサブプライムローン関連証券が市場流動性を失い，市場で売却できなくなり，解約に応じられなくなったためである。それまでにも，IKB ドイツ産業銀行など，いくつかの銀行が破綻していたが，パリバの破綻は市場に衝撃を与えた。なぜなら，傘下の投資信託であれば，パリバが「クレジットライン」(借り入れ枠) 一杯まで貸し付けを行い，流動性を補完できたはずである。しかし，パリバは「凍結」という決断を下した。パリバ・ショックは，迫りくる世界金融危機の大きさを予感させるものであった。

パリバ・ショックの鎮静化を図るため，欧州中央銀行（ECB）による流動性の供給が行われた。しかし，それには問題があった。必要なのは，ユーロ建ての流動性ではなく，ドル建ての流動性だったのである。ECB は，ユーロはいくらでも発行できるが，ドルは発行できない。そこで，ECB と米国連邦準備制度との間で，ユーロをドルと交換するスワップ協定を結ぶこととなった。ECB は，そうして得たドルを入札に掛け，ドル供給を実施できたのである。ドルの流動性は，世界中のどの地域で起こってもおかしくなかった。このため，他の先進国の中央銀行もスワップ協定に参加することとなった。これは，米国によるドルの LLR と考えることができ，金融グローバル化の一つの帰結と考えられる。

■リーマン・ショック

商業銀行ではないが，銀行業務類似の業務を行っている金融機関を影の銀行（シャドーバンキング）と呼ぶ。投資銀行はその一つである。影の銀行は，商業銀行ではないので，政府による厳格な規制・監督を受けない。その一方で，商業銀行に用意されている様々なセーフティネットを利用することができない。

大いなる安定の中，資産収益率は低下傾向を辿っていた。資産収益率を上げるには，①個々の資産の収益率を上げる，②レバレッジ比率（＝資産/資本）を上げるという二つの方法がある。個々の資産の収益率を上げるために，投資銀行は積極的に CDO 投資を行った。CDO はローリスク・ハイリターンとの評価を受けており，魅力的な商品に見えた。また，レバレッジ比率の引き上げは，商業銀行の場合，自己資本比率規制があるため限界がある。その点，投資銀行には自己資本比率に関する規制がなかったため，容易に収益率を高めることができた。

ただし，損失が出た場合は，レバレッジが高いほど損失率も大きくなる。住宅バブルの崩壊とともに住宅関連の証券化商品の価格が下落すると，投資銀行の保有するCDOの市場価格も低下し，自己資本は急速に棄損されていった。商業銀行ならば，預金保険というセーフティネットを利用することができる。しかし，投資銀行にはセーフティネットがないため，他の金融機関に吸収合併してもらうしか手がない。実際，リーマンブラザーズよりも先に破綻が明らかとなったベアスターンズは，JPモルガン・チェースに買収された。

しかし，リーマンブラザーズの場合は，他の金融機関による買収も上手くいかなかった。リーマンブラザーズは全米屈指の老舗投資銀行であった。なぜベアスターンズは救済されたのに，リーマンブラザーズは救済されなかったのか。ベアスターンズは他の経済主体との繋がりがあり過ぎて潰せない（too interconnected to fail）というのが救済の理由であった。それでは，リーマンブラザーズは結び付きが弱かったのだろうか。そうではない。米国連邦準備制度と政府は，リーマンブラザーズの他の経済主体との結び付きは強いと判断し，買収の相手を斡旋できるよう，相当努力をしたようである。最終的には，英国のバークレイズが買収の手を上げたが，英国の金融規制に阻まれた。自己資本は日に日に減少していく。リーマンブラザーズは買収してくれる金融機関を見つけられないまま，ついに時間切れとなった。

リーマン・ショックは様々な方面に影響を及ぼした。直接の影響を受けたのはMMFである。MMFは預金の代替商品として広く利用されており，元本割れしないように，リスクがほとんどない資産で運用することを義務付けられていた。リーマンブラザーズが発行していた資産担保コマーシャルペーパーはそうした優良資産の一つと見なされており，MMFの打って付けの運用手段とされていた。しかし，リーマンブラザーズの破綻とともに元本割れするMMFが現れ，取り付けが発生した。MMFの取り付けは，金融危機が実体経済のすぐ手前にまで迫っていることを示していた。また，リーマンブラザーズの資産担保コマーシャルペーパーのデフォルトによって，コマーシャルペーパー市場全体が流動性不足に陥った。コマーシャルペーパー市場は一般の企業の資金調達の場でもあり，市場の縮小は実体経済活動の縮小要因として働いた。

■ CDS の作動

CDO のデフォルトは，それを支払い条件としていた CDS を作動し始めた。その影響を最初に受けたのはモノライン（monoline）と呼ばれる信用保証会社であった。モノラインはそれまで地方債の保証を主な業務としていたが，CDO 市場の拡大とともにその保証に業容を拡大していた。しかし，CDO のデフォルトが広がるに連れて，保証金の支払いに応じられなくなるモノラインが現れた。保証とセットで高い格付けを得ていた金融商品は，保証が得られなくなると格付けが下がる。このため，高格付け商品でしか運用することが許されていない金融機関は，格付けが下がった金融商品を売却しなければならない。CDO 市場では資金調達流動性が蒸発し，買い手が付かない状態になった。

そして，ついに世界最大の保険会社である AIG に危機が迫った。AIG は積極的に CDS を販売して，保険料収入を得ていた。このため，証券化商品の相次ぐ破綻によって急速に資産を失い，破綻が現実味を帯びてきた。モノラインと異なり，AIG は生命保険，傷害保険など，あらゆる保険業務を行っている。AIG が破綻すれば，その影響は金融セクターに止まらず，実体経済にまで波及する。ただ，AIG の場合，問題を起こしたのは CDS 部門のみであり，伝統的な保険業務に問題はなかった。そこで，米国連邦準備制度は AIG を救済するために，「伝統業務からの収入がある限り，AIG は一時的な流動性不足に陥っただけであり，債務超過の問題ではない」というかなり苦しい解釈を敢えて行って，LLR（最後の貸し手機能）を発動した。

■ 公的資金と危機の収束

政府による公的資金の注入は，中央銀行による LLR と並んで，危機を沈静化するための究極手段である。金融危機が実体経済に迫ると，ようやく公的資金が注入されるようになった。リーマン・ショックの後，商業銀行の大手であるシティ銀行が資本不足に陥り，公的資金が注入された。また，住宅ローンと同じように，自動車ローンでもバブルが崩壊し，デフォルトが発生した。大手自動車メーカーのジェネラルモーターズとクライスラーも資金不足に陥り，公的資金によって救済されることとなった。

公的資金の注入は税金を投入するということで国民の人気がない。「投機に失敗した金融機関をなぜ国民が救済しなければならないのか」という国民感情は当然であろう。したがって，政治家はできる限り公的資金の注入を避けようとする。しかし，大きな金融機関が破綻しそうになったとき，それを救済するに足る資金を持ち合わせている金融機関がいつもあるとは限らない。このような場合，資金を供給できるのは，自らマネーを創造できる政府・中央銀行だけである。金融危機が実体経済に及ぶと，今度は実体経済から金融セクターへとフィードバックが起こり，負のスパイラルに陥る。その場合の経済損失は巨額である。公的資金注入によるコストとその後に訪れる長く深刻な経済停滞による損失を冷静に比較することが必要である。

公的資金の注入を実行するのは容易なことではない。第1に，注入される公的資金は多過ぎても少な過ぎてもいけない。多過ぎると納税者からの支持を失う。少な過ぎるとデフォルトの懸念が残ってしまう。規制監督当局は，不良債権の額を正確に見積もり，資本不足を公的資金で埋めなければならない。しかも，危機が進行するにつれて，新たな不良債権が生じてくるので，規制監督当局はリアルタイムに不良債権の額を計算する必要がある。第2に，公的資金の注入は，「困ったときは政府に助けてもらえばよい」というモラルハザードを惹起する可能性がある。モラルハザードを防止するため，公的資金と引き換えに，金融機関に何らかの責任を取らせることが重要である。

15.3 欧州政府債務危機の勃発

■危機の背景

リーマン・ショック後，欧州政府，特に周縁国の政府は次々と債務危機に陥ったり，危機の瀬戸際に追い込まれたりした。欧州政府債務危機はなぜ発生したのであろうか。大きく捉えれば，大いなる安定の中で発生したクレジットブームが背景であったと言われている。その意味で，欧州政府債務危機は，サブプライムローン問題と同根である。しかし，米国政府は，サブプライムローン問題があっても，債務危機を疑われることはなかった。そうした違いを生んだ背景は何だったのか。

欧州の場合，特にユーロ圏には，単一共通通貨ユーロの導入（1999 年）という特殊要因があった。ユーロを使用するためには厳しい財政基準を満たさなければならない。安定成長協定という取り決めがあり，財政赤字はGDP 比 3％以下，累積債務は GDP 比 60％以下でなくてはならない。また，ある国が他の国を救済することを禁じる非救済条項がある。このため，ユーロ使用国は，問題が発生した場合，自力で対処しなければならない。こうしたルールは，ユーロ使用国の財政運営にディシプリンを与え，ユーロに信頼感を与えるのに役立った。

ユーロ圏では，ユーロという単一共通通貨を使用するので，メンバー国の間で為替レートが変化する心配はない。その結果，ユーロ導入以前には国ごとに異なっていた各国の金利が，最も低いドイツの金利に向かって収束していった（図 15.2）。このため，以前は高い金利を支払っていた周縁国の銀行と政府も，低金利での資金調達が可能になった。これが折からのクレジットブームと重なって，周縁国の銀行と政府はますます負債を抱えることになった。

欧州の中で政府が債務危機に陥った国は，ユーロ圏の中ではポルトガル，アイルランド，イタリア，ギリシャ，スペイン，そして，ユーロ圏以外ではアイスランドと数多い。欧州政府債務危機には，先に説明した共通の背

図 15.2　長期金利の推移

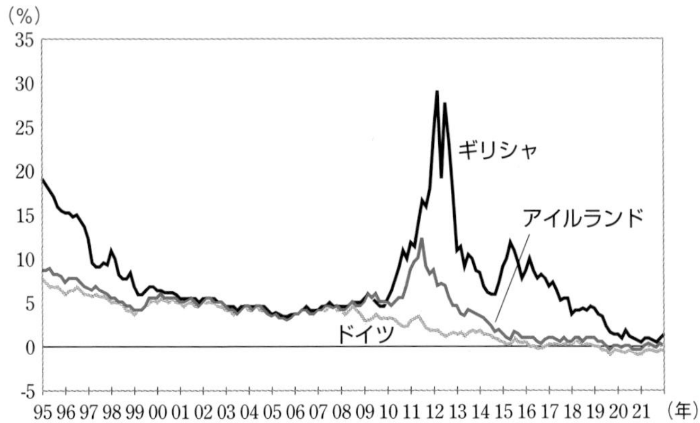

（出所） European Central Bank

景もあった。しかし，それぞれの国に固有の問題が影響していたことも確かである。以下では，ギリシャとアイルランドを例に，欧州政府債務危機の発現形態の違いを見ていこう。

■ギリシャ

欧州政府債務危機の引き金を引いたのはギリシャであった。ギリシャの問題は政府の構造的な赤字体質にあった。まず，公務員の数の多さである。ギリシャでは労働人口の4分の1が公務員と言われており（この数値がどれほど正確かは分からないが），給与を支払うだけでも相当の負担となっていた。また，年金は55歳から受給することができるなど，手厚い制度となっており，歳出の肥大化・硬直化を招く要因となっていた。一方，歳入はといえば，徴税力の弱さから，思うように増やすことができなかった。このようにギリシャの財政を立て直すには社会構造に大胆にメスを入れる必要があり，時間を要する難事業であった。

そもそも，ユーロに参加するためには，財政赤字をGDP比3％以内に収める必要がある。構造的に赤字体質のギリシャがどのようにしてこの条件をクリアすることができたのだろうか。実はギリシャは財政赤字を過小報告していたのである。この事実は，2009 年 10 月の政権交代に伴って明るみに出た。財政赤字の 2008 年実績は GDP 比 5％ではなく 7.7％であり，2009 年の見通しは GDP 比 3.7％ではなく 12.7％であった。しかも，その後も修正は続いた。

事実の公表を機にギリシャ国債の格付けが引き下げられ，市場では国債価格が暴落した（金利は暴騰）。これによってギリシャ政府は，赤字を埋めるために国債を発行することが事実上できなくなった。ギリシャ国債を買っていた銀行もバランスシートの資産サイドが悪化することになった。これに伴って，預金封鎖を恐れた預金者が銀行預金を流出させることとなった。財政危機が銀行危機へと発展すると，両者のフィードバック効果によって，危機は益々深刻化する。ギリシャはその典型であった。

こうした状況の中，EU と IMF は公務員改革や年金改革などを含む構造改革と緊縮財政を条件に金融支援を決定した。しかし，公務員改革に反対する公務員が大規模ストライキを決行するなど，経済は混迷を極めた。その後もギリシャと EU・IMF の間で妥協点が見出せず，幾度となくギリシャがユーロから離脱するグレグジット（Grexit）の可能性がマスコミによって盛んに取り上げられた。

■アイルランド

アイルランドの問題は不動産バブルとその崩壊である。その意味で米国と状況は似ている。今から考えれば，アイルランドに人口が流入した訳でもなく，なぜアイルランドに不動産バブルが発生したのか定かではない。理由はともあれ，アイルランドには大量の外国資本が流入した。その多くは不動産投機が目的であったと考えられる。

暫くして不動産バブルは崩壊し，建築業，不動産業に積極的に融資していた銀行は大量の不良債権を抱えることになった。この事態に直面したアイルランド政府は，借入保証，不良資産の買い取りなど，米国同様の対応で，金融システムの安定化に努めた。しかし，不良債権処理に伴う財政赤字を穴埋めするために，アイルランド政府はユーロを何らかの形で調達しなければならない。調達できなければ，銀行を助けるどころか，政府がデフォルトしてしまう。

その点，米国はドルを調達できずにデフォルトするようなことはない。米国政府・連邦準備銀行はドルを自ら発行することができるからである。もし，アイルランド政府・中央銀行が自分の通貨を発行できたなら，政府が破綻に直面することはなかったかもしれない。しかし，アイルランドはもはや通貨を自前で発行することはできない。アイルランド政府は，本来中央銀行に備わっているはずの最後の貸し手機能をユーロと交換に手放していたのである。

ユーロ圏で最後の貸し手機能を担っているのは欧州中央銀行（ECB）である。当初，ECB は欧州政府債務危機への介入に消極的であった。しかし，危機が長期化し，拡大する様相を呈すると，ECB は流通市場にある国債を買い取ることによって，無制限に流動性を供給する OMT（Outright Monetary Transactions）を開始した。これによって，市場の混乱は収まり，欧州政府債務危機は収束に向かった。

■財政同盟と銀行同盟

そもそも，一つの国が危機に陥ったからといって，どうして EU 全体が救済に回らなければならなかったのか。それはユーロ・メンバーの一国が債務危機に陥った場合，他のメンバー国に強い負の外部性が働くからである。第1に，伝染（contagion）の問題がある。一国が債務危機に陥ると他の似たような状況にある国も債務危機を疑われる。第2に，ユーロの信認の問題がある。一国が債務危機に陥ると，ユーロの価値が低下し，不安定化する。こうした負の外部性を抑制するためには，EU レベルで危機に対応する必要があるのである。

ギリシャは財政危機が銀行危機に発展したケースであり，逆に，アイルランドは銀行危機が財政危機に発展したケースである。したがって，ユーロ圏の中で，財政同盟と銀行同盟の創設が議論の対象となったのは自然な流れであった。議論は今なお続いているが，ここでは議論の方向性と問題点を説明しておこう。

欧州政府債務危機は，ユーロ・メンバーの一国が債務危機に陥った場合，他のユーロ・メンバーあるいはEUから支援を受けるための仕組みが必要であることを明らかにした。そのためには，メンバー間の所得移転を可能とする制度の創設が考えられる。しかし，ドイツなど一部のユーロ・メンバーは，そうした制度の設置はモラルハザードを惹起するとして強く反対している。仮にそうした制度が設置された場合，支援を当てにして，メンバーの財政規律が緩む可能性があるというのだ。

そこで，ユーロ圏の財政同盟は，メンバーの財政監視の強化に軸足を置くことにした。確かに，監視の強化は危機の発生する前には役に立つ。しかし，危機が発生した事後には何の役にも立たない。ユーロ圏の財政については，すでに安定成長協定というものが存在していた。それにもかかわらず，欧州政府債務危機は発生し，それを鎮静化するために，ECB，EU，IMFの金融支援が必要だったことを忘れてはいけない。財政同盟についての議論は何ら前進していないように思われる。

アイルランド政府の危機は，もともと銀行危機が原因であり，構造的な財政収支の問題ではなかった。したがって，銀行同盟によって銀行危機を回避できれば，あるいは，財政危機に発展する前に銀行危機を収束させることができれば，両者の負のフィードバックを避けられる。上記のように，現段階では所得移転を伴う財政同盟が創設される見込みは薄い。このため，銀行危機が財政危機に発展すると，再び今回と同じ混乱が繰り返される可能性は高い。したがって，銀行同盟の創設は喫緊の課題と言ってよい。

銀行同盟の内容としては，第1に，銀行破綻を予防するための金融規制監督の強化が必要である。第2に，銀行破綻が発生してしまった場合に備え，銀行取り付けの連鎖を回避するための預金保険と秩序ある清算を進めるための破綻処理制度を整備することが必要である。しかも，これらの対策について，メンバー間で統一基準を設けることが肝要である。メンバー間で異なる基準を設けると，基準の緩い国に資金が流れる規制裁定という現象が生じ，規制の効果が薄れる。ただし，破綻処理をファイナンスするのに必要な額が一国政府の財力を超える場合は，所得移転を伴う財政同盟が必要となる。この意味で，財政同盟のない銀行同盟は不完全なものにならざるを得ない。

第16章 金融規制監督の国際化

第2次世界大戦後，東西冷戦や地域的な紛争はあったにせよ，全世界を巻き込むような戦争は起こらず，政治的に安定した時代が続いた。国内経済は，当時主流派であったケインズ経済学によるマクロ経済政策によって，安定成長が達成された。国際経済では，ブレトンウッズ体制の下で固定為替相場制が採用され，貿易が活発になった。

しかし，国際貿易の拡大によって，ブレトンウッズ体制の抱える矛盾が露呈することになったのは皮肉である。ブレトンウッズ体制は，金融政策の自律性と為替レートの安定性を両立するために，国際資本移動に制約を掛けていた（国際金融のトリレンマ）。しかし，国際貿易が拡大すると国際資本移動の自由化に対する圧力が高まった。そして，1973年，ブレトンウッズ体制が崩壊し，多くの先進国が変動相場制に移行すると，国際資本移動は徐々に自由化されて行くことになった。

国際資本移動が自由化されると，国家間のカネの流れはモノの流れを上回るようになった。特に1990年代からは，情報通信技術の発達とともに，グローバル化が急速に進展し，膨大な量の資本が迅速に国家間を移動するようになった。また，金融工学の発達によって，複雑な金融商品が国をまたいで売買されるようになり，様々な経済活動が国家を超えて複雑に絡み合うようになった。

国際資本移動の活発化はプラスの側面とマイナスの側面を持っている。国際資金移動は，国際的な資金効率を高めることによって，社会厚生の向上に役立つ。しかし，活発な国際資金移動は，ある国で発生した金融危機を瞬く間に他国に伝染させてしまう。近年の金融危機は，国家・地域という枠を超えて，国際的に連鎖する傾向を強めている。

金融ビジネスの国際化に合わせて，金融規制監督も国際化して行かなければならない。本章では，各国の規制監督当局の国際的な集まりであるバーゼル銀行監督委員会の活動を中心に，近年の国際的な金融行政の協調について解説する。

16.1　国際的な金融規制監督の必要性

■規制裁定

米国連邦準備制度理事会の元議長アラン・グリーンスパンは，米国の金融市場には自浄作用があり，自滅するようなことはしないとして，金融規制監督の強化には消極的であった。今から思えば，そうした考え方は幻想に過ぎない。サブプライムローンや証券化商品の問題に対する元議長の見方は明らかに甘過ぎた。第8章で見たように，金融仲介は失敗することがあり，本来的にリスクの高いビジネスである。このため，金融機関には様々なセーフティネットが用意されていると同時に，他業種よりも厳しい規制監督が行われているのである。

金融システムの安定性を維持するには大きなコストがかかる。したがって，プライオリティは国内の金融システムの安定にあり，他国の金融システムはその国が監視すればよいと考えがちである。このため，国外での金融機関の活動に対する当局の規制監督は，国内での活動に対するものほど厳しくない。しかし，自国に比べて他国の規制監督が緩ければ，金融活動を自国から他国に移す規制裁定が起こる。規制監督が緩い国では，金融システムが不安定化しやすい。その結果，海外で運用していた資産が不良債権化し，自国の金融機関の健全性が損なわれ，国内の金融システムが不安定化する可能性がある。金融が国際化した今日，金融規制監督には国際的な視点が不可欠なのだ。

■ファイナンスのトリレンマ

各国の規制監督に差があり，国際資金移動が自由である限り，規制裁定は必ず起こる。そして，規制裁定の帰結は，金融システムの不安化である。このことを一つの定理として昇華させたものが次に説明するファイナンスのトリレンマである。

ファイナンスのトリレンマによると，①金融の安定，②規制監督の自律性，③国際資本移動の自由という三つの目標を同時に達成することはできない。先に議論したとおり，各国がそれぞれ独自のルールで規制監督を行っており，国際資本移動も自由であるなら，国内の金融システムは安定しない。国内の金融システムの安定性を維持しようとするなら，国際資本移動を規制するか，規制監督を国際的に統一しなければならない。

バーゼル銀行監督委員会は，規制監督の国際協調の場である。各国の規制監督当局がスイスのバーゼルにある国際決済銀行（BIS: Bank for International Settlements）に集まり，定期，不定期に金融のベスト・プラクチスについて議論している。1988年のバーゼル合意（バーゼルⅠ）以来，2度の大きな見直し（バーゼルⅡ，バーゼルⅢ）を経て，規制の対象が拡大してきた。

日本でも1992年度末から本格的にバーゼル規制の運用が開始された。これまでの護送船団方式と呼ばれた競争制限型の規制監督体系は，自己資本比率を軸とするバーゼル型の規制監督体系へと徐々に変貌を遂げている。これをファイナンスのトリレンマから解釈すると，三つの目標のうち，規制監督の自律性を諦めて，国内の金融システムの安定性と国際資本移動の自由を目指すことにしたと解釈できる。バーゼル銀行監督委員会は設立以降拡大を続けており，国際的な金融規制監督は今や世界的な潮流となっている。

16.2　バーゼル規制（BIS 規制）

■バーゼルⅠ

金融規制監督に国際的な視点が必要である理由がもう一つある。それは，自国の金融機関を国際的な競争から保護することである。例えば，他国の最低所要自己資本比率が著しく低く，ほぼ無制限に貸し出しを伸ばせる場合，自国の金融業は顧客を奪われて，衰退してしまうかもしれない。自国の金融機関からは規制緩和を求める圧力が強まり，金融当局は行政の遂行が困難になる。

1988 年のバーゼルⅠはこうした発想から生まれたものである。バーゼルⅠは，国際的に平等な競争上のルールを設定し，そのルールにしたがわない銀行は国際業務を制約されるというものである。分かりやすくいえば，1980 年代，実体経済の地盤沈下に伴って崩壊の危機に瀕していた米国の銀行を，低い自己資本比率の下で活動していた日本の銀行との競争から守ることが目的であった。

バーゼルⅠの核は，自己資本比率規制である。この規制によって，国際業務を行う銀行は，自己資本のリスク資産に対する比率を 8％以上に保たなければならない。リスク資産とは，保有する資産を資産項目ごとに決められた信用リスクの大きさでウェイト付けして足し合わせたものである。すなわち，

$$\frac{\text{自己資本}}{\text{リスク資産}} \geq 8\% \qquad (16.1)$$

自己資本として何を算入してよいかについても細かく規定されている。バランスシートの負債サイドは，大きく負債と資本に分けられるが，負債の中にも資本に近いものがある。例えば，劣後債は一般の債権よりも金利が高いが，弁済が後回しになることから，自己資本に近い存在と考えられる。このため，自己資本比率の分子に加算することができる。

日本の場合，株式の含み益を自己資本に算入することによって基準をク

リアした。すなわち，未実現の利益を自己資本に算入したのだ。平成バブルが続いている間はそれでよかった。しかし，1990年代初にバブルが崩壊すると問題が生じた。基準を満たせなくなった銀行は，貸し剥がしを行い，分母のリスク資産を強引に減らそうとした。信用収縮に襲われた日本経済は不況に陥り，BIS不況などと呼ばれた。もちろん，当時の不況は平成バブルが崩壊したことが直接の原因であり，BIS規制のみが要因ではない。

■バーゼルⅡ

2004年，バーゼル規制に大きな改正が加えられた。これをバーゼルⅡと呼ぶ。バーゼルⅡは，三つの柱からなる。第1の柱は，自己資本比率に関するリスク計測の精緻化である。自己資本比率の分母を計算する際，バーゼルⅠでは信用リスクのみを対象としていた。その後の1996年，市場リスク（資産価格の変動リスク）を自己資本比率に取り入れるために改正が行われた。さらに，2004年のバーゼルⅡでは，事務ミスや不正行為から生ずる損害を対象にしたオペレーショナルリスク（オペリスクと略される）が自己資本比率に組み込まれることとなった。

$$\frac{\text{自己資本}}{\text{信用リスク}+\text{市場リスク}+\text{オペリスク}} \geq 8\% \qquad (16.2)$$

ここで，最低所要自己資本比率の8％は変わらないように分母が調整された。

バーゼルⅡの第2の柱は，銀行自身が経営上必要な自己資本額を検討し，規制監督当局がその妥当性を検証するというものである。これによって，規制監督当局さえ説得できれば，自分たちのやり方で規制を緩和することも可能になった。確かに，銀行はそれぞれ得意分野が異なっており，それぞれ独自のリスク評価手法があってしかるべきであろう。しかし，銀行と規制監督当局の間には大きな情報の非対称性が存在している。この情報の壁は容易に乗り越えられるものではない。この規定は結果的にバーゼルⅡの規制としての性格を緩める方向に作用し，世界金融危機を招いてしまった。

第3の柱は，市場規律の利用とそのための情報開示である。しかし，世界金融危機で明らかになったとおり，市場の自浄作用はただの幻想であった。市場規律は，当時の規制監督当局が思っていたほど強力ではない。そもそも，預金者には，銀行をモニターできるだけの資金も，時間も，知識もない。だからこそ，規制監督当局が代わりに銀行をモニターしているのだ。規制監督当局は，この単純な事実を忘れてはいけなかった。

■バーゼルⅢ

世界金融危機を阻止できなかったという反省から，バーゼルⅡは様々な方向から見直しが行われた。その結果が，2017年に最終合意を見たバーゼルⅢである。第1に，バーゼルⅢでは，自己資本比率規制が大幅に強化された。まず，分子に含めることのできる自己資本の「質」の向上が図られた。特に，普通株式が重視されることとなった。従来と同じくすべての自己資本を対象にした比率（8％）の他に，普通株式に着目した自己資本比率にも最低水準が設定されている（4.5％）。

また，量の側面でも，いくつかの資本バッファーが上乗せされることとなった。金融情勢や景気動向に起因する資本減少のクッションとして，資本保全バッファー，カウンター・シクリカル・バッファーが設けられた。これらはあくまでクッションであり，基準値を割り込んだからといって直ちに処分される訳ではない。しかし，基準値を割り込んだ程度に応じて，資本の社外流出に制約が課される（例えば，配当，役員報酬）。さらに，システム上重要な銀行には，大き過ぎて潰せない（too big to fail）ことや繋がりがあり過ぎて潰せない（too interconnected to fail）ことに起因するモラルハザードを抑制することを目的とした資本バッファーも導入されることとなった。

バーゼルⅢでは，補完的な指標として，レバレッジ規制も導入された。これは信用リスクでウェイト付けされたリスク資産を分母とする自己資本比率ではなく，ウェイト付けされていない総資産を分母とする単純な自己資本比率である。バーゼルⅡでは，銀行独自の方法でリスク資産を計算できるようになっていたが，こうした取り扱いは規制を緩める方向にしか作用しなかった。そこで，バーゼルⅢでは，恣意性を排除したごく単純な自己資本比率を併用することとなった。

第2の大きな見直しは流動性規制の導入である。資産サイドでは，急な資金の流出に備えて，量的・質的に十分な流動性を確保しなければならない。具体的には，流動性カバレッジ比率（LCR: Liquidity Coverage Ratio）に最低比率が設けられた。負債サイドでは，例えば，資金流出が素早い大口短期資金への依存を抑制するなど，資金が銀行に留まる時間を長くすることが求められている。具体的には，安定調達比率（NSFR: Net Stable Funding Ratio）に最低比率が設けられた。

第3の大きな見直しはマクロプルーデンスという概念が導入されたことである。金融の安定を目的とする政策をプルーデンス政策という。一般に，プルーデンス政策は，政府の規制監督当局と中央銀行が担っている。日本の場合も，金融庁と日本銀行が協力しながら，プルーデンス政策を実施している。従来，プルーデンス政策といえば，検査（金融庁），考査（日本銀行）を通じて個々の銀行の健全性を維持することを意味していた。これをミクロプルーデンス政策という。しかし，世界金融危機を経て，銀行の健全性を個々に評価しているだけでは，金融の安定を維持するのに十分ではないことが認識された。そこで，金融システム全体の健全性を目的とするマクロプルーデンス政策に注目が集まった。

現代の金融システムは多くの金融機関が複雑に絡み合っている。そのため，一つの金融機関が支払い不能に陥ると，その金融機関の支払いを当てにしていた金融機関が支払い不能に陥ることがある。こうしたリスクを特にシステミック・リスクという。システミック・リスクがあると，他の銀行の健全性を所与として各々の銀行の健全性を評価しても十分だとは言えない。世界金融危機で米国の投資銀行であるベアスターンズが救済された理由は繋がりがあり過ぎて潰せないことが理由であった。これはシステミック・リスクを意識したものである。

マクロプルーデンス政策とは具体的にどのようなものなのであろうか。第1の施策は，システミック・リスクの発生源となりやすい金融機関に追加的な自己資本を積ませることである。先に言及した大き過ぎて潰せない銀行や繋がりがあり過ぎて潰せない銀行に課される資本バッファーはそうした施策である。また，クレジットブームのように，多くの金融機関が同じリスクを負っている局面では，システミック・リスクが広範に顕現しやすい。これに対応するものがカウンター・シクリカル・バッファーである。これは信用の拡大局面で自己資本を積み，収縮局面での自己資本の棄損に備えるものである。

マクロプルーデンス政策の第2の施策は金融情報の提供である。各国の規制監督当局や中央銀行は，金融システムの現状について注意喚起を行うため，定期的に情報提供を行っている。日本銀行も，年2回，『金融システムレポート』を発行して，金融システム全体の健全性を評価している。特に，金融セクターと実体経済セクターを融合した「金融マクロ計量モデル」を用いたストレステストは，経済に大きな負のショックが加わった場合に，金融システムが健全性を維持できるか否かをシミュレーション分析によって明らかにしている。また，金融に関する様々なリスク指標をモニターし，リスクの所在の早期発見に努めている。

16.3 その他の注目すべき取り組み

■金融安定理事会

バーゼル銀行監督委員会以外にも，世界金融危機後，国際金融に携わる様々な国際組織が機能強化を図っている。1999年，財務大臣・中央銀行総裁会議（G7）における提案を受け，金融安定化フォーラムが設立された。このフォーラムの目的は，金融システムの安定を担っている各国の規制監督当局，中央銀行および国際機関の間で情報交換を促進することにあった。その後の2009年，世界金融危機が収束に向かう中，金融安定化フォーラムは，その役割を強化・拡大するため，金融安定理事会（FSB: Financial Stability Board）に改組された。現在，同理事会には，25か国・地域の代表，国際金融機関，国際組織の代表が参加している。

■米国ドッド・フランク法

金融市場には自浄作用があるとするアラン・グリーンスパン元米国連邦準備制度理事会議長の言葉に象徴されるように，世界金融危機が勃発するまで，米国はバーゼルⅡに乗り気ではなかった。しかし，結果として自ら世界金融危機の種をまいてしまったことにより，金融業界に対する信頼は地に落ちてしまった。米国の金融規制は，2010 年に成立したドッド・フランク法（金融規制改革法）によって大胆な見直しが行われ，金融システムをモニターする主体として金融安定監視評議会（FSOC: Financial Stability Oversight Council）が設立された。

また，銀行によるデリバティブや商品先物の自己勘定取引（自己資金での売買）を禁止するボルカー・ルールが採用された。米国では，1933 年のグラス・スティーガル法以来，銀行業務と証券業務の分離（銀証分離）が図られてきた。しかし，業務分野規制を設けないユニバーサル・バンキングが一般的な欧州の銀行との競争上，実質的に規制が緩和され，1999 年のグラム・リーチ・ブライリー法で銀証分離は完全に骨抜きになった。これによって大き過ぎて潰せない銀行が生まれることになり，規制監督を難しくしてしまった。こうした事態に鑑み，ポール・A・ボルカー元米国連邦準備制度理事会議長によって提案されたのがボルカー・ルールである。これによって，銀証分離の復活が図られた。

■Coco 債の導入

米国は，世界金融危機による金融システムの崩壊を回避するため，最終的には公的資金の注入に踏み切った。欧州も，金融と実体経済の負のスパイラルを断ち切るために，各国政府は財政資金を使って銀行の救済に当たった。このように，政府が銀行に資金を注入するということは，実質的に銀行を買い取って国有化していることに他ならない。このような国家の買い取りによる救済をベイルアウトと呼ぶ。

国有化によって，銀行は命脈を保てる。経営者は，多くの場合，解雇される（巨額の退職金を抱えて）。銀行の株主は持ち分を失う。銀行に対する債権者は，全てではないが，幾分かは資金を取り戻すことができる。しかし，最後の点については，「なぜ銀行の債権者の利益を守るために，税金が使われないといけないのか。債権者も甘い汁を吸っていたではないか。債権者もコストを負担するべきだ」という批判がある。債権者が損失を負担することをベイルインという。

ベイルインを容易にするために開発されたのがCoco債（Contingent Convertible Bond，偶発転換社債）と呼ばれる債券である。Coco債は，銀行の自己資本比率が予め設定した値を下回ると，自動的に元本が削減されたり，自己資本に転換されたりする。これによって自己資本比率が回復し，銀行の健全性が保たれる。このため，Coco債は予め自己資本にも算入できる。しかも，公的資金ではなく，あくまで私的資金で銀行が救済される。当然，銀行はCoco債に対して高い金利を支払わなければならない。しかし，Coco債はあくまで債券であり，株の新規発行ではないので，希薄化の問題が生じない等，銀行株主にとってメリットもある。

16.4　金融危機における中央銀行の役割

■市場流動性と資金調達流動性

現代の金融システムは，伝統的な預貸金業務を中心とする銀行の単なる集合体としては捉え切れない。そこでは，様々な形態の金融機関が，金融市場あるいは金融商品によって複雑に絡み合っている。特に投資銀行に代表される影の銀行は，資金を短期市場から調達して，投資活動を行っているため，そこから資金を調達できなければ，立ちどころに支払不能に陥る。

資金調達流動性とは，市場から資金を調達する際の難易度を表す言葉である。資金調達流動性が高いとは，潤沢な資金が市場に流入しており，資金調達が比較的容易な状態を指している。これに対し，資金調達流動性が低いとは，資金の出し手が取り手の信用に懸念（カウンターパーティーリスク）を抱く結果，資金の流入が止まり，市場が干上がってしまった状態を指している。なお，資金調達流動性と区別するため，資産の売れやすさを指す流動性は市場流動性と呼ばれる。

金融危機において，市場流動性と資金調達流動性の欠乏は，相互に影響を及ぼしながら，金融システムを不安定化していく。資金調達流動性が低下すると，市場で資金を調達できなくなった金融機関は手持ちの資産を投げ売りせざるを得ない。初めのうちは，市場流動性の高い証券を売って凌げる。しかし，次第に市場流動性の低い証券ばかりになり，資産の投げ売りに追い込まれていく。支払い能力の低下した金融機関は，さらに資金調達流動性を失っていく。

■最後のマーケットメイカー

中央銀行の重要な役割の一つに，最後の貸し手（LLR: Lender of Last Resort）がある。これは，文字どおり，誰も金を貸さなくなった銀行に中央銀行が最後の貸し手として流動性を供給する仕組みである。それでは，影の銀行が流動性不足に陥った場合，中央銀行はどのように対応するのであろうか。その場合，中央銀行は，その金融機関が発行する債券を市場で買い入れることによって流動性を供給するしかない。これを中央銀行の最後のマーケットメイカー（MMLR: Market Maker of Last Resort）機能と呼ぶ。

従来，影の銀行は，預金を扱わないため，中央銀行の救済対象ではなかった。しかし，投資銀行などの影の銀行は，現代の金融システムの中に複雑に組み込まれている。このため，影の銀行が破綻すると，預金取扱銀行も破綻に追い込まれるかもしれない。実際，世界金融危機では，大手投資銀行リーマンブラザーズの破綻が預金取扱銀行の経営を危うくした。

なぜ米国連邦準備制度はリーマンブラザーズに対してMMLRを発動しなかったのか。市場でリーマンブラザーズの発行する資産担保コマーシャルペーパーを買えば，破綻を防げたのではないか。実は，中央銀行はどんな金融機関にでも資金供与できる訳ではない。中央銀行が資金を融通できるのは，健全だが一時的に流動性不足に陥っている金融機関のみである。債務超過に陥っている金融機関に資金を融通することはできない。リーマンブラザーズは，完全に債務超過に陥っており，営業を続けるための資産がもう残っていなかったのである。

■中央銀行間のスワップ協定

金融のグローバル化とともに，金融機関のバランスシートは，様々な通貨建ての資産と負債で構成されるようになった。為替リスクを回避したい金融機関は，資産と負債の通貨構成を一致させようとする。それによって，外貨の支払いに応じられるようにするためである。世界金融危機では，欧州の金融機関がドルで資金調達を行い，ドル建ての資産で運用していた。しかし，そのドル資産が不良債権化し，次第に欧州の金融機関はドルの資金繰りに困るようになった。

金融機関の経営が健全で，一時的な流動性不足に陥っているだけならば，中央銀行が最後の貸し手機能を使って金融機関の資金繰りを一時的に支援することができる。しかし，世界金融危機では一つ問題があった。欧州中央銀行（ECB）はユーロであればいくらでも流動性を供給できるが，不足しているのはドルの流動性であり，ECBは無制限に流動性を供給することができなかったのである。

こうした事態に直面し，2009年4月，欧州，米国，英国，日本，スイスの中央銀行は中央銀行間スワップ取極を締結した。このスワップ協定は，5か国の中央銀行が自国の発行する通貨を相互に交換するというものであるが，実質的には米国以外の中央銀行が自国通貨と引き換えに米国連邦準備制度からドルを受け取るというものである。これによって，米国連邦準備制度がECBにユーロと交換にドルを供給し，ECBがドル不足に陥っていた欧州の金融機関にドルを供給することができた。

世界金融危機の最中，中央銀行間スワップ取極は欧州の金融システムの安定性維持に役立った。ドル不足に苦しんでいた欧州の金融機関は，これによって一息つくことができた。ECBにとっては，ドル不足が原因で金融機関が破綻し，欧州の金融システムが不安定化するのを防ぐことができたのは大きなメリットであった。

米国連邦準備制度にとって，中央銀行間スワップ取極はどのようなメリットがあったのであろうか。欧州の金融機関が破綻すると，そこにドル資金を融資していた米国の金融機関も資金を回収することができず，損失を被ることになる。損失の規模によっては，米国の金融機関が破綻し，米国の金融システムが不安定化する可能性もある。したがって，米国連邦準備制度にとっても，中央銀行間スワップ取極は十分メリットを感じられる協定だったのである。

第17章
信用創造の実際と現代貨幣理論

日本の政府債務残高（一般政府）は1,294兆円に上り，すでにGDPの2倍を超えている（平成29年度末）。この値は，先進国の中では突出しており，このまま債務残高が拡大し続けると，元本の返済はおろか，利子さえも支払えなくなり，ついには国家が破綻するかもしれないと多くの経済学者が警告している。

もし国家の債務不履行が間近に迫っているならば，国債価格は暴落し，利回りが急上昇してもおかしくない。しかし，現実の金融市場に，そうした気配は感じられない。それどころか，日本は，1990年代初の資産価格バブルの崩壊を経て，金利が下限に達する流動性の罠を経験した最初の先進国となった。そして，今も低金利環境から抜け出せないでいる。

多くの経済学者が言うとおり，日本は国家破綻の瀬戸際にいるのであろうか。それとも，彼らの懸念をよそに，日本の政府債務残高は拡大を続けるのであろうか。過去，多くの国が巨額の政府債務を抱えた挙句，悲惨な経済危機に陥った。そうした国々と現在の日本の間には，どのような違いがあるのだろうか。

本章で紹介する現代貨幣理論（MMT: Modern Money Theory）は，こうした問題に答えるための一つの理論的枠組みである。MMTは2000年代に入って注目を集め始めた比較的新しい理論である。そのため，MMTの内容についての一般の理解は十分ではない。また，政府債務の累積に寛容なMMTの政策論に激しい拒否反応を示す経済学者も多い。

MMTに対する批判は誤解に基づくものが少なくない。まず，MMTを構成している貨幣の概念は学界でも認知されたものである。次に，MMTの信用創造の捉え方は，大学で教えられている理屈よりも現実に即したものである。さらに，MMTは単純な財政拡張論ではない。物価を安定的に保つことが財政拡張の限界を規定するとされており，また，財政拡張によって経済全般がどのような影響を被るのか，様々な可能性が議論されている。

本章では，こうしたMMTの理論をしっかりと学ぶことを主な目標とする。その上で，MMTの提唱者がどのような政策論を展開しているのかを理解しよう。すでに，MMTを巡って侃々諤々（かんかんがくがく）の議論が行われている。どの議論が傾聴に値し，どの議論が誤解に基づくものなのかを判断するためには，MMTの理論に対する正確な理解が欠かせない。

17.1 信用創造の理論

17.1.1 民間銀行による信用創造

■外生的貨幣説

信用創造とは，マネーを無から創り出すことである。大学では，マネーストックがどのように増えるかを教える際，次のように説明するのが一般的である。あなたが現金を銀行に預金したとしよう。現金は利子を生まないので，銀行は一部を準備預金として日本銀行に預け，残りを企業に貸し出す。企業は，例えば機械を購入し，借りたお金で支払いを行う。機械の製造会社は，受け取ったお金を銀行に預金する。このプロセスが何度も繰り返されると，次々と預金が増えていき，最終的には，初めにあなたが預けた現金の何倍もの預金が生み出される。この倍数は信用乗数と呼ばれる。また，あなたが銀行に預けた現金は，日本銀行によって発行されたものである。ここから，日本銀行は，日本銀行券の発行額を決めることによって，マネーの量を自由にコントロールできるという学説が生み出された。この学説は外生的貨幣説と呼ばれる。

■内生的貨幣説

外生的貨幣説は，初めて金融論を学ぶ学生には分かりやすいが，現実社会で銀行業務に携わっている人たちの経験とのギャップは大きい。実務家にとって，預金の大部分は銀行によって無から創り出される。これを複式簿記の要領で説明しよう。あなたが銀行Aに1,000万円の住宅ローンの申し込みをしたとする。銀行Aは，あなたのクレジット履歴に問題がないか，安定した収入が見込めるかなど，様々な側面から審査を行う。審査に合格すると，貸し出しが実行される。銀行Aは，バランスシート（B/S）の資産側に「あなたの住宅ローン：＋1,000万円」を記載し，負債側に「あなたの預金：＋1,000万円」を記載する（図17.1）。これで預金という通貨が創造された。預金は銀行の帳簿上の処理によって創り出されるのであり，そのためにあなたの現金は必要ない。

ここで重要なのは，貸し出し需要が契機となって，預金が創り出されるという事実である。マネーストックの大宗を占める預金の量は，貸し出しの需要と供給によって決まり，日本銀行が自由にコントロールすることはできない。そして，預金が増えたのに応じて，銀行が日本銀行に準備預金を積み増すことから，マネタリーベースが増加する。マネーストックが増えたからマネタリーベースが増えたのであって，逆ではない。こうした考え方は内生的貨幣説と呼ばれる。

外生的貨幣説と内生的貨幣説のどちらが正しいのかは，学者と実務家の間だけではなく，学者の間でも論争が続いている経済学上の大きな論点の

図17.1　民間銀行の貸し出しによる信用創造

銀行AのB/S

資産	負債
〈あなたの住宅ローン〉＋1,000万円	〈あなたの預金〉＋1,000万円

一つである。今のところ，学界では外生的貨幣説が多数派で，MMT が依拠している内生的貨幣説は少数派である。しかし，日本銀行がデフレ解消を目指して，量的緩和や量的・質的金融緩和を実施しても，外生的貨幣説が主張するほどにはマネーストックの量は増加していないのは事実である。これは内生的貨幣説の正当性を示すものであろう。

■日本銀行を通じた決済

住宅ローンの申請が承認され，あなたの銀行口座にお金が振り込まれると，あなたはそれを用いて家を購入することができる。あなたは住宅会社の指定する銀行口座にお金を振り込む。住宅会社の銀行 B とあなたの銀行 A は，大抵の場合，別の銀行である。そこで，あなたの預金を銀行 A から銀行 B に移してくれるシステムが必要になる。それが「銀行の銀行」であ

図 17.2　民間銀行間の振り替えによる預金の移動

銀行 A の B/S

資産	負債
〈日銀当預〉 －1,000 万円	〈あなたの預金〉 －1,000 万円

日本銀行の B/S

資産	負債
	〈銀行 A の日銀当預〉 －1,000 万円 〈銀行 B の日銀当預〉 ＋1,000 万円

銀行 B の B/S

資産	負債
〈日銀当預〉 ＋1,000 万円	〈住宅会社の預金〉 ＋1,000 万円

る日本銀行である。あなたが支払ったお金は，銀行Aと銀行Bそれぞれが保有している日本銀行当座預金の振り替えを通じて，住宅会社の指定口座に移される（図17.2）。これであなたと住宅会社の間で決済が完了する。

■銀行貸し出しとマネーストック

最後に，この取引によって日本銀行とすべての民間銀行からなる銀行システム全体のバランスシートにどのような変化が生じたのかを見てみよう。図17.3は，図17.1と図17.2を合体させたものである。民間銀行全体のバランスシートには，あなたの住宅ローンと住宅会社の預金だけが残る。

ここまでの話から，いくつかのことが明らかとなった。第1に，マネーストックの大宗を占める預金は，主に銀行貸し出しによって生み出される。第2に，預金という通貨はそれを発行した銀行にとっては負債であるという事実である。このことは，貨幣の起源を論ずる際に重要になる。第3に，この信用創造のプロセスにおいて，日本銀行のバランスシートには何ら変化がないということである。日本銀行は，二つの銀行の間に立ってお金の仲介を行っただけで，信用創造に積極的に関わっていない。日本銀行がなくとも，通貨を生み出すことは可能なのである。

図17.3　銀行貸し出しによる銀行システム全体のB/Sの変化

日本銀行のB/S

資産	負債
変化なし	変化なし

民間銀行全体のB/S

資産	負債
〈あなたの住宅ローン〉＋1,000万円	〈住宅会社の預金〉＋1,000万円

17.1.2 財政支出と信用創造

政府が橋を建設するために，国債の発行を計画しているとしよう。同じ額の国債を発行するにしても，それを誰に引き受けてもらうのかによって，経済へのインパクトは異なる。以下の説明では，引き受け手が，日本銀行，民間銀行，個人の三つのケースについて，財政支出がマネーストックにどのような違いを生み出すのか考察する。

■日本銀行による国債引き受け

最初に，日本銀行に 1,000 億円分の国債を引き受けてもらって，財政支出を行うケースを考えよう。これは，日本銀行による国債の直接引き受けと呼ばれ，法律で禁じられている。しかし，民間銀行の貸し出しが預金を生み出すのと同じ仕組みで説明できるため，比較のため最初に取り扱うこととしたい。なお，説明が複雑になるのを避けるため，この節では民間の銀行を一括りにして考える。また，準備預金制度や日本銀行の金融市場調節についても一旦捨象する。

皆さんが学校で学んだとおり，日本銀行は「政府の銀行」である。そして，国債の引き受けは，政府への貸し出しである。日本銀行が国債を引き受けると，日本銀行のバランスシートの資産側に「国債：+ 1,000 億円」が計上され，それとの見合いで負債側に「政府預金：+ 1,000 億円」が計上される（図 17.4）。この勘定処理は，あなたが民間銀行から住宅資金を借入したときと同じであることに注意しよう。

政府は，日本銀行に保有している預金を用いて，何でも買うことができ

図 17.4 日本銀行による国債の引き受け

日本銀行の B/S

資産	負債
〈国債〉 +1,000 億円	〈政府の日銀当預〉 +1,000 億円

図 17.5 財政支出の実行

日本銀行の B/S

資産	負債
	〈政府の日銀当預〉 −1,000 億円 〈民間銀行の日銀当預〉 +1,000 万円

民間銀行の B/S

資産	負債
〈日銀当預〉 +1,000 億円	〈建設会社の預金〉 +1,000 億円

図 17.6 銀行システム全体の B/S の変化（日銀引き受けのケース）

日本銀行の B/S

資産	負債
〈国債〉 +1,000 億円	〈民間銀行の日銀当預〉 +1,000 億円

民間銀行の B/S

資産	負債
〈日銀当預〉 +1,000 億円	〈建設会社の預金〉 +1,000 億円

る。その決済は，①日本銀行が政府の預金口座から民間銀行の預金口座へ1,000 億円の振り替えを行い，②民間銀行が建設会社の預金口座に 1,000 億円を振り込めば完了する（図 17.5）。

この取引によって日本銀行と民間銀行を併せた銀行システム全体のバランスシートにどのような変化が生じたのかを見てみよう。図 17.6 は，図

17.4 と図 17.5 を合体させたものである。この図から次のことが分かる。第 1 に，日本銀行が供給したマネタリーベースは，政府から民間へと所有者を変えつつ存続する。第 2 に，財政支出の実行によって，民間銀行の預金という形でマネーストックが生み出される。

■民間銀行による国債引き受け

次に，民間銀行に 1,000 億円分の国債を引き受けてもらって，財政支出を行うケースを考える。民間銀行は，国債の代金として，日本銀行当座預金を用いる。これを政府の日本銀行当座預金口座に振り替えてもらえば決済が完了する（図 17.7）。

財政支出が実行されたときの資金の流れは図 17.5 と全く同じである。この取引によって日本銀行と民間銀行を併せた銀行システム全体のバランスシートにどのような変化が生じたのか見てみよう。図 17.8 は，図 17.7 と図 17.5 を合体させたものである。この図から，次のことが分かる。第 1 に，日本銀行引き受けのケースと異なり，日本銀行のバランスシートは変化しない。第 2 に，日本銀行引き受けのケースと同じく，財政支出の実行によって，預金という形でマネーストックが生み出される。

なお，上の例では，民間銀行が国債を引き受けるのに十分な日本銀行当座預金を保有していることを前提としていた。しかし，この前提がいつも満たされているとは限らない。その場合，民間銀行は一時的に日本銀行から資金を借り入れ，国債引き受けの支払いに充てることができる。財政支出が実行されて，民間銀行が保有する日本銀行当座預金口座に資金が振り込まれれば，それを使って日本銀行からの借り入れを返済すればよい。この場合も，銀行システム全体のバランスシートは，図 17.8 と同じものになる。

■個人による国債引き受け

最後に，個人に 1,000 億円分の国債を引き受けてもらって，資金調達を行うケースを考えよう。個人が国債を引き受ける際には，預金が支払いに充てられるため，個人の民間銀行預金が 1,000 億円減少する。同時に，民

図 17.7 民間銀行による国債の引き受け

民間銀行の B/S

資産	負債
〈国債〉 ＋1,000 億円 〈日銀当預〉 －1,000 億円	

日本銀行の B/S

資産	負債
	〈民間銀行の日銀当預〉 －1,000 億円 〈政府の日銀当預〉 ＋1,000 億円

図 17.8 銀行システム全体の B/S の変化（民間銀行引き受けのケース）

日本銀行の B/S

資産	負債
変化なし	変化なし

民間銀行の B/S

資産	負債
〈国債〉 ＋1,000 億円	〈建設会社の預金〉 ＋1,000 億円

図 17.9 個人による国債の引き受け

民間銀行の B/S

資産	負債
〈日銀当預〉 −1,000 億円	〈個人の預金〉 −1,000 億円

日本銀行の B/S

資産	負債
	〈民間銀行の日銀当預〉 −1,000 億円 〈政府の日銀当預〉 +1,000 億円

間銀行の日本銀行当座預金が 1,000 億円減少し，政府の日本銀行当座預金が 1,000 億円増加する（図 17.9）。

財政支出による資金の流れは，図 17.5 と同じである。これを図 17.9 と合体させたものが図 17.10 である。この図から，次のことが明らかとなる。第 1 に，日本銀行のバランスシートには何ら変化がない。第 2 に，財政支出の実行によって，預金の総額も変化しない。このように，国債を個人に引き受けてもらって財政支出する場合，マネタリーベースも，マネーストックも変化しない。

図 17.10 銀行システム全体の B/S の変化（個人引き受けのケース）

日本銀行の B/S

資産	負債
変化なし	変化なし

民間銀行の B/S

資産	負債
	〈個人の預金〉 −1,000 億円 〈建設会社の預金〉 +1,000 億円

表 17.1 マネーストックとマネタリーベースの変化（単位は省略）

	マネーストック	マネタリーベース
日本銀行による国債引き受け	+ 1000	+ 1000
民間銀行による国債引き受け	+ 1000	0
個人による国債引き受け	0	0
（民間銀行による民間貸し出し）	（+ 1000）	（0）

■国債引き受けと信用創造

この節のまとめとして，国債を誰が引き受けたかによって，マネタリーベースやマネーストックの変化にどのような影響が生ずるかをまとめておこう（表 17.1）。第 1 に，日本銀行が国債を引き受けるときに限って，マネタリーベースが増加する（1 行目）。第 2 に，日本銀行ならびに民間銀行が国債を引き受け，財政支出が行われると，マネーストックが増加する（1，2 行目）。第 3 に，銀行ではない個人や企業はマネーを創り出すことはできない（3 行目）。

17.1.3 若干の複雑化

■準備預金制度と日本銀行の金融市場調節

現行の準備預金制度の下では，預金が増加すれば，日本銀行当座預金を積み増す必要がある。法定準備率を1％としてこの制度を説明しよう。あなたが住宅ローンを借り入れたケースでは，最終的に住宅会社の預金が1,000万円増加した。その結果，民間銀行全体として，準備預金が10万円だけ不足する。第11章で説明したとおり，このままでは政策金利が日本銀行の誘導目標を上回ってしまう。このような場合，日本銀行が民間銀行の保有している10万円分の証券を買い入れて，準備預金を供給する（図17.11）。

民間銀行が国債を引き受けたケースでも日本銀行の対応はほぼ同じである。図17.8では，建設会社の預金が1,000億円増加する。したがって，準備預金が10億円不足する。日本銀行は民間銀行が保有する10億円分の国債を買い入れて，準備預金を供給する（図17.12）。

日本銀行が国債を引き受けるケースでは，図17.6から分かるように，民間銀行は，建設会社の預金が1,000億円増加するが，同時に日本銀行当座預金も1,000億円増加している。このため，必要な準備預金の積み増し額を大幅に超えている。このままでは政策金利が日本銀行の誘導目標を下回ってしまう。日本銀行は，民間銀行に990億円分の国債を売却して，余剰資金を吸収する。その結果，最終的な銀行システム全体のバランスシートは，民間銀行による国債引き受けのケースと同じになる（図17.12）。

■財政ファイナンス

日本銀行が直接国債を引き受けることを財政ファイナンスという。過去の経験から，財政ファイナンスを許容すると，国債発行に歯止めがかからなくなり，ハイパーインフレーションが発生すると考えられている。このため，財政ファイナンスは財政法第5条で禁じられており，国債は原則として民間主体に引き受けてもらう必要がある。これを国債の市中消化の原則という。

図 17.11　日本銀行による金融市場調節（民間の住宅ローンのケース）

日本銀行の B/S

資産	負債
〈証券〉 ＋10 万円	〈民間銀行の日銀当預〉 ＋10 万円

民間銀行の B/S

資産	負債
〈あなたの住宅ローン〉 ＋1,000 万円 〈証券〉 －10 万円 〈民間銀行の日銀当預〉 ＋10 万円	〈住宅会社の預金〉 ＋1,000 億円

図 17.12　日本銀行による金融市場調節（民間銀行の国債引き受けのケース）

日本銀行の B/S

資産	負債
〈国債〉 ＋10 億円	〈民間銀行の日銀当預〉 ＋10 億円

民間銀行の B/S

資産	負債
〈国債〉 ＋990 億円 〈日銀当預〉 ＋10 億円	〈建設会社の預金〉 ＋1,000 億円

「国債を引き受けるか否かは民間銀行の自由意志であり，政府が意のままに国債を発行できる訳ではない」というのが市中消化原則を貫く論理であろう。しかし，先に説明したように，日本銀行が直接国債を引き受けても，それを民間銀行に売却すれば，民間銀行が国債を引き受けた場合と同じ結果になる。そして，その逆もまた真である。民間銀行が国債を引き受けても，日本銀行がその国債を買い取れば，日本銀行が直接国債を引き受けたのと同じになる。市中消化の原則は国債発行の歯止めとなるのだろうか。

量的・質的金融緩和でも，日本銀行は民間銀行から国債を買い入れており，政府から直接国債を引き受けている訳ではない。したがって，財政法第 5 条に抵触している訳ではない。しかし，政策意図が何であれ，現実に起こっていることは日本銀行が直接国債を引き受けるケースと同じである。このため，量的・質的金融緩和政策は，間接的な財政ファイナンスを狙ったものではないかとの批判が絶えない。

特殊な事情がない限り，政府が発行価格を十分に引き下げれば，民間銀行は経済的インセンティブに従って国債を引き受ける。日本銀行がそれを高く買い取ってくれるなら，なおさらである。民間銀行はその差額を利益として受け取れるので，積極的に国債を引き受けようとする。不況下で日本銀行が金利を低く維持しているとき，まさにこうした状況が現出する。この場合，政府は財政法第 5 条を迂回しながら，意のままに国債を発行することができる。市中消化の原則は，国債発行の歯止めにはならない。

17.2　貨幣の本質

17.2.1　貨幣の起源

■商品貨幣説

なぜ私たちは，中央銀行が発行する現金や民間銀行が提供する預金を「お金」と考えるようになったのであろうか。これには二つの説がある。第1の説は商品貨幣説と呼ばれる。人類の歴史において，様々なモノが貨幣として使われてきた。古くは，貝殻や石，牛などの家畜が貨幣として用いられていることもあった。貨幣制度が発達するにつれ，金や銀などの貴金属が貨幣として使われるようになった。紙幣も使われたが，金貨や銀貨の代用品として流通していた。これを兌換紙幣という（金貨や銀貨と交換できる紙幣という意味）。商品貨幣説では，お金とはそれに使用されているモノの価値であると考える。

しかし，第2次世界大戦後，金貨や銀貨と交換できない紙幣である不換紙幣が主流となる。皆さんが1万円札を日本銀行に持って行っても，同額の新しい1万円札と交換してくれるだけで，金（きん）と交換してもらえる訳ではない。つまり，現代の紙幣にはモノの裏付けはない。これに対し，「日本銀行券の裏付けは日本銀行が保有している国債である」という人がいる。確かに，日本銀行のバランスシートには，負債側に日本銀行券，資産側に国債が記載されている。しかし，お札を持って日本銀行の窓口に行っても，国債と交換してくれる訳ではない。このように，日本銀行券にはそれを裏付ける金銭的価値のあるモノは存在しない。不換紙幣が主流となった今日，商品貨幣説はもはや成立しないようだ。

■信用貨幣説

そこで，信用貨幣説という第2の説が重要になってくる。分かりやすくいうと，貨幣は借金証書が起源であるという説である。この説は二つの部分から構成されている。第1に，貨幣で大切なのは記載された金額そのものであり，それが記載されているモノではないという事実である。これは貨幣の額面が材料の値段より高いことからも明らかである。古代メソポタミア文明では，土でできた板に負債額を記録しており，これが貨幣の原型になったという研究もある。

第2に貨幣は誰かの負債であるという点である。古代メソポタミアでそうであったように，現代にあってもその考え方は正しい。通貨の大宗を占める預金は，銀行のバランスシートの負債側に計上されているし，預金があれば，現金を「返してもらう」ことができる。

それでは，現金の代表である日本銀行券はどうだろうか。日本銀行券は日本銀行のバランスシートの負債側に計上されており，日本銀行の負債である。しかし，先に述べたとおり，お札を持って日本銀行の窓口に行っても，同額の新しいお札以外，何か別のものを「返してもらう」ことはできない。日本銀行券は，なぜお金として機能しているのだろうか。この問いに答えるには，貨幣の一般受容性という問題について説明しておく必要がある。

17.2.2　貨幣の一般受容性

■再 帰 説

あなたが何かを買うとき，お金で代金を支払う。売り手であるAさんは，そのお金を当然のように受け取る。これを貨幣の一般受容性と呼ぶ。なぜAさんはお金を受け取るのであろうか。それは，AさんがBさんから何かを買うとき，Bさんがそのお金を受け取ってくれると期待するからである。この期待の連鎖は無限につながっていく。つまり，お金は誰かが必ずそれを受け取ってくれると予想されるので，受け取ってもらえるのである。この説を再帰説と呼ぼう。

再帰説は，単なる循環論法に過ぎないように聞こえるが，論理的には正しい。しかし，どこかで予想の連鎖が途切れると，この説明は成り立たない。例えば，AさんがBさんから何かを買おうとし，Bさんにお金で代金を支払おうとしたとする。もしかすると，Bさんはそのお金を拒否するかもしれない。これを予想したAさんはあなたからお金を受け取ることを躊躇するだろう。再帰説では，貨幣の一般受容性は，極めて脆弱な基盤の上に成立していると言える。

■租 税 説

これに対し，MMTでは，貨幣の一般受容性を支えているのは，政府の徴税権であると主張する。もちろんこの場合の貨幣は，政府がお金と認めた法定通貨に限られる。国民は，政府から行政サービスを享受する対価として，納税の義務を負っている。そして，納税義務は法定通貨を政府に支払うことによって果たされる。このため，国民は法定通貨を必要とする。こうした需要があるため，法定通貨は必ず受け取ってもらえるのである。以下，これを租税説と呼ぶこととしよう。この説は，ドイツの経済学者ゲオルク・F・クナップによって唱えられた貨幣国定説を基礎としている。

再帰説と租税説は背反的なものではなく，両者が合わさって，貨幣の一般受容性が強化される。再帰説は誰もがお金を受け取ってくれるという無限の期待の上に成り立っていた。しかし，その無限の先に誰がいるのか，その人はお金を必ず受け取ってくれるのか不明である。そもそも，日本の人口は1億3千万人に過ぎないし，世界の人口も73億人程度であり，無限ではない。未来に生まれてくる人をカウントすれば，無限の連鎖を想定できるかもしれないが，極めて曖昧である。しかし，租税説があれば，納税者は必ず法定通貨を必要とするし，その先には政府がいて，法定通貨を税金として必ず受け取ってくれる。これによって，貨幣を受容する人が必ず現れるという期待の連鎖が完結し，貨幣の一般受容性の基礎が強固なものとなる。

最後に，日本銀行券は日本銀行の債務証書であるという議論と租税説がどのようにつながっているのかを説明しておこう。政府があなたに課税すると，あなたは政府に対して納税という債務を負う。あなたは，政府に日本銀行券を手渡すことによって，その債務から解放される。日本銀行が保有している国債は，政府の日本銀行に対する債務である。政府は納税された日本銀行券を日本銀行に引き渡し，債務証書を回収することによって，その債務から解放される。同時に，日本銀行は日本銀行券という自らが発行した債務証書を回収することによって，その債務から解放されるのである。

17.3 MMTの政策論

17.3.1 政府債務の何が問題なのか

■自国通貨建て国債と不換紙幣の発行

政府は国債を発行し，中央銀行預金を入手することによって，あらゆる支払いに充てることができる。もちろん，過去に発行した国債の償還も，利払いも可能である。しかも，現在の貨幣は紙でできているので，金貨や銀貨のように，材料が足りなくなるということもない。したがって，国債の発行額がどれだけ巨額に上ろうと，償還や利払いができなくなることはない。つまり，債務が原因で国家が破綻することはない。ただし，それには以下の二つの条件が必要である

第1に，債務は自国通貨建てでなければならない。自国通貨建ての債務であれば，政府は中央銀行預金（あるいは現金）を入手して，返済に充てればよい。しかし，債務が他国通貨建てであれば，政府であっても債務不履行に陥る可能性がある。どのような国であろうと，他国の通貨を発行することはできない。債務を返済するには，貿易黒字や別の国からの借款によって，その国の通貨を手に入れるしかない。

第2に，自国通貨は不換紙幣でなければならない。無制限に貨幣を創り出すためには，裏付けなしに通貨の発行ができることが必要である。例えば，金本位制のように，通貨の発行に金の裏付けが必要になると，通貨の発行量は政府の金保有量に制限されてしまう。債務を返済したり，利子を支払う際に金が足りなくなったりすると，政府は支払い不能に陥ってしまう。

■国家の破綻は政府債務の細部に宿る

ひところ,「日本の累積債務が大きくなっても，ほとんどが日本国民および日本法人に保有されているので問題はない」という議論が行われたことがある。しかし，MMT の観点からは，国債の国内保有比率（あるいは海外保有比率）は問題ではない。外国人や海外法人が日本国債を保有していたとしても，それが円建て債務であり，日本国が不換紙幣を発行している限り，政府は返済可能である。逆に，日本国民や日本法人が保有していたとしても，それが他国通貨建て債務であったり，不換紙幣でなかったりすれば，国家は破綻に瀕する可能性がある。

このように，政府債務が問題となるのは，国債と貨幣がどのような条件で発行されているかに依存している。国家の破綻可能性に関するこれまでの議論は，GDP に対する債務の大きさに焦点を当ててきた。しかし，重要なのは，その債務が自国通貨建てなのか，他国通貨建てなのかという点である（現代の通貨は不換紙幣が通常なのでそれについては捨象する)。この点を無視して，債務の大きさのみで国家の破綻可能性を論じるのは，かなり大雑把な議論であったと言える。多くの実証研究が日本をデータから外して計量分析を進めなければならなかったのは当然かもしれない。逆に，MMT の提唱者たちは，日本こそが MMT の正当性を立証するものだと喧伝している。

■政府の予算制約式

経済学者はマクロ経済について分析する際，財政の予算制約式というものを用いる。

$$B_t = B_{t-1} + iB_{t-1} + G_t - T_t \tag{17.1}$$

B ≡国債残高，G ≡政府支出，T ≡税収，i ≡金利

この式の意味を説明する際，家計の予算制約式を引き合いに出すことが多い。家計は，所得以上に消費する際，他者から借り入れを行う。この借金は，いずれは返済する必要がある。したがって，生涯にわたる消費の割引現在価値は，生涯にわたる所得の割引現在価値に等しく（あるいはそれ以下に）なっていなければならない。借金の額が異常に大きい人は，将来

の所得で返済できない可能性が高く，経済的に不健全な生活を送っているとされる。

MMT 提唱者は，政府の予算制約式と家計の予算制約式は同じではないと主張する。あなたは借金を返済するために働かなければならない。しかし，1 日は 24 時間しかなく，得られる所得には限界がある。一方，自国通貨建ての国債と不換紙幣を発行する国家は，インフレーションの問題を脇においておけば，国債の発行によって無制限に財政支出を続けることが可能である。国債の償還も利払いも，自国の不換紙幣で支払うことができるからである。したがって，政府の財政政策に「健全」とか「不健全」という言葉は当てはまらない。

17.3.2　機能的財政論

■財政政策の目標

MMT の政策論は機能的財政論に依拠している。機能的財政論とは，ロシア生まれの経済学者アバ・P・ラーナーによって展開されたもので，財政政策は「健全」とか「不健全」といった基準で評価がなされるべきではなく，あくまで政策目標を達成するための効果や結果を基準になされるべきであるという考え方である。

一般に，マクロ経済政策で重要な二つの目標は，完全雇用の達成とインフレーションの抑制である。総需要の不足によって，失業が発生している場合，政府は総需要の不足を補って完全雇用を達成するために，財政支出を増やし，減税すべきである。逆に，総需要の過剰によって，インフレーションが高進している場合は，政府は総需要を抑制し，インフレーションを鎮静化するために，財政支出を減らし，増税すべきである。つまり，政府の仕事は，完全雇用を達成する水準に総需要を調整することである。

MMT を批判する経済学者の多くは，政府債務の累積に寛容な姿勢を批判している。彼らは，国債残高が増大すればハイパーインフレーションが発生するという歴史の教訓を持ち出し，MMT 提唱者はハイパーインフレーションの弊害を軽く見ていると主張している。しかし，ここで説明しているとおり，理論としてのMMTは，決してインフレーションの問題を軽視している訳ではない。むしろ，国債発行による財政支出を止める指針となるのは，インフレ率以外の何物でもない。

財政支出の制約になるのは，生産能力（生産要素と生産技術）を駆使して得られる潜在産出量である。インフレ率が許容範囲を超えて上昇すれば，それは総需要が潜在産出量を超えて拡大していることを意味しており，財政支出を削減するシグナルとなるのだ。つまり，問題は財政支出の予算制約式ではなく，財サービスの生産能力の制約なのである。総需要が生産能力を超えるとき，インフレーションが激しくなるからである。

MMT提唱者は，均衡財政（＝財政赤字をゼロにする政策）を否定している訳ではない。政府には財政赤字バイアスがあり，手足を縛っておかないといずれハイパーインフレーションを起こしてしまうという懸念がある。その場合は，政府が自らを律するための手段として均衡財政を用いればよい。しかし，均衡財政を一般的な財政の原理・原則と見なすのは間違いである。後述するように，国債は国民の経済活動において重要な役割を担っており，むしろ政府は適度な赤字を出し，国債を供給する必要がある。これは現代の国際経済が，米国の経常赤字を映じたドルの供給によって支えられているのと同じである。

なお，国によっては，為替レートの安定を目標としている国もある。国債発行による財政支出は貨幣供給量を拡大し，自国通貨の減価を招きがちである。この場合，自国通貨が許容範囲を超えて減価することが，国債発行による財政支出を止めるシグナルになる。このように，機能的財政論は，国家の政策目標がいかなるものであろうと，その目標達成に有効か否かという観点から，財政政策を評価する。

■政策手段としての国債

政府が国債を民間銀行に引き受けてもらい，財政支出を実行すると，国債と見合った預金が生まれる。これは，民間セクターにとって，純資産（＝資産－負債）の増加になる。これに対し，民間銀行が貸し出しを実行する場合は，預金は増加するが，貸し出しも増えているので，民間セクター全体で見ると，純資産は変わらない。政府による国債の発行は，民間に資産形成の手段を提供しているのである。

国債発行による財政支出は，それ自体が総需要の増加要因であることに加え，民間の純資産の増加を通じて，総需要をさらに増加させる。不況下で失業が発生している場合，総需要の増加は雇用環境を改善し，経済を完全雇用水準に押し上げる。逆に，好況下で経済が過熱し，インフレーションが高進しつつある場合，政府は財政支出を抑制し，総需要を抑える。また，民間の純資産の拡大が減速するため，総需要の拡大がさらに抑えられ，インフレーションが鎮静化する。

■政策手段としての税

税も政策目標を達成するための重要な手段である。MMTでは，税は過去に発行された貨幣を回収するための手段であり，景気循環を平準化するために使われる。政府は，景気が過熱しているときには増税して貨幣を回収し，景気が落ち込んでいるときには減税して貨幣を放置する。これによって，経済活動を完全雇用水準の周りで安定化することができる。つまり，租税は総需要をコントロールする手段である。ただし，税制の改正には長い時間を要し，適宜適切に対応することができない。このため，税を景気対策として用いるには，累進課税など，あらかじめ自動安定化装置としてセットしておくのが望ましい。このように，税は財政支出のために必要な資金調達を行う手段ではない。

税収がなくとも財政支出は可能であるという議論から，MMTの考え方にしたがえば，無税国家を作れると主張する人がいる。これは全くの誤解である。税は貨幣の一般受容性を支えており，貨幣制度を維持するための基礎である。政府の徴税能力が弱いと，国民は脱税することが容易になり，納税のための貨幣を準備しようとしなくなる。このため，行政システムが未発達の新興国では，全体としての貨幣需要が小さく，インフレーションが発生しやすいと考えられる。先進国でも，政治家が選挙を気にするあまり増税に後ろ向きになると，同じように貨幣需要が小さくなり，インフレーションを起こしやすくなるかもしれない。

■中央銀行の役割

政府が国債を銀行に引き受けてもらい，財政支出を行うと，貨幣供給量が増加する。このため，財政支出は，総需要の追加という財政政策と貨幣量の追加という金融政策の二つの側面を併せ持っていることが分かる。増税はこの逆の操作であり，やはり財政政策と金融政策の二つの側面を持っている。

それでは，中央銀行はどのような役割を担っているのであろうか。もちろん，中央銀行は金融政策を行っているが，それは金利水準の操作を通じた別の形の金融政策である。第 11 章で説明したとおり，短期金融市場では，日々，資金の過不足が生じている。これを放置すると，短期金利が乱高下してしまう。また，短期金利と連動している中長期の金利も，適正な水準から大きく乖離してしまう。金利が低過ぎると，個人や企業の資金需要が大きくなり過ぎ，銀行による過剰な信用創造がなされる可能性がある。逆に，金利が高過ぎると，資金需要が減少し，銀行による信用創造が過少になる。中央銀行は，国債の売買を通じて資金過不足を吸収し，こうした金利の乱高下を防いでいる。

このように，国債は中央銀行が金利を適正な水準に維持するために不可欠なツールである。1990 年代の米国では，財政黒字によって国債発行額が減少し続けた結果，連邦準備制度による公開市場操作に支障を来すのではないかということが真剣に議論されたことがある。金融システムを円滑に機能させる上で，国債は欠かせない存在なのである。

17.3.3 就業保証制度

機能的財政論は，完全雇用と物価安定という政策目標に鑑みて最も有効な政策を望ましいとする。しかし，公共事業など，財政政策として真っ先に浮かんでくる政策は，失業者の救済という政策目標を達成する上で，費用対効果が必ずしもよくない。そこで，MMT 提唱者が推奨しているのが，就業保証（Employer of Last Resort）という制度である。

就業保証制度とは，失業した人が望めば，最低賃金で政府が直接雇用することができるという制度である。この制度があれば，働く意思のあるすべての人に就業機会を提供することができるため，完全雇用という目標を確実に達成できる。しかも，失業者を直接のターゲットにしているので，公共工事のように財政支出の便益が拡散せず，費用対効果が高い。また，失業保険は，失業することに対して報酬を払っているため，慢性的に失業を生み出すとの批判がある。これと比較しても，就業保証プロジェクトは，労働の対価を支払うものであり，労働市場に歪みをもたらさない。

就業保証制度は物価の安定にも寄与すると考えられる。失業が発生すると，賃金が低下し，物価を押し下げ，それが事業規模の縮小をもたらし，さらに失業が深刻化する。就業保証制度は，こうして生じる賃金・物価のデフレスパイラルを食い止めることができる。もし雇用者が最低賃金以下に賃金を引き下げようとすると，労働者は就業保証制度を利用して離職してしまうため，事業を続けられなくなる。就業保証制度は賃金低下のストッパーとなる。

さらに，就業保証制度は，インフレーションの抑制にも有効である。事業主は最低賃金を少し上回る賃金を提示することによって就業保証制度の利用者を雇い入れることができるため，労働者からの賃上げ要求圧力を抑制できるからである。もちろん，完全雇用が達成され，就業保証制度の利用者がいなくなれば，インフレーションの抑制効果はなくなる。

就業保証制度は，MMT にとって不可欠のパーツではない。大恐慌時のニューディール政策など，過去に類似の施策が試みられたことがあるが，いずれも緊急避難的なものであり，恒久的な制度として存続しているものはない。このため，就業保証制度を MMT のコアの議論から切り離した方が，MMT の本質を理解してもらうためにもよいのではないかという MMT 支持者も多い。

第 17 章　補論
信用乗数と量的・質的金融緩和

マクロ経済学の入門テキストでは，マネタリーベースとマネーストックを区別せずに金融政策を論じているものが多い。そして，中央銀行がマネーストックを直接コントロールしているかのように扱っている。こうした取り扱いが許されるのは，マネタリーベースとマネーストックの間に強い相関関係がある場合のみである。

しかし，近年，マネタリーベースとマネーストックの伸び率の間に乖離が生じている。特に，日本銀行が量的・質的金融緩和を開始した 2013 年以降，この傾向が顕著になっている（図 17A.1）。日本銀行当座預金は，銀行間では一種の貨幣として機能するが，企業や家計はそれを直接利用することはできない。企業や家計が利用できるのはマネーストックであり，マネーストックが増大しない限り，デフレーションは解消しない。

信用乗数は，マネタリーベースが何倍のマネーストックを生み出すかを表している。マネーストックとマネタリーベースが同じペースで増大しているなら，信用乗数は安定している。しかし，近年のように，マネタリーベースの伸び率がマネーストックの伸び率よりも大きいと，信用乗数は低下傾向を辿る（図 17A.2）。

外生的貨幣説にこうした現象は説明できない。しかし，内生的貨幣説なら可能である。内生的貨幣説では，日本銀行当座預金が増えたところで，銀行がそれに合わせて家計や企業への貸し出しを増やす理由はない。銀行は，個々の案件を精査して，リスクに見合った収益を生まないと判断すれば，貸し出しを実行しない。したがって，預金は増加せず，マネーストックも増加しない。

この補論では，最初に，外生的貨幣説にしたがって，数学的に信用乗数を導き出す。その際，どのような前提が置かれているのかを明らかにして

図17A.1 マネーストックとマネタリーベース

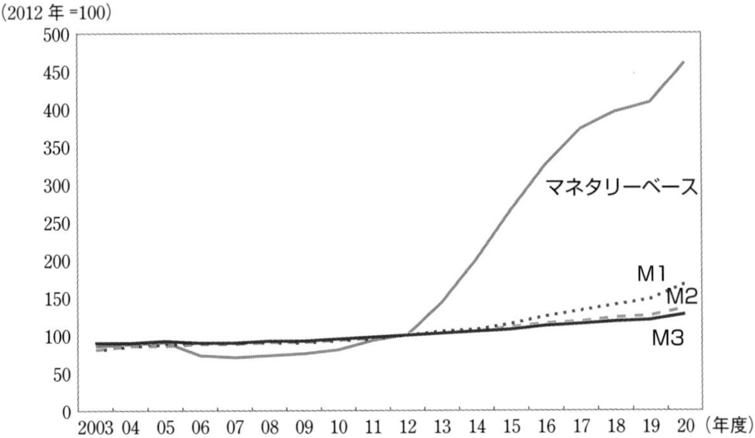

（出所） 日本銀行

図17A.2 信用乗数

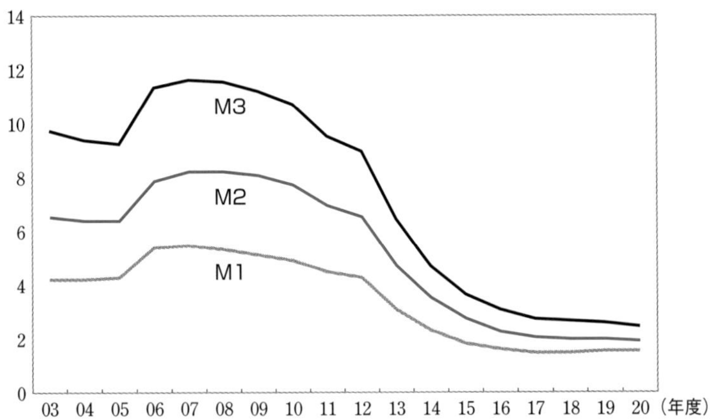

（出所） 日本銀行
（注） 信用乗数＝マネーストック／マネタリーベースとして算出した。

いく。次に，2000年以降，こうした前提が大きく崩れている可能性を指摘し，内生的貨幣説を補強する。

17A.1　外生的貨幣説に沿った信用乗数の導出

あなたは現金を c 円持っており，その一部を銀行に預金することにした。いま，現金の保有性向を a とする。あなたは ac 円を現金で保有し，残りの $(1-a)c$ 円を銀行に預金する（表 17A.1）。銀行は，準備預金制度によって，預金の一部を日本銀行当座預金として積み立てて置かなければならない。法定準備率を b としよう。銀行は $b(1-a)c$ 円を日本銀行当座預金として積み，残りの $(1-b)(1-a)c$ 円を企業に貸し出す。企業はそのお金で別の企業から商品を仕入れる。仕入れ先の企業は，受け取ったお金のうち $a(1-b)(1-a)c$ 円を現金として保有し，残りの $(1-b)(1-a)^2c$ 円を銀行に預ける。銀行は $b(1-b)(1-a)^2c$ 円を日本銀行当座預金として積み，残りの $(1-b)^2(1-a)^2c$ 円を企業に貸し出す。このプロセスは無限に続く。その結果，現金，預金，準備預金，貸し出し，それぞれの総額は表の最終行のようになる。

マネタリーベースは現金と日本銀行当座預金（ここでは準備預金）の合計なので，表の合計部分を使って次のように計算できる。

$$\text{マネタリーベース} = c \tag{17A.1}$$

また，マネーストックは現金と預金の合計であるから，同じく表の合計

表 17A.1　信用乗数の算出

	現　金	預　金	準備預金	貸　出
1	ac	$(1-a)c$	$b(1-a)c$	$(1-b)(1-a)c$
2	$a(1-b)(1-a)c$	$(1-b)(1-a)^2c$	$b(1-b)(1-a)^2c$	$(1-b)^2(1-a)^2c$
3	$a(1-b)^2(1-a)^2c$	$(1-b)^2(1-a)^3c$	$b(1-b)^2(1-a)^3c$	$(1-b)^3(1-a)^3c$
	⋮	⋮	⋮	⋮
総額	$\frac{ac}{1-(1-b)(1-a)}$	$\frac{(1-a)c}{1-(1-b)(1-a)}$	$\frac{b(1-a)c}{1-(1-b)(1-a)}$	$\frac{(1-b)(1-a)c}{1-(1-b)(1-a)}$

部分を使って，

$$\text{マネーストック} = \frac{c}{1-(1-b)(1-a)} \tag{17A.2}$$

信用乗数は，マネタリーベースが何倍のマネーストックを生み出すかを示したものであるから，次のように求められる。

$$\text{信用乗数} = \frac{1}{1-(1-b)(1-a)} \tag{17A.3}$$

信用乗数の分母は必ず1より小さい。したがって，マネタリーベースは何倍かのマネーストックを生み出す。このことから，マネタリーベースはハイパワードマネーとも呼ばれている。

17A.2　内生的貨幣説からの批判

近年，こうした単純な信用乗数の理論は厳しい批判に晒されている。実際，マネタリーベースとマネーストックの間に (17A.3) 式のような関係は成立していない。これにはいくつかの理由がある。第1に，上の議論では「準備預金を差し引いた残りの預金はすべて貸し出しに回る」としている

図 17A.3　法定準備額と現実の準備額

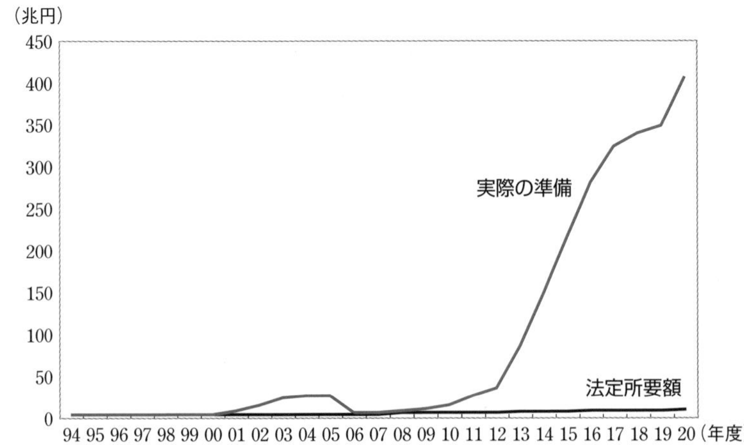

(出所)　日本銀行

が，この仮定は現実的ではない。確かに，現金は利子を生まない。しかし，貸出先が破綻してしまえば，その貸出金の利子率はマイナスである。優良な貸出先がなければ，銀行は現金保有か日本銀行当座預金を選択する。

第2に，2008年以降，日本銀行は法定所要準備を超える準備預金（「超過準備」）にプラスの利子を付けるようになった（「補完当座預金制度」第11章11.4）。また，2013年から量的・質的金融緩和が開始され，銀行による日銀への国債の売り上げ代金が日銀当座預金口座に大量に積み上げられることとなった。その結果，実際の準備預金額と法定所要額の間には大きな乖離が生じている（図17A.3）。なお，2016年のマイナス金利導入以降も，超過準備の一部にはプラス金利が適用されている（第13章13.3）。

最後に，信用乗数の理論が描くストーリーは，銀行の中で起こっている現実からあまりに乖離しているという実務家からの批判がある。本章でも述べたが，例えば，あなたが銀行の住宅ローンを利用したとしよう。銀行からの借り入れ資金はあなたの銀行口座に振り込まれる。つまり，銀行にとって，貸し出しを実行することと，預金を創出することは表裏一体の作業なのである。そこには銀行の意思決定が色濃く反映される。あたかも自動操縦の機械のように預金が増えていく信用乗数の理論とは根本的に異なっているのだ。

第18章

仮想通貨

皆さんは，ビットコインという言葉をテレビ，雑誌，新聞などで，一度は目にしたことがあるだろう。ビットコイン長者の優雅な暮らし振りを聞かされて投資家になった人もいるだろう。ビットコインの価格は今のところ右肩上がりのトレンドを描いている。しかし，値動きは激しく，暴落することもしばしばである。大儲けした人も大損してしまった人もいるだろう。

ビットコインはインターネット上で取引される仮想通貨である。皆さんが毎日の買い物で使用する紙幣や硬貨と異なり，実際に目で見たり，手で触れたりすることはできない。しかし，それは確かに存在する。したがって，仮想という言葉は正確ではない。最近では，ビットコインを暗号通貨とかデジタル通貨などと呼ぶようになった。

ビットコインは，2008年，サトシ・ナカモトによって公表された一本の論文から生まれた。サトシ・ナカモトとは何者なのか。自分がサトシ・ナカモトであると名乗り出た人物はいるが，その存在はいまだに謎のままである。いずれにせよ，ビットコインがこの世に送り出されて以来，多くの仮想通貨が生み出された。今もどこかで新しい通貨が生まれているかもしれない。しかし，生き残れる仮想通貨はほんの一握りである。

ビットコインとその仲間について，興味はあるものの，仕組みが難し過ぎて理解できないという人は多い。その理由は，ビットコインが複数のパーツの組み合わせからできていて，それぞれのパーツが耳慣れない言葉で説明されるからである。しかし，皆さんが新しい仮想通貨を開発したいならともかく，仮想通貨を利用するに当たって，その利便性やリスクを理解しておきたいだけならば，さほど難しい話ではない。

仮想通貨と似て非なるものに電子マネーというものがある。電子マネーが今日のように普及するまでには長い年月を要した。技術的進歩と社会的普及の間にある時間的ギャップはまだまだ大きい。今はまだ仮想通貨を支払い手段として使うことができる店舗は少ない。しかし，仮想通貨が貨幣として当たり前に流通する世界はそう遠くないかもしれない。

18.1 ビットコイン

2008年，サトシ・ナカモト論文が発表されて以来，多数の仮想通貨が生み出された。なかでも，サトシ・ナカモト論文に忠実にプログラムされたビットコインは，元祖仮想通貨と言ってよく，今でも仮想通貨の中心的存在である。ここでは，技術的な側面を中心に，ビットコインの仕組みを説明しよう。

■ブロックチェーン

ビットコインはいくつもの既存の技術の組み合わせでできている。なかでも，ブロックチェーンはビットコインを支えるコアな技術である。また，ブロックチェーンは，他の分野への潜在的な応用可能性から，現在最も注目されている技術である。

誰かが誰かにビットコインを送ると，その取引データはノードと呼ばれるビットコイン参加者のコンピュータへ送信される。ノードは複数あり，誰でも自分のコンピュータをノードにすることができる。送信された取引データは，10分ごとに一つのブロックにまとめられ（図18.1の①），一つ前のブロックにつなぎ合わされる。これがブロックチェーンである。

ブロックには，取引データ以外にもいくつかの情報が含まれている。とりわけ重要なのは，前のブロックから得られたハッシュ値（図18.1の②）

図18.1 ブロックチェーン

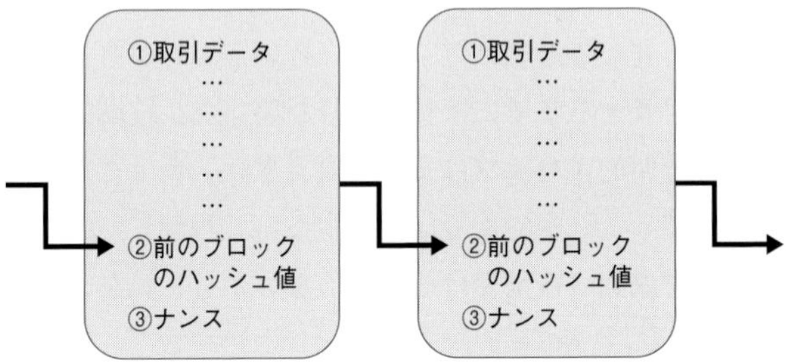

図18.2 ブロックのハッシュ値の生成

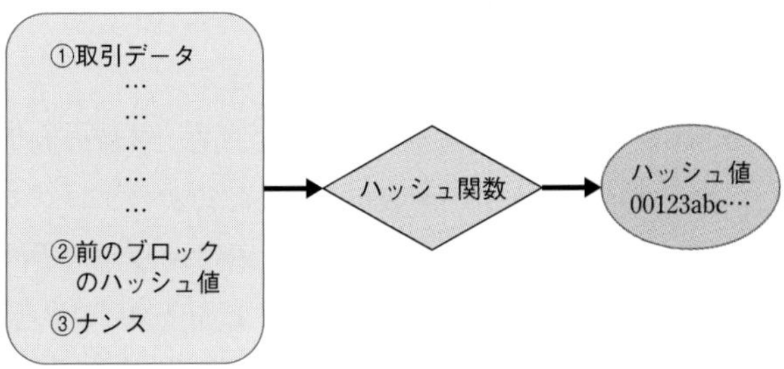

である。これは前のブロックに含まれている情報をハッシュ関数を使って要約したもので，複数の整数と文字からなる（図18.2）。このハッシュ値がブロックをつなぐチェーンの役割を果たしている。

ブロックにはナンス（nonce）という数値も含まれている（図18.1の③)。ナンスとはnumber used onceの略で，「一度だけ使われる数値」という意味である。ナンスを変えるとブロックのハッシュ値も変化する。ナンスはどんな値でもよい訳ではなく，次の問題の答えとなっている。「ブロックのハッシュ値の最初のX桁がゼロとなる32桁の数値を求めよ。」この問題を一番早く解いた者がブロックを前のブロックにつなぎ，報酬を受け取ることができる。なお，問題文中のXは，この問題が10分で解けるように設定されている。

ビットコインが画期的なのは，ナンスとハッシュ値を巧みに組み合わせることによって，取引データの改竄（かいざん）を事実上不可能にしていることである。いま，誰かがN個目のブロックの取引データを自分の有利になるように書き換えたとしよう。これによって，N個目のブロックのハッシュ値は変化する。改竄前のハッシュ値は，N＋1個目のブロックに書き込まれているので，このままでは改竄が露呈してしまう。

改竄を隠蔽するためには，N＋1個目のブロックに書き込まれているハッシュ値を書き換えなければならない。その際，ハッシュ値は決められた個数のゼロから始まらなければならないという条件がある。そこで，この条件を満たすように，N個目のブロックのナンスを求めないといけない。時間をかけて条件を満たすナンスを求めると，ようやくN個目のブロックのハッシュ値をN＋1個目のブロックに書き込むことができる。

しかし，このことが新たな問題を生じさせる。今度はN＋1個目のブロックのハッシュ値が変化するため，改竄前にN＋2個目のブロックに書き込まれたN＋1個目のブロックのハッシュ値と矛盾するのだ。したがって，改竄を成功させるためにはN個目のブロックから最新のブロックまで，すべてのブロックで隠蔽工作をしなければならない。ただ，そうしている間にも，新しいブロックが10分ごとに次々と追加されていく。このため，隠蔽工作は永遠に終わらず，結局，成功しない。

● BOX18-1　ハッシュ関数の性質

ビットコインではハッシュ関数が重要な役割を果たしている。それは，データの改竄やチェックに有用な特徴を備えているからからである。第1に，ハッシュ関数は，インプットが少しでも異なると，全く違うアウトプットが出力される。そのため，どんなに小さな変更でも瞬時に確認できる。

第2に，ハッシュ関数は，アウトプットからインプットを類推することがほぼ不可能である。このため，アウトプットから何らかの条件を満たすインプットを求めるためには，可能性のあるすべてのインプットを総当たりで試すしかない。

■プルーフ・オブ・ワーク

先の説明で，決められた条件を満たすナンスを一番早く求めた者だけが，ブロックを前のブロックにつなぐことができると述べた。ブロックをつないだ者は，そのことの報酬としてビットコインが新規発行され，与えられる。このことを金の採掘に見たててマイニング，マイニングする人をマイナーと呼ぶ。マイニングにはコンピュータによる膨大な計算が必要である。そのためには大量の電力を要する。つまり，ビットコインを得るには，何らかのコストを負担しなければならない。ナンスはそのことの証明であり，プルーフ・オブ・ワークと呼ばれる。

プルーフ・オブ・ワークでは次のようなことが行われている。誰かが誰かにビットコインを送ると，その取引データはすべてのノードに送信される。取引データを受け取ったマイナーたちは，条件を満たすナンスを求め，すべてのノードに送信する。その条件とは，取引データとナンスを合わせたブロックのハッシュ値が決まった個数のゼロで始まることである。ナンスを受け取った他のマイナーたちはハッシュ値を計算し，決まった個数のゼロから始まっていることを確認する。そして，一番早く条件を満たしたマイナーがブロックをつなぎ，報酬を得る。

大量の電力を消費するプルーフ・オブ・ワークは，一見すると無駄な作業のように映るかもしれない。しかし，取引データを正しくブロックにまとめるために必要な作業である。マイナーの中には，故意に間違った取引データをブロックに収めることによって，ネットワークを混乱させ，ビットコインの信頼性を傷つけようとするものがいるかもしれない。また，ネットワーク障害によって壊れたままの取引データでブロックが形成されてしまうかもしれない。誰もがマイナーになれるビットコインでは，こうした可能性があっても，最終的には正しくブロックが形成されることが重要である。そのためには，プルーフ・オブ・ワークが必須である。

■51％問題

最近，ビットコインの改竄不可能性がリスクに晒されていると言われている。実は，もしすべてのマイナーが持つ計算能力の半分以上を１人のマイナーが持てば，原理的には改竄が可能なのである。これを51％問題という。原理的には可能でも，合理的な人間ならば，苦労して改竄に取り組むよりも，圧倒的な計算能力を使ってマイニングでビットコインを稼ぐ方が得なので，改竄は起こらないという見方もある。しかし，可能であることに違いはなく，リスクであることも間違いない。

プルーフ・オブ・ワークは大量の電力を要するため，マイナーは電力料金の安い国に集まってくる。今のところマイニングの大部分は中国で行われている。もちろん別の国で電力が安くなれば，その国に計算能力がシフトしていくだろう。もし悪意を持った国が51％以上の計算能力を集められれば，改竄のリスクは顕現するかもしれない。まだまだシェアは小さいとはいえ，ビットコインは徐々に各国経済で一定の役割を果たしつつある。ビットコインが改竄されるようなことがあれば，その国の経済を多かれ少なかれ混乱に陥れるだろう。

■分散型台帳

ビットコインでは，単一の管理者が台帳の管理を一元的に行うのではなく，複数の参加者によって台帳の管理が行われている。これを分散型台帳と呼ぶ。システム障害などの影響で一部のマイナーのデータが壊れても，大部分のマイナーたちは同じ正しいデータを持っている。このため，データに異常があれば，いくら早くナンスを求めても，そのマイナーはブロックをつなぐことができない。このようにして，間違った取引データが排除され，正しい取引データが，ビットコイン参加者の間で共有されていくのである。

●BOX18-2　ヤップ島の石の貨幣

ビットコインが世に送り出された当時，単一の管理者が不在の分散型台帳という考え方に，人々は懐疑的であった。多くの人々は，あまりに現代のシステムに慣れ切っており，小さなコミュニティでは，むしろ，それが自然なことであったことを忘れている。そうした慣行が今でも見られる場所がある。西太平洋に浮かぶ島，ヤップ島だ。

ヤップ島の道端には大きな円形の石が並んでいる。これは石貨と呼ばれるお金であり，1931年まで製造されていた。重くてとても手で持ち運べるような代物ではない。しかし，島の人たちにとっては正真正銘のお金である。なかには，海中に沈んでいるものもあるらしい。

石のお金には誰の持ち物なのか，名前が書いてある訳ではない。ましてや，所有者を登録している登記所のようなものはない。それにもかかわらず，石の所有者が誰なのか，島の人たちは認識しているという。石貨の所有権に関する台帳が，島民の頭の中で，分散的に管理されているのである。

18.2 仮想通貨と電子マネー

仮想通貨はデジタル通貨とも呼ばれ，電子マネーと混同されやすい。しかし，両者は全くの別物である。日本では，電子マネーは鉄道会社等によって発行されており，小銭代わりに使用している人も多い。なかには，ほとんどの買い物を電子マネーで済ましていて，財布を持たない人もいるようだ。外国人の中には，電子マネーが生活の隅々にまで浸透している日本の姿を見て，驚きを隠さない人も多い。ここでは，電子マネーとの比較を通じて，仮想通貨の特徴を見ていこう。

■転々流通性

まず，電子マネーがどのように決済機能を果たしているかを見てみよう。電子マネーを使うには，①電子マネーを入れておくカードを発行会社から購入する。次に，②発行会社に現金を支払って，電子マネーを購入する（カードにチャージする）。ここで，あなたはパンが食べたくなったとしよう。③あなたはパンを購入し，電子マネーで支払う（読み取り機にカードをかざす）。最後に，④パン屋は電子マネーの発行会社から現金を受け取る。

政府・中央銀行が発行する法定通貨と他の金融資産を区別する特徴の一つに転々流通性がある。通貨は一度発行されると，中央銀行が回収しない限り，市中に留まって，利用者の手から手へと渡っていく。これに対し，電子マネーは，使用されるごとに発行会社に戻ってきて消滅する。上の例では，電子マネーで支払いを受けたパン屋は，小麦粉の購入代金として受け取った電子マネーを再利用することはできない。電子マネーには転々流通性がないのだ。

これに対し，仮想通貨は次のようにして，決済機能を果たしている。仮想通貨を使用するには，①仮想通貨取扱業者のホームページにアクセスして仮想通貨を入れておくウォレット（仮想の財布）をパソコン上に作っておく。次に，②仮想通貨の所有者（あるいは取扱業者）に，現金を支払って仮想通貨を購入する（ウォレットに送金してもらう）。そして，③パンを購入して，仮想通貨で支払う（ウォレットから送金する）。最後に，④パン屋は仮想通貨の需要者（あるいは取扱業者）に仮想通貨を売って現金に換える。

これが仮想通貨の取引主体間の流れである。注目すべきは，この流れには電子マネーのような終点がないことである。仮想通貨は一旦発行されると，永久に所有者を変えながら流通し，消滅することがない。つまり，仮想通貨は転々流通性を備えているのだ。この意味で，仮想通貨は，電子マネーよりも，現金に近い存在と言えるだろう。

■無国籍性

日本では，資金決済法によって，決済に関するルールが規定されている。その中で，電子マネーは前払型支払手段の一つと定義されている。電子マネーは通貨ではなく，あくまで円の代替物に過ぎないのだ。これに対し，ビットコインは円の代替物ではなく，ドルの代替物でもない。ビットコインは，どの国の通貨にも従属していない無国籍の支払い手段なのである。

この無国籍性によって，ビットコインは金（きん）に近い存在となっている。例えば，国際決済ではビットコインをそのまま送ればよい。まさしく，金本位制下の金現送のようなものである。しかも，インターネット上で送金できるので輸送費はかからない。高いと言われている銀行経由の国際送金の手数料を大幅に節約できる。

また，政情不安などによって，国が発行する法定通貨に信用がない場合は，無国籍であるビットコインの方が法定通貨よりも信用が高くなる。また，法定通貨として外貨を利用する国では，ドルを選択することが多かった。これをドル化という。しかし，ドル化した国は，米国の景気と金融政策の影響をまともに受けるというデメリットがあった。その点，ビットコインは特定の国の経済状況に左右されることがない。

■信頼の源泉

仮想通貨は，電子マネーとは異なる方法で貨幣としての信頼性を確保している。あなたが電子マネーを現金と引き換えにカードにチャージするのは，電子マネー加盟店がそれを現金の代わりに受け取ってくれると期待しているからである。そして，加盟店が電子マネーを受け取るのは，電子マネーの発行会社が，電子マネーを現金と交換してくれると期待しているからである。

もし発行会社が電子マネーの換金に応じられない事態（破綻など）が懸念されたり，偽造電子マネーが大量に市中に出回ったりしたら，何が起こるだろうか。おそらく加盟店は，その発行会社の電子マネーを受け取らないだろう。加盟店が電子マネーを受け取らないなら，使用者は電子マネーを購入したりはしない。つまり，発行会社に信頼があって初めて，電子マネーは貨幣の代替物として機能する。

これに対し，仮想通貨が貨幣として受け入れられているのは，仮想通貨を通じた取引が，分散型台帳という誰でもダウンロードできて，誰でも中身をチェックできる形になっており，しかも，その台帳はブロックチェーンという技術によって，事実上，改竄不可能になっているからである。仮想通貨は，特定の個人や組織の信頼性によって支えられているのではない。

2014年，日本のビットコイン大手取引所，Mt. Gox（マウントゴックス）が取引を停止した。このニュースを見て，ビットコインは怪しいモノなのではないか，近づかない方がよいのではないかと思った人も多かったようだ。しかし，セキュリティーが脆弱だったのは取引所であり，ビットコインの信頼は崩れなかった。事実，マウントゴックスが取引を停止しても，他の取引所でビットコインの取引は続けられた。

18.3　仮想通貨の普及可能性

■ネットワーク外部性

ビットコインは決済手段として開発された。しかし，今のところ，値上がり益を狙った投機資産として保有している人がほとんどである。ビットコインの将来性を買って保有しているのであるが，投機資産と同様に値動きが激しく，そのことが決済手段としての普及を妨げている。また，ビットコインの取扱業者は，創業間もない企業が多く，知名度は必ずしも高くない。セキュリティーの甘さから，マウントゴックスをはじめ，いくつかのビットコインの取扱業者が顧客から預かった仮想通貨を流出させたことも，消費者に漠然とした不安を植え付けてしまった。

ビットコインをはじめとする仮想通貨が決済通貨として経済社会のインフラとして定着するか否かは，今後の展開次第だと言えよう。その際に鍵となるのはネットワーク外部性という概念である。ある大型小売店でビットコインが使えるようになったというニュースが話題になったことがある。しかし，仮想通貨を使える店舗の数は，今のところ決して多くない。仮想通貨だけで日常生活を送るのはまだ早いようである。しかし，仮想通貨を使える店舗が増えれば，仮想通貨を使う消費者は増えるだろう。仮想通貨を使う消費者が増えれば，仮想通貨を扱う店舗はさらに増えるだろう。通貨はネットワーク外部性を持つ典型的な資産である。ネットワーク外部性が働けば，仮想通貨も爆発的に普及する可能性がある。

商品にはプロダクトサイクルというものがある。最初はごく一部の新しい物好きの人々がその商品を試し，徐々に人づてに利用者が広がっていく。そして，ある時から突然利用者が爆発的に広がる。これを図示すると図18.3のような普及曲線になり，急速に普及率が上昇する瞬間を臨界点と呼ぶ。貨幣も同様のプロダクトサイクルを辿るものと考えられる。先に紹

図18.3 普及曲線

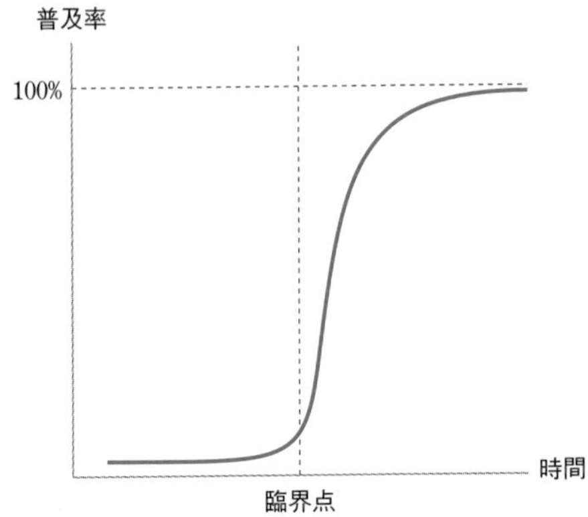

介した電子マネーも普及するまでに長い年月を要した。しかし，一旦普及し始めるとみるみる活躍の場を広げていった。今や小銭は持たないという人も増え，日本から硬貨を駆逐しつつあると言ってもよい。日本では，硬貨はプロダクトサイクルの終末期，電子マネーは壮年期を迎えており，仮想通貨はいまだ幼年期といったところであろうか。

■貨幣の競合と共存

複数の貨幣の競合が社会厚生をもたらすことを説いたのは，オーストリア生まれで，英国で活躍した経済学者フリードリッヒ・A・フォン・ハイエクである。彼は有名な貨幣発行自由化論を展開し，貨幣の発行は国家によって独占されるべきでなく，自由化されるべきであると主張した。それによって競争が促され，よりよい貨幣が選択される結果，社会厚生が向上するという。当時は荒唐無稽な議論と思われたようだ。しかし，電子マネーや仮想通貨が生まれた現代社会では，現実味を帯びつつある。特にビットコインは，国家によって発行される円やドルと競合関係にある。通貨の発行が自由化された社会では，どの通貨が生き残るかは，その通貨がどれほど社会のニーズに合っているかで決まる。「良貨は悪貨を駆逐する」のである。もっとも，人々のニーズは多様であり，必ずしも一つの通貨しか生き残れない訳ではない。それぞれに独自の強みを持った複数の通貨が共存する社会が実現するのではないだろうか。

● BOX18-3　グレシャムの法則

「悪貨は良貨を駆逐する」という言葉を聞いたことがないだろうか。これは，グレシャムの法則と呼ばれ，良質な貨幣は退蔵され，劣悪な貨幣のみが支払いに用いられることを簡潔に表現したものである。

金貨が主な支払い手段だった時代，人々はすり減った金貨を支払いに回し，すり減っていない金貨は手元に残した。なかには，金貨の縁を削り取って，儲けていた者もいた。すり減っていようがいまいが，支払いに使うときには額面どおりの価値を持っているのだから，人々が金の量が少ない貨幣で支払いをしようとするのは当然である。

また，国家財政が苦しくなると，政府が貨幣の金含有量を減らす悪鋳がしばしば行われた。これに対し，国民は金の含有量が高い古い貨幣を退蔵するようになった。また，金貨と銀貨が両方流通していた金銀複本位制では，市場価格が安い金属で作られた貨幣が支払いに用いられ，市場価格が高い金属で作られた貨幣は退蔵される傾向が見られた。

もっとも，現代の貨幣は丈夫であり，ちょっとやそっとですり減ったりしない。また，貴金属が原料ではないので，削り取りをする人もいない。ましてや，紙幣を切り取ったりはしない。何より，現代の紙幣は金や銀の裏付けがない不換紙幣である。現代社会では，もはやグレシャムの法則は働かないのである。

■ビットコイン以外の仮想通貨

ビットコインが誕生して以来，多くの仮想通貨が登場した。なかでも，イーサリアムは，通貨としての機能はもちろん，スマートコントラクトという機能を備えた画期的な仮想通貨である。スマートコントラクトを用いれば，様々な取引を契約どおりに自動的に実行するプログラムを組むことができる。この機能を用いれば，ある条件が満たされると取引を実行するというような契約は，人の手を借りなくともコンピュータが自動的に実行してくれる。もちろん，すべての契約をスマートコントラクトに任せることはできないだろう。なぜなら，あらゆる偶発事象を予めプログラムに書き込むことは不可能だからだ。しかし，スマートコントラクトで実行可能な取引は広範囲に及ぶと考えられる。

スマートコントラクトを使った技術として，NFT（Non-Fungible Token）が挙げられる。NFTとは日本語訳すると非代替性トークンとなるが，要するにビットコインなどの代替性トークンではないという意味である。ビットコインはどのビットコインも同じものとして扱われる，つまり代替性がある。これに対し，NFTは代替不可能なものであり，「一点もの」の資産を指している。イーサリアムもブロックチェーン技術に基づいており，改竄が困難になっている。したがって，インターネット上の資産が無断でコピーされるのを防止することができる。最近，高額のNFTアートが取引されるようになった。また，コンテンツそのものではなく，その権利書や利用証などもインターネット上で管理することが可能である。このように，スマートコントラクトはブロックチェーンの応用範囲を驚異的に広めたと言えよう。

ビットコイン関連でも大きな動きがあった。ビットコインは取引の数が増えるにしたがって，容量不足が問題となり始めていた（スケーラビリティ問題)。マイナーにとっては，利用者が支払う送金手数料も大きな収入源になっているため，容量の拡大が課題となっていた。その方法を巡って意見が対立した結果，ついにビットコインが二つに分岐するという事態（ハードフォーク）が発生し，新たな仮想通貨ビットコイン・キャッシュが生まれた。当時ビットコインの行く末を悲観的に見る専門家は多かった。しかし，当初の心配をよそに，その後もビットコインの人気は続いている。

■中央銀行と仮想通貨

硬貨や紙幣は，政府・中央銀行によって発行され，管理されている。このように，一つの発行体が管理・運営している貨幣を集権的貨幣と呼ぶ。これに対し，ビットコインには，そうした一つの管理・運営主体が存在しない。複数のネットワーク参加者の合意プロセス（プルーフ・オブ・ワーク）に基づいて，自動的に運行を続けているのだ。このような貨幣を分権的貨幣と呼ぶ。

初期のビットコインの賛同者たちは，ビットコインのメリットの一つとして，国家による恣意的な操作を受けないことを強調していた。確かに，貨幣の長い歴史を振り返ってみると，為政者の恣意的な貨幣の発行や悪鋳が原因で経済・社会が極度の混乱に陥った例はいくつもある。21 世紀に入った後も，ジンバブエ政府が，支出を通貨の増発で補おうとした結果，インフレ率が天文学的数値を記録し，デノミネーションを繰り返さざるを得なくなった話は有名である。こうした事態を回避するため，先進国では中央銀行に独立性が認められている。しかし，「中央銀行の独立性は，手段に関する独立性であり，目標設定の独立性ではない」という主張を聞くたびに，貨幣が恣意的に操作される可能性は先進国にも現実に存在するリスクであることを思い知らされる。

この点，ビットコインの供給は自動的に行われ，恣意性が介在する余地はない。ビットコインの供給量は，10 分ごとにブロックを形成し，前のブロックにつなげることに成功したマイナーへ与えられる報酬を通じて増加する仕組みになっている。報酬は当初，50BTC（BTC はビットコインの通貨単位）であったが，4 年ごとに半減する。そして，2140 年には報酬がゼロとなり，ビットコインの供給量は 2,100 万 BTC で一定となる。

この仕組みは，米国の経済学者ミルトン・フリードマンが提唱した k％ルールを想起させる。フリードマンは，貨幣量は経済に重大な影響を与えるが，それをコントロールするのは難しいので，一定の率で増加させるのが望ましいと主張した。経済が永遠に成長していくものならば，ビットコインも，最後は一定になるのではなく，一定率で増加する仕組みを導入する価値はある。

集権的貨幣には，金融政策の効果を経済の細部にまで浸透させられるというメリットがある。また，金融危機が起こった場合は，中央銀行の最後の貸し手機能など，緊急避難措置が採れるというメリットもある。しかし，集権的貨幣と分権的貨幣のどちらが望ましいかは，その国が置かれている状況次第で決まる問題であり，先験的に決まるものではない。むしろ，これを二者択一の問題と捉えるのではなく，ベストミックスを探る問題と考え，国ごとに最適解を模索する方が建設的である。

18.4　仮想通貨は通貨なのか？

■貨幣の三つの機能

貨幣には，①交換の媒介，②価値の保存，③価値の尺度という三つの機能があると説明される。ビットコインは通貨とは呼べないと主張する論者は，この貨幣の三つの機能に照らして，貨幣としてのビットコインを否定しようとしているようだ。しかし，こうした議論は生産的ではない。そもそも，貨幣の三つの機能は，あくまで機能であり，定義ではない。また，三つの機能として挙げられているものは，現在の貨幣が果たしている機能である。将来貨幣にどのような機能が期待されるのかは別の問題である。

とはいえ，現在の貨幣が担っている三つの機能をビットコインがどの程度果たし得るのかという問いはそれ自体興味深い。貨幣の第1の機能である交換媒介機能から始めよう。ビットコインを買っている人々は，今のところ，支払い手段としてビットコインを買っている訳ではない。多くは値上がり益を狙ってビットコインに投資しているのだ。また，ビットコインがメジャーな支払い手段となるには，ビットコインを受け入れる店舗が多くないといけない。今のところ，ビットコインで支払い可能な店舗の数はお世辞にも多いとは言えない。ただし，時間の経過とともに，ビットコインが認知され，普及の臨界点を超えれば，ネットワーク外部性によって，メジャーな交換媒介手段となる可能性はあると思われる。

「仮想通貨は値動きが大きく，貨幣として相応しくない」と主張する人もいる。仮想通貨の価格が大きく変動すると，それで購入できるモノの量も大きく変動してしまうからだ。これは，貨幣の第2の機能である価値の保存機能と第3の機能である価値の尺度機能に関連している。この議論は，正しいように聞こえるが，よく考えてみるとトートロジー（同語反復）に過ぎない。今のところ日本では円が唯一の通貨である。したがって，モノの価格も円表示だけになっている。しかし，仮想通貨が通貨として広範に利用されるようになれば，財の価格を仮想通貨で表示する店も増えるだろう。そうすると，仮想通貨の円建て価格が変動しても，それで購入できるモノの量は変動しない。仮想通貨がメジャーな通貨になれば，逆に，モノの価格が仮想通貨表示のみになることも考えられる。そうなると，「円は値動きが大きく，貨幣として相応しくない」ということになる。つまり，貨幣の第 2，第 3 の機能は，それを担っているから貨幣なのではなく，貨幣だからそれを担っているのである。

■資金決済法

最後に，経済的観点とは別に，法的な観点から，ビットコインがどのように位置付けられているか見てみよう。日本はいち早く仮想通貨が良くも悪くも経済社会に大きな影響を及ぼすものと認識し，旧資金決済法に関連するルールが盛り込まれた。しかし，こうした日本の対応を見て，海外の人々の中には，「日本は仮想通貨を通貨として認めた」と誤解した人も多かったようだ。

そこで，2019 年に資金決済法が改正され，仮想通貨という呼称が暗号資産に改められた。暗号通貨ではなく，暗号資産という言葉が選ばれ，仮想通貨は法定通貨ではないという政府の見解が明確にされた。

転々流通性の観点から見ると，仮想通貨は電子マネーよりも現金に近い。中央アメリカのエルサルバドル共和国は，2021 年，国家として初めてビットコインを法貨として承認した。しかし，仮想通貨に対する経験値はあまりに少ない。日本で仮想通貨が法貨と認められるまでには，まだまだ時間がかかりそうだ。

参考文献

書店に行くと，金融に関する多くの書物が棚に並べられている。ましてや，大学の図書館となると，金融の専門書の数は膨大である。金融の専門家さえ，自分の知りたい情報が，どの専門書で解説されているのか分からないことも多い。ここでは，本書で学んだ知識を基礎に，より広く，より深く金融を理解していく上で参考となる文献を紹介する。

■金融システム全般（第２章）

池尾和人，『現代の金融入門』（新版），筑摩書房，2010 年。

日本銀行調査統計局，『資金循環統計の解説』，2022 年，（https://www.boj.or.jp/statistics/outline/exp/data/exsj01.pdf）。

日本銀行調査統計局，『マネーストックの解説』，2021 年，（https://www.boj.or.jp/statistics/outline/exp/data/exms01.pdf）。

横山昭雄，『真説　経済・金融の仕組み』，日本評論社，2015 年。

■債券市場とリスク（第３章，第４章）

土川顕・西崎健司・八木智之，「国債市場の流動性に関連する諸指標」，日銀レビュー，2013-J-6，2013 年。

ジョン・ブリンヨルフソン / フランク・J・ファボツィ編，『インフレ連動債ハンドブック』，米澤康博・三井アセット信託銀行公的年金運用研究会訳，東洋経済新報社，2003 年。

マイケル・ルイス，『フラッシュ・ボーイズ』，渡会圭子・東江一紀訳，文藝春秋，2014 年。

■株式市場（第５章）

友野典男，『行動経済学』，光文社，2006 年。

Fama, Eugene F., “Efficient Capital Markets: A Review of Theory and Empirical Work,” *Journal of Finance*, 1970, 25(2), pp. 383–417.

Grossman, Sanford J., and Stiglitz, Joseph E., “On the Impossibility of Informationally Efficient Markets,” *American Economic Review*, 1980, 70(3), pp. 393–408.

McGrattan, Ellen R., and Prescott, Edward C., “Is the Stock Market Overvalued?” *Federal Reserve Bank of Minneapolis Quarterly Review*, 2000, 24(4), pp. 20–40.

■外国為替市場（第６章）

バリー・アイケングリーン，『とてつもない特権』，小松裕久訳，勁草書房，2012 年。

小口幸伸，『入門　外国為替のしくみ』，日本実業出版社，2013 年。

ポール・R・クルーグマン / モーリス・オブストフェルド / マーク・J・メリッツ，『クルーグマン国際経済学　理論と政策』（原著 10 版），山形浩生・守岡桜訳，丸善出版株式会社，2017 年。

■金融派生商品（第７章）

杉本光一・福島良治・若林公子，『スワップ取引のすべて』（第 5 版），きんざい，2016 年。

デリバティブ研究会編，『デリバティブ取引入門』（第 2 版），銀行研修社，2010 年。

■金融仲介機関（第８章）

内田浩史，『金融』，有斐閣，2016 年。

■マクロ経済モデル（第９章，第 10 章，第 12 章）

ケインズ，『雇用，利子および貨幣の一般理論〈上・下〉』，間宮陽介訳，岩波書店，2008年。

Taylor, John B., "Discretion versus Policy Rules in Practice," *Carnegie-Rochester Conference Series on Public Policy*, 1993, 39, pp. 195–214.

この他，日本銀行が2004年から2006年にかけて10回にわたり，ニューケインジアン・マクロ経済モデルについての平易な解説を試みている（日銀レビュー，2004-J-8，2005-J-3, 6, 9, 13, 15, 17，2006-J-5, 11, 13）。

■伝統的・非伝統的金融政策（第11章，第13章）

翁邦雄，『ポスト・マネタリズムの金融政策』，日本経済新聞出版社，2011年。

翁邦雄，『金融政策のフロンティア』，日本評論社，2013年。

日本銀行金融市場局，『日本銀行の金融市場調節』，2008年，（https://www.boj.or.jp/research/brp/ron_2008/data/ron0806b.pdf）。

湯本雅士，『金融政策入門』，岩波書店，2013年。

この他，日本銀行ホームページの「金融政策」には非伝統的金融政策に関する様々な文書が掲載されている。
（https://www.boj.or.jp/mopo/index.htm/）。

■平成バブル（第14章）

深尾京司編，『マクロ経済と産業構造』，慶應義塾大学出版会，2009年。

村松岐夫・奥野正寛編，『平成バブルの研究〈上・下〉』，東洋経済新報社，2002年。

■世界金融危機と欧州政府債務危機（第15章）

ライアカット・アハメド，『世界恐慌〈上・下〉』，吉田利子訳，筑摩書房，2013年。

マイケル・ルイス，『ブーメラン』，東江一紀訳，文藝春秋，2014年。

Brunnermeier, Markus K., "Deciphering the Liquidity and Credit Crunch 2007–2008", *Journal of Economic Perspectives*, 2009, 23(1), pp. 77–100.

Lane, Philip R., "The European Sovereign Debt Crisis", *Journal of Economic*

Perspectives, 2012, 26(3), pp. 49–68.

■バーゼル規制とプルーデンス政策（第 16 章）

日本銀行，『金融システムレポート』（年 2 回発行），（https://www.boj.or.jp/research/brp/fsr/index.htm/）。

この他，日本銀行ホームページの「金融システム」にはバーゼル規制に関する様々な文書が掲載されている。（https://www.boj.or.jp/finsys/outline/index.htm/）。

■現代貨幣理論（第 17 章）

ステファニー・ケルトン，『財政赤字の神話』，土方奈美訳，早川書房，2020 年。

L・ランダル・レイ，『MMT 現代貨幣理論入門』，島倉原・鈴木正徳訳，東洋経済新報社，2019 年。

■仮想通貨（第 18 章）

エドワード・カストロノヴァ，『「仮想通貨」の衝撃』，伊能早苗・山本章子訳，KADOKAWA，2014 年。

ポール・ヴィニャ / マイケル・J・ケーシー，『仮想通貨の時代』，コスモユノー訳，マイナビ出版，2017 年。

Mehta, Neel; Agashe, Adi; and Detroja, Parth, *Bubble or Revolution?*, Paravane Ventures, 2019.

索　引

あ　行

か　行

さ　行

た 行

ま　行

や 行

ら 行

わ 行

欧 字

著者紹介

鎌田　康一郎（かまだ　こういちろう）

1965年生まれ。

1989年，東京大学経済学部卒業，日本銀行入行。

1997年，ブラウン大学大学院経済学研究科修了，Ph.D. 取得。

2017年，日本銀行金融研究所審議役を経て，

現在，慶應義塾大学商学部教授。

主要著作・論文

"Central Bank Policy Announcements and Changes in Trading Behavior: Evidence from Bond Futures High Frequency Price Data," *North American Journal of Economics and Finance*, 59, 2022.

"On the Reliability of Japanese Inflation Expectations Using Purchasing Power Parity," *Economic Analysis and Policy*, 44(3), 2014.

"The Stability of Currency Systems in East Asia—Quantitative Analysis Using a Multi-Country Macro-Econometric Model—," *Public Policy Review*, 5(1), 2009.

「わが国の均衡実質金利」，『マクロ経済と産業構造』，深尾京司編，慶應義塾大学出版会，2009年。

"Real-time Estimation of the Output Gap in Japan and its Usefulness for Inflation Forecasting and Policymaking," *North American Journal of Economics and Finance*, 16(3), 2005.

"Policy Coordination in East Asia and across the Pacific," *International Economics and Economic Policy*, 2(4), 2005.

「ウェーブレットによる経済分析」，『金融研究』，第23巻第1号，2004年。

"A New Technique for Simultaneous Estimation of Potential Output and the Phillips Curve," *Monetary and Economic Studies*, 21(2), 2003.

"Effects of Measurement Error on the Output Gap in Japan," *Monetary and Economic Studies*, 19(2), 2001.

ライブラリ 現代経済学へのいざない—3

金融論 Theory & Practice

2022年12月10日© 初 版 発 行

著　者　鎌田康一郎

発行者　森 平 敏 孝
印刷者　篠倉奈緒美
製本者　小 西 恵 介

【発行】 株式会社 **新世社**
〒151-0051 東京都渋谷区千駄ヶ谷1丁目3番25号
編集 ☎(03)5474-8818(代) サイエンスビル

【発売】 株式会社 **サイエンス社**
〒151-0051 東京都渋谷区千駄ヶ谷1丁目3番25号
営業 ☎(03)5474-8500(代) 振替 00170-7-2387
FAX ☎(03)5474-8900

印刷 ㈱ディグ　製本 ㈱ブックアート

《検印省略》

ISBN 978-4-88384-354-1

PRINTED IN JAPAN

サイエンス社・新世社のホームページのご案内
https://www.saiensu.co.jp
ご意見・ご要望は
shin@saiensu.co.jp まで。